Dierk Hoffmann
Mythos Sachsen

Studien zur Geschichte der Treuhandanstalt

Herausgegeben von Dierk Hoffmann,
Hermann Wentker und Andreas Wirsching
im Auftrag des Instituts für Zeitgeschichte München – Berlin

Leibniz Institute for Contemporary History | Institut für Zeitgeschichte München-Berlin

Dierk Hoffmann

Mythos Sachsen

Privatisierung, Kommunikation und Staat in den 1990er-Jahren

Ch.Links VERLAG

Auch als ebook erhältlich

Die Deutsche Nationalbibliothek verzeichnet diese Publikation
in der Deutschen Nationalbibliografie; detaillierte bibliografische Daten
sind im Internet über www.dnb.de abrufbar.

Ch. Links Verlag ist eine Marke der
Aufbau Verlage GmbH & Co. KG

Prinzenstraße 85, 10969 Berlin
www.aufbau-verlage.de/ch-links-verlag

Lektorat: Dr. Daniel Bussenius, Berlin
Umschlaggestaltung: zero-media.net, München; Foto:
Am 7. September 1992 besetzten Mitarbeiter des Edelstahlwerks
Freital den Dresdner Flughafen, um mit Ministerpräsident
Kurt Biedenkopf zu sprechen. © Thomas Morgenroth
Satz: Britta Dieterle, Berlin
Druck und Bindung: Friedrich Pustet GmbH & Co. KG,
Gutenbergstr. 8, 93051 Regensburg
Gedruckt auf säurefreiem, chlorfrei gebleichtem Papier

ISBN 978-3-96289-212-8

Inhalt

III. Privatisierung als Imagepolitik

IV. Privatisierung als Zweckbündnis

V. Privatisierung als Aushandlungsprozess

VI. Privatisierungsstrategien der sächsischen Landesregierung

VII. Privatisierung als Sozialpolitik

Schlussbetrachtung — 271

Anhang

Vorwort der Herausgeber

Noch in der Spätphase der DDR gegründet, entwickelte sich die Treuhandanstalt zur zentralen Behörde der ökonomischen Transformation in Ostdeutschland. Ihre ursprüngliche Aufgabe war die rasche Privatisierung der ostdeutschen volkseigenen Betriebe (VEB). Sehr bald aber wies ihr die Politik zahlreiche weitere Aufgaben zu. Sukzessive sah sich die Treuhandanstalt mit der Lösung der Altschuldenproblematik, der Sanierung der ökologischen Altlasten, der Mitwirkung an der Arbeitsmarktpolitik und schließlich ganz allgemein mit der Durchführung eines Strukturwandels konfrontiert. In ihrer Tätigkeit allein ein behördliches Versagen zu erkennen wäre daher ahistorisch und einseitig, auch wenn die Bilanz der Treuhandanstalt niederschmetternd zu sein scheint. Denn von den etwa vier Millionen Industriearbeitsplätzen blieb nur ein Drittel übrig. Das öffentliche Urteil ist daher ganz überwiegend negativ. Die Kritik setzte schon ein, als die Behörde mit der Privatisierung der ersten VEBs der DDR begann. Bis heute verbinden sich mit der Treuhandanstalt enttäuschte Hoffnungen, überzogene Erwartungen, aber auch Selbsttäuschungen und Mythen. Außerdem ist sie eine Projektionsfläche für politische Interessen und Konflikte, wie die Landtagswahlkämpfe 2019 in Ostdeutschland deutlich gemacht haben. Umso dringender ist es erforderlich, die Tätigkeit der Treuhandanstalt und mit ihr die gesamte (ost-)deutsche Transformationsgeschichte der frühen 1990er-Jahre wissenschaftlich zu betrachten. Dies ist das Ziel der Studien zur Geschichte der Treuhandanstalt, deren Bände die Umbrüche der 1990er-Jahre erstmals auf breiter archivalischer Quellengrundlage beleuchten und analysieren.

Die Privatisierung der ostdeutschen Betriebe brachte für viele Menschen nicht nur Erwerbslosigkeit, sondern auch den Verlust einer sicher geglaubten, betriebszentrierten Arbeits- und Lebenswelt. Insofern ist die Erfahrungsperspektive der Betroffenen weiterhin ernst zu nehmen und in die wissenschaftliche Untersuchung ebenso zu integrieren wie in die gesellschaftspolitischen Konzepte. Der mit der Transformation einhergehende Strukturwandel hatte Folgen für Mentalitäten und politische Einstellungen, die bis in die Gegenwart hineinreichen. Dabei wurden die individuellen und gemeinschaftlichen Erfahrungen und Erinnerungen stets von medial geführten Debatten über die Transformationszeit sowie von politischen Interpretationsversuchen geprägt und überlagert. Diese teilweise miteinander verwobenen Ebenen gilt es bei der wissenschaftlichen Analyse zu berücksichtigen und analytisch zu trennen. Der erfahrungsgeschichtliche Zugang allein kann die Entstehung und Arbeitsweise der Treuhandanstalt sowie die Privatisierung der ostdeutschen Wirtschaft nicht hinreichend erklären. Vielmehr kommt es darauf an, die unterschiedlichen Perspektiven miteinander in Relation zu setzen und analytisch zu verknüpfen, um so ein differenziertes und vielschichtiges Bild der Umbrüche der 1990er-Jahre zu erhalten.

Diese große Aufgabe stellt sich der Zeitgeschichte erst seit Kurzem, denn mit dem Ablauf der 30-Jahre-Sperrfrist, die für staatliches Archivgut in Deutschland grundsätzlich gilt, ergibt sich für die Forschung eine ganz neue Arbeitsgrundlage. Das öffentliche Interesse konzentriert sich auf die sogenannten Treuhandakten, die im Bundesarchiv Berlin allgemein zugänglich sind (Bestand B 412). Sie werden mittlerweile auch von Publizistinnen und Publizisten sowie Journalistinnen und Journalisten intensiv genutzt. An dieser Stelle sei aber daran erinnert, dass schon sehr viel früher Akten anderer Provenienz allgemein und öffentlich zugänglich waren – die schriftliche Überlieferung der ostdeutschen Landesregierungen oder der Gewerkschaften, um nur einige Akteure zu nennen. Darüber hinaus können seit einiger Zeit auch die Akten der Bundesregierung und der westdeutschen Landesverwaltungen eingesehen werden. Die Liste ließe sich fortsetzen.

Bei aller Euphorie über die quantitativ wie qualitativ immer breiter werdende Quellengrundlage (allein zwölf laufende Aktenkilometer Treuhandüberlieferung im Bundesarchiv Berlin) sollte allerdings nicht aus dem Blick geraten, dass Historikerinnen und Historiker die Archivalien einer Quellenkritik unterziehen müssen. Dies gehört grundsätzlich zu ihrem Arbeitsauftrag. Da die Erwartungen der Öffentlichkeit an die Aussagekraft vor allem der Treuhandakten hoch sind, sei dieser Einwand an dieser Stelle ausdrücklich gemacht. So gilt es, einzelne Privatisierungsentscheidungen der Treuhandspitze zu kontextualisieren und mit anderen Überlieferungen abzugleichen. Zur Illustration der Problematik mag ein Beispiel dienen: Treuhandakten der sogenannten Vertrauensbevollmächtigten und der Stabsstelle Recht enthalten Vorwürfe über »SED-Seilschaften« und »Korruption«, die sich auch in der Retrospektive nicht mehr vollständig klären lassen. Die in Teilen der Öffentlichkeit verbreitete Annahme, die Wahrheit komme nun endlich ans Licht, führt daher in die Irre und würde ansonsten nur weitere Enttäuschungen produzieren. Es gibt eben nicht *die* historische Wahrheit. Stattdessen ist es notwendig, Strukturzusammenhänge zu analysieren, unterschiedliche Perspektiven einzunehmen, Widersprüche zu benennen und auch auszuhalten. Dazu kann die Zeitgeschichtsforschung einen wichtigen Beitrag leisten, indem sie mit quellengesättigten und methodisch innovativen Studien den historischen Ort der Treuhandanstalt in der Geschichte des vereinigten Deutschlands bestimmt, gängige Geschichtsbilder hinterfragt und Legenden dekonstruiert.

Im Rahmen seines Forschungsschwerpunktes »Transformationen in der neuesten Zeitgeschichte« zu den rasanten Wandlungsprozessen und soziokulturellen Brüchen der Industriegesellschaften seit den 1970er-Jahren hat das Institut für Zeitgeschichte München–Berlin (IfZ) im Frühjahr 2013 damit begonnen, ein großes, mehrteiliges Projekt zur Geschichte der Treuhandanstalt inhaltlich zu konzipieren und vorzubereiten. Auf der Grundlage der neu zugänglichen Quellen, die erstmals systematisch ausgewertet werden konnten, ging das Projektteam insbesondere folgenden Leitfragen nach: Welche politischen Ziele sollten mit der Treuhandanstalt erreicht werden? Welche Konzepte wurden in einzelnen Branchen und Regionen verfolgt, und was waren die Ergebnisse? Welche gesellschaftlichen Auswirkungen haben sich ergeben? Wie ist die Treuhandanstalt in internationaler Hinsicht zu sehen?

Bei der Projektvorbereitung und -durchführung waren Prof. Dr. Richard Schröder und Prof. Dr. Karl-Heinz Paqué unterstützend tätig, denen unser ausdrücklicher Dank gilt. Über Eigenmittel hinaus ist das IfZ-Projekt, das ein international besetzter wissenschaftlicher Beirat kritisch begleitet hat, vom Bundesministerium der Finanzen von 2017 bis 2021 großzügig gefördert worden. Auch dafür möchten wir unseren Dank aussprechen. In enger Verbindung hierzu standen zwei von der Deutschen Forschungsgemeinschaft (DFG) geförderte Einzelprojekte von Andreas Malycha und Florian Peters.

Dierk Hoffmann, Hermann Wentker, Andreas Wirsching

Einleitung

Thema

Auf Wunsch der sächsischen Staatskanzlei erstellte die Treuhandanstalt (THA) Anfang November 1994 eine vorläufige Bilanz über die Privatisierungserfolge in den ostdeutschen Bundesländern.[1] Bewertungsgrundlage bildeten die Beschäftigungs- und Investitionszusagen, die in den Verkaufsverträgen verbindlich festgeschrieben und grundsätzlich mit Sanktionen (Pönalien) verbunden waren. Das zuständige Länderreferat der THA kam zu dem Ergebnis, dass die Beschäftigungs- und Investitionszusagen in Berlin und Brandenburg »über deren Anteil an der Gesamtbevölkerung liegen«. Im Ländervergleich rangiere Sachsen im Mittelfeld, denn hier entspreche der Prozentsatz nur dem Anteil an der Gesamtbevölkerung. Die Ursachen für die unterschiedlichen Ergebnisse lägen »in der übernommenen Wirtschaftsstruktur«. Die Analyse zeichnete ein differenziertes Bild, das nicht nur einzelne Branchen und Regionen, sondern auch die ökonomische Ausgangslage in Ostdeutschland berücksichtigte. Mitte 1991 hatte die Treuhandanstalt noch eine davon abweichende Zukunftsprognose gewagt: Im Vergleich zu den anderen ostdeutschen Bundesländern seien in Sachsen »die günstigsten sektoralen, infrastrukturellen und mentalen Voraussetzungen für den erhofften Aufschwung«

1 Informationen der Treuhandanstalt (P L2, Dr. Gimbel) vom 8.11.1994 an das Büro Bonn (Herrn Lind) betr. Anfrage der sächsischen Staatskanzlei, Anlage 1, BArch Berlin, B 412/9456. Den Hinweis auf dieses Dokument verdanke ich meinem Kollegen Dr. Max Trecker.

gegeben.[2] Zu diesem Zeitpunkt – einige Monate nach der Gründung der ostdeutschen Bundesländer im Herbst 1990 – war dem Freistaat von der Treuhandanstalt, aber auch in weiten Teilen der Öffentlichkeit die Rolle eines Musterschülers attestiert worden. Hatte Sachsen diese Führungsrolle innerhalb weniger Jahre wieder verloren? Wie erklären sich diese widersprüchlichen Angaben?

An der positiven Beurteilung, die der Monatsbericht der Treuhandanstalt Mitte 1991 zu Sachsen enthielt, hatten Ministerpräsident Kurt Biedenkopf (CDU) und sein Wirtschaftsminister Kajo Schommer (CDU) einen erheblichen Anteil. Bereits in seiner ersten Regierungserklärung am 8. November 1990 vor dem Landtag in Dresden verbreitete Biedenkopf Optimismus: Sachsen sei schließlich ein »starkes […] und ein reiches Land«.[3] In wenigen Jahren werde es möglich sein, »den Anschluss an die Entwicklung des Westens unseres Vaterlandes zu sichern«. Wenige Tage später sekundierte ihm Schommer mit markigen Worten in der Presse: Sachsen werde unter den fünf ostdeutschen Bundesländern »das erste und das Beste sein« und von Anfang an die niedrigste Arbeitslosenquote haben.[4] Der Freistaat werde bereits in Kürze prosperieren.[5] Der Wirtschaftsminister ließ keinen Zweifel am bevorstehenden Erfolg des Wirtschaftsaufbaus in Sachsen aufkommen. Dabei entwickelte er mit der Wortschöpfung »Sachstum«[6] einen Begriff, der die wirtschaftliche Ausnahmestellung des Freistaats auf den Punkt bringen sollte. Dahinter stand die Vorstellung, »die Sicherung und Steigerung von Wohlstand unter Beachtung sozialer Gerechtigkeit und ökologischer Verträglichkeit« als Markenzeichen sächsischer Wirtschaftspolitik zu verkaufen. Die sächsische Staatsregierung verfolgte von Anfang an das Ziel, Sachsen als ökonomisches Musterland in Ostdeutschland zu vermarkten. So entstand

2 Halbjahresbericht der Treuhandanstalt 1991, 30.6.1991, S. 7.16, BArch Berlin, B 412/24092.
3 Zum Folgenden Hoffmann: Der selbst ernannte Musterschüler, S. 193.
4 Wir wollen die Ersten und die Besten sein!, in: Hamburger Abendblatt vom 12.11.1990.
5 Nun müssen wir nachlegen, und dann donnern wir los, in: Die Welt vom 13.11.1990.
6 »Sachstum« – die politische Vision des Kajo Schommer, in: Welt am Sonntag vom 10.2.1991.

in den Medien rasch das Bild, die Sachsen seien »die neuen Schwaben«.[7] Die Ausnahmestellung Sachsens und seines Ministerpräsidenten wurde auch in der ausländischen Presse gefeiert.[8]

Mit ihren Äußerungen weckten Biedenkopf und Schommer Erwartungen in der Öffentlichkeit, die schon bald enttäuscht wurden. Denn mit der wirtschaftlichen Talfahrt in Ostdeutschland, die ab Anfang 1991 mit Betriebsschließungen und Massenentlassungen einherging und die auch Sachsen erfasste, rückte das Versprechen in weite Ferne, den wirtschaftlichen Anschluss an Westdeutschland innerhalb kurzer Zeit zu finden. Mit ihrer Kommunikationsstrategie hatten sich beide Politiker in eine Sackgasse manövriert, aus der es ohne Gesichtsverlust kein Entrinnen gab. Während die CDU im ersten Landtagswahlkampf 1990 mit einem markanten Motto (»für ein blühendes Sachsen«) geworben hatte, das an ein geflügeltes Wort von Bundeskanzler Helmut Kohl (CDU) erinnerte, vertraute Biedenkopf 1994 seinem Tagebuch an, »die Kohl'sche Formel nicht statisch [...], sondern dynamisch zu wenden«.[9] Und auf Sachsen bezogen: »Sachsen beginnt zu blühen. Schützt es vor dem roten Frost!«

Nach seinem Rücktritt vom Amt des Ministerpräsidenten 2002 zog sich Kurt Biedenkopf zwar aus der Politik zurück. Er schaltete sich aber immer wieder in öffentliche Debatten ein. Dabei ging es ihm auch darum, das Geschichtsbild seiner zwölfjährigen Amtszeit mit zu prägen. Vor der malerischen Kulisse am Chiemsee in Bayern äußerte er sich wenige Tage nach der Bundestagswahl 2017 zum Erfolg der Alternative für Deutschland (AfD), als die rechtspopulistische Partei in Sachsen nicht nur das bundesweit beste Zweitstimmenergebnis erzielt, sondern mit 27 Prozent auch noch etwas mehr Stimmen als die CDU erhalten hatte. Mit dem Interview versuchte Biedenkopf Einfluss auf die öffentliche Diskussion über seine Rolle als Ministerpräsident und die politische Verantwortung der bis 2004 in Sachsen allein regierenden CDU zu nehmen, die sich nach dem Wahldebakel der CDU entzündet hatte. Auf die Frage, ob er sein

7 Die neuen Schwaben, in: Wirtschaftswoche vom 6.9.1991.

8 The star of the east, in: Economist vom 14.9.1991.

9 Biedenkopf: Ringen um die innere Einheit, S. 402 (Eintrag zum 19.3.1994).

politisches Lebenswerk bedroht sehe, antwortete Biedenkopf: »Ich sorge mich […] um einen Teil davon: um den, als wir in Sachsen regiert haben.«[10] Er führte weiter aus: »Eine ganze Reihe der Dinge, die meine Frau und ich dort erarbeitet, aber vor allem die Sachsen sich erarbeitet haben […], stehen auf dem Spiel.« Seine Frau, Ingrid Biedenkopf, die sich immer wieder in das Interview einschaltete, behauptete: »Kurt Hans, das wäre dir nicht passiert!« Unter einem Ministerpräsidenten Biedenkopf – so die deutlich vernehmbare Botschaft – wäre ein solcher politischer Dammbruch nicht vorstellbar gewesen, für den das Ehepaar insbesondere die beiden Nachfolger, Georg Milbradt (CDU) und Stanislaw Tillich (CDU), verantwortlich machte. Dagegen wies der Ministerpräsident a. D. den Vorwurf zurück, er habe während seiner Regierungszeit Ausländerfeindlichkeit und Rechtsextremismus im Freistaat unterschätzt. Schon damals habe er gesagt, »dass die Sachsen immun sind gegenüber Rechtsradikalismus«. Die Tatsache, dass das Wahlergebnis für die AfD von fünf auf über 20 Prozent gestiegen sei, habe nichts mit Neonazis zu tun, sondern mit Unzufriedenheit und »[f]ehlender Führung im Land«. Und seine Frau sekundierte: »Rechtsextremismus gab es fast gar keinen!«

Vorgehensweise und Fragestellungen

Im Mittelpunkt der vorliegenden Studie stehen die eng miteinander verknüpften Privatisierungs- und Kommunikationsstrategien in den 1990er-Jahren, die am Beispiel einer ostdeutschen Landesregierung untersucht werden sollen. Mit der Einführung der Marktwirtschaft in Ostdeutschland und der Privatisierung der volkseigenen Betriebe setzte ein umfassender ökonomischer Strukturwandel ein, der ein massives Ansteigen der Erwerbslosenzahlen nach sich zog. Die Euphorie, die 1990 die deutsche Vereinigung und der Gewinn der Fußballweltmeisterschaft in Italien aus-

10 Interview mit Kurt Biedenkopf, in: Zeit Online vom 5.10.2017, https://www.zeit.de/2017/41/cdu-sachsen-kurt-biedenkopf-wahlergebnis (Zugriff am 28.7.2022).

gelöst hatten, war rasch verflogen. Das Versprechen von den »blühenden Landschaften«, das nicht nur Bundeskanzler Helmut Kohl (CDU) der ostdeutschen Bevölkerung gegeben hatte, und der langlebige Mythos von der internationalen Wettbewerbsfähigkeit der DDR (»zehntgrößte Industrienation«) erwiesen sich spätestens zum Jahreswechsel 1990/91 als Luftschlösser. Auf die wirtschaftliche Talfahrt und die einsetzende kollektive Ernüchterung mussten die politischen Akteure in Bonn und in den ostdeutschen Landeshauptstädten reagieren – auch mit einer neuen Kommunikationsstrategie.

Sachsen bietet sich wie kein anderes ostdeutsches Bundesland dazu an, die Privatisierungs- und Kommunikationsstrategie einer Landesregierung in den Blick zu nehmen. Denn Ministerpräsident Kurt Biedenkopf (CDU) und seinem Wirtschaftsminister Kajo Schommer (CDU) ging es bei der Transformation der sächsischen Wirtschaft frühzeitig darum, Deutungshoheit in der medialen Auseinandersetzung über die Folgen der deutschen Einheit zu erzielen. Die sächsische Staatsregierung reagierte auf die sozioökonomische Transformation unter anderem mit einer Imagepolitik,[11] die drei Ziele verfolgte: Erstens ging es Biedenkopf und Schommer darum, in der Bevölkerung Vertrauen zu gewinnen.[12] Deshalb grenzten sie sich von der Treuhandanstalt öffentlich ab und verlangten, an der Privatisierung sächsischer Betriebe beteiligt zu werden. Zweitens sollte die Stellung Sachsens gegenüber dem Bund gestärkt werden, um eine gute Ausgangsposition für die bevorstehende Auseinandersetzung über die Lastenverteilung der deutschen Einheit zu erzielen. Drittens verbanden beide Politiker damit einen eigenständigen Privatisierungskurs, denn sie versuchten, finanzstarke in- und ausländische Investoren für die Sanierung sächsischer Treuhandbetriebe zu gewinnen.

Mit dieser Vorgehensweise will die vorliegende Arbeit auch einen Beitrag zur Debatte über den sogenannten Neoliberalismus leisten, des-

11 Ausführlicher dazu: Münkel/Seegers: Einleitung: Medien und Imagepolitik im 20. Jahrhundert, in: Münkel/Seegers (Hg.): Medien und Imagepolitik im 20. Jahrhundert, S. 9–20.

12 Zum Folgenden Hoffmann: Der selbst ernannte Musterschüler, S. 195 f.

sen Historisierung noch weitgehend in den Anfängen steckt.[13] Nach Ansicht mancher Forscher hat diese »wirtschaftspolitische Ideologie« in den 1980er-Jahren mit der Forderung nach Privatisierung, Liberalisierung und Deregulierung einen globalen Siegeszug angetreten, der erst mit der Finanz- und Wirtschaftskrise von 2008/09 beendet worden sei.[14] Die Krise des Keynesianismus in den 1970er-Jahren hat in den westlichen Industrienationen in der Tat dazu geführt, dass die Rolle des Staates in der Ökonomie neu überdacht wurde. Dabei wählten die einzelnen Staaten Westeuropas bzw. Nordamerikas durchaus unterschiedliche Wege und grenzten sich teilweise voneinander ab. So setzte sich etwa Helmut Kohl im CDU-Bundesvorstand vom eingeschlagenen Wirtschaftskurs des US-Präsidenten Ronald Reagan (»Reaganomics«) und der britischen Premierministerin Margaret Thatcher (»Thatcherism«) dezidiert ab.[15] Darüber hinaus erscheint Neoliberalismus als ein sehr schillernder Begriff, der auch als politischer Kampfbegriff in den öffentlichen Diskursen genutzt wurde.

Da sich der Neoliberalismus aus den genannten Gründen als Analyseinstrument kaum eignet, wird für die vorliegende Studie der Begriff der *wirtschaftspolitischen Leitbilder* gewählt. Dabei handelt es sich nicht um ein in sich geschlossenes Modell, sondern vielmehr um ein Set von wirtschaftspolitischen Einstellungen bzw. Überzeugungen, die grundsätzlich eine hohe Anpassungselastizität aufweisen. Im Folgenden wird davon ausgegangen, dass die Transformation von der Plan- zur Marktwirtschaft

13 Als Einstieg: Bösch/Hertfelder/Metzler (Hg.): Grenzen des Neoliberalismus; Ther: Die neue Ordnung auf dem alten Kontinent. Dagegen kann der Neoliberalismus als wirtschaftswissenschaftliche Denkrichtung mit seinen diversen Netzwerken im 20. Jahrhundert als relativ gut erforscht gelten. Einschlägig: Mirowski/Plehwe (Hg.): The Road from Mont Pèlerin; Slobodian: Globalisten; Plehwe/Slobodian/Mirowski (Hg.): Nine Lives of Neoliberalism.

14 Ther: Der Neoliberalismus, Version: 1.0, in: Docupedia-Zeitgeschichte, 5.7.2016, S. 1 f., http://docupedia.de/zg/Ther_neoliberalismus_v1_de_2016 (Zugriff am 8.8.2022).

15 Berichte zur Lage, 13./14. Oktober 1985, in: Helmut Kohl: Berichte zur Lage 1982–1989, S. 341–364, hier S. 343; Bericht zur Lage, 26./27. Januar 1986, in: ebd., S. 378–398, hier S. 383; und Berichte zur Lage, 3./4. September 1992, in: Helmut Kohl: Berichte zur Lage 1989–1998, S. 381–387, hier S. 381.

in Ostdeutschland ein Laboratorium darstellte, in dem unterschiedliche wirtschaftspolitische Leitbilder aufeinanderstießen und neu verhandelt wurden. Dabei gerieten ordnungs- und marktwirtschaftliche Gewissheiten, die die Bonner Republik bis 1990 maßgeblich geprägt haben, auf den Prüfstand. So trafen sich im Frühjahr 1991 Vertreter des CDU-Wirtschaftsflügels unter der Leitung von Matthias Wissmann, um über die wirtschaftliche Situation in den sogenannten neuen Bundesländern zu diskutieren. Der eingeladene parlamentarische Staatssekretär im Bundeswirtschaftsministerium, Erich Riedl (CSU), kritisierte die Arbeit der Treuhandanstalt und forderte, die Marktwirtschaft müsse wieder »Oberhand« gewinnen.[16] Der Staat habe schon zu viel interveniert und laufe »Gefahr [...] mit [seiner] Industriepolitik zu scheitern«. Dagegen zeichnete der ebenfalls anwesende Deutschlandchef von McKinsey & Co., Herbert Henzler, ein ganz anderes Szenario: Da die »Selbstheilungskräfte des Markts« in Ostdeutschland versagt hätten, sei »in dieser Extremsituation [...] eine staatliche Investitionspolitik« erforderlich.[17] Henzler, der zweifellos auch die Chance auf einen neuen riesigen Markt für die Unternehmensberatung erkannt hatte, forderte ein umfassendes »Beschäftigungskonzept« für die ostdeutsche Wirtschaft. Ein namentlich nicht genannter Teilnehmer zeigte sich sichtlich ratlos und wollte »BMF [Bundesfinanzministerium], BMWi [Bundeswirtschaftsministerium] und [...] McKinsey-Berater in einem Raum eingeschlossen sehen, bis ein wirkliches Konzept für die Probleme vorliegt«.[18] Das Beispiel illustriert, dass das Verhältnis zwischen Staat und Wirtschaft, das in der Geschichte Deutschlands im 20. Jahrhundert stets spannungsreich und von Brüchen gekennzeichnet war, Anfang der 1990er-Jahre neu austariert wurde. Dieser Prozess soll

16 Vermerk der Landesvertretung Baden-Württemberg (Beobachter für Wirtschaft Lindenmeyer) über die Sitzung der CDU-AG Wirtschaft betr. Treuhand und östliche Bundesländer am 13.3.1991, S. 2, HStA Stuttgart, EA 6/206, Bü 157. Erstmals zitiert bei Hoffmann: Im Hochgeschwindigkeitszug durch den Strukturwandel, S. 52.

17 Vermerk der Landesvertretung Baden-Württemberg (Beobachter für Wirtschaft Lindenmeyer) über die Sitzung der CDU-AG Wirtschaft betr. Treuhand und östliche Bundesländer am 13.3.1991, S. 4, HStA Stuttgart, EA 6/206, Bü 157.

18 Ebd., S. 5. Vgl. zu Henzler die Studie von Marktanner: Behördenconsulting, S. 48.

am Beispiel der sächsischen Landesregierung unter Kurt Biedenkopf eingehender untersucht werden.

Vor diesem Hintergrund wird im Folgenden der Frage nachgegangen, welche Privatisierungsstrategien die Staatsregierung in Dresden hatte. Wie veränderten sich diese unter dem Eindruck der Wirtschafts- und Arbeitsmarktkrise? Welche Kommunikationsstrategien entwickelten Biedenkopf und Schommer? Wie positionierten sich beide Politiker in der Öffentlichkeit gegenüber der Treuhandanstalt und der Bundesregierung? Wie gestaltete sich die Zusammenarbeit zwischen Sachsen und der Treuhandanstalt, die für die Privatisierung der ehemaligen volkseigenen Betriebe (VEB) verantwortlich war? Welche Rückschlüsse lassen sich aus den Privatisierungsstrategien für die wirtschaftspolitischen Leitbilder insbesondere bei Ministerpräsident Biedenkopf ziehen?

Forschungsstand

Mit dem Ablauf der 30-Jahres-Sperrfrist und der damit verbundenen Öffnung staatlicher Archive hat die historische Transformationsforschung in jüngster Zeit erst richtig begonnen. In diesem Kontext sind zahlreiche Forschungsprojekte neu gestartet; mittlerweile liegen auch schon erste Ergebnisse vor. Im Mittelpunkt des öffentlichen Interesses standen lange Zeit die Akten der Treuhandanstalt, die inzwischen im Bundesarchiv öffentlich und allgemein zugänglich sind.[19] Insofern ist es nicht

19 In den Medien, aber auch in Teilen der Wissenschaft hält sich immer noch die zählebige Legende, das IfZ habe mit dem Treuhandprojekt einen privilegierten Zugang zu den Treuhandakten. So etwa bei Frank Bösch: Die Abwickelagentur. Die Rolle der Treuhandanstalt bei der Transformation der DDR-Wirtschaft (Rezension zur Studie von Andreas Malycha: Vom Hoffnungsträger zum Prügelknaben), in: Frankfurter Allgemeine Zeitung vom 30.8.2022. Der Direktor des Leibniz-Zentrums für Zeithistorische Forschung Potsdam (ZZF) übersieht dabei, dass die ZZF-Doktorandin Jessica Elsner zeitgleich Treuhandakten ausgewertet hat. Darüber hinaus hatte der ZZF-Mitarbeiter André Steiner schon zuvor Zugang zu den Treuhandakten im Bundesarchiv.

überraschend, dass zahlreiche Untersuchungen zunächst die Privatisierungsbehörde in den Blick genommen haben. Während die Bochumer Dissertationsschrift von Marcus Böick – bis auf Unterlagen aus Privatarchiven einzelner Treuhandmanager – nur auf veröffentlichtem Material basiert und aufgrund der großen Themenvielfalt nur einen allgemeinen Überblick bieten kann,[20] sind bereits einige Monografien erschienen, die auf einer sowohl quantitativ als auch qualitativ ganz neuen empirischen Quellengrundlage beruhen.[21] An der Treuhandforschung beteiligen sich auch Journalisten mit aktenbasierten Publikationen.[22] Aus dem großen, mehrteiligen Treuhandprojekt des Instituts für Zeitgeschichte München–Berlin (IfZ) wurden im Frühjahr 2022 die ersten beiden quellengesättigten Einzelstudien vorgelegt.[23] Neben der Treuhandanstalt sind andere politische Akteure Gegenstand wissenschaftlicher Untersuchungen geworden. Dazu zählen insbesondere die Gewerkschaften, deren Rolle im Transformationsprozess kritisch unter die Lupe genommen wird.[24] Darüber hinaus sind Regional- und Branchenstudien erschienen; damit geraten die ostdeutschen Bundesländer und einzelne Unternehmen in den Fokus der Zeithistoriker.[25] Während demnächst auch Studien zur Privatisierung in Mecklenburg-Vorpommern, Sachsen-Anhalt und Thüringen vorliegen werden, stellt der Freistaat Sachsen einen noch weitgehend weißen Fleck innerhalb der Transformationsforschung dar, was in erster Linie damit zusammenhängt, dass die Aktenüberlieferung der sächsischen Landesregierung in den zuständigen Staatsarchiven der Wissenschaft noch nicht zur Verfügung steht. Schließlich sei auf Untersuchungen zum Wandel der betrieblichen Arbeitswelt[26] und zur ostdeutschen Erinnerungskultur hin-

20 Vgl. Böick: Die Treuhand.
21 So etwa Pahlow/Steiner: Die Carl-Zeiss-Stiftung in Wiedervereinigung und Globalisierung 1989 bis 2004.
22 Vgl. Pötzl: Der Treuhand-Komplex.
23 Malycha: Vom Hoffnungsträger zum Prügelknaben; Trecker: Neue Unternehmer braucht das Land.
24 Vgl. Rau: Die verhandelte »Wende«.
25 Vgl. Knoll: Die Treuhand in Brandenburg; Lütkemeyer: Wendemanöver.
26 Als erstes Zwischenergebnis z. B. Elsner: Enttäuschte Hoffnung.

gewiesen, die ebenfalls neue Ergebnisse zutage gefördert haben.[27] Dieser äußerst knappe Überblick hat deutlich gemacht, dass sich die historische Transformationsforschung in kurzer Zeit sehr stark ausdifferenziert hat. Dabei werden nicht nur verschiedene Forschungsperspektiven verfolgt und unterschiedliche methodische Zugriffe gewählt,[28] sondern auch diverse Quellengattungen genutzt. Auf diese Weise wird im Übrigen der lange vorherrschende Tunnelblick auf die Treuhandanstalt relativiert. In jüngster Zeit beschäftigen sich Historikerinnen und Historiker auch mit den Folgen bzw. Rückwirkungen der Umbrüche in Ostdeutschland und Osteuropa auf Westdeutschland bzw. Westeuropa, die unter dem Begriff der Kotransformation gefasst werden.[29]

»Wir sind Zwerge auf den Schultern von Riesen.«[30] Dieser Satz gilt auch für die historische Transformationsforschung, die sich mit den politischen, wirtschaftlichen, sozialen, kulturellen und mentalen Umbrüchen beschäftigt, die durch das Ende der kommunistischen Herrschaft in Europa 1989/90 ausgelöst wurden. Denn der Begriff der Transformation verweist auf die umfangreiche sozialwissenschaftliche Forschung zu diesem Thema, die schon in den 1990er-Jahren durchgeführt worden ist und

27 Lux/Leistner: »Letztes Jahr Titanic«; Langner: »Alles ist noch nicht so, wie wir uns das vorstellen«; Brückweh/Villinger/Zöller (Hg.): Die lange Geschichte der »Wende«.

28 Dagegen konstruiert Marcus Böick einen vermeintlichen Ost-West-Gegensatz und glaubt, ein Forschungsprogramm erkannt zu haben, »das im exklusiven Rückgriff auf etablierte westdeutsche Fachvertreter entwickelt wird«, ohne konkrete Belege dafür zu liefern. Marcus Böick: Rezension von: Dierk Hoffmann/Ulf Brunnbauer (Hg.): Transformation als soziale Praxis. Mitteleuropa seit den 1970er Jahren, Berlin 2020, in: sehepunkte 22 (2022) 7/8 [15.7.2022], http://www.sehepunkte.de/2022/07/36510.html (Zugriff am 6.10.2023). Diese krude Behauptung wird von manchem Historiker in den sozialen Medien übernommen. Unter Verweis auf Böicks Rezension fordert Clemens Villinger, dass sich die zeithistorische Transformationsforschung »aus seinen [sic] festgefahrenen Deutungsmustern lösen« müsse. Clemens Villinger: Tweet vom 22.7.2022, https://twitter.com/ClemnsVillinger/status/1550536336548868101 (Zugriff am 3.8.2022).

29 Damit beschäftigen sich die Beiträge in Böick/Goschler/Jessen (Hg.): Jahrbuch Deutsche Einheit 2022.

30 Zit. nach Nipperdey: Deutsche Geschichte 1866–1918, Bd. I: Arbeitswelt und Bürgergeist, S. 838. Das Gleichnis wird Bernhard von Chartres (gestorben ca. 1124) zugeschrieben, das Johannes von Salisbury (ca. 1115–1180) in seinem um 1159 beendeten Werk *Metalogicon* zitierte.

die diesen *Terminus technicus* maßgeblich entwickelt und geprägt hat.[31] Außerdem ist die Studie des Konstanzer Verwaltungswissenschaftlers Wolfgang Seibel zur Privatisierung der DDR-Wirtschaft hervorzuheben, die aufgrund ihrer analytischen Schärfe immer noch sehr lesenswert ist.[32]

Während empirisch fundierte Studien zur Privatisierung der volkseigenen Betriebe in Sachsen und den wirtschaftspolitischen Strategien der Landesregierung unter Ministerpräsident Biedenkopf nicht vorhanden sind, gibt es zahlreiche Untersuchungen zur politischen Geschichte des Freistaats in den 1990er-Jahren, die das in den Archiven verfügbare Aktenmaterial genutzt haben. Das betrifft insbesondere die sich neu formierende Institutionenordnung im Freistaat: Als Erstes wären hier die minutiösen und sehr detaillierten Darstellungen von Michael Richter zu nennen, der sich eingehend mit der friedlichen Revolution 1989/90 in Sachsen[33] und mit der Neugründung des Landes[34] nach dem Ende der SED-Herrschaft beschäftigt hat. Die fremdenfeindlichen Ausschreitungen in Hoyerswerda 1991 sind Gegenstand der Untersuchung von Christoph Wowtscherk.[35] Rainer Karlsch und Michael Schäfer haben eine konzise Überblicksdarstellung zur Wirtschaftsgeschichte Sachsen seit der Industrialisierung vorgelegt, die einen knappen Ausblick auf die Entwicklung nach 1990 enthält.[36] Von beiden Autoren stammt zudem eine Untersuchung über industrielle Familienunternehmen in Ostdeutschland, die auch die Transformationszeit in den Blick nimmt und die von der Stiftung Familienunternehmen in Auftrag gegeben wurde.[37]

Für die vorliegende Studie sind außerdem noch veröffentlichte Egodokumente von beteiligten Akteuren einschlägig. Dazu zählen vor allem

31 Zu nennen sind hier insbesondere: Transformationsprozesse. Schriftenreihe der Kommission für die Erforschung des sozialen und politischen Wandels in den neuen Bundesländern e. V. (KSPW), 25 Bde., Opladen 1994–1998.

32 Seibel: Verwaltete Illusionen.

33 Richter: Die friedliche Revolution; Richter/Sobeslavsky: Die Gruppe der 20.

34 Richter: Die Bildung des Freistaates Sachsen.

35 Wowtscherk: Was wird, wenn die Zeitbombe hochgeht?

36 Karlsch/Schäfer: Wirtschaftsgeschichte Sachsens im Industriezeitalter.

37 Karlsch/Schäfer: Industrielle Familienunternehmen in Ostdeutschland.

die 2015 veröffentlichten Tagebücher Biedenkopfs, mit denen der sächsische Ministerpräsident den Transformationsprozess aus seiner Sicht ausführlich schildert.[38] Hinzu kommen Erinnerungen von ehemaligen Betriebsdirektoren, wie z.B. dem Geschäftsführer und Arbeitsdirektor der Sächsischen Edelstahlwerke GmbH.[39]

Quellen

Es ist bereits darauf hingewiesen worden, dass die staatlichen Archive in Sachsen bislang kaum Aktenmaterial für die Zeit ab 1990 anzubieten haben, was auf die restriktive Abgabepraxis der sächsischen Staatsregierung zurückzuführen ist. Damit bildet Sachsen das Schlusslicht im Vergleich zu den übrigen ostdeutschen Bundesländern, deren Landesregierungen umfangreiche Aktenbestände schon vor Ablauf der 30-Jahres-Sperrfrist an die jeweiligen Landesarchive abgegeben haben. Eine wichtige Ausnahme bilden aber erstens die Kabinettsprotokolle der sächsischen Staatsregierung, die für die ersten beiden Legislaturperioden (1990–1999) vollständig dem Hauptstaatsarchiv in Dresden übergeben wurden. Diese serielle Archivquelle ist sehr sorgfältig angelegt worden und enthält beispielsweise die Stellungnahmen einzelner Ministerien zu Kabinettsvorlagen.[40] Auf diese Weise lassen sich Entscheidungsprozesse teilweise rekonstruieren, obwohl die Aktenüberlieferung der Landesministerien noch nicht einsehbar ist. Eine zweite Ausnahme bilden einzelne Akten, die das Staatsministerium für Wirtschaft und Arbeit (SMWA) vor Kurzem

38 Biedenkopf: Von Bonn nach Dresden; ders.: Ein neues Land entsteht; ders.: Ringen um die innere Einheit.

39 Mignon: Identitätssuche zwischen Glück und Bedrohung.

40 Die Öffnung der Kabinettsprotokolle war auf Antrag des Autors von Ministerpräsident Michael Kretschmer (CDU) Anfang 2018 bewilligt worden. Schreiben der Sächsischen Staatskanzlei (Referatsleiter Dieter Knoblauch) vom 22.1.2018 an Dierk Hoffmann (im Besitz des Verfassers).

freigegeben hat.[41] Dabei geht es um Unterlagen, die das Ministerium im Zusammenhang mit einem wirtschaftspolitischen Programm (ATLAS-Projekt) Anfang der 1990er-Jahre angelegt hat und die als archivwürdig eingestuft wurden. Außerdem konnte der Autor im SMWA statistische Erhebungen und Berichte des Landesarbeitsamtes Sachsen einsehen, die im Quellenverzeichnis einzeln aufgelistet sind.

Für die vorliegende Studie bilden die Akten der Treuhandanstalt, die sich im Bundesarchiv Berlin-Lichterfelde befinden (B 412), die wichtigste Quellengrundlage. Zu den Teilbeständen, die systematisch ausgewertet wurden, gehören die Protokolle von Vorstand, Verwaltungsrat und Leitungsausschuss, die sogenannten Monatsberichte, die Handbücher sowie das Medienarchiv der THA für den Zeitraum von 1990 bis 1994. Einen zentralen Quellenfundus stellt das Länderreferat Sachsen dar, dessen Aktenüberlieferung die relativ enge Kooperation zwischen der Privatisierungsbehörde in Berlin und der Landesregierung in Dresden dokumentiert. Hier konnten Protokolle gemeinsamer Sitzungen (z.B. des Treuhandkabinetts), Schriftwechsel, aber auch Vorlagen und Denkschriften des SMWA ausfindig gemacht werden. Insofern stellen die Akten dieses Länderreferats eine Gegenüberlieferung zum noch nicht zugänglich gemachten Schriftgut des SMWA dar. Die Studie basiert darüber hinaus auf Unterlagen des Bundesministeriums für Wirtschaft, des Bundesministeriums der Finanzen sowie des Bundeskanzleramts, die aufgrund der abweichenden Abgabepraxis im Bundesarchiv Koblenz bzw. Berlin einsehbar sind. Da auch für diese Akten die 30-Jahres-Sperrfrist teilweise noch nicht abgelaufen war, musste zunächst eine Verkürzung der Sperrfristen beantragt werden, die letztlich auch von den oben genannten Ministerien genehmigt wurde. Abschließend ist auf das Tagebuch von Klaus Schucht

41 Die Freigabe erfolgte auf Antrag des Autors. SMWA (Ministerialdirigentin Dr. Katrin Ihle) am 12.4.2018 an Dierk Hoffmann (im Besitz des Verfassers). Darüber hinaus erhielt der Autor vom SMWA Kopien der Sitzungsprotokolle des Treuhandkabinetts (37. bis 45. Sitzung), die vom SMWA angefertigt wurden und die in der Überlieferung des THA-Länderreferats Sachsen fehlen. SMWA (Abteilungsleiter Dr. Wolfgang Harz) am 14.3.2019 an Dierk Hoffmann (im Besitz des Verfassers).

hinzuweisen, der im Vorstand der THA für die Privatisierung in den Bereichen Chemie und Bergbau zuständig war. Schucht gewährt in dem einzigartigen Egodokument, das sich im Bundesarchiv Koblenz befindet, einen allgemeinen Einblick in die Entscheidungs- und Kommunikationsprozesse der Treuhandspitze.

Der Verwaltungsaufbau in den ostdeutschen Bundesländern ab 1990 erfolgte mit westdeutscher Hilfe und umfasste sowohl personelle als auch finanzielle Unterstützung. Das betraf zunächst die kommunale Ebene, bei der auf bestehende deutsch-deutsche Städtepartnerschaften zurückgegriffen werden konnte, die sich in der zweiten Hälfte der 1980er-Jahre gebildet hatten. Aufgrund der ökonomischen Probleme, die sich in der DDR nach der Maueröffnung in Berlin am 9. November 1989 dramatisch zuspitzten, kamen mit den westdeutschen Bundesländern andere politische Akteure ins Spiel. Für Sachsen kristallisierte sich frühzeitig Baden-Württemberg als Partnerland heraus. Dazu wurden im Hauptstaatsarchiv Stuttgart die Aktenbestände des Staatsministeriums, des Wirtschaftsministeriums und des Sozialministeriums ausgewertet.

Die Treuhandanstalt war als umstrittene Behörde bereits Gegenstand zeitgenössischer Debatten. Für die vorliegende Studie wurden daher im Parlamentsarchiv des Deutschen Bundestages die umfangreiche Presseausschnittsammlung und der kürzlich geöffnete Bestand des Treuhand-Untersuchungsausschusses, der 1993 auf Antrag der SPD-Opposition eingerichtet worden war,[42] im Hinblick auf die sozioökonomische Transformation in Sachsen systematisch ausgewertet. Außerdem wurde im Archiv Grünes Gedächtnis der Vorlass des kürzlich verstorbenen DDR-

42 Bei den Landtagswahlen 2019 in Brandenburg, Sachsen und Thüringen war die Treuhandanstalt Gegenstand des Wahlkampfes. Sowohl die Linkspartei als auch die Alternative für Deutschland (AfD) sprachen sich dafür aus, einen parlamentarischen Treuhand-Untersuchungsausschuss in Berlin bzw. in Erfurt einzurichten. Nach langem Tauziehen hat der thüringische Landtag auf Antrag der CDU-Fraktion 2021 einen eigenen Untersuchungsausschuss eingerichtet, der die Privatisierungspolitik der Treuhandanstalt in Thüringen untersuchen soll, https://www.thueringer-landtag.de/landtag/ausschuesse-gremien/untersuchungsausschuesse/ua-7/2-treuhand-in-thueringen/ (Zugriff am 30.6.2023).

Bürgerrechtlers Werner Schulz eingesehen, der im ersten gesamtdeutschen Bundestag (1990–1994) Sprecher der Bundestagsgruppe Bündnis 90/Grüne war. In dieser Funktion versuchte er Alternativen zum Privatisierungsauftrag der Treuhandanstalt zu entwickeln und verstand sich als parlamentarisches Sprachrohr betrieblicher Proteste. Abschließend sei noch auf Unterlagen hingewiesen, die der Autor von Dr. Rainer Lubk erhalten hat, der von 1991 bis 2011 das Referat für Arbeitsmarktpolitik im SMWA geleitet hat. Herr Lubk hat mir seinen nicht publizierten Erinnerungsbericht, Broschüren zur Arbeitsmarktpolitik in Sachsen sowie Organigramme des Ministeriums zur Verfügung gestellt.

Aufbau der Arbeit

Die folgende Darstellung ist sowohl nach chronologischen als auch nach sachthematischen Gesichtspunkten aufgebaut. Das erste Hauptkapitel untersucht die Vorgeschichte der Privatisierung und analysiert den Verwaltungsaufbau in Sachsen, bei dem die baden-württembergische Landesregierung materielle und personelle Unterstützung gewährte. Anschließend skizziert das zweite Kapitel die wirtschaftliche Entwicklung in Sachsen, wobei der Blick vor allem auf den sich rasant beschleunigenden Strukturwandel und die galoppierende Arbeitslosigkeit gelenkt wird. Im Mittelpunkt des dritten Kapitels steht die Imagepolitik von Ministerpräsident Biedenkopf und Wirtschaftsminister Schommer. Dabei werden die wirtschaftspolitischen Leitbilder der beiden Politiker unter die Lupe genommen. Das darauffolgende vierte Kapitel beschäftigt sich mit dem asymmetrischen Kräfteverhältnis zwischen der Treuhandanstalt und der sächsischen Landesregierung bei der Privatisierung der Treuhandbetriebe. Wie die Privatisierung konkret verlief, ist Gegenstand im fünften Kapitel. Da nicht handbuchartig alle sächsischen Betriebe vorgestellt werden können, erfolgt die Untersuchung am Beispiel ausgewählter Betriebe aus unterschiedlichen Branchen. Im Mittelpunkt des Interesses stehen erstens die ungleiche Partnerschaft zwischen der Berliner Behörde und der Landesregierung sowie zweitens die Privatisierungsziele Biedenkopfs und Schommers. Im sechsten Kapitel werden die Privatisierungsstrategien der Staatsregierung vorgestellt und deren Reichweite ausgelotet. In keinem anderen Bundesland gab es so viele strukturpolitische Initiativen, die klangvolle Namen aus der griechischen Mythenwelt trugen. Im abschließenden siebten Kapitel wird die Rolle von Sozialpolitik bei der Privatisierung untersucht, um die unterschiedlichen Privatisierungsziele herauszuarbeiten, die die Treuhandanstalt und die Landesregierung in Dresden verfolgten.

I. Vor der Privatisierung

1. Ordnungspolitische Suchbewegung

Im Herbst 1989 hatte der ostdeutsche Staat der Ausreisebewegung und den Montagsdemonstrationen kaum noch etwas entgegenzusetzen. Einen Wendepunkt markierte die Montagsdemonstration am 9. Oktober in Leipzig, an der 70 000 Menschen teilnahmen und gegen die die Staatsmacht erstmals nicht mehr gewaltsam vorging. Der SED-Führung und dem Ministerium für Staatssicherheit (MfS) war offenbar die Gewaltbereitschaft schlagartig abhandengekommen.[1] Am Ende blieb der Schießbefehl aus und die bewaffneten Organe wichen vor dem Druck der Straße zurück. Mit der Öffnung der Berliner Mauer am 9. November beschleunigte sich der Zerfall der SED-Herrschaft, der sich in den Wochen zuvor schon angedeutet hatte. Selbstermächtigung und Selbstdemokratisierung waren nun kennzeichnende Elemente der friedlichen Revolution. Während auf den Montagsdemonstrationen bis Anfang November die Durchführung von freien Wahlen, Demonstrations- und Reisefreiheit, ein ziviler Ersatzdienst für den Wehrdienst und allgemein die Ablehnung des Führungsanspruchs der SED im Mittelpunkt standen, trat in der zweiten Novemberhälfte der Ruf nach Einheit Deutschlands neben die bisherigen Demokratisierungsforderungen.[2] In Ostdeutschland be-

1 Ausführlicher dazu die einzelnen Beiträge in: Sabrow (Hg.): 1989 und die Rolle der Gewalt.

2 Vgl. Pollack: Das unzufriedene Volk, S. 92 f. Dabei zeigten sich aber schon frühzeitig Verwerfungen innerhalb der ostdeutschen Gesellschaft. Zum Gegensatz zwischen Bürgerrechtsbewegung und Intellektuellen auf der einen und Protestbewegung auf der anderen Seite: Vgl. ebd., S. 100–104.

gann sich eine eigenständige Protestkultur zu entwickeln, die äußerst heterogen war.[3]

Nach dem Mauerfall erodierte die staatliche Ordnung der DDR, denn Akteure der alten Ordnung verschwanden und neue Akteure betraten die politische Bühne. So wurden Institutionen aufgelöst (z.B. die Staatliche Plankommission oder das MfS), die das Leben der Menschen in der DDR über Jahrzehnte maßgeblich beeinflusst hatten. Gleichzeitig entstanden neue Institutionen, wie etwa die Industrie- und Handelskammern (IHKs)[4] und das Ministerium für Wirtschaft unter Christa Luft (SED/PDS). Außerdem spielten Kommunalpolitiker und die Runden Tische, die sich auf zentraler, regionaler und lokaler Ebene als Ort des Dialogs bildeten, eine wichtige Rolle. Es waren vor allem die Bürgermeister und Stadtverwaltungen, die mit Anfragen aus der Bevölkerung überschüttet wurden. Dabei ging es nicht nur um die Allokation immer knapper werdender Güter des täglichen Bedarfs, sondern beispielsweise auch um die Neuzulassung von Parteien. In Gesprächen mit aufgebrachten Bürgern verwies der sichtlich überforderte Dresdner Oberbürgermeister Wolfgang Berghofer (SED) darauf, dass in vielen Angelegenheiten nach wie vor der DDR-Innenminister in Ost-Berlin zuständig sei. Ein Bericht der Bezirksverwaltung für Staatssicherheit (BVfS) über eine Abendveranstaltung am 9. Oktober 1989 in der Dresdener Hofkirche zitierte Berghofer mit den Worten: »Außerdem bin ich Kommunalpolitiker und nicht der Herr Gorbatschow.«[5]

Offene gesellschaftliche Debatten waren aber nicht nur bei den Demonstrationen auf den Straßen vieler ostdeutscher Städte zu beobach-

3 Dazu ausführlicher Rau: Transformation von unten.

4 Gewerbetreibende hatten ohne Absprache mit dem DDR-Ministerrat Anfang 1990 IHKs in Dresden, Ost-Berlin und Rostock gegründet. Als unabhängige Interessenvertretung der Selbstständigen lösten sie die Handels- und Gewerbekammern (HGK) der DDR ab. Müller: Die Wiederbegründung der Industrie- und Handelskammern in Ostdeutschland im Prozess der Wiedervereinigung, S. 61–65.

5 Zit. nach. Richter/Sobeslavsky: Die Gruppe der 20, S. 286. Während Berghofer in seinen Erinnerungen ausführlich auf seine Kontakte zu westdeutschen Politikern und Wirtschaftskapitänen eingeht und das fast freundschaftliche Verhältnis zu Ministerpräsident Lothar Späth (CDU) betont, spielen die wirtschaftlichen Alltagssorgen der Bevölkerung fast keine Rolle. Vgl. Berghofer: Keine Figur im Schachspiel.

ten, sondern auch in den volkseigenen Betrieben und Kombinaten. Eine Statistik des DDR-Innenministeriums registrierte zwischen August 1989 und April 1990 landesweit 206 Streiks und zwölf Betriebsbesetzungen.[6] Betriebliche Proteste, die nach dem 9. November 1989 verstärkt einsetzten,[7] richteten sich anfangs gegen die Versorgungsmängel der Planwirtschaft und schlossen dabei Kritik an Werks- und Betriebsleitern mit ein. Die Stimmung war teilweise aufgeheizt: In den Produktionsabteilungen des südwestlich von Dresden gelegenen VEB Edelstahlwerk Freital wurden SED-Mitglieder als »Schandflecke« und »Schweine« beschimpft.[8] Die Kritik richtete sich außerdem gegen die planwirtschaftlichen Strukturen. So forderten Beschäftigte im westsächsischen VEB Werkzeugmaschinenfabrik Johanngeorgenstadt »ein echtes Leistungsprinzip [...] mit differenzierter Entlohnung«.[9] Bei den Forderungen ging es auch um Fragen der sozialen Ungleichheit in den Betrieben; Kritik an Privilegien und Amtsmissbrauch wurde laut.[10] Darüber hinaus stellten immer mehr Beschäftigte die Legitimation der offiziellen Gewerkschaften – Freier Deutscher Gewerkschaftsbund (FDGB) und Industriegewerkschaften – infrage[11] und forderten die Gründung unabhängiger Gewerkschaften. Schließlich bildeten sich in einigen Betrieben Initiativgruppen, die unter anderem für das Streikrecht und freie Wahlen eintraten.[12]

6 Vgl. Gehrke: Die »Wende«-Streiks, S. 247–270, hier S. 247.

7 Dagegen setzt Detlev Brunner den Beginn der Protestbewegung erst im Vorfeld des Staatsvertrags vom 18. Mai 1990 an. Vgl. Brunner: Auf dem Weg zur »inneren Einheit«?, S. 171.

8 Zit. nach Richter: Die Friedliche Revolution, Bd. 1, S. 432.

9 Zit. nach ebd., S. 434.

10 Vgl. ebd., S. 697. Im Automobilwerk Eisenach (AWE) wurde auch die Praxis bei der Vergabe von Ferienplätzen und Kuren sowie die Pkw-Zuteilung hinterfragt. Vgl. Elsner: Enttäuschte Hoffnung, S. 175–177. Allgemein zu den betrieblichen Protesten Kowalczuk: Revolution ohne Arbeiter? Die Ereignisse 1989/90, S. 586–592.

11 Vgl. Stellungnahme einer Gewerkschaftsgruppe aus dem Institut für Technologie der Polymere Dresden vom 31.10.1989, in: Gehrke/Hürtgen (Hg.): Der betriebliche Aufbruch im Herbst 1989, S. 355f.

12 Vgl. Aufruf der »Initiative zur demokratischen Umgestaltung der Gesellschaft«, Initiativgruppe von Arbeitern aus dem VEB ELGAWA, Plauen o.D. [Anfang Oktober 1989], in: ebd., S. 337.

Nach dem Mauerfall verschwanden das Außenhandels- und Devisenmonopol, das die SED-Führung rund 40 Jahre besessen hatte. Denn westliche Waren konnten nun ungehindert in die DDR gelangen; die westdeutsche D-Mark stieg zur faktischen Leitwährung auf. Eine Arbeitsgruppe der Dresdener Stadtverordnetenversammlung forderte am 23. November 1989 die Ausarbeitung einer Außenhandelsgesetzgebung, »die es den Wirtschaftseinheiten erlaubt, selbständig am internationalen Handel teilzunehmen«.[13] Mit dieser Entwicklung geriet die DDR-Währung erheblich unter Druck. Die Deutsche Bundesbank ging Ende November 1989 von einem stark sinkenden Wechselkurs der ostdeutschen Währung und einem knapper werdenden Warenangebot in der DDR aus: »Die im Westen gegen D-Mark umgetauschten DDR-Banknoten strömen illegal in die DDR zurück und werden von Ausländern, Westberlinern, aber auch von DDR-Bürgern benutzt, um in großen Mengen billige DDR-Produkte aufzukaufen.«[14] Um zu verhindern, dass sich Bundesbürger mit billigen Nahrungs- und Genussmitteln eindeckten, beschloss der Ministerrat in Ost-Berlin Gegenmaßnahmen. So sollte etwa beim Kauf von Konsumwaren der DDR-Personalausweis vorgezeigt werden.[15] Dies ließ sich jedoch nicht umsetzen und unterstrich die zunehmende Handlungsunfähigkeit der DDR-Regierung unter Leitung von Ministerpräsident Hans Modrow (SED/PDS).

2. Versorgungsengpässe und Soforthilfe aus Baden-Württemberg

Die Erosion der staatlichen Ordnung, die sich auf zentraler Ebene rasch beschleunigte, erzeugte in der DDR ein Machtvakuum, das neue politische Akteure nur teilweise ausfüllen konnten. Dazu zählten ostdeutsche

13 Abschlussbericht der Zeitweiligen Arbeitsgruppe »Recht« der Stadtverordnetenversammlung vom 23.11.1989, in: Richter/Sobeslavsky: Die Gruppe der 20, S. 458–467, hier S. 460.

14 Erstmals zitiert bei Hoffmann: Treuhandanstalt – Privatisierung – Öffentlichkeit, S. 22.

15 Vgl. Steiner: Die DDR-Volkswirtschaft am Ende, S. 125.

Bürgerrechtler und neu geschaffene Institutionen, aber auch westdeutsche Landesregierungen. Letztere reagierten oftmals auf konkrete Anfragen aus Ostdeutschland, die deutlich machten, dass es um die Infrastruktur vor Ort mitunter nicht gut bestellt war. So hatte sich der ärztliche Direktor der Poliklinik Mickten (Dresden) Anfang 1990 hilfesuchend an den baden-württembergischen Ministerpräsidenten Lothar Späth (CDU) gewandt und auf die unzureichende zahnmedizinische Ausrüstung in seinem Haus hingewiesen. Moderne Zahnröntgenverfahren seien nicht möglich, »weil Geräte nicht zur Verfügung stehen«.[16] Deshalb hätten sechs Zahnärzte und neun Zahntechniker den Dienst quittiert und seien in die Bundesrepublik übergesiedelt.[17] Auch andere medizinische Einrichtungen im Bezirk Dresden hatten sich allem Anschein nach zeitgleich an das Stuttgarter Sozialministerium gewandt, um Verbandsmaterial, medizinische Ausrüstung und Fachpersonal aus dem Westen zu erhalten.[18] Das leitende Personal verschiedener Kliniken befürchtete offenbar einen Kollaps der Gesundheitsversorgung. Hilfe erhoffte man sich nicht mehr von der Modrow-Regierung in Ost-Berlin, sondern vom zukünftigen Partnerland im Südwesten der Bonner Republik.

Der baden-württembergische Ministerpräsident war bereits am 10./11. Dezember 1989 nach Dresden gereist, um sich selbst ein Bild von

16 Ärztlicher Direktor der Poliklinik Mickten am 5.2.1990 an Lothar Späth, Ministerpräsident von Nordrhein-Westfalen [sic], HStA Stuttgart, EA 8/603, Bü 50/8.

17 Dabei handelte es sich um ein republikweites Phänomen. Nach Angaben des MfS hatten im ersten Halbjahr 1989 insgesamt 490 Ärzte und Zahnärzte sowie 1185 weitere Beschäftigte des Gesundheitswesens mit Hoch- und Fachschulabschluss die DDR verlassen. Territoriale Schwerpunkte bildeten neben Ost-Berlin, die Bezirke Halle, Leipzig, Erfurt, Dresden, Karl-Marx-Stadt und Rostock. Außerdem hatten im selben Zeitraum insgesamt 6428 Mitarbeiter des DDR-Gesundheitswesens, darunter 1269 Ärzte und Zahnärzte sowie 3948 weitere Beschäftigte mit Hoch- und Fachschulausbildung, einen Ausreiseantrag gestellt. Vgl. Information Nr. 395/89 vom 4.9.1989 über Flucht und Ausreise im Medizinsektor, 1. Halbjahr 1989, BStU, MfS, ZAIG 3794, Bl 2–11, https://www.ddr-im-blick.de/jahrgaenge/jahrgang-1989/report/flucht-und-ausreise-im-medizinsektor-1-halbjahr-1989-1/ (Zugriff am 10.8.2022).

18 So meldete das Bezirkskrankenhaus Dresden-Friedrichstadt einen dringenden Bedarf an Ultraschall- und Dialysegeräten an. Vermerk Dr. Zeller vom 18.12.1989 betr. Reise von Ministerpräsident Lothar Späth am 10./11.12.1989 nach Dresden, S. 6, HStA Stuttgart, EA 8/603, Bü 50/2.

der Lage in der Elbmetropole zu verschaffen. Dabei dürfte nicht nur seine Bereitschaft ausschlaggebend gewesen zu sein, der sächsischen Kommune finanzielle Unterstützung in Aussicht zu stellen. Politisches Machtkalkül spielte ebenfalls eine wichtige Rolle. Denn Späth, der in Teilen der westdeutschen Presse 1989 schon als Nachfolger von Bundeskanzler Kohl gehandelt wurde, hatte auf dem CDU-Bundesparteitag in Bremen (11. bis 13. September) eine empfindliche Niederlage einstecken müssen. Der innerparteiliche Aufstand gegen den politisch angeschlagenen Kanzler und CDU-Vorsitzenden misslang bereits im Vorfeld des Parteitags. Daraufhin scheiterte Späth bei der Wahl zum CDU-Präsidium und galt innerhalb der Partei nun als »erledigt«.[19] Er musste sich neue Aufgabenfelder suchen. Da kam der Mauerfall gerade recht. Insofern war es kein Zufall, dass der baden-württembergische Ministerpräsident Dresden besuchte – zehn Tage vor seinem Widersacher Kohl.

Nachdem Späth von seiner Reise nach Dresden zurückgekehrt war, wurde das Sozialministerium in Stuttgart damit beauftragt, ein Sofortprogramm in Höhe von 1,5 Millionen DM vorzubereiten, um dem Gesundheitswesen und der Altenpflege in der Elbmetropole mit dringend benötigten Medikamenten und medizinischen Geräten unter die Arme zu greifen.[20] Die baden-württembergische Landesregierung entwickelte sich somit für viele Krankenhäuser und Ärzte in Sachsen zum ersehnten Problemlöser. Die bundesdeutsche Seite stand allerdings von Anfang an vor dem Dilemma, die ostdeutsche Bevölkerung zu unterstützen, ohne dabei das SED-Regime, das sich im freien Fall befand, zu stabilisieren. Das erklärt auch die zögerliche Haltung, die viele westdeutsche Akteure zunächst an den Tag legten. Langfristige Planungen, die über akute Hilfs-

19 Schwarz: Helmut Kohl, S. 525.

20 Vgl. Dierk Hoffmann: Übernahme? Austausch- und Transferprozesse zwischen Baden-Württemberg und Sachsen 1989, in: Deutschland Archiv Online vom 11.5.2020, https://www.bpb.de/themen/deutschlandarchiv/309554/uebernahme/ (Zugriff am 11.8.2020). Bis Mitte 1990 wurden medizinische Geräte im Wert von 800 000 DM nach Sachsen geliefert; eine weitere Lieferung mit einem Gesamtwert von 1,2 Millionen DM war in Vorbereitung. Vermerk (Dr. Grupp) für Frau Minister vom 14.8.1990, S. 3, HStA Stuttgart, EA 8/502, Bü 10/4.

maßnahmen hinausgingen, schienen zu diesem Zeitpunkt noch nicht möglich zu sein, schließlich existierte die DDR ja noch.

Baden-Württemberg war freilich nicht das einzige Bundesland, das ostdeutschen Kommunen Soforthilfe gewährte. Um die einzelnen Maßnahmen untereinander abzustimmen, fand eine Woche nach Späths Visite in Dresden eine Besprechung mit allen Bundesländern im Bundesministerium für innerdeutsche Beziehungen statt.[21] Dabei zeichneten sich Kooperationsbeziehungen zwischen westdeutschen Ländern und ostdeutschen Städten bzw. Bezirken am Horizont ab, wobei bereits bestehende Städtepartnerschaften – wie z.B. zwischen Bremen und Rostock – aufgegriffen wurden. Während Hessen und Rheinland-Pfalz beabsichtigten, ihre Zusammenarbeit auf das Land Thüringen zu konzentrieren, hatte Niedersachsen die Bezirke Magdeburg und Halle im Blick. Schleswig-Holstein plante eine Kooperation mit den drei nördlichen DDR-Bezirken. Dagegen ergab sich zwischen Baden-Württemberg und Bayern eine Konkurrenzsituation, da beide Landesregierungen ihr Interesse für den Bezirk Karl-Marx-Stadt bekunden. Eine verbindliche Absprache wurde nicht getroffen.

Beamte der Stuttgarter Landesregierung entwickelten kurz vor Weihnachten 1989 erste Überlegungen für eine Zusammenarbeit Baden-Württembergs mit dem »Raum Dresden«.[22] Im Einzelnen ging es um die Unterstützung beim Aufbau eines neuen Telefonnetzes, die Bereitstellung von Gründungsdarlehen für kleinere Unternehmen sowie die Ausbildung von DDR-Managern. Für das Gesundheitswesen sollte das bereits angelaufene Sofortprogramm weiter ausgebaut werden. Ferner sollten ein Stipendienprogramm für die Hochschulen und ein Jugend-Austauschprogramm entwickelt werden. Um die Kooperation zwischen Baden-Württemberg und den Bezirken Dresden, Leipzig und Karl-Marx-Stadt zu vertiefen, wurde bereits am 31. Januar 1990 in Dresden eine Vereinbarung über die Bildung

21 Zum Folgenden Hoffmann: Übernahme? Austausch- und Transferprozesse zwischen Baden-Württemberg und Sachsen 1989.

22 Vermerk Böhmler/Mengele (Abt. V) für den Herrn Ministerpräsident vom 20.12.1989, HStA Stuttgart, EA 8/603, Bü 50/4.

einer Gemischten Kommission zwischen Ministerpräsident Späth und den Vorsitzenden der Räte der drei Bezirke unterzeichnet.[23] Die Kommission wurde paritätisch geleitet. Dem Leitungsgremium gehörte neben den Vertretern der Bezirke ein Mitglied der während der Montagsdemonstration am 8. Oktober 1989 in Dresden gebildeten »Gruppe der 20« an. Eine Anlage zu der abgeschlossenen Vereinbarung listete insgesamt elf Fachgruppen auf, die ebenfalls paritätisch besetzt waren.[24] Schließlich richtete die Stuttgarter Landesregierung noch ein Verbindungsbüro in Dresden ein.[25] Eile war geboten. Denn der bayerische Ministerpräsident Max Streibl (CSU) beabsichtigte, »partnerschaftliche Beziehungen zwischen Sachsen und Bayern« aufzubauen.[26] Dazu war er am 31. Januar eigens von München nach Dresden geflogen.

Binnen weniger Wochen hatte sich das politische Kräftefeld nicht nur in Sachsen, sondern in der DDR nahezu komplett verschoben: Anfang 1990 wurde unübersehbar, dass die Vertreter der alten Ordnung nur noch geringe Handlungsspielräume besaßen und mit einem massiven Vertrauensverlust in der ostdeutschen Öffentlichkeit zu kämpfen hatten. Gleichzeitig hatten die Besuche hochrangiger Politiker aus dem Westen Ende 1989 hohe Erwartungen in der DDR-Bevölkerung geweckt. Das galt offenbar auch für die Stippvisite Späths in Dresden. So berichteten Vertreter des baden-württembergischen Gemeindetags, die Mitte Januar 1990 eine Besuchsreise nach Dresden unternommen hatten, dass sich ihre Ge-

23 Vereinbarung über die Bildung einer gemischten Kommission vom 31.1.1990, HStA Stuttgart, EA 8/603, Bü 50/8. Vgl. Richter: Die Bildung des Freistaates Sachsen, S. 193.

24 Zur Bildung und zum Arbeitsprogramm der Fachgruppe Soziales und Gesundheit: Ergebnisvermerk über Besprechung am 6.2.1990, HStA Stuttgart, EA 8/502, Bü 10/1. Am Rande eines Fachgesprächs zeigte die stellvertretende Bezirksärztin von Dresden einen »ungeheuer große[n] Nachholbedarf« an Informationen. Demzufolge war in der DDR über das vielfältige Angebot an sozialen Diensten in der Bundesrepublik »so gut wie nichts bekannt«. Protokoll über die Sitzung der Vorsitzenden der Fachgruppen der Gemeinsamen Gemischten Kommission am 9.3.1990 in Gohrisch bei Dresden, HStA Stuttgart, EA 8/502, Bü 10/1.

25 Vgl. Kabinettsvorlage des Staatsministeriums Baden-Württemberg betr. Zusammenarbeit mit dem »Raum Dresden« vom 25.1.1990, S. 4, HStA Stuttgart, EA 8/603, Bü 50/6.

26 Zit. nach Richter: Die Friedliche Revolution, Bd. 2, S. 1289.

sprächspartner vom Rat des Bezirkes »soweit wie möglich nach Baden-Württemberg und nicht in [sic] ein anderes Bundesland orientieren« würden.[27] Die »Gruppe der 20« befürwortete eine strategische Partnerschaft zwischen Dresden und Baden-Württemberg, verlangte aber die Einbeziehung von Vertretern der Bürgerrechtsgruppen und der neu zugelassenen Parteien (Neues Forum, SDP).[28] In Stuttgart wurden rasch Stimmen laut, die vor den überbordenden Erwartungen in Ostdeutschland eindringlich warnten. Aus Sicht eines Beamten schien die DDR »zunehmend ein Fass ohne Boden zu werden«.[29] Der Präsident des baden-württembergischen Handwerkstages wies darauf hin, dass »von Woche zu Woche die Diskrepanz zwischen unseren Hilfsmöglichkeiten und dem Unterstützungsbedarf i[n] Sachsen« größer werde.[30]

Der Staatsvertrag über die Schaffung einer Währungs-, Wirtschafts- und Sozialunion vom 18. Mai 1990 beendete die ordnungspolitischen Debatten in der DDR über die Zukunft des Landes und schrieb die Übernahme des westdeutschen Wirtschafts- und Sozialsystems fest. Doch zuvor mussten erstens staats- und verfassungsrechtliche Fragen geklärt werden, die das Zusammenspiel zwischen Bund und Ländern betrafen. So betonten Vertreter der westdeutschen Bundesländer vor allem die föderativen Aspekte der Sozialunion. Der bayerische Minister für Arbeit und Sozialordnung Gebhard Glück (CSU) betonte, es dürfe nicht »auf dem Umweg über den Staatsvertrag zu einem Zentralisierungsschub« kommen.[31] Aufseiten der Länder bestand Konsens darüber, Landesver-

27 Aktenvermerk Dr. Steger vom 23.1.1990 über eine Reise nach Dresden (18.–20.1.1990), HStA Stuttgart, EA 8/603, Bü 50/6. Erstmals zitiert in: Hoffmann: Übernahme? Austausch- und Transferprozesse zwischen Baden-Württemberg und Sachsen 1989.

28 Vgl. Protokoll der Klausurtagung der Gruppe der 20 in der Evangelischen Akademie Meißen am 23./24.2.1990, in: Richter/Sobeslavsky: Die Gruppe der 20, S. 502–506, hier S. 503.

29 Notiz Dr. Zeller vom 12.4.1990 für Ministerin Barbara Schäfer (CDU), HStA Stuttgart, EA 8/603, Bü 50/24. Erstmals zitiert in: Hoffmann: Übernahme? Austausch- und Transferprozesse zwischen Baden-Württemberg und Sachsen 1989.

30 Rudolf Ruf am 28.3.1990 an Ministerin Schäfer, HStA Stuttgart, EA 8/603, Bü 50/24.

31 Vermerk von Abteilungsleiter 2 (Heineken) für Frau Minister: 2. Informationsgespräch über aktuelle Fragen der angestrebten Sozialunion mit der DDR am 2.5.1990 im BMA, S. 2, 4.5.1990, HStA Stuttgart, EA 8/502, Bü 10/1.

sicherungsanstalten in Ostdeutschland aufzubauen. In den Vertragsverhandlungen rückten zweitens fiskalische Aspekte immer mehr in den Vordergrund. Unter Zeitdruck gelang ein erster Durchbruch: Nach Angaben des Staatssekretärs im Bundesministerium für Arbeit und Sozialordnung Bernhard Jagoda (CDU) sollten die ostdeutschen Bundesländer, die erst noch zu gründen waren, nur die Schulden übernehmen, die bei der Wahrnehmung von Landesaufgaben entstanden, während der Bund »mit den bei der Durchführung von Zentralstaatsaufgaben entstandenen Schulden« zu belasten war.[32] Es stellte sich aber rasch heraus, dass eine klare Trennlinie zwischen Landes- und Zentralstaatsaufgaben gar nicht so leicht zu ziehen war. Im Bundesrat bekräftigten die Ministerpräsidenten den Standpunkt, auf den sie sich bei den Beratungen über den Fonds Deutsche Einheit am 16. Mai geeinigt hatten und der eine verbindliche Kostenregelung vorsah: Demzufolge übernahm der Bund automatisch die Risiken, die über die im Zusammenhang mit dem Fonds festgelegten Beträge hinausgingen.[33]

Der Vereinigungsprozess, der nach der ersten freien Volkskammerwahl am 18. März 1990 deutlich an Fahrt aufgenommen hatte, warf seine Schatten voraus: Mit der Währungsumstellung am 1. Juli – auf der Grundlage eines politisch festgelegten Umrechnungskurses von 1:1[34] – war für die ostdeutschen Betriebe ein Aufwertungsschock verbunden. Vielen drohten die akute Zahlungsunfähigkeit und damit der Konkurs. Im Stuttgarter Sozialministerium, das zur Kooperation mit Sachsen im Frühjahr einen wöchentlichen *jour fixe* eingerichtet hatte, rechnete man mit erheblichen Arbeitsmarktproblemen in Ostdeutschland, sah aber zuallererst die Bun-

32 Ebd.

33 Vgl. Grosser: Das Wagnis der Währungs-, Wirtschafts- und Sozialunion, S. 319.

34 Vor dem Hintergrund der Zuwanderung gen Westen, die sich nach dem Mauerfall auf hohem Niveau befand, ging es um die Stabilisierung des Lebensstandards in Ostdeutschland. Diesem Ziel wurden Fragen der Produktivität und Wettbewerbsfähigkeit ostdeutscher Betriebe untergeordnet. Vgl. Ritschl: Aufstieg und Niedergang der Wirtschaft der DDR, S. 39–41.

desregierung und die Bundesanstalt für Arbeit (BA) in der Pflicht.[35] Auf Landesebene lasse sich nur ein »Modellprojekt« durchführen, das angesichts der finanziellen Möglichkeiten »nur einen geringen Umfang haben könne«. Ende Juni 1990 wurden allein in Dresden rund 3000 Arbeitslose registriert, darunter sehr viele Fachhochschul- und Hochschulabsolventen.[36] Der Leiter des dortigen Verbindungsbüros rechnete mit stark steigenden Erwerbslosenzahlen.

Bei den gemeinsamen Gesprächen zwischen Vertretern Baden-Württembergs und Sachsens wurden Fragen der Arbeitsmarktpolitik zunächst ausgeklammert; einzige Ausnahme bildeten die Beschäftigungsgesellschaften.[37] Das lag in erster Linie an Ministerpräsident Späth, der die im DDR-Arbeitsförderungsgesetz enthaltene Kurzarbeitergeldregelung[38] als »strukturerhaltend« kritisierte.[39] Damit versuchte er sich – nicht zum ersten Mal – als »zielstrebiger Technokrat und erfolgreicher Modernisierer« zu profilieren.[40] Trotz aller Bedenken des Wirtschafts- und Sozialministeriums[41] ging Späth davon aus, dass Initiativen zur Eindämmung der drohenden Arbeitslosigkeit aus dem kommunalen Bereich kommen sollten. Zur Beschleunigung des einsetzenden Strukturwandels müssten die betroffenen Beschäftigten »aus den alten Betrieben herausge-

35 Ergebnisvermerk über Besprechung am 21.5.1990, S. 2, HStA Stuttgart, EA 8/502, Bü 10/2.

36 Leiter des Verbindungsbüros in Dresden (Dr. Rogg): Fax. an das Ministerium für Wirtschaft, Mittelstand und Technologie in Stuttgart (Dr. Hirsch), [28.6.1990], HStA Stuttgart, EA 6/206, Bü 160.

37 Ergebnisprotokoll (Heineken) über die konstituierende Sitzung der Expertengruppe »Arbeit« am 18.6.1990, 19.6.1990, S. 2, HStA Stuttgart, EA 8/502, Bü 10/2.

38 Vgl. Gesetzblatt der DDR 1990, Teil I, S. 403–445, hier S. 417–419, Arbeitsförderungsgesetz vom 22.6.1990. Das Gesetz trat zum 1.7. in Kraft und hatte bis zum 2.10.1990 Bestand; es wurde vom bundesdeutschen Arbeitsförderungsgesetz abgelöst.

39 Vermerk Wirtschaftsministerium (Referat 31) über eine Besprechung im Staatsministerium am 20.6.1990, S. 1, HStA Stuttgart, EA 6/206, Bü 160.

40 Wirsching: Abschied vom Provisorium 1982–1990, S. 193.

41 Das Wirtschaftsministerium warnte in dem Kontext vor einem zweiten Arbeitsmarkt und wies darauf hin, dass Beschäftigungsgesellschaften »zu dauerhaften Auffangeinrichtungen für die über 45-jährigen« werden könnten. Ministerium für Wirtschaft, Mittelstand und Technologie (Dr. Mayerle): Strategiekonzept vom 13.6.1990 zur Sanierung der DDR-Wirtschaft, S. 7, HStA Stuttgart, EA 6/206, Bü 152.

nommen«[42] und von Beschäftigungsgesellschaften für einen befristeten Zeitraum übernommen werden. Das Ziel war die berufliche Qualifizierung für den sogenannten ersten Arbeitsmarkt. Nach dem Vorbild der überbetrieblichen Weiterbildungszentren in Baden-Württemberg sollte ein »maßgeschneiderte[s]« Pilotprojekt zunächst in Dresden mit etwa 300 Plätzen starten, das direkt bei Oberbürgermeister Herbert Wagner (CDU) anzubinden sei.[43] Experten aus der Privatwirtschaft sollten die Geschäftsführung übernehmen. Obwohl die geplante Qualifizierungs- und Beschäftigungs-GmbH Dresden mit einem Weiterbildungszentrum konkurrierte, das die Industrie- und Handelskammer Dresden bereits gegründet hatte,[44] hielt man in Stuttgart an den Plänen fest.

Späths Vorstoß war nicht aus der Luft gegriffen. Das Bundesarbeitsministerium und die westdeutschen Bundesländer hatten sich bereits im Mai 1990 darüber verständigt, dass der aktiven Arbeitsmarktpolitik in Ostdeutschland Vorrang vor Lohnersatzleistungen einzuräumen sei.[45] Die berufliche Qualifizierung schien »der entscheidende Schlüssel zum Erfolg« zu sein. Dazu sollten die zur Verfügung stehenden arbeitsmarktpolitischen Instrumente »modifiziert« werden. Das Bundesarbeitsministerium unterschätzte zu diesem Zeitpunkt aber die finanziellen Möglichkeiten der ostdeutschen Betriebe, die weiterhin betriebliche Umschulungsmaßnahmen bezahlen sollten, und lehnte zusätzliche Hilfen des Bundes zur Finanzierung von Umschulungsprogrammen ab. Sollten die Mittel nicht ausreichen, sei »die Schließung dieser Lücke […] Sache des

42 Vermerk Wirtschaftsministerium (Referat 31) über eine Besprechung im Staatsministerium am 20.6.1990, S. 2, HStA Stuttgart, EA 6/206, Bü 160.

43 Ebd., S. 3 f. Die Stuttgarter Ministerialbeamten wollten dem Projekt auch einen zugkräftigen Namen geben, verwarfen aber den Vorschlag »Neue Arbeit«, da dieser »schon politisch ›links‹ besetzt« sei. Ebd., S. 2.

44 Außerdem beteiligten sich die IHKs an der Lehrstellenkampagne (»Ausbildung 90«). Vgl. Müller: Die Wiederbegründung der Industrie- und Handelskammern, S. 141.

45 Vermerk von Abteilungsleiter 2 (Heineken) für Frau Minister: 2. Informationsgespräch über aktuelle Fragen der angestrebten Sozialunion mit der DDR am 2.5.1990 im BMA, S. 4, 4.5.1990, HStA Stuttgart, EA 8/502, Bü 10/1.

DDR-Haushalts«.[46] In der Bundeshauptstadt ging man im Mai 1990 noch davon aus, dass die Finanzierung der deutschen Einheit durch den Verkauf der volkseigenen Betriebe (VEB) erfolgen könnte. Nach Einschätzung von Vertretern der Bundesregierung verfügte die DDR nämlich über ein sehr großes Vermögen an Grund und Boden, das durch Übertragung an die ostdeutschen Betriebe eine »beachtliche Kreditgrundlage« schaffen würde.[47] Diese Annahme erwies sich aber als Chimäre: Die Beamten im Bundeswirtschaftsministerium erkannten als Erste, dass mit der ungeklärten Altschuldenproblematik[48] ein großes Problem auf die volkseigenen Betriebe zurollte, die seit dem 1. März offiziell der von der DDR gegründeten Treuhandanstalt unterstanden. Damit stand die Finanzierung der Transformation Ostdeutschlands auf tönernen Füßen.

Mitte 1990 tauchte in der ostdeutschen Öffentlichkeit erstmals ein Phänomen wieder auf, das es in den zurückliegenden vier Jahrzehnten unter dem SED-Regime nicht gegeben hatte: Arbeitslosigkeit. Das Thema geriet rasch auf die Agenda der Gemischten Kommission von Baden-Württemberg und Sachsen, der die berufliche Wiedereingliederung arbeitslos gewordener DDR-Bürger großes Kopfzerbrechen bereitete.[49] Insbesondere die Generation der über 45-Jährigen, die über ein großes Fachwissen verfüge, sich aber mit den politischen Verhältnissen in der DDR habe arrangieren müssen, habe »keine hinreichenden Chancen« auf dem gesamtdeutschen Arbeitsmarkt. Deshalb wurde gefordert, das Leistungsangebot für ältere Arbeitnehmer in der Arbeitsförderung aus-

46 Vermerk von Abteilungsleiter 2 (Heineken) für Frau Minister: 2. Informationsgespräch über aktuelle Fragen der angestrebten Sozialunion mit der DDR am 2.5.1990 im BMA, S. 4, 4.5.1990, HStA Stuttgart, EA 8/502, Bü 10/1.

47 Vermerk vom 7.6.1990 betr. Wirtschaftsausschuss des Bundesrates am 28.5.1990, S. 2, HStA Stuttgart, EA 6/206, Bü 152.

48 Nach der Währungsumstellung betrug die Summe sämtlicher Altschulden etwa 120 Milliarden DM – mehr als ein Vierfaches der offiziellen DDR-Auslandsschulden. Einen sehr guten Überblick bietet dazu Fuder: Schnelle Privatisierung für schnelle Erlöse.

49 Ergebnisprotokoll (Krätzer) über die Sitzung der Fachgruppe »Soziales, Gesundheit und Arbeit« der Gemischten Kommission Baden-Württemberg/Sachsen am 19.6.1990 im Kreiskrankenhaus Tuttlingen, S. 15, HStA Stuttgart, EA 8/502, Bü 10/2.

zuweiten. Die Kommissionsmitglieder sprachen sich dafür aus, dieser Personengruppe großzügig Kredite zu gewähren, um den Weg in die Selbstständigkeit zu ermöglichen. Ein Mittelstandsprogramm, das von der baden-württembergischen Seite entwickelt worden war, sah Darlehenshilfen für Existenzgründungen in Höhe von 20 000 bis 50 000 DM vor.[50] Dieses Programm richtete sich aber auch an Personen, die der DDR vor 1989 den Rücken gekehrt hatten und nun aus der Bundesrepublik nach Sachsen zurückkehrten.

Ministerpräsident Späth versuchte Bundeskanzler Kohl für seine Überlegungen zu gewinnen, in denen der kommunalen Ebene eine zentrale Rolle bei der Lösung der ökonomischen Probleme in der DDR zukam. In einem persönlich gehaltenen Schreiben kritisierte er die »Unbeweglichkeit und mangelnde Erfahrung« der ostdeutschen Verwaltung, die effektive und schnelle Entscheidungen behindern würden.[51] Er wies darauf hin, dass Rechtsunsicherheit bei Eigentumsfragen sowie zahlreiche technische und administrative Hemmnisse die Investitionsbereitschaft der Wirtschaft beeinträchtigen würden. Beide Regierungen seien gefordert, »diese Barrieren so schnell wie möglich aus dem Weg zu räumen«. Dem Schreiben war ein Positionspapier beigefügt, in dem Späth die seiner Meinung nach »notwendigen Maßnahmen« ausführlich darstellte. Darin sprach er sich erstens für den Aufbau einer funktionsfähigen kommunalen Infrastruktur aus, ohne die eine leistungsfähige mittelständische Wirtschaft nicht entstehen könne. Die Landesverwaltung, die erst noch aufzubauen sei, könne diese Aufgabe nicht übernehmen. Im Einzelnen müssten »flächendeckend Partnerschaften zwischen Städten, Gemeinden und Landkreisen« geschlossen werden.[52] Die westdeutschen Kommunen

50 Arbeitsprogramm Baden-Württemberg/Sachsen vom 29.6.1990 für den Bereich Wirtschaft, S. 6 f., HStA Stuttgart, EA 6/206, Bü 155.

51 Lothar Späth am 17.8.1990 an Helmut Kohl, HStA Stuttgart, EA 6/206, Bü 159.

52 Positionspapier von Lothar Späth (»Überlegungen zur Lösung der Wirtschaftsprobleme in der DDR«), S. 2, HStA Stuttgart, EA 6/206, Bü 159. Zu diesem Zeitpunkt bestanden bereits 49 Partnerschaften zwischen Krankenhäusern in Baden-Württemberg und Sachsen. Vermerk (Dr. Grupp) für Frau Minister vom 14.8.1990, S. 3, HStA Stuttgart, EA 8/502, Bü 10/4.

sah er in der Pflicht, Fachkräfte für den Aufbau der Verwaltung in Ostdeutschland zur Verfügung zu stellen. Späth forderte zweitens eine Entlastung der Betriebe, um sie attraktiv für Kaufinteressenten zu machen, und zeigte wenig Verständnis für den Alltag der sozialistischen Arbeitswelt in der DDR: Es sei im System der sozialen Marktwirtschaft nicht möglich, »die Betriebe mit sozialen Betreuungs- und Bildungseinrichtungen zu belasten«.[53] Diese Aufgaben sollten stattdessen die Kommunen übernehmen, die dafür »angemessen finanziell« auszustatten seien. Das Maßnahmenpaket des baden-württembergischen Ministerpräsidenten drohte jedoch die Kommunen zu überfordern, die außerdem noch die von Späth favorisierten Qualifizierungs- und Beschäftigungsgesellschaften beaufsichtigen sollten.

Bei den Verhandlungen zum Vertrag über die Herstellung der Einheit Deutschlands (Einigungsvertrag), der von den Chefunterhändlern der beiden deutschen Staaten Wolfgang Schäuble (CDU) und Günther Krause (CDU) am 31. August 1990 unterzeichnet wurde, mussten die Beteiligten in Bonn und Ost-Berlin rasch erkennen, dass sich in der Kürze der Zeit nicht alle Details regeln ließen und für einige Rechtsvorschriften Übergangsregelungen gefunden werden mussten. Unter dem Eindruck einer veritablen Wirtschaftskrise, in die die DDR im ersten Halbjahr 1990 geschlittert war, betraf das auch das Arbeits- und Sozialrecht. Zwischen dem Bundesarbeitsministerium und dem Ministerium für Arbeit und Soziales der DDR gab es große Differenzen über die weitere Anwendung der von der Modrow-Regierung eingeführten Vorruhestandsregelung,[54] die vergleichsweise großzügig ausgefallen war. Ost-Berlin begründete die Regelung mit den arbeitsmarktpolitischen Herausforderungen in der DDR. Dagegen befürchtete die bundesdeutsche Seite eine Schlechterstellung westdeutscher Beschäftigter. Der Streit endete mit einem Kompromiss: Während sich das DDR-Ministerium letztlich mit seiner Forderung durchsetzen konnte, den vorzeitigen Übergang in die Rente zu erleich-

53 Positionspapier von Lothar Späth (»Überlegungen zur Lösung der Wirtschaftsprobleme in der DDR«), S. 6, HStA Stuttgart, EA 6/206, Bü 159.

54 Vgl. Ritter: Der Preis der deutschen Einheit, S. 250f.

tern, gelang es dem Bundesarbeitsministerium, die als überhöht angesehenen Leistungen zu kappen. Zwischen beiden Seiten konnte »nach längerer Diskussion« Einigkeit darüber erzielt werden, das Kurzarbeitergeld bis zum 31. Dezember 1991 zu verlängern.[55] Damit konnte sich das Kurzarbeitergeld zum »arbeitsmarktpolitischen Instrument der ›ersten Stunde‹« in Ostdeutschland entwickeln.[56] Diese Sozialleistung besaß eine »Feuerwehrfunktion«:[57] Sie hatte nämlich den Vorteil, dass sie über die Arbeitgeber und nicht über die Arbeitsämter ausgezahlt wurde, die erst noch aufgebaut werden mussten.

Bei der Ausarbeitung des Einigungsvertrags zeigten sich Konfliktlinien nicht nur zwischen Ost und West, sondern auch in der sogenannten alten Bundesrepublik: So schlugen der Wirtschaftsminister von Baden-Württemberg und der Wirtschaftssenator Hamburg vor, die Zonenrandförderung, die strukturschwache Gebiete entlang der innerdeutschen Grenze bis 1989 subventioniert hatte, »rascher als geplant den neuen Gegebenheiten anzupassen«.[58] Dem widersprach der Amtskollege aus München, denn von dieser Finanzspritze profitierte in Bayern »ein 400 Kilometer langer Streifen«.[59] Die Subventionszahlung endete schließlich 1994, als die Europäische Kommission aus Wettbewerbsgründen die westdeutsche Regionalbeihilfe begrenzte.

Die Dynamik, mit der sich das politische, wirtschaftliche und gesellschaftliche System in der DDR bis zum Frühjahr 1990 veränderte, überraschte die Zeitgenossen in Ost und West. Mancher Forscher hat dafür

55 Bericht vom 20.7.1990 über die Ergebnisse der Gespräche zwischen dem BMA und dem MfAS am 18./19.7.1990 in Ost-Berlin, S. 1, HStA Stuttgart, EA 8/502, Bü 10/3. An den Gesprächen nahmen Vertreter der westdeutschen Landesministerien teil.

56 Schmid/Oschmiansky: Arbeitsmarktpolitik und Arbeitslosenversicherung, S. 468.

57 Ebd.

58 Vermerk (Pätzold) betr. Wirtschaftsministerkonferenz am 11.6.1990 in Bonn, S. 2, HStA Stuttgart, EA 6/206, Bü 152.

59 Eckert: Zonenrandgebiet, S. 111.

den Begriff der »Übernahme« gewählt,[60] der jedoch dem prozesshaften Charakter und der grundsätzlichen Offenheit historischer Entwicklung nicht gerecht wird. Die deutsch-deutschen Kontakte, die mit dem Mauerfall eine neue Qualität gewannen, waren vielmehr von einer beiderseitigen Suchbewegung gekennzeichnet. So war die Besetzung leitender Positionen in der sächsischen Landesverwaltung durch westdeutsche Experten anfangs noch gar nicht fest vorgesehen. In Stuttgart gab es sogar erhebliche Vorbehalte, baden-württembergische Beamte »voll in die Hierarchie mit entsprechender Weisungsbefugnis […] einzubinden, insbesondere im Hinblick auf evtl. anstehende Personalentscheidungen, die von baden-württembergischen Beamten, aufgrund der fehlenden DDR-spezifischen Kenntnisse nicht sachgerecht getroffen werden könnten«.[61] Gleichzeitig befürchteten ostdeutsche Vertreter bei gemeinsamen Gesprächen, dass bei der Anstellung westdeutscher »Aufbauhelfer« eine Zweiklassengesellschaft entstehen könnte. Ein leitender Arzt des Bezirkskrankenhauses Dresden-Friedrichstadt warnte vor »Intershopärzten«:[62] Ärzte aus der Bundesrepublik würden nur dann akzeptiert, wenn sie zu gleichen Bedingungen wie DDR-Ärzte arbeiteten. Von entscheidender Bedeutung war die Entstaatlichung der DDR. Diese entfaltete eine Sogwirkung, die wiederum den Transfer des westdeutschen Modells, der mit dem Staatsvertrag über die Schaffung einer Währungs-, Wirtschafts- und Sozialunion vom 18. Mai 1990 weitgehend besiegelt wurde, erst möglich machte. Entstaatlichung und Modelltransfer sind somit zwei Seiten einer Medaille.

60 Meinungsprägend Kowalczuk: Die Übernahme. Diesem Narrativ folgen weitgehend Großbölting: Wiedervereinigungsgesellschaft; Brunner/Heydemann: Die Einheit und die Folgen; Böick/Lorke: Zwischen Aufschwung und Anpassung; Brunner: Einheit und Transformation.

61 Vermerk (Kretzer) über die Reise unter Leitung von Herrn Dr. Zeller am 24./25.7.1990 nach Dresden und Chemnitz, S. 4, HStA Stuttgart, EA 8/502, Bü 10/3. Erstmals zitiert in Hoffmann: Übernahme? Austausch- und Transferprozesse zwischen Baden-Württemberg und Sachsen 1989.

62 Vermerk Dr. Zeller vom 18.12.1989 betr. Reise von Ministerpräsident Lothar Späth am 10./11.12.1989 nach Dresden, S. 6, HStA Stuttgart, EA 8/603, Bü 50/2.

3. Von der Soforthilfe zu den »Aufbauhelfern«

Im Mittelpunkt der Zusammenarbeit zwischen Baden-Württemberg und Sachsen stand zunächst die Soforthilfe, die verhindern sollte, dass die Gesundheitsversorgung in den drei südlichen Bezirken der DDR zusammenbrach. Die Bezirksärzte und Krankenhausleitungen standen vor mehreren Herausforderungen: Erstens musste die Übersiedlung von Ärzten und medizinischem Fachpersonal in den Westen Deutschlands gestoppt, zweitens die akuten Versorgungsengpässe bei der medizinischen Grundversorgung behoben und drittens Antworten auf den baulichen Zerfall der Krankenhäuser gefunden werden. Dabei erschien der Westen als Problemlöser. Die damit verknüpften Erwartungen erstreckten sich aber auch auf andere Politikfelder. Der Ausgang der Volkskammerwahl am 18. März 1990 zeigte eindrücklich, dass die Vorstellung einer reformierten DDR, der die Modrow-Regierung, aber auch noch viele DDR-Bürgerrechtler anhingen, in weiten Teilen der ostdeutschen Gesellschaft keine Anziehungskraft mehr besaß.[63]

Im Zusammenhang mit der Soforthilfe tauchten auf ostdeutscher Seite auch erste Überlegungen für eine Neuordnung des Gesundheits- und Sozialwesens auf. Einen ersten Vorschlag unterbreitete der stellvertretende Bezirksarzt aus Dresden, der sich zuvor mit dem Ministerium für Arbeit, Gesundheit, Familie und Sozialordnung in Stuttgart eng abgestimmt hatte.[64] Demnach sollte in Sachsen ein Ministerium aufgebaut werden, das mit vier großen Fachabteilungen dem baden-württembergi-

63 Zur Kennzeichnung der DDR-Gesellschaft 1989/90 ist in der Wissenschaft in jüngster Zeit von der »Zusammenbruchsgesellschaft« die Rede. So bei Lux/Leistner: »Letztes Jahr Titanic«. Doch dieser Begriff verdeckt die Eigeninitiativen, die in der ostdeutschen Gesellschaft nach wie vor vorhanden waren. Dazu zählten auf lokaler Ebene u.a. die Gründung von IHKs, Berufsverbänden und Arbeitsloseninitiativen. Christoph Kleßmann hatte den Begriff (»Zusammenbruchgesellschaft«) einst zur Kennzeichnung der deutschen Nachkriegsgesellschaft nach 1945 geprägt. Vgl. Kleßmann: Die doppelte Staatsgründung, S. 37.

64 Stellvertreter des Bezirksarztes beim Rat des Bezirkes Dresden (Bergk) am 18.5.1990 an das Ministerium für Arbeit, Gesundheit, Familie und Sozialordnung (Dr. Dietz), HStA Stuttgart, EA 8/603, Bü 50/30.

schen Ressort sehr stark ähnelte.[65] Die Planungen beschränkten sich aber nicht nur auf die Struktur des Ministeriums, sondern skizzierten auch das Aufgabenprofil. Denn die bevorstehende Übernahme des westdeutschen Systems sozialer Sicherheit bedeutete den Aufbau neuer Versicherungsträger und freier Wohlfahrtsverbände.[66] Das neue Ministerium musste also nachgeordnete Verwaltungen und nicht staatliche Akteure in die eigene Arbeit einbeziehen und Zuständigkeiten abgrenzen. Während etwa die zukünftigen Regierungspräsidien als Behörden mit Rechts- und Fachaufsicht fungieren sollten, übernahmen die Ärztekammern Aufgaben der berufsständischen Selbstverwaltung. Schwerwiegende Folgen hatte der Umstand, dass in Sachsen Zahlenmaterial für die Lage auf dem Arbeitsmarkt in den Bezirken Leipzig, Dresden und Karl-Marx-Stadt nur eingeschränkt zur Verfügung stand. Das hatte vor allem administrative Gründe: Während die DDR-Arbeitsämter für die Arbeitsmarktbeobachtung und -vermittlung zuständig waren, gab es in den Bezirksverwaltungen Mitte 1990 »keine koordinierende Stelle für Arbeitsmarktentwicklung«.[67] Die ehemaligen Bezirksplankommissionen hatten entsprechende Arbeiten bereits Ende 1989 eingestellt. Hier schien großer Handlungsbedarf zu sein, zumal die Bundesanstalt für Arbeit erst nach der Wiedervereinigung am 3. Oktober 1990 offiziell mit dem Aufbau eigener Verwaltungsstrukturen in Ostdeutschland beginnen konnte.

Die Bezirksverwaltung Dresden ging im Juli 1990 offenbar von insgesamt acht Ministerien aus, wobei der künftigen Landesregierung die endgültige Entscheidung über die Anzahl und Aufgabenverteilung vorbehalten blieb.[68] Es war der ausdrückliche Wunsch der ostdeutschen Seite,

65 Standpunkte zur Neuordnung des Gesundheits- und Sozialwesens im Land Sachsen, 11.5.1990, ebd.

66 Erläuterungen des stellvertretenden Bezirksarztes von Dresden (Bergk) vom 30.6.1990 zur Bildung eines Ministeriums für Arbeit, Gesundheit, Familie und Sozialordnung im künftigen Land Sachsen, HStA Stuttgart, EA 8/502, Bü 10/3.

67 Ebd., S. 2.

68 Vermerk (Krätzer) über Reise unter Leitung von Herrn Dr. Zeller am 24./25.7.1990 nach Dresden und Chemnitz zur Klärung von diversen Fragen im Zusammenhang mit der Hilfe Baden-Württembergs beim Aufbau der Verwaltung in Sachsen, S. 3, HStA Stuttgart, EA 8/502, Bü 10/3.

dass baden-württembergische »Leihbeamte« nicht erst nach der Bildung des Landes Sachsen eingesetzt würden: »Bereits beim Prozess der Umgestaltung sei Hilfe dringend notwendig.«[69] Daraufhin wurde eine Expertengruppe eingesetzt, die Vorschläge zum Verwaltungsaufbau ausarbeiten sollte, die sich zunächst aber nur auf Sozialstationen und die ambulante Pflege konzentrierten.[70] Vieles deutet darauf hin, dass die Stuttgarter Landesregierung keinen Masterplan für die personelle Aufbauhilfe in Sachsen hatte. Das hing auch damit zusammen, dass auf westdeutscher Seite verschiedene Akteure eingebunden waren. So hatte die baden-württembergische Landesregierung mit den kommunalen Spitzenverbänden vereinbart, 150 »Kommunalfachleute« nach Sachsen zu entsenden.[71] Die Finanzierung der damit verbundenen Kosten in Höhe von rund 30 Millionen DM wollten sich Land und Kommunen teilen.

Dagegen stockte die personelle Hilfe für die noch zu bildenden sächsischen Ministerien. Hier favorisierte Stuttgart anfangs nur eine befristete, d.h. zwei- bis dreiwöchige »Abstellung von kompetenten Fachleuten einzelner Sachgebiete«.[72] Diese Position ließ sich jedoch nicht lange halten, denn westdeutsche Experten waren in zunehmendem Maße gefragt. Das Staatsministerium wies bereits Anfang September darauf hin, dass »künftig personelle Hilfen den Schwerpunkt der Fördermaßnahmen des Landes Baden-Württemberg für das Land Sachsen bilden werden«.[73] Dazu gehörten nicht nur die bereits erwähnten 150 Kommunalbeamten, sondern auch 30 Beamte aus den Stuttgarter Ministerien sowie 21 Richter,

69 Ebd.

70 Vermerk (Dr. Grupp) für Frau Minister vom 14.8.1990, S. 1 f., HStA Stuttgart, EA 8/502, Bü 10/4.

71 Lothar Späth: Überlegungen zur Lösung der Wirtschaftsprobleme in der DDR, o.D., S. 3, HStA Stuttgart, EA 6/206, Bü 159.

72 Vermerk (Krätzer) über eine Reise von Herrn Jaschick und Frau Krätzer nach Sachsen (8.–10.8.1990) zur Klärung von diversen Fragen im Zusammenhang mit der Hilfe Baden-Württembergs beim Aufbau der Verwaltung in Sachsen, S. 1, HStA Stuttgart, EA 8/502, Bü 10/4.

73 Ergebnisvermerk (Holz) über eine Besprechung am 3.9.1990, S. 1, HStA Stuttgart, EA 8/502, Bü 10/4.

darunter fünf Arbeitsrichter.[74] Staatssekretär Dr. Wolfgang Zeller betonte nach einer Dienstreise am 12./13. September nach Dresden, wie ernst die Lage inzwischen sei: Die gesamte Verwaltung in Sachsen befinde sich »in einem Zustand des Umbruchs und der Auflösung«.[75] Während die Mitarbeiterinnen und Mitarbeiter stark verunsichert seien, beherrsche »das Ringen um künftige Ämter« das Tagesgeschäft der Leitungsebenen.

Zu den westdeutschen »Aufbauhelfern«,[76] die in Ostdeutschland mit einem Mal nachgefragt wurden, zählten aber nicht nur Verwaltungsbeamte, sondern auch Unternehmensberater. Denn die einsetzende Privatisierung der DDR-Wirtschaft war die Stunde von Betriebswirten und Juristen, die anscheinend über das erforderliche Wissen verfügten, um die ostdeutschen Betriebe sicher in die Marktwirtschaft zu führen. Deren Expertise wurde unter anderem in der Treuhandanstalt benötigt, die ihr Präsident Detlev Karsten Rohwedder seit dem Herbst 1990 personell massiv ausbaute.[77] Dabei eröffneten sich mitunter auch ungewohnte Karrierewege: So übernahm der 59-jährige Jurist Herbert B. Schmidt, der Anfang der 1960er-Jahre an der Gründung des CDU-Wirtschaftsrats beteiligt und Inhaber einer kleinen Unternehmensberatung gewesen war, das Wirtschaftsressort in der Dresdner Bezirksverwaltung,[78] um dann nach kurzer Zeit zur Treuhandanstalt zu wechseln[79] und 1992 als Priva-

74 Vgl. Richter: Die Bildung des Freistaates Sachsen, S. 590.

75 Ergebnisvermerk (Holz) über eine Besprechung am 17.9.1990, S. 1, HStA Stuttgart, EA 8/502, Bü 10/4.

76 Dazu die allgemeinen Überlegungen von Böick/Goschler/Nietzel: Die beratene Transformation. Für den Bereich der Kommunalverwaltung Lorke: Von »Besserwessis« und »Jammerossis«. Der Begriff des »Aufbauhelfers« bzw. der »Aufbauhelferin« reicht bis in die unmittelbare Nachkriegszeit zurück und illustriert die deutsch-deutsche Systemkonkurrenz. Denn die Ost-Berliner Machthaber setzten den Begriff zeitweise gezielt gegen die westdeutsche »Trümmerfrau« ein. Vgl. Treber: Mythos Trümmerfrauen, S. 304–308.

77 Vgl. Malycha: Vom Hoffnungsträger zum Prügelknaben.

78 Vgl. Regierungsverwaltung Sachsen erwartet Arbeitskräftemangel. Unternehmensberater wirft der Berliner Treuhand Stagnationspolitik vor, in: General-Anzeiger vom 6.11.1990.

79 Für den Wechsel waren offenbar »unüberbrückbare Differenzen« mit dem frisch gewählten Ministerpräsidenten Kurt Biedenkopf ausschlaggebend. Vgl. Schmidt verlässt Dresden, in: Frankfurter Allgemeine Zeitung vom 6.12.1990.

tisierungsberater in die baltische Republik Estland zu gehen. Schmidt inszenierte sich gern als entschlossener Verfechter eines marktliberalen Kurses (»Privatisieren, privatisieren, privatisieren«) und ließ kein gutes Haar am Zustand der sächsischen Wirtschaft: Die Porzellanmanufaktur Meissen sei die »einzige Perle, die Sachsen auf der Habenseite verbuchen kann«.

Angesichts der geschilderten Rahmenbedingungen überrascht es nicht, dass sich die Arbeit der sächsischen Landesregierung noch längere Zeit durch Krisenmanagement auszeichnete. Gleichzeitig gelang es ihr jedoch im Frühjahr 1991, die Arbeitsabläufe zu professionalisieren. Das baden-württembergische Sozialministerium glaubte einen Wandel zu mehr konzeptioneller Arbeit feststellen zu können und machte dies an einem Gesetzentwurf über Kindertagesstätten fest, den das Ministerium in Dresden dem Landtag zugeleitet hatte.[80] Um Rentenanträge bearbeiten und Rentenleistungen auszahlen zu können, war der zügige Aufbau einer Landesversicherungsanstalt von großer Dringlichkeit, die im Mai offenbar erste Konturen annahm. Dazu hatten die Landesversicherungsanstalten von Baden und Württemberg die Zusage gegeben, 60 bis 70 Fachleute nach Sachsen zu senden.[81]

Die personelle Unterstützung durch Baden-Württemberg verstetigte sich im Laufe der Zeit und betraf nahezu sämtliche Verwaltungsbereiche und -ebenen.[82] Das Stuttgarter Sozialministerium behielt sich allerdings das Recht vor, den Entsendungszeitraum der delegierten Mitarbeiterinnen und Mitarbeiter individuell festzulegen, um die Arbeitsabläufe

80 Vermerk (Holz) über eine Besprechung am 6.5.1991, S. 1, HStA Stuttgart, EA 8/502, Bü 10/5.

81 Ebd., S. 2.

82 Obwohl Bayern auch Verwaltungshilfe leistete, war das Verhältnis zwischen beiden Landesregierungen von Anfang an stark belastet, da die CSU die Deutsche Soziale Union (DSU) in Sachsen bis 1993 unterstützte, was Ministerpräsident Biedenkopf, der um den Verlust der absoluten Mehrheit der sächsischen CDU fürchtete, ein Dorn im Auge war. Er trug sich sogar mit dem Gedanken, im Gegenzug eine Christlich-Liberale Union (CLU) in Bayern zu gründen. Vgl. Biedenkopf: Ein neues Land entsteht, S. 122 (Eintrag zum 18.5.1991).

im eigenen Haus sicherzustellen.[83] Da die Abordnung wenige Wochen, aber auch mehrere Monate betragen konnte, liegen exakte Zahlenangaben über die westdeutschen »Aufbauhelfer« in Sachsen nicht vor.[84] Mitte August 1991 waren rund 320 Landesbeamte für einen Zeitraum zwischen drei und zwölf Monate in Sachsen eingesetzt.[85] Daneben gab es im Ministerium für Wirtschaft und Arbeit auch einzelne Mitarbeiter, die aus anderen Bundesländern kamen. So war der neu ernannte Leiter der Abteilung II (Wirtschaftspolitik und sektorale Strukturpolitik) zuvor im Regierungspräsidium Landshut für regionale Wirtschaftspolitik tätig gewesen.[86] In den sächsischen Landesministerien kam 1992 jeder fünfte Mitarbeiter aus dem Westen. Die Leitungspositionen waren mehrheitlich von Westdeutschen besetzt: Bei den Staatssekretären waren es zehn von 14, bei den Abteilungsleitern 43 von 54 und auf der Ebene der Referatsleiter 114 von 163.[87]

Die Rekrutierung westdeutscher Beamter für die sächsische Landesregierung war nicht nur auf deren Fachwissen und Qualifikation zurückzuführen, sondern auch der Debatte über vermeintliche SED-Seilschaften geschuldet, die in der ostdeutschen Öffentlichkeit ab 1991 wieder

83 Vermerk (Kunz) über eine Besprechung am 10.6.1991, S. 5, HStA Stuttgart, EA 8/502, Bü 10/5.

84 Nach Angaben des Bundesinnenministeriums hat die Bundesregierung vom 3. Oktober 1990 bis zum 1. Januar 1993 insgesamt 16137 Mitarbeiter nach Ostdeutschland entsendet, darunter 14772 für die Bundesverwaltung in den »neuen Bundesländern« und 1365 für die Landesverwaltungen. Die westdeutschen Bundesländer schickten 8217 und die westdeutschen Kommunen mehr als 10000 »Aufbauhelfer«. Vgl. Aufbauhelfer aus dem Westen in Spitzenpositionen in: Sächsische Zeitung vom 29.9.1993, SHStA Dresden, Bestand 12891, Bd. 11115.

85 Vgl. 100 Millionen Mark für Ost-Einsatz. Mehr als 300 Landesbeamte arbeiten derzeit in Sachsen, in: Stuttgarter Zeitung vom 15.8.1991.

86 Vermerk (Länderabteilung Sachsen) über die 21. Sitzung des Treuhand-Wirtschaftskabinetts Sachsen am 10.11.1992 in Dresden, BArch Berlin, B 412/9451, Bl. 187–199, hier Bl. 188.

87 Vgl. Ungebrochenes Selbstbewusstsein in Dresden, in: Neue Zürcher Zeitung vom 27.6.1993. Zwischen den Ministerien gab es durchaus Unterschiede: 1991 kamen 78,8 Prozent der Abteilungs- und Referatsleiter im sächsischen Innenministerien aus Westdeutschland. Dagegen lag der Anteil im Umweltministerium bei 47,6 und im Sozialministerium bei 45,1 Prozent. Vgl. Conze: Die Suche nach Sicherheit, S. 781.

verstärkt geführt wurde und die einzelne Minister in Dresden erheblich unter Druck setzte. Die Kritik entzündete sich zunächst an dem Konzept des Management-Buy-outs (MBO), mit dem die Geschäftsführung eines Treuhandunternehmens in die Lage versetzt werden sollte, den eigenen Betrieb zu übernehmen. Aus Sicht des sächsischen Wirtschafts- und Arbeitsministeriums drohten MBOs zu einer »Fluchtburg« belasteter »SED-Kader« zu werden.[88] Das Ministerium reagierte damit auf eingegangene Beschwerden und wollte die mittelständische Konzeption, der große Bedeutung für den Wirtschaftsaufschwung eingeräumt wurde, durch eine rigorose Personalpolitik aus der Schusslinie nehmen. Auf Betreiben Biedenkopfs richtete das Ministerium eine Clearingstelle ein, um Hinweisen aus der Bevölkerung nachzugehen.[89] Darüber hinaus schlossen sich auch CDU-Bundestagsabgeordnete der Forderung des Ministerpräsidenten an, dass die Treuhandanstalt belastete Geschäftsführer entlassen müsse.[90] Auf diese Weise sollte die Clearingstelle, die nur Empfehlungen geben und keine Entscheidungen treffen konnte, einen Beitrag zum Elitenwechsel in Sachsen leisten.

Noch schwerer wog der Vorwurf der Stasi-Mitarbeit, der auch die ostdeutsche Arbeitsverwaltung traf. Ende 1990 wurden fast 40 Arbeitsverhältnisse von leitenden Mitarbeitern – darunter der Direktoren der Arbeitsämter Pirna und Rostock – wegen ihrer Tätigkeit für das MfS bzw. das Amt für Nationale Sicherheit aufgelöst.[91] Nachdem Bundesarbeitsminister Norbert Blüm (CDU) die Zerschlagung dieser Seilschaften angekündigt hatte, wurden weitere Arbeitsamtsleiter unter anderem in Plauen entlassen. Die Ablehnung, die große Teile der ostdeutschen Bevölkerung gegenüber der SED und dem Staatssicherheitsapparat 1989/90 unmissver-

88 Protokoll (SMWA) über die 4. Sitzung des Treuhandkabinetts am 26.3.1991, BArch Berlin, B 412/9450, Bl. 590–592, hier Bl. 592f.

89 Vgl. Vermerk (Dr. Gimbel) über die 8. Sitzung des Treuhand-Kabinetts am 11.9.1991 in Dresden, BArch Berlin, B 412/9450, Bl. 402–411, hier Bl. 405.

90 Vgl. Vermerk (Darkow/Hill) über ein Gespräch mit der Landesgruppe der sächsischen CDU-Bundestagsabgeordneten in Bonn am 9.3.1992, BArch Berlin, B 412/9381, Bl. 305–309, hier Bl. 308.

91 Zum Folgenden: Hoffmann: Treuhandanstalt – Privatisierung – Öffentlichkeit, S. 63.

ständlich gezeigt hatten, beeinflusste in den folgenden Jahren nicht nur die öffentlichen Debatten über das Erbe der DDR, sondern legitimierte für viele den Elitenwechsel in Ostdeutschland.

Die öffentlich entbrannte Debatte über SED- und Stasi-Seilschaften machte auch vor der Treuhandanstalt nicht halt. Erste Gerüchte über die Stasi-Vergangenheit von Verwaltungsratsmitgliedern kursierten schon Anfang Oktober 1990 in der Presse.[92] Auch wenn es Stimmen gab, die eine Differenzierung anmahnten, geriet die Behörde auch deswegen ins Kreuzfeuer der Kritik. Um den zahlreichen Beschwerden und Hinweisen zu belastetem Leitungspersonal in der Treuhandanstalt und den Treuhandunternehmen nachgehen zu können, wurden sogenannte Vertrauensbevollmächtigte in der Berliner Zentrale und den Niederlassungen eingesetzt.[93] Dabei handelte es sich um zwei Vertreter des Bundesjustizministeriums und 15 pensionierte Richter, die nicht weisungsgebunden waren und nur Empfehlungen aussprechen konnten. Deren Arbeitseinsatz wurde zunächst auf sechs Monate begrenzt. Das Problem der Stasi-Seilschaften beschäftigte die Treuhandanstalt auch bei der Privatisierung der Betriebe. In einem Rundschreiben an alle Direktorate, Sonderbereiche und Niederlassungen wurde eindringlich geraten, die interne Ermittlung einzuschalten, »wenn die Unbedenklichkeit von Investoren nicht von vornherein feststeht«.[94]

Der Begriff »Aufbauhelfer« ist ein Quellenbegriff, der schon zeitgenössisch verwendet wurde. Mit zeitlichem Abstand ist er inzwischen Bestandteil der aktuellen Deutungskonflikte über den Verlauf der Transformation in Ostdeutschland nach 1989/90 geworden. Insofern ist er politisch aufgeladen und verstellt den Blick darauf, dass die westdeutschen Beamten Anfang der 1990er-Jahre in Begegnungs- und Interaktionsräumen auf ostdeutsche Verwaltungsmitarbeiterinnen und -mitarbeiter trafen. Um zu

92 Vgl. Stasi-Mann im Verwaltungsrat der Treuhand, in: Stuttgarter Zeitung vom 1.10.1990.
93 Ausführlicher dazu Malycha: »Alte Seilschaften«.
94 Rundschreiben (U4, Sonderbeauftragter AHB) vom 25.2.1993 betr. Privatisierung, BArch Berlin, B 412/10613, Bl. 341.

einer angemessenen Beurteilung zu gelangen, müsste eine ganze Reihe von Aspekten systematisch untersucht werden, die die Zusammenarbeit in den jeweiligen Ministerien und Verwaltungen beeinflusst haben: die west- und ostdeutschen Erfahrungsräume und Erwartungshorizonte (Reinhart Koselleck), aber auch die Prädispositionen und kulturellen Vorprägungen. Dabei geht es um Selbst- und Fremdwahrnehmungen, aber auch um Machtverhältnisse, Kooperationen und Konflikte. An dieser Stelle können dazu nur erste vorläufige Überlegungen angestellt werden.[95]

In der medialen Berichterstattung spielte der Ost-West-Gegensatz anfangs keine zentrale Rolle. Stattdessen wurde in Zeitungsartikeln die Flexibilität und Lernbereitschaft der Westbeamten hervorgehoben. Ein ostdeutscher Referatsleiter im sächsischen Wirtschaftsministerium wurde mit den Worten zitiert, er habe bisher keine »Besserwisser« oder »Großmäuler« kennengelernt.[96] Manchem Journalisten fielen aber frühzeitig schon Kommunikationsschwierigkeiten zwischen west- und ostdeutschen Mitarbeiterinnen und Mitarbeitern in der Ministerialverwaltung auf, die auf unterschiedliche Verwaltungskulturen zurückzuführen waren. Dies zeigte sich auch in divergierenden ästhetischen Vorstellungen: So hatte ein westdeutscher Mitarbeiter des sächsischen Wirtschaftsministeriums den Hausmeister um die Renovierung der Zimmerwände seines Büros gebeten. Mit diesem Ansinnen war er jedoch nach Einschätzung eines Journalisten ins Fettnäpfchen getreten, denn das Zimmer sei kurz zuvor »mit einer Tapete in Ost-Design tapeziert worden«.[97] Die differenzierte und um Ausgewogenheit bemühte Berichterstattung wandelte sich in der Folgezeit. Westdeutschen »Aufbauhelfern« wurden in zunehmendem Maße negative Eigenschaften zugeschrieben. So berichtete eine westdeutsche Regionalzeitung im Sommer 1993, dass »clevere Wessis den [...] ahnungslosen Ostverwaltungen« sehr teure und überdimensionierte EDV-Anlagen ver-

95 Für den Bereich der Kommunalverwaltung vgl. Lorke: Von »Besserwessis« und »Jammerossis«.

96 Ossis auf Zeit. Sachsen: Ein Wirtschaftsministerium voller Provisorien, in: Wirtschaftswoche vom 12.4.1991.

97 Ebd.

kauft hätten.[98] Der Staatssekretär im sächsischen Innenministerium Hubert Wicker, der von 1978 bis 1984 Berater der baden-württembergischen CDU-Landtagsfraktion gewesen war und anschließend sieben Jahre als leitender Beamter im Stuttgarter Verkehrsministerium gearbeitet hatte, wusste zu berichten, dass Kommunen finanzieller Schaden entstanden sei, weil »Westberater« viel zu hohe Honorare verlangt und bekommen hätten.[99] Als Beispiel nannte er die Honorarforderung eines Ingenieurs für die Teilnahme an einer Bürgerversammlung in Sachsen, die vom zuständigen Bürgermeister auch prompt beglichen worden sei.

4. Verwaltungsaufbau in Sachsen

Ministerium für Wirtschaft und Arbeit

Die Regierungsbildung nach der ersten Landtagswahl am 14. Oktober 1990, bei der die CDU 53,8 Prozent der abgegebenen Zweitstimmen erhalten hatte, sodass sie allein regieren konnte, stellte eine Zäsur dar. Posten mussten vergeben werden. Die Zeit drängte, denn der Regierungsapparat sollte schnell handlungsfähig sein. Dabei griff Kurt Biedenkopf, der auf der konstituierenden Sitzung des Landtags am 27. Oktober zum Ministerpräsidenten gewählt wurde, auf seine in der Bonner Republik geknüpften Netzwerke zurück. Finanzminister wurde der habilitierte Ökonom Georg Milbradt (CDU), der von 1983 bis 1990 Stadtkämmerer in Münster gewesen war und zum Wahlkampfteam Biedenkopfs gehörte. Das Ministerium für Wirtschaft und Arbeit[100] übernahm Karl Josef (Kajo)

98 Mehr Aufgaben und weniger Erfahrung kosten viel Geld. Von manchem »Helfer« über den Tisch gezogen, in: Badische Neueste Nachrichten vom 21.8.1993.

99 Ebd.

100 Die Bildung des Ressorts schrieb sich Biedenkopf auf die Fahnen, der damit die »Überwindung des Gegensatzes von Kapital und Arbeit« dokumentieren wollte. Vgl. Biedenkopf: Von Bonn nach Dresden, S. 389 (Eintrag zum 19.10.1990). Damit beschritt Sachsen einen Sonderweg, denn in den übrigen ostdeutschen Bundesländern blieben die beiden Ressortbereiche getrennt.

Schommer (CDU), der sich in den 1980er-Jahren als Wirtschaftsdezernent bzw. Bürgermeister in Neumünster einen Namen gemacht hatte. Auf Betreiben Biedenkopfs wurden auch Staatssekretäre ernannt, die aus Westdeutschland kamen:[101] In das Kultusministerium zog Wolfgang Nowak als Staatssekretär ein, der als Einziger das SPD-Parteibuch besaß und enger Mitarbeiter des nordrhein-westfälischen Kultusministers Hans Schwier (SPD) gewesen war. Staatssekretär im Umweltministerium wurde der frühere Ministerialdirigent und Abteilungsleiter im Umweltministerium von Baden-Württemberg Dieter Angst. Rüdiger Thiele (FDP) kam vom Bundeskanzleramt, wo er zuletzt stellvertretender Leiter der Abteilung für Wirtschaft gewesen war, zum Ministerium von Kajo Schommer. Nach Angaben des Regierungssprechers Michael Kinze wollte sich Biedenkopf »auf ein breites Spektrum bei den Führungskräften stützen und nicht ausschließlich auf CDU-Mitglieder zurückgreifen«.[102]

Der Aufbau der sächsischen Landesverwaltung war von Anfang an mit vielen Hindernissen verbunden, denn es fehlte – trotz der bereits angelaufenen Unterstützung durch Baden-Württemberg[103] – vor allem an Personal und finanziellen Anreizen. Wirtschaftsminister Schommer warnte vor einem »drohenden Zusammenbruch der öffentlichen Verwaltung«, da viele Menschen nach wie vor Sachsen verließen – darunter auch kompetentes Fachpersonal.[104] Die Personalnot sei in den Grundbuchämtern und in der Bauverwaltung besonders groß. Darüber hinaus beklagte er das Festhalten an der Regelung des Einigungsvertrags, wonach Beamte in Ostdeutschland nur zwischen 35 und 49 Prozent der Westbezüge erhielten. Landräte und Bürgermeister würden – so der Minister – bereits offen damit drohen, »den Bettel hinzuschmeißen und in die Wirtschaft zu gehen«. Kaum ein Beamter würde für knapp ein Drittel des Westgehalts

101 Vgl. Biedenkopf holt mehr West-Kräfte, in: Die Welt vom 29.11.1990.

102 Ebd.

103 Dazu war der baden-württembergische Wirtschaftsminister Hermann Schaufler (CDU) am 26. März 1991 nach Dresden gereist. Vgl. Vermerk (Länderabteilung Sachsen) über die 4. Sitzung des Treuhandkabinetts am 26.3.1991 in Dresden, BArch Berlin, B 412/9450, Bl. 586–589.

104 »In Sachsen droht der Zusammenbruch«, in: Süddeutsche Zeitung vom 3.1.1991.

nach Dresden kommen.[105] Deshalb plädierte Schommer dafür, ein »halbes Pflichtjahr« einzuführen, das junge Beamte in den sogenannten neuen Bundesländern ableisten sollten, auch wenn es ihnen schwerfallen würde, sich »zwei Westleitungen und einen Satelliten-Fax zu teilen«.

Der Personalengpass hatte Konsequenzen für die Verwaltungsarbeit und beeinträchtigte die Arbeitsabläufe auch im sächsischen Ministerium für Wirtschaft und Arbeit. Unbearbeitete Anträge und langwierige Genehmigungsverfahren waren die Folge. Aus dem Ministerium wurde sogar berichtet, es könne durchaus vorkommen, dass ein Brief, den »ein Bürger im November an die Staatskanzlei geschickt hatte, erst im März beim zuständigen Wirtschaftsministerium auftaucht«.[106] Besserung war nicht in Sicht. Nach Angaben Schommers waren Anfang April 1991 erst 52 von 250 Planstellen besetzt.[107] Ein namentlich nicht genannter Mitarbeiter des Ministeriums wurde in der Presse mit den Worten zitiert: »Zum Sterben zu groß, zum Arbeiten zu klein«.[108] In den nachgeordneten Verwaltungen sah die Situation nicht besser aus. So arbeitete im Gewerbeaufsichtsamt nur ein bayerischer Beamter. Da der Landtag den ersten regulären Haushalt noch nicht verabschiedet hatte, erfolgte die Finanzierung auf der Grundlage eines sogenannten Vorschalthaushaltes. Gehälter konnten erst mit zweimonatiger Verspätung ausgezahlt werden. Obwohl ein Landesbeamtenrecht noch nicht vorlag, das die Einstellungspraxis regelte, wurde bei Vorstellungsgesprächen zumindest die MfS-Mitarbeit abgefragt.

105 »Sachstum« – die politische Vision des Kajo Schommer, in: Welt am Sonntag vom 10.2.1991. Als in der Öffentlichkeit der Eindruck entstand, Schommers Kritik richte sich auch gegen die bereits in Dresden tätigen Westbeamten, sah sich der Minister zu einem Dementi veranlasst. Gegenüber der zuständigen Ministerin in Stuttgart betonte er, die entsandten Mitarbeiterinnen und Mitarbeiter stellten eine »unverzichtbare Stütze« dar. Schommer am 24.4.1991 an Barbara Schäfer, HStA Stuttgart, EA 8/502, Bü 10/5.

106 Ossis auf Zeit. Sachsen: Ein Wirtschaftsministerium voller Provisorien, in: Wirtschaftswoche vom 12.4.1991.

107 Vgl. Verwaltungsfachleute fehlen, in: Leipziger Tageblatt vom 4.4.1991.

108 Ossis auf Zeit. Sachsen: Ein Wirtschaftsministerium voller Provisorien, in: Wirtschaftswoche vom 12.4.1991.

Improvisation war also geboten. Diese Eigenschaft mussten auch die Mitglieder der Landesregierung aufbringen, für die kurzfristig keine adäquaten Arbeitszimmer und Einzelunterkünfte zur Verfügung standen. Aufgrund der Wohnungsnot in Dresden entschieden sich einige Minister, gemeinsam mit Biedenkopf das Hotel Bellevue in der Schevenstraße – einem ehemaligen Gästehaus des Ministeriums für Staatssicherheit (MfS) – zu beziehen. Dort teilten sich die Bewohner Kabinetts- und Frühstückstisch. Im Volksmund war rasch von der Minister-WG die Rede, die von Biedenkopfs Ehefrau gemanagt werde. Da es anfangs auch an Sachmitteln fehlte, brachten die Minister ihre eigenen Büromöbel mit. So arbeitete Biedenkopf angeblich an dem Schreibtisch, den er schon in seiner Amtszeit als CDU-Generalsekretär von 1973 bis 1977 genutzt und nach seinem Ausscheiden der Parteizentrale abgekauft hatte. Die Verquickung von Politischem und Privatem war in der Presse Anlass für Mutmaßungen: »Wo Kurt Biedenkopf in den siebziger Jahren die ›neue soziale Frage‹ aufwarf, berechnet Ingrid Biedenkopf heute die Mietpreise der Wohngemeinschaft.«[109]

Das erste verfügbare Organigramm des sächsischen Staatsministeriums für Wirtschaft und Arbeit (SMWA) von Anfang 1991 weist insgesamt sieben Abteilungen auf.[110] Die Geschäftsbereiche entsprachen denen eines westdeutschen Wirtschaftsministeriums, das eine zusätzliche Abteilung Arbeit aufwies. Das Ministerium wurde mehrheitlich von Westdeutschen geführt. Neben Minister Schommer sind die beiden Staatssekretäre Dr. Rüdiger Thiele und Dr. Wolfgang Zeller zu nennen. Nur der parlamentarische Staatssekretär Dr. Helmut Münch (CDU) wies eine ostdeutsche Biografie vor. In den 1980er-Jahren war Münch als wissenschaftlicher Mitarbeiter und Bereichsleiter im späteren Institut für Technische Textilien Dresden beschäftigt gewesen. Im Juli 1990 wurde er

109 Machtzentrum in der Küche, in: Der Spiegel 31/1991 vom 28.7.1991, https://www.spiegel.de/politik/machtzentrum-in-der-kueche-a-04e0cff5-0002-0001-0000-000013490280 (Zugriff am 23.8.2022).

110 Organisationsschema des Staatsministeriums für Wirtschaft und Arbeit (Stand: 15.1.1991), Privatarchiv Dr. Rainer Lubk.

stellvertretender Leiter des Koordinierungsausschusses zur Bildung des Landes Sachsen. Von den insgesamt sieben Abteilungsleiterposten waren zu diesem Zeitpunkt erst fünf besetzt. Die Abteilung für Arbeit wurde von Hans Neufischer geleitet, der aus dem Arbeits- und Sozialministerium Baden-Württembergs kam. Auf der Ebene der Referatsleiter waren zunächst auch zahlreiche westdeutsche Experten zu finden, die mitunter häufig wechselten:[111] J. Gross, seit 1981 Richter am Arbeitsgericht Heilbronn, leitete das Referat Arbeitsrecht und Arbeitsmarktpolitik, bevor er Anfang 1992 Vorsitzender Richter am sächsischen Landesarbeitsgericht in Chemnitz wurde und ein Jahr später zum Landesarbeitsgericht Sachsen-Anhalt wechselte. Vor dem Hintergrund der rasant ansteigenden Arbeitslosigkeit, die nicht nur in Sachsen zu beobachten war, wurden im Ministerium die Geschäftsbereiche neu abgesteckt und ein »Referat Arbeitsmarktpolitische Maßnahmen« gebildet. Referatsleiter blieb bis Anfang 1994 A. Lixfeldt, der aus der nordrhein-westfälischen Arbeitsverwaltung kam. Das zeitgleich gebildete »Referat Berufsbildung und Umschulung« leitete bis 2001 H. Müller, der nach einem Ingenieurstudium und einer Offizierslaufbahn bei der Bundeswehr einen Lehrauftrag am Berufskolleg Siegen wahrgenommen hatte. Im Zuge der Neuordnung entstand Ende 1991 noch ein »Referat Arbeitsmarktpolitik/Grundsatzfragen«, das ab Februar 1992 von Dr. Rainer Lubk geleitet wurde, der für diese Position großes Fachwissen mitbrachte. Er war von 1975 bis 1991 wissenschaftlicher Mitarbeiter in der Sektion Arbeitseinkommen des Zentralen Forschungsinstituts für Arbeit (ZFA) in Dresden gewesen, das zu DDR-Zeiten dem Staatssekretariat für Arbeit und Löhne unterstand und im Sommer 1990 von der Bundesanstalt für Arbeit (BA) übernommen wurde. Lubk hatte sich im Oktober 1990 erfolgreich auf eine Stellenausschreibung der drei sächsischen Bezirksverwaltungen beworben und trat seinen Dienst im SMWA am 12. März 1991 an. Ein knappes Jahr später übernahm er das Referat, das er bis Ende 2011 leiten sollte.

111 Zum Folgenden Lubk: Das Arbeitsmarktreferat im Sächsischen Staatsministerium für Wirtschaft und Arbeit, S. 10. Personalunterlagen und -statistiken des SMWA stehen der Forschung bislang nicht zur Verfügung.

Sachsen war beim Aufbau der Landesverwaltung auf die Unterstützung aus Baden-Württemberg lange angewiesen. Da die eigenen Steuereinnahmen zur Finanzierung des Haushalts nicht ausreichten, übernahm die Regierung in Stuttgart zu einem Großteil die Zahlung der Gehälter für die sogenannten Leihbeamten.[112] Die Personalkosten für Landesbedienstete lagen in Sachsen 1992 bei 5,8 Milliarden DM und machten ein Viertel des Haushaltes aus.[113] Auf kommunaler Ebene war die Lage noch dramatischer: Hier belief sich der Personalkostenanteil auf 60 Prozent.[114] Die prekäre Finanzlage, mit der alle ostdeutschen Bundesländer kämpften,[115] stieß eine Debatte über Personalabbau an, der den Verwaltungsaufbau zu konterkarieren schien. Der sächsische Finanzminister forderte in einem Zeitungsartikel, dass die Bedarfskündigungsmöglichkeit, die laut Einigungsvertrag bis zum 2. Oktober 1992 befristet war, bis zum 31. Dezember 1993 verlängert werden sollte.[116] Milbradt malte ein düsteres Bild: Während die Steuerdeckungsquote im Westen durchschnittlich bei 73 Prozent liege, stamme nur jede vierte D-Mark, die Sachsen ausgebe,

112 Die ostdeutschen Bundesländer mussten sich 1993 mit bis zu 40 Prozent an den Kosten der »Leihbeamten« beteiligen; für 1994 war eine Beteiligung von mindestens 50 Prozent vorgesehen. Vgl. Aufbauhelfer aus dem Westen in Spitzenpositionen, in: Sächsische Zeitung vom 29.9.1993, SHStA Dresden, Bestand 12891, Bd. 11115.

113 Vgl. Georg Milbradt: Ohne Personalabbau werden neue Länder stranguliert, in: Handelsblatt vom 21.7.1992.

114 Die Personalkosten riefen offenbar den Unmut der bayerischen Landesregierung hervor, die 1993 darauf hinwies, dass im Landkreis Torgau das Personalniveau – gemessen an der Einwohnerzahl – 90 Prozent über dem des Landkreises Pfaffenhofen liege. Während es im doppelt so großen Landkreis Pfaffenhofen eine A15-Stelle gebe, seien es im Landkreis Torgau fünf. Sächsische Staatskanzlei: kommentierte Tagesordnung zur gemeinsamen Kabinettssitzung mit der Bayerischen Staatsregierung am 21.9.1993, S. 1, SHStA Dresden, Bestand 12891, Bd. 11109.

115 Nach Angaben des Bundeswirtschaftsministeriums beliefen sich die staatlichen Transferzahlungen für die ostdeutschen Bundesländer 1991 auf rund 138 Milliarden DM. Die Ausgaben westdeutscher Bundesländer für die Verwaltungshilfen lagen bei einer Milliarde DM. Vgl. BMWi (Dr. Caspers): Vermerk vom 18.6.1991 über staatliche Finanztransfers von West- nach Ostdeutschland 1991, S. 1, BArch Berlin, B 412/9383.

116 Vgl. Georg Milbradt: Ohne Personalabbau werden neue Länder stranguliert, in: Handelsblatt vom 21.7.1992.

aus Steuereinnahmen.[117] Der Ministerpräsident rechnete sogar damit, dass sich die Steuerkraft Sachsens erst »in etwa 15 bis 20 Jahren« an das Niveau der alten Länder annähern werde.[118] Sachsen drohe dauerhaft am Tropf des Südweststaates zu hängen. Doch damit sollte bald Schluss sein: Die Staatsregierung stellte sich darauf ein, dass sie »spätestens 1995« die Kosten für die »Aufbauhelfer« übernehmen müsste.[119]

Milbradt hatte seine Pläne für einen Personalabbau erstmals 1991 im Kabinett vorgetragen und war dort auf erheblichen Widerstand gestoßen.[120] Das Wissenschafts-, Kultus- und Sozialministerium hatten seinen Vorschlag rundweg abgelehnt. Dafür wurden »Leihbeamte« aus Baden-Württemberg verantwortlich gemacht, »die mit großer Beharrlichkeit und Geschick Besitzstände im Bildungsbereich und im Sozialbereich verteidigten, die weit über dem Niveau in den alten Bundesländern lägen«.[121] Doch Biedenkopf unterstützte den Kurs seines Finanzministers. Er sorgte dafür, dass das Thema immer wieder auf die Tagesordnung der Kabinettssitzungen kam, und holte dafür auch die Unterstützung des bayerischen Ministerpräsidenten Edmund Stoiber (CSU) ein, der sich in der Öffentlichkeit Anfang der 1990er-Jahre für Deregulierung und Entstaatlichung ganz besonders stark machte. Bei einer gemeinsamen Kabinettssitzung der beiden Staatsregierungen betonte Stoiber, dass »die vom Staat durchdrungenen Bereiche reduziert« und die gesetzlichen Bestimmungen »entflochten« werden müssten, da ansonsten »die Gefahr einer juristisch ad-

117 Vgl. Am Tropf des Westens. Sachsen braucht noch lange Finanzhilfen, in: Deutsches Allgemeines Sonntagsblatt vom 5.2.1993. Erstmals konnte im Landesetat 1995 die Hälfte der Ausgaben durch Steuereinnahmen finanziert werden. Vgl. Der weiß-grüne Freistaat blüht langsam auf. Zum erstenmal [sic] seit der Wende kann Sachsen die Hälfte seiner Ausgaben mit eigenen Steuereinnahmen abdecken, in: Süddeutsche Zeitung vom 24.5.1995.

118 Am Tropf des Westens. Sachsen braucht noch lange Finanzhilfen, in: Deutsches Allgemeines Sonntagsblatt vom 5.2.1993.

119 Leihbeamte in Sachsen. Die Euphorie ist vorbei, in: dpa-Meldung (Matthias Meisner) vom August 1993, SHStA Dresden, Bestand 12891, Bd. 11109.

120 Ergebnisvermerk über Besprechung am 23.9.1991, S. 1, HStA Stuttgart, EA 8/502, Bü 10/5.

121 Finanzministerium von Baden-Württemberg am 10.9.1991 an die Ressorts der Landesregierung, S. 2, HStA Stuttgart, EA 8/502, Bü 10/5.

ministrativen Selbstlähmung« drohe.[122] Eine kleine Arbeitsgruppe wurde gebildet, die ein entsprechendes Konzept ausarbeiten sollte. Damit hatte der Diskurs über Entstaatlichung und Deregulierung, der die Wirtschaftspolitik der Bonner Republik in den 1980er-Jahren maßgeblich geprägt hatte, Einzug in die Personalplanung der sächsischen Landesverwaltung gehalten, die sich Anfang der 1990er-Jahre noch ganz im Aufbau befand.

Treuhandniederlassungen in Leipzig, Dresden und Chemnitz

In der Amtszeit von Detlev Karsten Rohwedder erfolgte ein Um- und Ausbau der Treuhandanstalt. In dem Zusammenhang wurden auch die Geschäftsbereiche neu geordnet: Ende 1990 beschloss der Vorstand der Treuhandanstalt eine Regelung, mit der die Aufgabenfelder zwischen der Treuhandzentrale und den Treuhandniederlassungen abgegrenzt wurden. Letztere erhielten die Verantwortung für die Betreuung von Unternehmen bis zu 1500 Beschäftigten.[123] Die Treuhandniederlassungen, die im Herbst 1990 aus den Außenstellen der Treuhandanstalt entstanden, waren »territorial nach den früheren DDR-Bezirken gegliedert«[124] und hatten ihren Sitz in der jeweiligen ehemaligen Bezirkshauptstadt, d.h. für Sachsen: in Leipzig, Dresden und Chemnitz (früher: Karl-Marx-Stadt). Anfang 1991 verfügte die Treuhandniederlassung in Dresden über 64 Mitarbeiter, davon waren zwölf freie Mitarbeiter.[125] Für die Abstimmung zwischen der Treuhandzentrale und den insgesamt 15 Niederlassungen war

122 Sächsische Staatskanzlei: Ergebnisprotokoll der gemeinsamen Kabinettssitzung mit der Staatsregierung des Freistaates Bayern am 21.9.1993, S. 3, SHStA Dresden, Bestand 12891, Bd. 11109.

123 THA-Vorstandsbereich Niederlassungen, B. Breuel, Kriterien der Zuordnung der THA-Unternehmen zu den Niederlassungen, o.D., BArch Berlin, B 412/8842, Bl. 14; Rundschreiben von B. Breuel und Dr. Klinz betr. Ausgliederung gemäß § 12 Abs. 3 Treuhandgesetz (Stempel: 20.12.1990), BArch Berlin, B 412/9356, Bl. 384f.

124 Malycha: Vom Hoffnungsträger zum Prügelknaben, S. 251.

125 BMWi (I C 1): Vermerk vom 4.2.1991 betr. Arbeit der THA, S. 1, BArch Berlin, B 102/703595.

der promovierte Volkswirt Norman van Scherpenberg zuständig, der von 1983 bis 1990 als Staatssekretär im niedersächsischen Finanzministerium gearbeitet hatte und damit zu den engsten Mitarbeitern Birgit Breuels zählte.[126] Scherpenberg war im Herbst 1990 kurzzeitig als Berater des Regierungsbevollmächtigten des Bezirks Dresden und im Aufbaustab für das SMWA tätig gewesen, bevor er zur Treuhandanstalt nach Berlin ging.

Während die Treuhandzentrale die personelle Besetzung der Niederlassungen zunächst als unzureichend einschätzte und eine erhebliche Beeinträchtigung von deren Arbeit befürchtete, blickte der Dresdner Niederlassungsleiter Helmut Wotte optimistisch in die Zukunft: Im Gegensatz zu den anderen Niederlassungen verfüge die von ihm geführte Niederlassung über eine »Vielzahl unterschiedlicher Unternehmen [mit einer] vergleichbaren Unternehmensstruktur wie in Baden-Württemberg«.[127] Die geografische Lage sowie der »Ideenreichtum« der Sachsen würden sich bereits positiv auswirken. Es gebe im Verantwortungsbereich seiner Niederlassung noch keine Betriebe, die nicht sanierungsfähig seien. Er beklagte allerdings die geringe Verfügbarkeit von Grund und Boden sowie die stockende Reprivatisierung der sogenannten 72er Betriebe. Dabei handelte es sich um Privatbetriebe des Handwerks und Einzelhandels, die zu Beginn der Ära Honecker 1972 enteignet worden waren. Offene vermögensrechtliche Fragen, die die Privatisierung der ostdeutschen Betriebe ins Stocken brachten, meldete auch der Chef der Leipziger Treuhandniederlassung, Dr. Eckard Gering.[128] Ein Jahr später waren von ehemals 565 Unternehmen 264 privatisiert, 113 befanden sich in der Liquidation.[129] Das Tempo der Privatisierung war freilich beachtlich: Die Niederlassung Leipzig, die von Anfang an zu den größten der

126 Vgl. zu den biografischen Angaben Malycha: Vom Hoffnungsträger zum Prügelknaben, S. 252.

127 BMWi (I C 1): Vermerk vom 4.2.1991 betr. Arbeit der THA, S. 1, BArch Berlin, B 102/703595.

128 In Leipzig läuft die Privatisierung nur schleppend, in: Tribüne vom 22.5.1991.

129 Ergebnisvermerk über die 16. Sitzung des Treuhand-Wirtschaftskabinetts Sachsen am 26.5.1992 in Dresden, BArch, Berlin, B 412/9450, Bl. 82–90, hier Bl. 84.

Treuhand zählte,[130] verkaufte pro Monat zwischen 20 und 30 Betriebe.[131] Mit dem Verkauf der letzten Treuhandunternehmen rechnete man in den drei sächsischen Niederlassungen im Sommer bzw. Herbst 1993.[132] Danach sollten die Niederlassungen in Geschäftsstellen umgewandelt werden, um die restlichen Aufgaben zu erledigen.[133]

In den Niederlassungen ging man offenbar frühzeitig davon aus, dass die Privatisierung keine allzu großen Gewinne abwerfen würde. Im Gegenteil: Der Sprecher der Treuhandniederlassung Leipzig, Jürgen Weiss, erwartete im Frühjahr 1991 »eher ein Minusgeschäft«.[134] Gewinne könnte seiner Ansicht nach nur die Berliner Zentrale erzielen. Die anfängliche Euphorie über das vermeintlich rasche Ende der Privatisierung verflog in den Niederlassungen im Sommer 1992, als sich die Sanierungsfälle häuften. Aus Leipzig wurde berichtet, dass die Zeit vorbei sei, in der »die Investoren auf uns zukamen«.[135] Deshalb betreibe man nun »aktives Marketing« und spreche potenzielle Investoren gezielt an. Darüber hinaus mussten Verkaufsverhandlungen auf Eis gelegt werden, weil die Kaufangebote aus Sicht der Treuhandanstalt unseriös waren. So befürchtete die Niederlassung Leipzig in einem konkreten Fall, dass es dem Kaufinteressenten »nicht um die Fortführung des Unternehmens, sondern um den Erwerb der Grundstücke gehe«. Aus Sicht des eingeschalteten Bun-

130 Sächsische Industrie-Gruppe bald privatisiert. Noch knapp 40 Unternehmen sind im Besitz der Treuhand Leipzig, in: Frankfurter Allgemeine Zeitung vom 2.7.1993.

131 Der Run ist vorbei. Leipziger Treuhand setzt auf aktives Marketing, in: Neue Zeit vom 21.8.1992 (BArch Berlin, B 412/9468).

132 Ergebnisvermerk über die 16. Sitzung des Treuhand-Wirtschaftskabinetts Sachsen am 26.5.1992 in Dresden, BArch, Berlin, B 412/9450, Bl. 82–90, hier Bl. 84 f. Als erste Niederlassung stellte Schwerin die Unternehmensverkäufe im Sommer 1992 ein, was vor allem auf die geringere Anzahl an Treuhandunternehmen im Geschäftsbereich zurückzuführen war. Danach folgte die Niederlassung in Cottbus. Vgl. Mit der »Abwicklung« am Ende, in: Tagesspiegel vom 28.8.1992.

133 Sächsische Industrie-Gruppe bald privatisiert. Noch knapp 40 Unternehmen sind im Besitz der Treuhand Leipzig, in: Frankfurter Allgemeine Zeitung vom 2.7.1993.

134 Sachsen noch nicht Vorreiter der Wirtschaftsentwicklung. Auch Rückgabe verwalteten Vermögens stockt, in: Frankfurter Allgemeine Zeitung vom 7.3.1991.

135 Der Run ist vorbei. Leipziger Treuhand setzt auf aktives Marketing, in: Neue Zeit vom 21.8.1992 (BArch Berlin, B 412/9468).

deswirtschaftsministeriums, das die Position der Treuhandniederlassung unterstützte, sollten »Vorkehrungen gegen eine Grundstücksspekulation« getroffen werden.[136]

Die Professionalisierung der Arbeitsabläufe, mit der die Treuhandzentrale auf die öffentlich geäußerte Kritik an ihrer Arbeit reagierte, hatte auch Folgen für die Zusammenarbeit mit den Niederlassungen. Denn der systematische Aufbau eines internen Vertragsmanagements, mit dem insbesondere die mit den Investoren vertraglich vereinbarten Arbeitsplatz- und Investitionszusagen überprüft werden sollten, erforderte ein hohes Maß an Kooperationsbereitschaft zwischen den beteiligten Stellen. Vertreter der Niederlassungen berichteten über ihre Erfahrungen mit dem Vertragscontrolling und ließen sich von den für sie zuständigen Ansprechpartnern in der Treuhandzentrale beraten.[137] Außerdem gab es Abstimmungsbedarf bei den noch ungelösten Reprivatisierungsfällen und den sogenannten Altschulden, die den Abschluss von so mancher Privatisierungsverhandlung in weite Ferne rücken ließen. Erschwerend kam noch hinzu, dass sich die Niederlassungen immer häufiger der Kritik von Kommunalvertretern ausgesetzt sahen. So kritisierte der Bürgermeister der Stadtverwaltung Geringswalde die Intransparenz der getroffenen Privatisierungsentscheidungen: »Ich habe noch nicht ein einziges Mal erlebt, dass bei durchgeführten oder vorgesehenen Veräußerungen durch die THA hier in unserer Stadt die Wünsche, Belange oder auch nur unsere Meinung gefragt waren.«[138] Nicht nur die Treuhandzentrale, sondern auch die Niederlassungen vermittelten in der Öffentlichkeit den Eindruck, mit der Arbeit völlig überfordert zu sein. Persönliche Anfein-

136 BMWi (Dr. Köpernik): Vermerk vom 15.1.1993 betr. Privatisierung der Hartha Textilwerke durch die THA-Niederlassung Leipzig, BArch Berlin, B 102/700748.

137 Vermerk (THA, Länderabteilung Sachsen) über die 24. Sitzung des Treuhand-Wirtschaftskabinetts am 16.2.1993, BArch Berlin, B 412/9451, Bl. 97–104, hier Bl. 100.

138 Bürgermeister Berger (Stadtverwaltung Geringswalde) am 4.8.1993 an den Leiter der Treuhandniederlassung in Chemnitz, BArch Berlin, B 412/9467, Bl. 66 f. Berger hatte sich offenbar zuvor erfolglos an die Treuhandpräsidentin gewandt. Berger am 6.5.1993 an Birgit Breuel, ebd., Bl. 64.

dungen waren keine Seltenheit. Der Dresdner Treuhandchef erhielt nach eigenen Angaben sogar zwei Morddrohungen »von Bedeutung« – die erste zu Ostern 1991.[139]

Vermögensämter

Die Privatisierung der ostdeutschen Betriebe wurde durch das Prinzip »Rückgabe vor Entschädigung« massiv behindert, mit dem die frei gewählte Volkskammer 1990 auf erlittene Vermögensverluste unter dem SED-Regime reagiert hatte. Das dafür verabschiedete Vermögensgesetz, das am 23. September 1990 in Kraft trat[140] und das im Gegensatz zu dem Reprivatisierungsgesetz der Regierung Modrow stand,[141] sollte darüber hinaus Eigentums- und Nutzungsrechte schützen, die Bürgerinnen und Bürger der DDR im Vertrauen auf die damals geltende Rechtsordnung erworben hatten. Der Grundsatz der Restitution galt jedoch nicht für den Zeitraum von 1945 bis 1949: Die damaligen Enteignungen im Zuge der Bodenreform und der sogenannten Industriereform in der sowjetischen Besatzungszone konnten daher nicht rückgängig gemacht werden. Der Gesetzgeber verfolgte mit dem Vermögensgesetz von 1990 das Ziel, Rechtsfrieden herstellen. In der Realität zog das Gesetz aber eine individuelle Klärung der Eigentumsverhältnisse in großem Umfang nach sich, die zeitaufwendig und in der ostdeutschen Gesellschaft hoch umstritten war. Da die damit verbundenen Rechts- und Eigentumsfragen von den im Aufbau befindlichen Landesämtern zur Regelung offener Vermögensfragen zunächst geklärt werden mussten, konnten sich zahlreiche Privatisierungsverhandlungen über Monate, teilweise sogar Jahre hinziehen.

139 Helmut Wotte: »Mit den Sachsen muss man noch rechnen«. Der Dresdner Treuhandchef zieht ein Resümee seiner zweijährigen Tätigkeit, in: Die Welt vom 3.9.1993.

140 Vgl. zur Entstehungsgeschichte des Vermögensgesetzes Kaprol-Gebhardt: Geben oder Nehmen, S. 135–139.

141 Vgl. Trecker: Neue Unternehmer braucht das Land, S. 142.

Investoren wurden abgeschreckt. Den Unmut bekam auch die Treuhandanstalt zu spüren.

Die Treuhandniederlassungen gingen frühzeitig an die Öffentlichkeit, um auf die vom Vermögensgesetz aufgeworfenen Probleme hinzuweisen. Auch wenn seit Ende 1990 bereits 61 Unternehmen verkauft worden seien, würden ungelöste Eigentumsfragen die Arbeit der Niederlassung Leipzig blockieren, wie deren Pressesprecher Anfang März 1991 erklärte.[142] Einen Monat später lagen dem sächsische Landesamt zur Regelung offener Vermögensfragen bereits 6261 Rückgabeanträge vor, darunter 5008 zu Betrieben.[143] Der Leiter der Treuhandniederlassung Chemnitz, Dr. Dirk Wefelscheid, berichtete im Mai 1991, dass in seinem Zuständigkeitsbereich ca. 4000 Restitutionsanträge für etwa 1000 Unternehmen vorlägen.[144] Nach wenigen Monaten konnte das Personal in den Landesämtern die Flut an Anträgen nicht mehr bewältigen. Aufgrund von deren geringer personeller Ausstattung kam es zu einem Bearbeitungsstau. Nach Angaben Biedenkopfs waren im Dresdner Amt Ende 1991 zeitweise nur 13 Mitarbeiter mit der Bearbeitung von rund 40 000 Anträgen beschäftigt gewesen, von denen erst 320 bearbeitet werden konnten.[145] Der Ansturm auf die Vermögensämter sei so groß, dass sich das Amt nicht anders zu helfen wusste, als außen die Türklinken abzumontieren, wie die *Süddeutsche Zeitung* zu berichten wusste. In der Not wählte die sächsische Landesregierung einen ungewöhnlichen Weg und beauftragte in Einzelfällen niedergelassene Rechtsanwälte mit der Prüfung der Anträge.[146] Schommer räumte in

142 Sachsen noch nicht Vorreiter der Wirtschaftsentwicklung. Auch Rückgabe verwalteten Vermögens stockt, in: Frankfurter Allgemeine Zeitung vom 7.3.1991.

143 Im Freistaat Sachsen liegen 6.000 Rückgabeanträge vor, in: Der Morgen vom 9.4.1991.

144 Vermerk (Länderabteilung Sachsen) über die 6. Sitzung des Treuhand-Kabinetts Sachsen am 21.5.1991 in Dresden, BArch Berlin, B 412/9450, Bl. 529–536, hier Bl. 532.

145 Eine Revolution der Verhältnisse wird verlangt. Sachsens Ministerpräsident Kurt Biedenkopf im SZ-Interview, in: Süddeutsche Zeitung vom 8.11.1991. Erstmals zitiert bei Hoffmann: Treuhandanstalt – Privatisierung – Öffentlichkeit, S. 52.

146 Trotz allem würde ich sagen: 95 Prozent waren richtig. Interview mit Wirtschaftsminister Dr. Kajo Schommer, in: Sächsische Zeitung vom 25.11.1991.

einem Zeitungsinterview offen ein, dass der Staat damit »einen Teil seiner Aufgaben in Privathände« gebe.[147]

Ein Haupthindernis bei der Privatisierung stellte die sogenannte Verfügungssperre des Vermögensgesetzes (§ 3, Abs. 3) dar, die es der Treuhandanstalt untersagte, »dringliche Rechtsgeschäfte und andere langfristige Verpflichtungen zu vereinbaren«, wenn ein Rückgabeanspruch an einem Grundstück oder einem Unternehmen vorlag.[148] Damit musste zunächst einmal eine endgültige Entscheidung des zuständigen Landesamtes zur Regelung offener Vermögensfragen abgewartet werden. Die Treuhandanstalt schloss jedoch Kaufverträge ab und setzte darauf, dass im Konfliktfall eine Entschädigungslösung zu einem späteren Zeitpunkt noch gefunden würde.[149] Um die Privatisierung zu beschleunigen, verabschiedete der Deutsche Bundestag das Hemmnisbeseitigungsgesetz, das bereits am 29. März 1991 in Kraft trat.[150]

Neben der bestehenden Rechtsunsicherheit gab es innerhalb der Treuhandanstalt noch Abstimmungsprobleme über die Zuständigkeit bei Restitutionsanträgen, die vom Präsidenten des sächsischen Landesamtes zur Regelung offener Vermögensfragen moniert wurden. Er forderte eine »erhebliche Verkürzung der Bearbeitungszeiten«.[151] Darüber hinaus sollten Informationen zwischen der Treuhandzentrale und den Niederlassungen einerseits und dem Landesamt und dessen Außenstellen andererseits darüber ausgetauscht werden, »welche Unternehmen demnächst

147 Ebd.

148 Interner Vermerk (o. Verf.) vom März 1991 betr. Zur Beseitigung von Privatisierungshemmnissen und zur Vorfahrtsreglung für Investitionen durch das Artikelgesetz vom 22.3.1991, in: Treuhandanstalt (Hg.): Dokumentation 1990–1994, Bd. 1, S. 583–587, hier S. 583.

149 Präsident des sächsischen Landesamtes zur Regelung offener Vermögensfragen (Dr. Kimme) am 18.6.1991 an StS Dr. Thiele (SMWA), BArch Berlin, B 412/9450, Bl. 497–500, hier Bl. 499.

150 Gesetz zur Beseitigung von Hemmnissen bei der Privatisierung von Unternehmen und zur Förderung von Investitionen vom 22.3.1991, in: Treuhandanstalt (Hg.): Dokumentation 1990–1994, Bd. 1, S. 557–582.

151 Präsident des sächsischen Landesamtes zur Regelung offener Vermögensfragen (Dr. Kimme) am 18.6.1991 an StS Dr. Thiele (SMWA), BArch Berlin, B 412/9450, Bl. 497–500, hier Bl. 500.

zum Verkauf anstehen bzw. welche Ansprüche angemeldet sind«.[152] Dagegen schien sein Vorschlag, bei der Treuhandanstalt einen Fonds einzurichten, »damit Ansprüche von Berechtigten [...] alsbald und umfassend geregelt oder die notwendigen Zinsleistungen erbracht werden können«,[153] auf wenig Zustimmung zu stoßen. Obwohl das Landesamt und die Treuhandanstalt zügig Gespräche aufnahmen, um die Zusammenarbeit zu verbessern, kam der anvisierte Informationsaustausch zunächst nicht zustande, da weder eine entsprechende Datenbank mit den registrierten Reprivatisierungsanträgen noch eine Liste aller in Sachsen anstehenden Privatisierungen vom Landesamt bzw. von den drei Treuhandniederlassungen zur Verfügung gestellt werden konnten.[154] Da die Bearbeitungszeit der Anträge in der Berliner Treuhandzentrale im Oktober 1992 immer noch eineinhalb Jahre betrug, schlug der Präsident des sächsischen Landesamtes vor, diese Aufgabe »möglichst weitgehend« in die Niederlassungen in Chemnitz, Dresden und Leipzig zu verlagern und dafür externe Berater dauerhaft zu beschäftigen.[155]

Die ostdeutschen Vermögensämter trafen Entscheidungen, die die Privatisierung und die Reprivatisierung von Betrieben und anderer Vermögenswerte betrafen. Darüber hinaus konnten sie aber auch in Streitfällen zuständig sein für volkseigenes Vermögen, das kommunalen Aufgaben und Dienstleistungen diente. Dazu gehörten vor allem Grundstücke und Einrichtungen, die Bestandteil der DDR-Arbeitswelt waren, wie z.B. Sportanlagen, Polikliniken, Ferienheime und Kulturhäuser. Der Einigungsvertrag hatte festgelegt, dass dieses Verwaltungs- und Finanzvermögen der ehemaligen DDR auf die öffentlich-rechtlichen Gebietskörperschaften übergehen sollte. Die Zuordnung des sogenannten Kommunalvermögens wurde durch das Vermögenszuordnungsgesetz vom 22. März 1991 und

152 Ebd.
153 Ebd.
154 Vermerk (Länderabteilung Sachsen) über Sitzung des Treuhandkabinetts am 24.6.1991, BArch Berlin, B 412/9450, Bl. 458–468, hier Bl. 464.
155 Sächsisches Landesamt zur Regelung offener Vermögensfragen (Dr. Kimme) am 27.10.1992 an SMWA (Referatsleiter 27, Herr Fahdt), BArch Berlin, B 412/9451, Bl. 209f.

einen entsprechenden Rundbrief der Treuhandzentrale geregelt.[156] Doch die Wertermittlung gestaltete sich schwierig: So konnte das sächsische Innenministerium auf Anfrage eines Landtagsabgeordneten der Grünen Mitte 1991 noch keine konkreten Angaben liefern.[157] Die Vermögensübertragung auf die Kommunen wurde zudem erschwert durch Abstimmungsprobleme mit den Grundbuchämtern, die die Eintragungen nicht rechtzeitig vornehmen konnten.[158] Schließlich zogen Rechtsstreitigkeiten den Abschluss von Vermögensübertragungen in die Länge und stellten Infrastrukturprojekte infrage – wie den geplanten Airport Leipzig-Halle.[159]

Mitte 1994 wies das sächsische Landesamt zur Regelung offener Vermögensfragen einen Personalbestand von 1030 auf, der unter den ostdeutschen Bundesländern mit Abstand der größte war.[160] Die Gesamtzahl der bei den ostdeutschen Vermögensämtern Beschäftigten ging in den

156 Rundbrief der THA an die Oberbürgermeister, Bürgermeister und Landräte der Städte, Gemeinden und Landkreise in den ostdeutschen Bundesländern, [26.3.1991], BArch Berlin, B 412/9426, Bl. 190f.

157 Antwort des sächsischen Innenministers Dr. Rudolf Krause (CDU) vom 2.8.1991 an den Landtagspräsidenten Erich Iltgen zur Kleinen Anfrage des MdL Michael Arnold (Bündnis 90/Grüne), S. 2, in: Sächsischer Landtag, 1. Wahlperiode, Drucksache 1/676.

158 THA-Länderabteilung Sachsen (Darkow): Vermerk über die 25. Sitzung des Treuhand-Wirtschaftskabinetts am 23.3.1993, BArch Berlin, B 412/9402, Bl. 199–204, hier Bl. 202. Die Grundbuchämter waren mit dem Anstieg der Anfragen ebenfalls überfordert. Während das Grundbuchamt Dresden 1991 ca. 38000 Eingänge registrierte, waren es 1992 bereits 296317. Vgl. Richter: Die Bildung des Freistaates Sachsen, S. 967.

159 Prozesskosten, aber kein Stück Acker. Pleiten, Pech und Pannen im Finanzministerium bei einem Grundstückskauf, in: Neue Zeit vom 14.6.1993. In einem anderen Fall wartete der sächsische Landtag ein laufendes Restitutionsverfahren zu einem Teilgrundstück nicht ab und gab grünes Licht für den Neubau des Plenarsaals. Vgl. Antwort des sächsischen Finanzministers (i.V. Dr. Carl) vom 13.1.1994 an den Landtagspräsidenten Erich Iltgen zur Kleinen Anfrage des MdL Dr. Karl-Heinz Gerstenberg (Bündnis 90/Grüne), S. 1, in: Sächsischer Landtag, 1. Wahlperiode, Drucksache 1/4098.

160 Bundesamt zur Regelung offener Vermögensfragen: Bericht zur Arbeitslage und Personalsituation in den Ämtern und Landesämtern zur Regelung offener Vermögensfragen, 18.8.1997, BArch Berlin, B 102/793130.

Jahren 1995 und 1996 um rund 800 zurück.[161] Dabei entwickelte sich die sächsische Landesregierung offenbar zum Vorreiter des Personalabbaus. Dresden plane »weitere ehebliche Personaleinsparungen« in diesem Bereich, wie das Bundeswirtschaftsministerium mit großer Sorge registrierte. Mit einem weiteren Personalabbau könnten die Vermögensämter ihren Aufgaben nicht gerecht werden, da etliche Rückgabefragen »gerade in schwierigen Restitutionsfällen« noch nicht geklärt seien.[162] In Sachsen habe sich die Zahl der Anträge seit 1992 auf etwa 50 000 verdoppelt; bis zum Jahr 2000 werde mit einer weiteren Steigerung auf 70 000 gerechnet. Das Ministerium vertrat den Standpunkt, dass die Aufrechterhaltung der Funktionsfähigkeit dieser Behörde nach wie vor wichtig sei, um Investoren Rechtssicherheit zu geben. Daher appellierte man an die Regierung Biedenkopf, die Aufgaben des sächsischen Landesamtes »mit dem erforderlichen quantitativen und qualitativen Personaleinsatz« durchführen zu lassen. Da es die Bundesregierung jedoch ablehnte, zusätzliche finanzielle Hilfen bereitzustellen, sah sich die Landesregierung in Dresden dazu gezwungen, das Personal auch bei den Vermögensämtern zu reduzieren. Nur so glaubte man, den Landeshaushalt entlasten zu können. Die sächsischen Vermögensämter zählten Mitte 1997 nur noch 611 Beschäftigte; innerhalb von drei Jahren war der Personalbestand um 40 Prozent reduziert worden.[163]

161 BMWi (Breuer/Kriesten): Gesprächsleitfaden vom 15.5.1997 betr. 44. Arbeitsbesprechung des Chefs des BK mit den Chefs der Staatskanzleien der neuen Bundesländer und dem Chef der Senatskanzlei des Landes Berlin am 15.5.1997 im Bundeskanzleramt, S. 4, BArch Berlin, B 102/793128.

162 Ebd., S. 5. Auf dem Leipziger Juristentag 1997 hatte der Präsident des sächsischen Landesamtes vor den Folgen des Personalabbaus gewarnt. Seinen Angaben zufolge plante die Landesregierung, die Zahl der Mitarbeiter von 320 auf 200 zu reduzieren. Vgl. BMWi (Dr. Pfugradt): Notiz vom 7.5.1997 betr. 44. Arbeitsbesprechung Chef BK mit den CdS der neuen Länder und Berlins am 15.5.1997, ebd.

163 Bundesamt zur Regelung offener Vermögensfragen: Bericht zur Arbeitslage und Personalsituation in den Ämtern und Landesämtern zur Regelung offener Vermögensfragen, 18.8.1997, BArch Berlin, B 102/793130.

II. Wirtschaft und Arbeit in Sachsen

1. Transformation vor der Privatisierung

Die Arbeitslosenzahlen stiegen in Ostdeutschland bereits vor der massenhaften Privatisierung der ehemaligen volkseigenen Betriebe durch die Treuhandanstalt. Erste Meldungen gab es bereits im Sommer 1990: Anfang Juli teilte die Zentrale Arbeitsverwaltung der DDR mit, dass die Zahl der Erwerbslosen im Vormonat um 47 289 auf 142 096 gestiegen sei.[1] Steigende Erwerbslosenzahlen in Ostdeutschland standen sinkenden Arbeitslosenzahlen in Westdeutschland gegenüber. In der Presse wurde im Herbst immer häufiger über gegenläufige Entwicklungen auf dem Arbeitsmarkt in Ost und West berichtet: Dabei war vom »West-Ost-Gefälle«,[2] »geteilten Arbeitsmarkt«[3] und »gespaltenen Arbeitsmarkt«[4] die Rede. Für manchen Beobachter bestand die innerdeutsche Grenze auf dem Arbeitsmarkt »noch trennscharf« weiter.[5] Als Ursache wurde anfangs die verdeckte Arbeitslosigkeit in den ostdeutschen Bundesländern genannt, die mit der Einführung der Marktwirtschaft offen zutage trete. Deshalb würden die »alten unrentablen Arbeitsplätze« schneller wegfallen, als neue entstehen könnten. Bei der Einschätzung der wirtschaftlichen Aussichten in Ostdeutschland zeichneten die Journalisten häufig ein düsteres Bild.

1 Arbeitslosigkeit weiter gesunken, in: Frankfurter Allgemeine Zeitung vom 5.7.1990. Die Überschrift des Zeitungsartikels bezog sich nur auf den Rückgang der Arbeitslosenzahlen in Westdeutschland.
2 West-Ost-Gefälle, in: Westfälische Rundschau vom 7.11.1990.
3 Geteilter Arbeitsmarkt, in: Berliner Morgenpost vom 7.11.1990.
4 Gespaltener Arbeitsmarkt, in: Süddeutsche Zeitung vom 6.12.1990.
5 Geteilter Arbeitsmarkt, in: Berliner Morgenpost vom 7.11.1990.

Während in der westdeutschen Presse die Warnungen vor den langfristigen Folgen der Transformation von der Plan- zur Marktwirtschaft überwogen,[6] zeigten sich manche Arbeitsmarktexperten erstaunlich optimistisch über die Lage in Ostdeutschland. So war der Präsident der Nürnberger Bundesanstalt für Arbeit, Heinrich Franke, von der Robustheit des westdeutschen Arbeitsmarktes derart überzeugt, dass er die negativen Folgen der D-Mark-Einführung in den ostdeutschen Bundesländern komplett unterschätzte. Auf die Frage eines Journalisten, ob ihm die gerade in Kraft getretene Währungsunion Sorgen bereite, antwortete er Anfang Juli 1990: »Nein, überhaupt nicht. Sie [die Währungsunion] macht uns allenfalls zusätzlich Arbeit. Ich gehe sehr optimistisch an die Bewältigung der Probleme heran.«[7] Außerdem behauptete er, die Wanderungsbewegung vieler Ostdeutscher in Richtung Westen werde sich mit der Zeit umkehren. Franke versprach sogar, dass die Beitragszahler zur Sozialversicherung im Zuge einer vorübergehend erhöhten Arbeitslosigkeit »nicht tiefer in die Tasche greifen« müssten. Und der Leiter der Abteilung Inland beim Bundespresseamt, Wolfgang Bergsdorf, glaubte zu wissen, dass die sogenannten neuen Bundesländer »in drei bis vier Jahren« das ökonomische Niveau des Westens erreichen würden. Das bedeute zwar Arbeitslosigkeit, »die aber nicht unbedingt sehr viel höher ist als bei uns«.[8] Es war keineswegs nur Bundeskanzler Helmut Kohl (CDU), der den Ostdeutschen Mitte 1990 »blühende Landschaften« versprach. Die dadurch geweckten Hoffnungen wurden bekanntlich rasch enttäuscht.

6 Im Frühjahr 1990 hatte die Deutsche Bundesbank bereits vor den Risiken der Währungsumstellung eindringlich gewarnt. Vgl. Grosser: Das Wagnis der Währungs-, Wirtschafts- und Sozialunion, S. 156 u. 196.

7 Arbeitslose '90 – im Schnitt unter zwei Millionen, in: Welt am Sonntag vom 8.7.1990. Erstmals zitiert bei: Hoffmann: Der selbst ernannte Musterschüler, S. 190.

8 Arbeitslose in der DDR werden positive Überraschung erleben, in: KANN vom 21.9.1990. Erstmals zitiert bei: Hoffmann: Der selbst ernannte Musterschüler, S. 190.

2. Strukturwandel und Deindustrialisierung

Das Drei-Sektoren-Modell, das dem Begriff Strukturwandel zugrunde liegt,[9] geht von einer stetigen Ausweitung des Dienstleistungssektors auf Kosten der Landwirtschaft und der Industrie aus. In der Forschung richtete sich der Blick in erster Linie auf Westeuropa[10] und Nordamerika. Dagegen wurden die kommunistisch regierten Staaten Ostmittel- und Osteuropas eher stiefmütterlich behandelt. Die DDR-Wirtschaft war über vier Jahrzehnte hinweg keineswegs statisch. Bei näherer Betrachtung fallen vielmehr strukturelle Veränderungen auf, die wichtig sind, um die Ausgangslage 1990 angemessen zu beurteilen: So ging der Beschäftigtenanteil im primären Sektor von 27,9 (1950) auf 11,8 (1970) und 10,0 Prozent (1989) zurück.[11] Der sekundäre Sektor veränderte sich nur geringfügig, denn hier stieg der Beschäftigtenanteil zunächst von 43,3 (1950) auf 48,0 (1970), um dann bis 1989 auf 45,0 Prozent wieder zu sinken. Ende der 1980er-Jahre entsprach die Struktur der ostdeutschen Wirtschaft jener der Bundesrepublik von 1981.[12] Von langfristiger Bedeutung war die Tatsache, dass die DDR im tertiären Sektor einige Merkmale aufwies, die von den westlichen Industriegesellschaften abwichen. Die offiziellen Statistiken Ost-Berlins wiesen zwar einen Beschäftigtenanteil im Dienstleistungssektor von 45,0 Prozent (1989) aus. Doch diese Zahl verdeckte die Spezifika einer staatssozialistischen Industriegesellschaft, die mit einem hohen Personalbedarf im Staats-, Sicherheits- und Wirtschaftslenkungsapparat zusammenhingen. Dagegen wurden Beschäftigte, die in volkseigenen Betrieben für Dienstleistungen der betrieblichen Sozialpolitik

9 Vgl. zur Kritik am Drei-Sektoren-Modell Steiner: Abschied von der Industrie?, S. 20; Hesse: Ökonomischer Strukturwandel, S. 93–107.

10 Vgl. zuletzt Raphael: Jenseits von Kohle und Stahl.

11 Zum Folgenden Hoffmann: Im Hochgeschwindigkeitszug durch den Strukturwandel, S. 49. Die Zahlen stammen von Steiner: Die siebziger Jahre als Kristallisationspunkt des wirtschaftlichen Strukturwandels in West und Ost?, S. 32 (Tabelle 2).

12 Vgl. Ahrens/Steiner: Wirtschaftskrisen, Strukturwandel und internationale Verflechtung, S. 92.

zuständig waren (z.B. Kinderbetreuung und ärztliche Versorgung), dem industriellen Sektor zugeordnet.

In der Presse wurde Sachsen in den 1990er-Jahren nicht nur als das bevölkerungsreichste, sondern auch als das industriell stärkste Bundesland in Ostdeutschland dargestellt.[13] Dabei befand sich die Grundstoff- und Schwerindustrie im Mittelpunkt des öffentlichen Interesses. Das hing erstens mit der SED-Wirtschaftspolitik zusammen,[14] die diese Wirtschaftszweige seit Anfang der 1950er-Jahre stark ausgebaut und mit knappen Ressourcen bevorzugt versorgt hatte. Auf diese Weise waren entsprechende Erwartungen bei den Beschäftigten über die langfristige Sicherheit ihrer Arbeitsplätze geweckt worden. Diese Schwerpunktsetzung entsprach aber zweitens auch dem westdeutschen Wirtschaftssystem nach dem Ende des Zweiten Weltkriegs – allerdings mit dem wesentlichen Unterschied, dass der Strukturwandel, der sich in den westlichen Industrienationen im Bergbau und in der Stahlindustrie vollzog, von massiven öffentlichen Protesten begleitet wurde. Im vereinten Deutschland richtete sich die öffentliche Aufmerksamkeit nach 1990 auf die genannten Branchen, die sehr arbeitsintensiv waren und die im Osten des Landes vor einem großen Umbruch standen.

Sachsen wies zum Zeitpunkt des Mauerfalls die höchste Beschäftigungsquote der arbeitsfähigen Bevölkerung in Ostdeutschland auf (82 Prozent).[15] Im Bereich der verarbeitenden Industrie waren mit ca. 44 Prozent überdurchschnittlich viele Beschäftigte tätig – der DDR-Durchschnitt lag bei 37 Prozent. Von besonderer Bedeutung war die Tatsache, dass sich das Zentrum der DDR-Textilindustrie in den drei sächsischen Bezirken befand. Hier arbeiteten 72 Prozent aller in ostdeutschen Textilbetrieben Beschäftigten. Die Textilindustrie war nach dem

13 Vgl. Sachsen setzt Hoffnungen auf die Hochtechnologie, in: Berliner Zeitung vom 19.12.1994.

14 Vgl. Hoffmann (Hg.): Die zentrale Wirtschaftsverwaltung in der SBZ/DDR; Steiner: Von Plan zu Plan.

15 Zu den Zahlenangaben THA-Länderreferat Sachsen (Dr. Gimbel): Vermerk vom 10.1.1991 zu den Strukturdaten Sachsen, BArch Berlin, B 412/9403, Bl. 138–141.

Maschinen- und Fahrzeugbau die »zweitgrößte Branche in Sachsen«.[16] Große Industriezentren lagen im Großraum von Dresden, Leipzig und Karl-Marx-Stadt (nach 1990: Chemnitz) sowie in den Kreisen Pirna, Meißen und Borna. Journalisten wiesen frühzeitig auf Wirtschaftsbranchen in Sachsen hin, in denen mit einem massiven Stellenplatzabbau zu rechnen war. Die Rede war zunächst vom Uranbergbau und Braunkohletagebau, denn hier lagen 1990 Pläne zur Stilllegung von Schachtanlagen und Produktionsstätten schon auf dem Tisch.[17]

Bereits Ende 1990 zogen dunkle Wolken am Horizont auf. Der Präsident des neu gegründeten Landesverbandes der Sächsischen Industrie (LSI), Claus Steyer, der gleichzeitig Geschäftsführer der Ersten Chemnitzer Maschinenfabrik (Ermafa) war, schlug alarmistische Töne an: »Wenn nicht bald geeignete Maßnahmen ergriffen werden, wird die sächsische Industrie in Kürze wie eine Fackel brennen.«[18] Der umtriebige Manager machte damit auf den zusammenbrechenden osteuropäischen Absatzmarkt, die unverschuldeten Liquiditätsengpässe zahlreicher Betriebe und die überforderte Treuhandanstalt aufmerksam. Steyer blieb nicht untätig: Zusammen mit anderen Chemnitzer Industriebetrieben versuchte er Antworten auf den Strukturwandel zu finden und »Strategien für einen schnellen Konsolidierungs- und Wachstumsprozess« zu entwickeln. Anfang 1991 häuften sich die Hiobsbotschaften: Die sächsische Metallindustrie stehe vor einer großen Entlassungswelle, meldete die *Frankfurter Allgemeine Zeitung*.[19] Demnach ging der LSI davon aus, dass die Hälfte der etwa 400 000 Arbeitnehmerinnen und Arbeitnehmer im Maschinen- und Anlagenbau entlassen werden müsse. Der Schrumpfungsprozess sei in der eisen- und metallverarbeitenden Industrie noch dramatischer. Kurz darauf wurde bekannt, dass die Zinnerz GmbH Altenberg die Produktion

16 Karlsch/Schäfer: Wirtschaftsgeschichte Sachsens im Industriezeitalter, S. 273.
17 Wirtschaft steht schmerzhafter Strukturwandel bevor, in: Handelsblatt vom 18.9.1990.
18 »Bonner Milliarden erreichen nur in seltensten Fällen die Empfänger«. Chemnitzer Chefs kritisieren »Rosskur«, in: Die Welt vom 29.11.1990.
19 Entlassungswelle in Metallindustrie, in: Frankfurter Allgemeine Zeitung vom 8.3.1991.

einstellen und die Grube schließen musste.[20] In der Folgezeit warnte der LSI wiederholt vor einer weiteren Deindustrialisierung in Sachsen. In der Industrie sei der »dramatische Abbau der Arbeitsplätze« noch nicht zu Ende.[21]

Widersprüchliche Meldungen kamen wiederum aus der sächsischen Bauwirtschaft: So stünden zwar Milliarden DM für Bauaufträge zur Verfügung, die Auftragsbücher seien aber nur »für vier bis sechs Wochen gefüllt«,[22] da Planungsverfahren zu lange dauern würden und Eigentumsfragen ungeklärt blieben. Für die Bauunternehmen ergab sich ein zusätzliches Problem dadurch, dass nach wie vor Fachkräfte in den Westen abwanderten. Ein Jahr später hatte sich die Lage nicht verändert. Der öffentlich wahrnehmbare Bauboom, der vor allem mit den staatlichen Infrastrukturmaßnahmen zusammenhing, verdeckte die Unterschiede innerhalb der Branche zwischen großen und kleineren bzw. mittleren Unternehmen. Während der parlamentarische Staatssekretär im Bundesbauministerium, Joachim Günther (FDP), eine makroökonomische Perspektive wählte und eine »dynamische Baukonjunktur in den neuen Bundesländern« prognostizierte, nahm der Präsident des Sächsischen Bauindustrieverbands, Klaus Frieder Sieber, die Warte der klein- und mittelständischen Baufirmen ein und wies auf »dramatische Auftragslücken« hin.[23] Die Baukonjunktur stehe auf »wackeligen Brettern«, so Sieber weiter.

20 »Aus« überrascht nicht. Förderung der letzten Tonne Altenberger Zinn, in: Tribüne vom 26.3.1991.

21 »Dem Niedergang der ostdeutschen Industrie entgegenwirken«. Forderungen des sächsischen Landesverbandes, in: Frankfurter Allgemeine Zeitung vom 31.10.1992.

22 Fachkräfte wandern ab. Sachsens Bauindustrieverband hofft auf Aufträge, in: Der Morgen vom 24.4.1991. Sachsen schnitt im Vergleich zu Brandenburg und Thüringen, wo sich die Anzahl der Bauaufträge im zweiten Quartal 1991 verdoppelt hatte, nicht so gut ab. Der Freistaat registrierte lediglich ein Drittel mehr Aufträge als im ersten Quartal. Vgl. 300-Millionen-Ei schnell ausbrüten. Leipziger Bau-Aufschwung bleibt hinter Dresden und Chemnitz zurück, in: Leipziger Tageblatt vom 16.7.1991.

23 Schommer: Investitionsbereitschaft ist im Freistaat weiter ungebrochen. Bautag in Dresden, in: Handelsblatt vom 23.4.1992.

Die Textil- und Maschinenbauindustrie wurde in Sachsen besonders hart vom ökonomischen Strukturwandel getroffen, der nicht erst mit der am 1. Juli 1990 in Kraft getretenen Währungs-, Wirtschafts- und Sozialunion einsetzte.[24] In der Treuhandanstalt rechnete man gerade in diesen Branchen »mit erheblichen Arbeitskräftefreisetzungen« bis zum Jahresende 1991.[25] Im Maschinenbau werde die Beschäftigtenzahl von 25 000 auf 15 000 und in der Textilbranche sogar von 69 000 auf 27 000 zurückgehen. Gleichzeitig betonte die Treuhandanstalt, man unternehme »erhebliche Anstrengungen«, um Arbeitsplätze auch in »nicht lebensfähigen« Unternehmen zu erhalten. Die Berliner Privatisierungsbehörde bestand vergeblich auf der Feststellung, dass Abwicklung nicht mit »plattmachen« der Unternehmen gleichgesetzt werden könne. Die Folgen des Strukturwandels zeigten sich aber erst zeitversetzt in der Arbeitsmarktstatistik, denn die 255 000 Kurzarbeiter tauchten in der Arbeitslosenstatistik Ende April 1991 noch nicht auf. Das sollte sich mit dem Auslaufen der Kurzarbeiterregelung aus der Endphase der DDR Ende 1991 schlagartig ändern. Anfang 1993 konstatierte die Tageszeitung *Neue Zeit*, die 1990 vom Verlag der *Frankfurter Allgemeinen Zeitung* aufgekauft worden war: »Sachsens Industrie geht es nicht gut.«[26]

Doch auch in anderen Wirtschaftszweigen sah die Situation offenbar nicht sehr viel besser aus. So beobachtete das Bundeswirtschaftsministerium im Frühjahr 1991 einen Schrumpfungsprozess beim vogtländischen Musikinstrumentenbau, der sich durch die tschechische Konkurrenz im

24 Ein erster Schrumpfungsprozess fand schon zu DDR-Zeiten statt: In der sächsischen Textilindustrie sank die Anzahl an Arbeitsplätzen zwischen 1955 und 1989 um rund 187 000. Vgl. Karlsch/Schäfer: Wirtschaftsgeschichte Sachsens im Industriezeitalter, S. 273.

25 THA-Länderabteilung Sachsen (Darkow): Zuarbeit vom 17.6.1991 für eine BMWi-Informationsveranstaltung am 25.6.1991 in Chemnitz, S. 2, BArch Berlin, B 412/9383.

26 Hilfe im Dickicht, in: Neue Zeit vom 10.2.1993. Laut dem Ifo-Konjunkturtest für die ostdeutschen Bundesländer vom August 1992 rechneten 67 Prozent aller befragten Unternehmen mit einer weiteren Abnahme der Beschäftigtenzahl. Vgl. SMWA (Schommer) an den Präsidenten des Sächsischen Landtags (Iltgen) betr. Große Anfrage der SPD (»Stand der Sanierung und Privatisierung im Freistaat Sachsen«), [8.1.1993], SHStA Dresden, Bestand 12891 (Staatskanzlei), 11087.

nahe gelegenen Kraslice noch verstärken werde.[27] Zur Entwicklung »rettender Konzepte« schlugen die Ministerialbeamten vor, eine Regionalkonferenz durchzuführen, an der sich der Bund, die Arbeitsverwaltung, aber auch die betroffenen Städte, Kreise sowie investitionsbereite Unternehmer beteiligen sollten.[28] Der Strukturwandel traf auch Regionen, die eine vergleichsweise diversifizierte Wirtschaftsstruktur aufwiesen. So drohte dem Landkreis Weißwasser in der Oberlausitz der ökonomische Niedergang mit fatalen Folgen. In der Industriestadt waren der Braunkohletagebau (Nochten und Reichwalde), das Braunkohlekraftwerk Boxberg[29] und die traditionsreiche Glasindustrie[30] die größten Arbeitgeber. Die Stadtverwaltung ging davon aus, dass die Erwerbslosenquote bis Ende September 1991 auf etwa 40 Prozent ansteigen werde.[31] Angesichts der gewaltigen sozioökonomischen Herausforderungen wirkte die Aufmunterung der Finanzdezernentin Adelheid Glaser schon fast ironisch: »Die Eishockey-Tradition ist unsere einzige Identifikationsgröße.«

27 BMWi (Schütze): Vermerk vom 22.4.1991 betr. Vogtländischer Musikinstrumentenbau, BArch Berlin, B 102/703595. Zuvor hatte sich der Bürgermeister von Markneukirchen hilfesuchend an den parlamentarischen Staatssekretär im BMWi, Erich Riedl (CSU), gewandt.

28 Am 1. März 1991 hatte bereits eine arbeitsmarktpolitische Konferenz des Regierungsbezirkes Leipzig in der Universität der Messestadt stattgefunden. Vgl. Regierungspräsidium Leipzig (Abt. Wirtschaft und Arbeit): 2. Arbeitsmarktpolitische Konferenz des Regierungsbezirkes Leipzig am 9./10.3.1992 in der Universität Leipzig, S. 3, BArch Berlin, B 412/10467.

29 Während das Kraftwerk Anfang 1991 noch 4200 Beschäftigte hatte, sank die Zahl bis Jahresende auf rund 3200. Im Frühjahr 1992 zählte die Belegschaft noch 2996 Arbeiterinnen und Arbeiter. Vgl. Boxberg: Ein Energieflaggschiff muss jetzt die Kurve kriegen, in: Sächsische Zeitung vom 13.5.1992.

30 Obwohl der Leitungsausschuss die Glasbetriebe am Standort Weißwasser in die Kategorie 6.1 (stille Liquidation) eingestuft hatte, versuchte die Treuhandanstalt ca. 1000 Arbeitsplätze zu erhalten. THA-Unternehmensbereich 2 (Vorstand Dr. Wild): Status zur Glasindustrie am Standort Weißwasser, [16.10.1991], BArch Berlin, B 412/9406, Bl. 173.

31 Glasindustrie von Weißwasser ist Vorzeigeobjekt für die Privatisierung in Sachsen, in: Der Morgen vom 3.4.1991.

Treuhandanstalt, aber auch sächsische Landesregierung, Wirtschaftsvertreter und Gewerkschaften waren 1991 von der Dynamik des Strukturwandels überrascht. So erklärte der Staatssekretär im sächsischen Finanzministerium, Hans Reckers (CDU), der in den 1980er-Jahren als Büroleiter von Bundesfinanzminister Gerhard Stoltenberg und anschließend als Unterabteilungsleiter im Bundeskanzleramt gearbeitet hatte: »Wir erleben den westlichen Strukturwandel im Zeitraffer.«[32] Aus Sicht der beteiligten Akteure ging es nun darum, das Tempo der Transformation zu drosseln, um struktur- und beschäftigungspolitische Maßnahmen vorzubereiten. Arbeitgebervertreter verwiesen in dem Zusammenhang öffentlich auf die niedrige Arbeitsproduktivität in den Treuhandbetrieben, die sich nach Einschätzung von Wolf-Rainer Krannich, der die Chemnitzer Geschäftsstelle des Verbandes der Sächsischen Metall- und Elektroindustrie leitete, nur »bei 30 bis 40 Prozent der Westfirmen« bewege.[33] Damit reagierte der Verbandsvertreter auch auf absehbare Lohnforderungen der Gewerkschaften bei den bevorstehenden Tarifverhandlungen. Das Produktivitätsgefälle, das im Übrigen schon vor 1989 zwischen den beiden deutschen Staaten bestanden, aber keine Konsequenzen für die ostdeutschen Beschäftigten nach sich gezogen hatte, schlug erst nach der Vereinigung Deutschlands negativ zu Buche. Da für die SED-Führung die Garantie der Vollbeschäftigung stets oberste Priorität genossen hatte, war die Anpassung der ostdeutschen Wirtschaft an den sich weltweit vollziehenden Strukturwandel in der Ära Honecker immer mehr ins Hintertreffen geraten. Nach 1990 musste der Preis dafür gezahlt werden, dass sich die Staats- und Parteiführung der DDR in den 1970er- und 1980er-Jahren beharrlich geweigert hatte, auf den Veränderungsdruck zu reagieren, der vom globalen Strukturwandel ausging.

32 Warum selbst die Sachsen so langsam wachsen. Traditionsreiche Großindustrie bricht weg und der neue Mittelstand ist noch nicht soweit, in: Süddeutsche Zeitung vom 18.5.1992.

33 Sächsischer Unternehmer zur Wirtschaftslage. Vom Sturzflug in den Gleitflug übergegangen, in: Rheinische Post vom 18.10.1991.

Der Treuhandanstalt bereitete auch die Zukunft der Stahlwerke und Gießereien in Ostdeutschland großes Kopfzerbrechen, wie etwa der sächsischen Werke in Freital, Gröditz und Riesa[34] sowie der Gießerei GISAG AG in Leipzig.[35] Die Berliner Behörde und die Geschäftsführer der betroffenen Unternehmen entwickelten zunächst Konzepte zur Entflechtung, um auf den Werksgeländen mehrere kleinere Betriebe anzusiedeln. Die dabei entstehenden Kosten für den Neubau von Straßen sowie die Instandhaltung der Energie- und Wasserversorgung sollten im Rahmen der Gemeinschaftsaufgabe »Verbesserung der regionalen Wirtschaftsstruktur« gemeinsam vom Freistaat und dem Bund übernommen werden. Gleichzeitig versuchte die sächsische Landesregierung mit Unterstützung der Treuhandanstalt Investoren für neue Produktionsstandorte zu gewinnen. Eines der größten Investitionsvorhaben, das an Land gezogen werden konnte, stellte das Volkswagen-Werk im Zwickauer Stadtteil Mosel dar, das 6500 Arbeitsplätze bieten sollte.[36] Dagegen kam für die größte Aluminiumhütte der DDR in der nordsächsischen Kleinstadt Lauta jede Hilfe zu spät, denn hier war die Produktion bereits 1990 eingestellt worden. Auf dem Werksgelände war »Europas größter Recycling-Park« geplant, der jährlich 50000 Autowracks in die Einzelteile zerlegen sollte.[37]

34 THA (Büro Dr. Krämer): Notiz über Gespräch des THA-Vorstandes mit Minister Dr.Schommer am 17.10.1991 betr. Situation in der sächsischen Stahlindustrie, BArch Berlin, B 412/9406, Bl. 184f.

35 THA-Länderabteilung Sachsen (Werner): Notiz über Gespräch des THA-Vorstandes mit Minister Dr. Schommer am 17.10.1991 betr. GISAG AG (Leipzig), ebd., Bl. 178f. Die GISAG war bis 1989 der größte Arbeitgeber in Leipzig gewesen und hatte für die Automobil- und Rüstungsindustrie produziert. Die Treuhandanstalt teilte das Unternehmen in fünf mittelständische Betriebe auf, die teilweise privatisiert wurden. Vgl. Billiglohnland Sachsen lockt Westfirmen, in: Die Tageszeitung vom 10.7.1992.

36 VW, Quelle und Siemens sind größte Investoren in Sachsen, in: Sächsische Zeitung vom 20.1.1992.

37 Superlative für das kleine Lauta. Hier entsteht Europas größter Recycling-Park, in: Sächsische Zeitung vom 4.7.1992.

3. Strukturschwache Regionen

Die Presseberichterstattung über den Strukturwandel in Ostdeutschland konterkarierte das Versprechen Helmut Kohls von den »blühenden Landschaften«, das mit der Lebenswirklichkeit vieler Ostdeutscher, die ihren Arbeitsplatz verloren hatten, nicht in Einklang zu bringen war. Dabei zeigte sich nicht nur eine immer größer werdende Kluft zwischen Anspruch und Wirklichkeit, sondern auch die Schwierigkeit bei der Neuansiedlung von Unternehmen. Die konkreten Folgen der Deindustrialisierung wurden besonders sichtbar in Städten und Regionen, die eine wirtschaftliche Monostruktur aufwiesen und als strukturschwach galten. Das traf etwa für die ostsächsische Region zwischen Bautzen, Görlitz und Zittau zu, die bis 1989 durch die Textilindustrie und die Braunkohleförderung geprägt worden war. Dort gründeten die 1990 aufkeimenden Hoffnungen auf einer Brückenfunktion zum benachbarten Polen, obwohl es einen industriell gestützten Handel »bisher so gut wie nicht« gab.[38] Zu den Betriebsschließungen und der steigenden Arbeitslosenquote kam in vielen Städten auch noch die Abwanderung hinzu: In Bautzen sackte die Einwohnerzahl innerhalb von zwei Jahren um zehn Prozent auf 47 000 ab.[39]

Auf die wirtschaftlichen Veränderungen reagierte als Erstes das mit geringem Kapital- und Personaleinsatz arbeitende Kleingewerbe: So schossen in Görlitz und Umgebung zunächst private Videogeschäfte und Getränkevertriebe wie Pilze aus dem Boden. Der größte Teil der Existenzgründer sei in den Bereichen Handel und Versorgung zu vermelden, wie die IHK Südwestsachsen/Erzgebirge/Vogtland berichtete.[40] Ein Drittel der Existenzgründer wage den Schritt in die Selbständigkeit. Gleichzeitig sei die Zahl der Gewerbeabmeldungen in diesen Wirtschaftsbereichen aber besonders hoch: Auf zwei Anmeldungen käme durchschnittlich eine Abmeldung. Die anfängliche Euphorie war rasch vorbei, als auch noch

38 Das städtebauliche Juwel Görlitz droht zu verfallen. Wirtschaftliche Strukturschwäche und geographische Hemmnisse, in: Frankfurter Allgemeine Zeitung vom 26.3.1991.
39 Bautzen streift den Schleier der Vergangenheit ab, in: Die Welt vom 22.8.1992.
40 40.000 neue Existenzen, in: Leipziger Tageblatt vom 3.5.1991.

ein Verdrängungsprozess einsetzte. So berichtete die *Süddeutsche Zeitung* im Frühjahr 1992, ostdeutsche Ladenbesitzer sähen sich in Görlitz durch drastisch gestiegene Gewerbemieten zur Geschäftsaufgabe gezwungen.[41] Die Läden in der Fußgängerzone seien fast alle in westdeutscher Hand: »Der Hamburger Optiker-Filialist Fielmann wirbt in seinen neuen Verkaufsräumen mit der Brille zum Nulltarif. Nicht weit davon entfernt können die Görlitzer Eduscho-Kaffee schlürfen. Die Deutsche Bank ist in ein repräsentatives Gründerzeithaus am unteren Ende der Einkaufsmeile eingezogen.«

Der DGB-Vorsitzende von Ostsachsen, Bernhard Sonntag, brachte die desolate Lage der Grenzregion auf den Punkt: »Die normalen marktwirtschaftlichen Lösungsansätze greifen hier [...] nicht!«[42] Zittau drohte gar das Aus als Industriestandort, denn nach der Schließung eines großen Webereibetriebes stand die Zukunft des Nutzfahrzeugherstellers (Robur-Werke) auf Messers Schneide. Daraufhin wurde das sächsische Wirtschaftsministerium aktiv und lud Vertreter der Stadt und der Treuhandanstalt zu ersten Gesprächen ins zuständige Landratsamt ein.[43] Nach längerer Vorbereitung lag ein Vorschlag auf dem Tisch, der unter dem Titel »Pilotprojekt Industriebrache Zittau/Hirschfelde« Arbeitsplätze in der krisengeschüttelten Region schaffen sollte, aber vor allem die Grenzen staatlicher Industriepolitik aufzeigte. Ziel des Pilotprojekts war es, die vormals industriell genutzten Gebäude und Liegenschaften in Zittau und im benachbarten Hirschfelde Investoren für die Ansiedlung neuer Betriebe schmackhaft zur machen.[44] Dazu mussten die sogenannten Industriebrachen zunächst von der eigens dafür gegründeten Indus-

41 Andreas Oldag: Görlitz leidet unter vierzigjähriger Erblast. Hohe Arbeitslosigkeit und schlechte Infrastruktur erschweren den Neuanfang, in: Süddeutsche Zeitung vom 6.5.1992.

42 Wer ein Motiv hat, muss jetzt ernsthaft handeln!, in: Sächsische Zeitung vom 17.2.1992 (BArch Berlin, B 412/9403, Bl. 169).

43 PStS Dr. Münch (SMWA) am 13.1.1992 an Dr. Gimbel (THA) betr. Region Zittau, BArch Berlin, B 412/10499, Bl. 180.

44 Lixfeld (SMWA) am 14.10.1992 an Herrn Gemählich (THA) betr. Pilotprojekt Industriebrache Zittau/Hirschfelde, BArch Berlin, B 412/10486, Bl. 25–27.

triebrachen-Sanierungs- und Entwicklungsgesellschaft mbH (ISE), die sich mehrheitlich im Besitz der öffentlichen Hand befand, beräumt und gesäubert werden. Das federführende Wirtschaftsministerium in Dresden ging davon aus, dass das Pilotprojekt eine Strahlkraft auf die umliegende Region entfalten würde. Die Sanierungsarbeiten sollten Beschäftigte durchführen, die als ABM-Kräfte aus den Treuhandbetrieben vor Ort zu rekrutieren waren. Vertreter der Treuhandanstalt, der Landesregierung und der beiden Städte einigten sich auf einer Konferenz auf ein Finanzierungsmodell:[45] Die Treuhandanstalt übernahm 20 Prozent der Gesamtkosten;[46] ein Großteil der Personal- und Sachkosten sollte durch den Erlös aus Schrottverkauf abgedeckt werden. Ein dann noch verbleibender Fehlbetrag sollte vom Bund und dem Freistaat Sachsen übernommen werden. Das Pilotprojekt,[47] das im Wesentlichen eine Arbeitsbeschaffungsmaßnahme (ABM) darstellte, war ein Tropfen auf den heißen Stein, denn die neu geschaffenen 210 Arbeitsplätze konnten die durch den Strukturwandel verloren gegangenen Arbeitsplätze nicht kompensieren.[48]

Die Deindustrialisierung und der damit verbundene Abbau von Arbeitsplätzen verdecken die Tatsache, dass der Strukturwandel in Ost-

45 Protokoll (o.Verf.) über Zittau-Konferenz »Pilotprojekt Industriebrache Zittau/Hirschfelde«, 16.10.1992, BArch Berlin, B 412/10486, Bl. 5–12.

46 Dazu stellte die Treuhandanstalt ein zinsloses Darlehen in Höhe von 2,7 Millionen DM bereit, das aus dem Verkaufserlös zurückgezahlt werden sollte. Vgl. Gemählich/Tränkner (THA): Schreiben vom 9.2.1992 an Dr. Münch (SMWA), BArch Berlin, B 412/10608.

47 Ein Vertreter der Liegenschaftsgesellschaft der Treuhandanstalt bezeichnete das erzielte Konferenzergebnis als »bahnbrechend«. H.-J. Dillinger: Notiz vom 19.10.1992 für Herrn Himstedt betr. Zittau-Konferenz am 16.10.1992, BArch Berlin, B 412/10486, Bl. 3.

48 Im Landkreis Zittau arbeiteten Ende 1992 von ursprünglich 23000 Beschäftigten nur noch 4500 in der Industrie. Vgl. An der Grenze ist die Freiheit fast grenzenlos, in: Sächsische Zeitung vom 14.11.1992. Die offizielle Arbeitslosenquote von 21,3% (Stichtag: 31.7.1992) täuschte über die tatsächliche Arbeitsmarktlage hinweg, da die Kurzarbeit unberücksichtigt blieb. Pilotprojekt »Industriebrachen Zittau/Hirschfelde«, 6.9.1992, BArch Berlin, B 412/10486, Bl. 76–83, hier Bl. 79. Im Frühjahr 1993 lag der Landkreis um vier Prozentpunkte über der durchschnittlichen Arbeitslosenquote Ostsachsens. Vgl. In der Oberlausitz soll künftig Monostruktur vermieden werden, in: Sächsische Zeitung vom 20.3.1993.

deutschland auch eine Geschichte der Reindustrialisierung (Industrielle Kerne) und der Ausweisung von Gewerbeflächen ist, wie das Beispiel Riesa zeigt. In der sächsischen Industriestadt befand sich eines der wichtigsten Stahlwerke der DDR,[49] in dem einst ca. 12000 Menschen Arbeit fanden.[50] Die qualmenden Schlote des Stahl- und Walzwerkes wurden nach 1990 gesprengt. Damit verschwand die Dunstglocke über der Stadt, aber auch der größte Arbeitgeber. In einem Pilotprojekt der Bundesanstalt für Arbeit (BA) wurde das alte Werk abgerissen und das Gelände saniert.[51] In und außerhalb der Stadt wurden sehr großzügig Gewerbeflächen ausgewiesen. Bis zum Sommer 1992 siedelten sich 34 neue Firmen an. Größter Investor war die Schweizer Firma AFG Arbonia-Forster, die in Riesa Heizkörper und Küchenanlagen anfertigen ließ und dafür 164 Arbeitsplätze schuf. Die italienische Feralpi-Gruppe beabsichtigte sogar ein kleines Stahlwerk mit einem Elektroschmelzofen, einer Stanggussanlage und einer Walzstraße zu errichten. Der Aufwärtstrend setzte sich fort: Mitte 1994 produzierten auf dem 72 Hektar großen Gelände des ehemaligen Stahlwerks über 70 Unternehmen.[52] Riesa war jedoch eher ein Einzelfall, denn in der Öffentlichkeit wuchs die Kritik an diesem Modell der Wirtschaftsförderung. So beklagte sich ein leitender Mitarbeiter im Landratsamt Dresden-Land über das »fehlende Augenmaß« der Kommunen.[53] Mit insgesamt 16 Gewerbegebieten sei »die Schmerzgrenze erreicht«. Demzufolge lagen mindestens 15 Prozent der Gewerbeflächen brach.

Der Strukturwandel traf Anfang der 1990er-Jahre auch alte Industriestandorte wie Chemnitz mit voller Wucht. Hier, im »sächsischen Manchester« (Berthold Sigismund), hatte sich seit der Industrialisierung Ende

49 Vgl. Karlsch: Energie- und Rohstoffpolitik, S. 268.

50 Die Stahlstadt ist passé: Riesa setzt auf neue Bühne, in: Sächsische Zeitung vom 20.7.1993.

51 Vgl. zum Folgenden: »Industrieparks« lösen die Monostruktur ab. Beispielhafte Initiativen im sächsischen Landkreis Riesa, in: Süddeutsche Zeitung vom 12.9.1992.

52 Freies Experiment. Wie im sächsischen Riesa aus einem maroden Stahlwerk ein florierendes Gewerbegebiet für die Bauindustrie wurde, in: Wirtschaftswoche vom 22.7.1994.

53 Geldregen auf grüne Wiesen – Dürre in alten Industriegebieten, in: Sächsische Zeitung vom 7.1.1994.

des 19. Jahrhunderts ein Zentrum des Maschinen- und Werkzeugmaschinenbaus entwickelt. Obwohl sich der Wachstumstrend in der DDR weiter fortsetzte und die Beschäftigtenzahl stieg, wies die Branche bereits vor der Computerisierung in den 1970er-Jahren einen technologischen Rückstand gegenüber westlichen Konkurrenten auf.[54] Die Innovationsschwäche und die Abhängigkeit von den osteuropäischen Märkten erklären den Produktionseinbruch im Maschinenbau nach 1990. In den fünf größten Betrieben seien schon fast 80 Prozent der Arbeitsplätze vernichtet worden, wie die *Neue Zeit* im März 1992 berichtete.[55] Der traditionsreiche Industriezweig, der die Stadt in der ganzen Welt bekannt gemacht habe, war nach Angaben der IG Metall Chemnitz »existentiell gefährdet«. Gut ein halbes Jahr später kamen etwa 150 Vertreter von Kommune, Industrie und Gewerkschaften in Chemnitz zur ersten »Regionalkonferenz zum Erhalt der Industrieregion« zusammen, zu der Vertreter der Landesregierung und der Treuhandanstalt offenbar nicht eingeladen worden waren.[56] Im Vorfeld der Konferenz hatten Pläne der Berliner Treuhandzentrale, das Schleifmaschinenwerk in Chemnitz zugunsten von Betrieben in Leipzig und Berlin zu schließen, für eine aufgeheizte Stimmung gesorgt.[57] Aus Sicht der Betroffenen zeigte der Leiter der Chemnitzer Treuhandniederlassung Dirk Wefelscheid wenig Verständnis für die Sorgen der Menschen, als er den Großbetrieben jede Zukunftsfähigkeit absprach und stattdessen für den Ausbau mittelständischer Strukturen warb.[58] Der wirtschaftliche Niedergang schien unaufhaltsam zu sein. Hinzu kam die Tatsache, dass sich die Suche nach namhaften Investoren enorm schwierig gestaltete: Volkswagen-Chef Carl Hahn, ein gebürtiger Chemnitzer, wollte 700 Mil-

54 Vgl. Ahrens: Spezialisierungsinteresse und Integrationsaversion im Rat für Gegenseitige Wirtschaftshilfe; ders.: Rationalisierungseuphorie und Innovationsschwäche.
55 Chemnitzer Maschinenbau mit Tradition, doch ohne Zukunft?, in: Neue Zeit vom 26.3.1992.
56 Industrieregion gefährdet, in: Handelsblatt vom 4.9.1992.
57 Metaller im »sächsischen Manchester« proben den Aufstand, in: Die Welt vom 26.8.1992.
58 Chemnitz tut sich schwer bei der Überwindung der alten Strukturen, in: Handelsblatt vom 28.9.1992.

lionen DM in ein Motorenwerk stecken, das einmal 550 Menschen Beschäftigung bieten sollte.[59] So war das Arbeitsamt mit rund 750 Mitarbeiterinnen und Mitarbeitern Ende 1992 der größte Arbeitgeber in der Stadt. Die ökonomische Situation prägte in zunehmendem Maße auch die Außenwahrnehmung der Stadt: Das Hamburger Wochenmagazin *Der Spiegel* bezeichnete Chemnitz als »Aschenputtel Ostdeutschlands«.[60]

4. Arbeitslosigkeit

Die offizielle Arbeitslosenstatistik wies für Ostdeutschland 1991 im Jahresdurchschnitt eine Quote von 10,2 Prozent auf, die deutlich über dem Wert in den westlichen Bundesländern lag (6,2 Prozent) und in den folgenden Jahren weiter ansteigen sollte (1994: 15,7 Prozent).[61] Drei Besonderheiten fallen auf: Erstens lag die Unterbeschäftigung angesichts von Kurzarbeit, Vorruhestand, Arbeitsbeschaffungsmaßnahmen und Umschulung de facto sehr viel höher, teilweise um mindestens zehn Prozentpunkte über der offiziellen Arbeitslosenstatistik. Zweitens waren Frauen sehr viel stärker von Arbeitslosigkeit betroffen als Männer. Das galt insbesondere für die Textilindustrie, wo der Anteil weiblicher Beschäftigung traditionell sehr hoch war. Drittens zeigten sich deutliche regionale Unterschiede, wie etwa in Sachsen: Während im Arbeitsamtsbezirk Dresden die Erwerbslosenrate 1991 im Jahresdurchschnitt bei 7,9 Prozent lag, betrug sie im Arbeitsamtsbezirk Oschatz 11,0 Prozent.[62] Im Vergleich der ostdeutschen

59 Katzenjammer im ehemaligen Top-Revier, in: Die Welt vom 16.11.1992.

60 Aschenputtel des Ostens, in: Der Spiegel vom 1.11.1993.

61 Zum Folgenden Hoffmann: Treuhandanstalt – Privatisierung – Öffentlichkeit, S. 101. Die Zahlen stammen aus: Dietmar Hobler/Svenja Pfahl/Lisa Schubert: Arbeitslosenquoten 1991–2019 (WSI-Genderdatenportal 2020), S. 5, https://docplayer.org/202445652-Wsi-genderdatenportal-bearbeitung-dietmar-hobler-svenja-pfahl-lisa-schubert.html (Zugriff am 22.9.2022).

62 Landesarbeitsamt Sachsen: Jahreszahlen 1991. Bestand Arbeitslose nach Berufsgruppen im Jahresdurchschnitt 1991, S. 20, SMWAV.

Bundesländer wies Sachsen die größte Spannbreite bei der Arbeitslosigkeit auf: zwischen den boomenden Regionen um Dresden und Leipzig einerseits und den depravierten, ländlichen Regionen des Freistaates andererseits.[63] Von der Arbeitslosigkeit war in Sachsen die Altersgruppe der 50- bis 54-Jährigen besonders stark betroffen; im September 1992 lag ihr Anteil an den sächsischen Arbeitslosen bei 19,2 Prozent.[64]

Obwohl sich die wirtschaftliche Talfahrt in Ostdeutschland im Spätsommer 1990 weiter beschleunigte, sah die Lage auf dem Arbeitsmarkt in Sachsen noch vergleichsweise günstig aus. So lag die Arbeitslosenquote im Arbeitsamtsbezirk Leipzig bei 3,4, in Chemnitz bei 3,0 und in Dresden bei 2,7 Prozent.[65] Den höchsten Wert wies Zwickau mit 4,5 Prozent auf. Der zeitverzögerte Anstieg der Erwerbslosenzahlen Ende 1990 kam jedoch nicht überraschend. In der Aussprache zur ersten Regierungserklärung von Ministerpräsident Biedenkopf wies der SPD-Oppositionsführer im sächsischen Landtag, Karl-Heinz Kunckel, auf die rasant steigenden Arbeitslosenzahlen in der Landeshauptstadt hin und forderte den gezielten Aufbau von Beschäftigungs- und Qualifizierungsgesellschaften in den von der ökonomischen Krise besonders betroffenen Regionen.[66] Das Direktorat Arbeitsmarkt und Soziales der Treuhandanstalt sammelte frühzeitig Daten zur Arbeitsmarktentwicklung in Ostdeutschland und ging im März 1991 davon aus, dass die Textil- und Bekleidungsindustrie sowie der Fahrzeug- und Maschinenbau von der drohenden Stilllegung einzelner Unternehmen besonders hart betroffen sein würden.[67] Alle aufgelisteten Unternehmen befanden sich in Sachsen. Diese erste Prognose

63 Vgl. THA-Direktorat Arbeitsmarkt und Soziales (Prof. G. Pietrzynski): Arbeitsmarktentwicklung in den neuen Bundesländern und Anteil der Treuhandanstalt, 17.2.1992, BArch Berlin, B 412/9385, Bl. 689–697, hier Bl. 693.

64 Landesarbeitsamt Sachsen: Strukturanalyse. Arbeitslose nach Altersgruppen im Freistaat Sachsen – Ende September 1992, S. 1, SMWAV.

65 Wirtschaft steht schmerzhafter Strukturwandel bevor, in: Handelsblatt vom 18.9.1990.

66 Vgl. Sächsischer Landtag, 1. Wahlperiode, Protokoll der 3. Sitzung vom 15.11.1990, S. 72–75, hier S. 72 f.

67 Liste (o. Verf.) über gefährdete Arbeitsplätze 1991 in THA-Unternehmen, 11.3.1991, BArch Berlin, B 412/9384.

bestätigte ein Bericht, den die Treuhandanstalt gemeinsam mit dem Institut für Arbeitsmarkt- und Berufsforschung Nürnberg angefertigt hatte.[68] Der Bericht ging davon aus, dass sich die »regionale Verteilung der Problemzonen« langfristig nicht ändern werde.[69] Demzufolge verzeichneten vor allem die sächsischen Arbeitsamtsbezirke in Plauen, Zwickau und Annaberg-Buchholz einen überdurchschnittlich hohen Beschäftigungsrückgang. Auch bei der Kurzarbeit, die in Treuhandunternehmen sehr verbreitet war, lag Sachsen ganz weit vorne: Spitzenreiter in Ostdeutschland waren die Arbeitsamtsbezirke Pirna, Annaberg-Buchholz, Oschatz und Riesa.[70] Für den Herbst rechnete die Treuhandanstalt in Sachsen mit einer neuen Kündigungswelle.[71]

In den Treuhandunternehmen ging die Beschäftigung bis Ende 1991 rasant zurück. Von den ursprünglich 4,08 Millionen Arbeitnehmern waren Anfang 1992 nur noch 1,65 Millionen beschäftigt.[72] Das zuständige Direktorat der Treuhandanstalt betonte zwar, dass im Zuge der Privatisierung rund eine Million Arbeitsplätze vertraglich gesichert worden seien. Die nicht länger beschäftigten 1,43 Millionen Arbeitnehmer waren aber entweder arbeitslos gemeldet oder befanden sich im Vorruhestand, in Kurzarbeit oder in einer AB-Maßnahme. Das Institut der deutschen Wirtschaft in Köln (IW) ging davon aus, dass sich die offizielle Arbeitslosenquote in Ostdeutschland im Jahresdurchschnitt von 11,1 Prozent (1991) auf

68 Dazu waren alle Treuhandunternehmen zu deren Beschäftigungsperspektive befragt worden; rund zwei Drittel hatten geantwortet. Vgl. THA Berlin/Institut für Wirtschaftswissenschaften Berlin/Institut für Arbeitsmarkt- und Berufsforschung Nürnberg: Schnellbericht über Beschäftigungsperspektiven von Treuhandunternehmen, 14.6.1991, BArch Berlin, B 412/9399.

69 Ebd., S. 6f.

70 Ebd., S. 11. Ein Jahr später hatte Sachsen immer noch den höchsten Anteil an Kurzarbeitern (36,1 Prozent). THA-Direktorat Arbeitsmarkt und Soziales: Notiz vom 1.9.1992 betr. Arbeitsmarkt Sachsen (Stand Juli 1992), S. 1, BArch Berlin, B 412/10608.

71 THA (Gemählich): Hausmitteilung an Länderreferat Sachsen (Dr. Gimbel) betr. Entlassungen durch THA-Unternehmen in Sachsen, 16.10.1991, BArch Berlin, B 412/9406, Bl. 168f.

72 THA (Direktorat Arbeitsmarkt und Soziales): Presseinformation zu Mitarbeiterentwicklungen in Treuhandunternehmen, 24.1.1992, BArch Berlin, B 412/9399.

17,1 Prozent (1992) erhöhen werde.[73] Während der Anteil der Beschäftigten in Treuhandunternehmen an den Erwerbstätigen in Sachsen Ende 1990 noch 39,8 Prozent betragen hatte, halbierte er sich bis Ende 1991 auf 19,4 Prozent.[74] Auch nach diesem Maßstab war Sachsen »Spitzenreiter« unter den ostdeutschen Bundesländern.

Im sächsischen Landtag standen die Arbeitslosigkeit und die unterschiedliche regionale Betroffenheit davon immer wieder auf der Tagesordnung.[75] Anfragen kamen auch aus den Reihen der Regierungspartei. So wollte der CDU-Landtagsabgeordnete Karl Matko von der Staatsregierung Anfang 1992 wissen, welche wirtschafts- und arbeitsmarktpolitischen Maßnahmen für den Landkreis Schwarzenberg vorgesehen seien, um neue Arbeitsplätze zu schaffen.[76] Hier lag die Arbeitslosenquote bei 23,6 Prozent. Schwarzenberg hatte zeitweise die höchste Arbeitslosigkeit im Erzgebirge; in manchen Gemeinden war sogar mehr als die Hälfte der erwerbsfähigen Bevölkerung ohne Arbeit.[77] Im Frühjahr 1992 vergrößerte sich die Schwankungsbreite zwischen den Arbeitsamtsbezirken weiter: Während Dresden die niedrigste Arbeitslosenquote (9,6 Pro-

73 »Stunde der Investitionen. Arbeitsmarkt Ost«, in: IW-Informationsdienst iwd [1992], S. 2, BArch Berlin, B 412/9399. Die Erwerbstätigen wurden in Ostdeutschland – anders als in den westdeutschen Bundesländern – nach dem Beschäftigungsort und nicht nach dem Wohnortprinzip ermittelt. Deshalb konnten die Pendlerströme nach Westdeutschland, aber auch innerhalb der ostdeutschen Bundesländer nicht erfasst werden. Vgl. Ein Streit um die Quoten. Arbeitslosenstatistik, in: IW-Informationsdienst iwd vom 20.2.1992, S. 2, ebd.

74 THA-Direktorat Arbeitsmarkt und Soziales (Prof. G. Pietrzynski): Anzahl und Anteile der Beschäftigten in THA-Unternehmen an den Beschäftigten in den neuen Bundesländern, [Anfang 1992], BArch Berlin, B 412/9384. Pietrzynski trug diese Zahlen im Treuhand-Wirtschaftskabinett in Dresden vor. THA: Ergebnisvermerk über die 13. Sitzung des Treuhand-Wirtschaftskabinetts Sachsen am 18.2.1992 in Dresden, BArch Berlin, B 412/9450, Bl. 195–203, hier Bl. 198 f.

75 Die Landesregierung von Baden-Württemberg registrierte im Frühjahr 1991 eine »spürbare Ungeduld des sächsischen Landtags«. Vgl. Holz: Vermerk über Besprechung am 6.5.1991, S. 1, HStA Stuttgart, EA 8/502, Bü 10/5.

76 Kleine Anfrage von Karl Matko (CDU) vom 18.2.1992, in: Sächsischer Landtag, 1. Wahlperiode, Drucksache 1/1419. Matko hatte bei der Landtagswahl 1990 das Direktmandat im Wahlkreis Schwarzenberg errungen.

77 Räuchermännchen, Kleinunternehmer und Arbeitslose, in: Frankfurter Allgemeine Zeitung vom 24.12.1992.

zent) in den ostdeutschen Bundesländern verzeichnete, wies Annaberg-Buchholz die zweithöchste (20,3 Prozent) auf.[78] Unter Berücksichtigung von Arbeitslosigkeit, ABM-Maßnahmen und Umschulungsprogrammen lag die sogenannte Belastungsquote noch sehr viel höher, nämlich bei 16,2 (Dresden) bzw. 33,1 Prozent (Annaberg-Buchholz).[79] Sachsen war, was die Entwicklung auf dem Arbeitsmarkt betraf, ein Land der Extreme. Es gab jedoch nicht nur große regionale, sondern auch erhebliche geschlechtsspezifische Unterschiede: Die Arbeitslosenquote der Frauen war mit 19,2 Prozent fast doppelt so hoch wie bei den Männern (10,3 Prozent).[80] Auch hier war der Arbeitsamtsbezirk Annaberg-Buchholz mit 29,4 Prozent sächsischer Spitzenreiter.[81]

5. Soziale Proteste

Nachdem sich die Euphorie über die deutsche Einheit verflüchtigt hatte, machte sich Enttäuschung über die sozioökonomische Entwicklung breit, die der Magdeburger Weihbischof Leopold Nowak Ende Februar 1991 auf

78 THA-Direktorat Arbeitsmarkt und Soziales: Arbeitsmarktdaten und Beschäftigungsentwicklung in THA-Unternehmen für Sachsen, 22.4.1992, BArch Berlin, B 412/9450, Bl. 126–128, hier Bl. 127.

79 THA-Direktorat Arbeitsmarkt und Soziales: Information über die Arbeitsmarktentwicklung im Februar 1993, Anlage 2 (Übersicht über die regionalen Arbeitsmarktbelastungen im Bundesgebiet Ost gegliedert nach Arbeitsamtsbezirken für Februar 1993), BArch Berlin, B 412/9385, Bl. 274.

80 THA-Direktorat Arbeitsmarkt und Soziales: Informationsbericht über die Arbeitsmarktentwicklung im Mai 1992, S. 3, BArch Berlin, B 412/9399.

81 Vgl. Vom Klöppeln allein können die Erzgebirgler nicht leben, in: Süddeutsche Zeitung vom 25.8.1994. In dem Zeitungsbericht wurde die Region sogar als »sächsische Problemregion Nummer eins« bezeichnet. Die Kennzeichnung tauchte erstmals in einem Antrag auf, den die Landtagsfraktion Linke Liste/PDS gestellt hatte. Vgl. Antrag der Fraktion Linke Liste/PDS vom 4.3.1994, in: Sächsischer Landtag, 1. Wahlperiode, Drucksache 1/4511. Die sächsische Landesregierung entschied, dass ein kritischer Bericht des SMWA über die Arbeitsmarktentwicklung in Sachsen erst nach der Landtagswahl am 11. September 1994 veröffentlicht werden sollte. Vgl. Sächsische Staatskanzlei: Ergebnisprotokoll der 158. Kabinettssitzung am 6.9.1994, 7.9.1994, SHStA Dresden, Bestand 12891 (Staatskanzlei), 11148.

den Punkt brachte: »Ehrlicherweise muss man sagen, dass wir uns das nicht so schlimm vorgestellt haben, wie es nun ist, dass die Wirtschaft in einem so desolaten Zustand ist, ein großer Teil der Betriebe eigentlich nicht mehr reparabel ist, viele Beschäftigte entlassen werden.«[82] Und der Dirigent des Leipziger Gewandhausorchesters, Kurt Masur, erklärte: »Niemand ist dort angekommen, wo er im Herbst 1989 hinwollte. Wenn Bonn nicht bald reagiert, werden die Leute hier wieder auf die Straße gehen und diesmal für ihre Arbeitsplätze kämpfen.«[83] Der Protest, der sich in Ostdeutschland gegen die Betriebsschließungen bereits Ende 1990 formiert hatte, nahm im Frühjahr 1991 an Stärke und Intensität rasch zu. Vor den Werktoren vieler Betriebe demonstrierten Beschäftigte für den Erhalt ihrer Arbeitsplätze. Die Protestbewegung, die stellenweise von Gewerkschaften, Betriebsräten und Kirchen unterstützt wurde, folgte zwar ähnlichen Mustern, war aber dezentral und häufig lokal organisiert. Darüber hinaus wählten die Demonstranten für ihre Kundgebungen symbolträchtige Orte, um medial Aufmerksamkeit zu erzielen. So trug die Wahl des Augustusplatzes (ehemals Karl-Marx-Platz) in Leipzig als Versammlungsort dazu bei, die Proteste gegen die Schließung von Treuhandbetrieben in die Tradition der Montagsdemonstrationen zu stellen, die im Herbst 1989 das öffentliche Bild der friedlichen Revolution geprägt hatten.[84]

Es blieb nicht nur bei Demonstrationen vor den Werktoren. Im Frühjahr 1991 wurden mehrere Betriebe in Sachsen von den Beschäftigten besetzt, die damit ihrer Forderung, die Treuhandanstalt solle die Beschäftigungsgesellschaften in den Betrieben aktiv unterstützen, Nachdruck verleihen wollten. Den Anfang machte der Trabant-Hersteller Sachsen-

82 Demonstration in Leipzig für »Soziale Einheit«. Widerstand gegen miserable Lage auf dem Arbeitsmarkt, in: Der Morgen vom 27.2.1991.

83 Ebd.

84 Die erste Montagsdemonstration in Leipzig, die sich gegen Betriebsschließungen und Massenarbeitslosigkeit richtete, fand am 27. Januar 1991 statt und wurde von der Gewerkschaft Öffentliche Diente, Transport und Verkehr (ÖTV) organisiert. Die Protestkundgebung war auch Gegenstand einer Kabinettssitzung der sächsischen Landesregierung. Sächsische Staatskanzlei: Ergebnisprotokoll der 21. Sitzung des Kabinetts am 26.3.1991, 27.3.1991, SHStA Dresden, Bestand 12891 (Staatskanzlei), 11041.

ring Zwickau.[85] Der Scharfensteiner Kühlschrankproduzent DKK sowie zwei Chemnitzer Großbetriebe schlossen sich dieser Aktion an: die Fettchemie GmbH sowie die Eisen- und Stahlgießerei.[86] Die Beschäftigten der Robotron Ascota AG Chemnitz hingegen sprachen sich gegen eine Werksbesetzung aus, nachdem Vertreter der Treuhandanstalt auf einer dreistündigen Belegschaftsversammlung Zugeständnisse gemacht hatten. Es drohte jedoch ein Flächenbrand, denn Beschäftigte anderer Betriebe solidarisierten sich mit den Werksbesetzern. Auch zwei Jahre später kam es noch vereinzelt zu Betriebsbesetzungen, so z. B. bei der DKFL Deutsche Kugellagerfabriken GmbH in Leipzig.[87]

Überbetriebliche Proteste kamen ab 1992 hinzu. Im Sommer bildeten sich sogenannte Komitees für Gerechtigkeit zunächst in Dresden und Berlin.[88] Während in der Elbmetropole vermutlich 400 Menschen an der Gründungsversammlung des ersten lokalen Komitees teilnahmen, trafen sich im Ost-Berliner Bezirk Marzahn etwa 60 Teilnehmer, die sich mit einem Aufruf an die Bevölkerung des Bezirks wandten.[89] Zu den Initiatoren gehörten Vertreter von PDS und Bündnis 90, aber auch der CDU (Peter-Michael Diestel). An den Auftaktveranstaltungen hatten außerdem Geistliche und Vertreter von Bürgerinitiativen teilgenommen. Beide Komitees verstanden sich ausdrücklich als parteiunabhängige Bürgerbewegungen. Im Mittelpunkt der Forderungen standen zwar Fragen der sozialen Gerechtigkeit, wie z. B. Arbeitslosigkeit, Löhne, Renten und Mieten. Darüber hinaus wurden aber auch Vorschläge zur inneren Sicherheit unterbreitet: Es sei ein Fehler gewesen, so wurde ein Teilnehmer der konstituierenden Sitzung in Dresden zitiert, die »Stasi-IMs zu enttarnen, […], hätte man die gelassen, gebe [sic] es jetzt fünfzig Pro-

85 Vgl. Sachsenring von Arbeitern weiter besetzt, in: Leipziger Tageblatt vom 17.6.1991; Besetzung von Sachsenring macht Schule, in: Neue Zeit vom 18.6.1991.

86 Vgl. Ascota AG einig mit Treuhand, in: Leipziger Tageblatt vom 20.6.1991.

87 Vgl. Kugellagerfabrik bleibt besetzt, in: Frankfurter Rundschau vom 7.6.1993.

88 Zum Folgenden Hoffmann: Treuhandanstalt – Privatisierung – Öffentlichkeit, S. 104–106.

89 Vgl. Erste Komitees in Dresden und Berlin. Ost-Sammlungsbewegung kommt ins laufen, in: Neues Deutschland vom 20.7.1992.

zent weniger Kriminalität«.[90] Teile der Komitees zeigten sich tendenziell ausländerfeindlich und skeptisch gegenüber der repräsentativen Demokratie. Die Komitees boten offenbar einen Raum zur Artikulation ganz unterschiedlicher politischer Interessen, die insbesondere die PDS nutzen konnte, um sich als ostdeutsche Protestpartei zu profilieren.[91]

Die Analyse der Arbeitsmarktentwicklung zeigt, dass die Landkreise in Sachsen von der Massenarbeitslosigkeit in unterschiedlichem Maße betroffen waren. Während urbane Zentren (Leipzig, Dresden) sogar zu prosperieren begannen, drohten sich andere Landesteile (Ostsachsen, Erzgebirge) zum deutschen *Mezzogiorno* zu entwickeln.[92] In der Öffentlichkeit setzte sich früh das Bild von abgehängten Regionen in Ostdeutschland durch, die offenbar Parallelen zum verarmten Süden Italiens aufwiesen. Dies wurde exemplarisch deutlich, als eine Gruppe von SPD-Bundestagsabgeordneten Anfang Mai 1991 Sachsen besuchte.[93] Nach einem Zwischenstopp in der Landeshauptstadt, bei dem sich die Parlamentarier von Ministerpräsident Biedenkopf über die Erfolgsgeschichten beim wirtschaftlichen Aufbau des Bundeslandes berichten ließen, ging die Reise weiter nach Oybin – nahe der Grenze zu Tschechoslowakei und zu Polen. Hier trafen sie auf Kommunalpolitiker, die ihrem Ärger Luft machten. Ein Kirchenvertreter, der zugleich Mitglied des Stadtparlaments in Zittau war, erklärte frustriert: »Christus kam bis Eboli – und Biedenkopf nur bis Dresden«.[94] Die literarische Anleihe beschrieb die desolate Stimmungslage im Dreiländereck östlich von Dresden. Verzweiflung und Resignation schienen sich wie Mehltau auf die Gemüter der einheimischen Bevölkerung zu legen. Für die Lokalpolitiker hatte sich das Grenzgebiet zu einer Region entwickelt, die mit der wirtschaftlichen Aufwärtsent-

90 Frust lag in der Luft. Gerechtigkeitskomitee in Dresden konstituiert, in: Neue Zeit vom 20.7.1992.

91 Vgl. Holzhauser: Die »Nachfolgepartei«, S. 101–105.

92 Mezzogiorno im Osten. Ein zweites deutsches Wirtschaftswunder wie nach dem Zweiten Weltkrieg kann es in der DDR nicht geben, in: Wirtschaftswoche vom 5.4.1991.

93 Zum Folgenden Hoffmann: Der selbst ernannte Musterschüler, S. 188.

94 Christus kam bis Eboli – und Biedenkopf nur bis Dresden, in: Frankfurter Rundschau vom 7.5.1991.

wicklung in Dresden oder Leipzig schon längst nicht mehr Schritt halten konnte.[95] Doch Biedenkopf wollte davon nichts wissen. Angesprochen auf die Frage, ob aus dem Osten doch ein *Mezzogiorno* werde, antwortete er in einem Interview: »In Ostdeutschland ist die industrielle und kulturelle Substanz nur verschüttet. Räumt man den Schutt weg, kommt das Silber wieder zum Vorschein.«[96]

Die Reaktionen auf die Massenentlassungen waren ambivalent und lassen sich nicht nur auf die hier vorgestellten, klassischen Formen des sozialen Protests reduzieren. Daneben gilt es auch andere Verhaltensweisen in den Blick zu nehmen, in denen sehr viel stärker Selbstinitiative oder Selbstermächtigung zum Ausdruck kam. Das gilt etwa für den in Leipzig im Frühjahr 1991 neu geschaffenen »Runden Tisch für Wirtschaft und Arbeit«, an dem auch lokale Vertreter der organisierten gewerblichen Wirtschaft beteiligt waren.[97] Dieser Befund schließt auch die zahllosen Arbeitsloseninitiativen mit ein, die sich bereits ab März 1990 zunächst auf lokaler und regionaler Ebene, später dann auf Landesebene gebildet hatten.[98] Sie arbeiteten in der Regel auf ehrenamtlicher Basis und wurden in Sachsen von der Gewerkschaft Erziehung und Wissenschaft (GEW) unterstützt. Zu den selbst gesteckten Zielen gehörten die Beratung von Arbeitslosen, die Vermittlung bei Umschulungen und ABM-Maßnahmen sowie die organisatorische Unterstützung von Selbsthilfegruppen.

95 Das wirtschaftliche Stadt-Land-Gefälle bestand übrigens schon zu DDR-Zeiten, konnte aber in der veröffentlichten Meinung, die von der SED kontrolliert wurde, kaum artikuliert werden. Diesen historischen Zusammenhang sprach der Landrat von Niesky (Hartmut Biele) an, als er Anfang 1992 gegenüber einem Journalisten unterstrich: »Wir waren am Rande, und wir sind am Rande.« Eine vergessene Region? Ostsachsen will nicht »hinten« bleiben, in: Sächsische Zeitung vom 29.1.1992.

96 »Mauern niederreißen«. Der sächsische Ministerpräsident stellt zahlreiche Besitzstände in den westlichen Bundesländern in Frage, in: Wirtschaftswoche vom 27.9.1991.

97 Trotz vieler Neugründungen nur gedämpfter Optimismus, in: Der Morgen vom 13.5.1991.

98 Vgl. dazu Hoffmann: Treuhandanstalt – Privatisierung – Öffentlichkeit, S. 71.

III. Privatisierung als Imagepolitik

1. Kurt Biedenkopf – der Landesvater

Der am 28. Januar 1930 in Ludwigshafen geborene Kurt Biedenkopf hatte in der Bonner Republik in der zweiten Hälfte der 1960er-Jahre zunächst als Wissenschaftsmanager eine steile Karriere hingelegt: Nach dem erfolgreichen Abschluss eines Studiums der Rechtswissenschaften und Volkswirtschaftslehre in München und Frankfurt am Main und einem Auslandsaufenthalt in den USA war er im Alter von nur 34 Jahren zum Ordinarius für Handels-, Wirtschafts- und Arbeitsrecht an die neu gegründete Ruhr-Universität Bochum berufen worden. Als Rektor leitete er die Hochschule zwischen 1967 und 1969 und übernahm gleichzeitig den Vorsitz der Landesrektorenkonferenz in Nordrhein-Westfalen. Auf diese Weise konnte er sich in der politisch interessierten Öffentlichkeit erstmals einen Namen machen. Auf Vorschlag des Vorsitzenden des CDU-Landesverbands Westfalen-Lippe, Josef Hermann Dufhues, ernannte ihn die in Bonn regierende Große Koalition 1968 zum Vorsitzenden der Mitbestimmungskommission (Biedenkopf-Kommission).

Etwas zeitversetzt vollzog sich Biedenkopfs Aufstieg in der CDU, in die er 1966 eingetreten war. Die Niederlage bei der Bundestagswahl 1969 läutete einen Generationenwechsel in der Partei auf der Bundesebene ein, von dem er profitierte: Ende 1971 wurde er Mitglied der CDU-Grundsatzkommission, die unter der Leitung von Richard von Weizsäcker ein neues Parteiprogramm erarbeiten sollte, und Mitte 1973 ernannte ihn der neue CDU-Vorsitzende Helmut Kohl zum Generalsekretär. Mit der Wahl zum CDU-Generalsekretär löste Biedenkopf seinen Arbeitsvertrag beim Henkel-Konzern in Düsseldorf auf. Bei dem Waschmittelhersteller war er seit 1971 Mitglied der zentralen Geschäftsführung gewesen.

Im Mittelpunkt seines politischen Denkens stand von Anfang an der Begriff der Sozialen Marktwirtschaft, den Biedenkopf inhaltlich neu ausfüllen wollte. Dabei verknüpfte er wirtschaftspolitische mit machtpolitischen Überlegungen. Als Anhänger der sogenannten Freiburger Schule des Ordoliberalismus wurde er maßgeblich von dem aufgrund seiner jüdischen Herkunft in die USA emigrierten Heinrich Kronstein sowie Franz Böhm (CDU) geprägt.[1] Für Biedenkopf handelte es sich bei der Sozialen Marktwirtschaft nicht nur um ein wirtschaftspolitisches Instrument, sondern vielmehr um eine »Wertordnung [...] mit Verfassungsrang [...], die eine [...] unverzichtbare Entsprechung der politischen Freiheitsordnung im Wirtschaftsbereich darstellt«.[2] Damit positionierte er sich erstens gegen Alfred Müller-Armack und die Vertreter des CDU-Wirtschaftsflügels. Er ging zweitens auf Distanz zum Arbeitnehmerflügel der Partei, indem er die Freiheitsverwirklichung als beherrschendes Ziel betonte. Biedenkopf erkannte drittens die Bedeutung der politischen Sprache und wollte im politischen Meinungsstreit der Parteien Begriffe besetzen,[3] um so Deutungshoheit in der Auseinandersetzung mit dem politischen Gegner zu erringen. Das zeigte sich bei der Diskussion über die von Heiner Geißler aufgeworfene »Neue soziale Frage« und der Entwicklung des zentralen Wahlkampfslogans der Unionsparteien zur Bundestagswahl 1976 (»Freiheit statt Sozialismus«).[4] Die Rückkehr zur Macht sollte über Wiedererlangung der Begriffshegemonie erfolgen.

1 Vgl. Tschirschwitz: Kampf um Konsens, S. 53.

2 Kurt Biedenkopf: Einleitungsrede zur Aussprache über das Kapitel »Soziale Wirtschaftsordnung« des Grundsatzprogramms, in: Weizsäcker (Hg.): CDU-Grundsatzdiskussion, S. 119–131, hier S. 121.

3 Vgl. Beule: Auf dem Weg zur neoliberalen Wende?, S. 455; Steber: Die Hüter der Begriffe, S. 222; Süß: Idee und Praxis der Privatisierung, S. 20.

4 Im CDU-Bundesvorstand wurde die ursprüngliche Variante (»Freiheit oder Sozialismus«) kritisiert und unter maßgeblicher Beteiligung Biedenkopfs abgeändert. Vgl. Protokoll der CDU-Bundesvorstandsitzung, 17.5.1976, in: Kohl: »Wir haben alle Chancen«, S. 1950–2029, hier S. 2010. Dagegen ließ die CSU »Freiheit oder Sozialismus« auf ihre Wahlplakate drucken.

Biedenkopf, der in der CDU über keine eigene Hausmacht verfügte und sich eher als Parteiintellektueller verstand, konnte zwar in seiner vierjährigen Amtszeit als Generalsekretär Erfolge bei der Modernisierung der Parteiorganisation vorweisen, verzichtete aber 1977 auf eine erneute Kandidatur. Sein anfänglich gutes Verhältnis zu Kohl hatte sich deutlich abgekühlt. Mit dem Rückzug von seinem Amt hatte er seinen politischen Zenit überschritten, denn sein Versuch misslang, über die Landespolitik in Düsseldorf ein erfolgreiches Comeback auf der bundespolitischen Bühne zu starten. Er scheiterte sowohl als Herausforderer von Ministerpräsident Johannes Rau (SPD) bei den Landtagswahlen von 1980 als auch als CDU-Landesvorsitzender 1987. Damit schien seine politische Karriere endgültig beendet. Biedenkopf, der seitdem nicht mehr an die Parteidisziplin gebunden war, profilierte sich in der Öffentlichkeit fortan als politisch unabhängiger Kopf. Er nutzte das von ihm 1977 mit gegründete Institut für Wirtschaft und Gesellschaft (IWG), mit dessen Leiter Meinhard Miegel er zeitlebens freundschaftlich eng verbunden war, um sich in der Bundeshauptstadt als Politikberater Gehör zu verschaffen. In der Rentendiskussion der 1980er-Jahre meldete er sich immer wieder zu Wort: Unter Verweis auf die demografische Entwicklung kritisierte er das Umlageverfahren der gesetzlichen Rentenversicherung und plädierte für einen Übergang zu einer allgemeinen Grundrente.[5] Gleichzeitig begann Biedenkopf, Themen der aufkommenden Umweltbewegung aufzugreifen. So sprach er sich Mitte der 1980er-Jahre für den Aufbau einer »ökologischen Marktwirtschaft« aus.[6]

Im Frühjahr 1990 deutete nichts darauf hin, dass Biedenkopf auf die politische Bühne zurückkehren würde. Obwohl er an der Bildung des Frei-

5 Vgl. Kurt Biedenkopf: Vorwort, in: Miegel: Sicherheit im Alter, S. 14–23.

6 Vgl. Kurt Biedenkopf: Wegzeichen für die Soziale Marktwirtschaft zum Zielpunkt einer ökologischen Marktwirtschaft, in: Buddenberg (Hg.): Rettet die Umwelt!, S. 17–61. Nach eigenen Angaben hielt Biedenkopf auf der ersten von den Grünen mit organisierten deutsch-deutschen Konferenz »Ökologisches Wirtschaften« am 6. April 1990 in Leipzig seine erste umweltpolitische Rede. Vgl. Biedenkopf: Von Bonn nach Dresden, S. 178 (Eintrag zum 8.4.1990). Das Redemanuskript (»Zur Notwendigkeit einer ökologischen Reformpolitik«) findet sich in: AGG, A – Karl Hirschgens, Bd. 43.

staats Sachsen nicht beteiligt war, profitierte er langfristig von den Umbrüchen, die sich in der DDR mit der friedlichen Revolution in einer beispiellosen Dynamik vollzogen. Zugespitzt formuliert: Der Untergang des SED-Regimes eröffnete dem abgehalfterten Politiker aus Westdeutschland neue Chancen in Ostdeutschland. Biedenkopf, der die politische Entwicklung im neu gegründeten Freistaat als Zaungast beobachtete, übernahm im Sommersemester 1990 eine Gastprofessur an der Universität Leipzig. Seine Stunde schlug, als die CDU einen Spitzenkandidaten für das Amt des sächsischen Ministerpräsidenten suchte. Nachdem eine einflussreiche Gruppe um den ehemaligen Bürgerrechtler Arnold Vaatz eine Kandidatur des amtierenden CDU-Landesvorsitzenden, Klaus Reichenbach, verhindert hatte, konnten sich alle Seiten rasch auf Biedenkopf als Spitzenkandidaten einigen.[7] Biedenkopf betont in seinen Erinnerungen, er habe sich bei der Kandidatensuche nicht selber ins Spiel gebracht. Eine entscheidende Rolle spielte demnach der baden-württembergische Ministerpräsident Lothar Späth (CDU), der Biedenkopf in einem vertraulichen Gespräch Anfang Juli 1990 erstmals gefragt haben soll, ob er sich eine Kandidatur in Sachsen vorstellen könne.[8]

Biedenkopf war in der Öffentlichkeit des vereinten Deutschland kein Unbekannter. Er nutzte diesen Umstand, um sich in den Medien als entschlossener Politiker zu präsentieren, der ein klares Ziel vor Augen hatte: den Aufbau Sachsens zu einem erfolgreichen Bundesland. Bereits eine Woche nach der Landtagswahl in Sachsen am 14. Oktober 1990,[9] aus der die CDU als klare Siegerin hervorgegangen war, gab Biedenkopf dem Hamburger Magazin *Der Spiegel* ein Interview, in dem er einige Aufgaben der zukünftigen Landesregierung skizzierte.[10] Dabei betonte er zum einen die »große Modernisierungschance«, auch wenn alles, »was wir machen«,

7 Vgl. dazu sehr detailliert Richter: Die Bildung des Freistaates Sachsen, S. 612–654.

8 Vgl. Biedenkopf: Von Bonn nach Dresden, S. 265 (Eintrag zum 7.7.1990).

9 Der Landtagswahlkampf war ganz auf die Person Biedenkopfs zugeschnitten und lehnte sich an ein geflügeltes Wort von Bundeskanzler Kohl eng an (»für ein blühendes Sachsen«).

10 »Wir werden Druck machen«. Spiegel-Gespräch mit Kurt Biedenkopf über die Zukunft Sachsens, in: Der Spiegel vom 22.10.1990.

neu und ohne Vorbild sei. Man werde in Sachsen keine Verschwendung betreiben und keine großen Bürokratien aufbauen. Er wolle den Nachweis führen, dass ein Finanzministerium für ein Fünf-Millionen-Land nicht mehr als 200 Mitarbeiter benötige. Zum anderen ging er sehr ausführlich auf die Treuhandanstalt ein, von der er sich dezidiert abgrenzte. Die Behörde müsse dezentralisiert und auf die Landesbedürfnisse ausgerichtet sein, denn »die Menschen sind hier lange genug aus Berlin bevormundet worden«. In der ersten Regierungserklärung des Ministerpräsidenten am 8. November 1990 nahm die Zusammenarbeit mit der Treuhandanstalt ebenfalls einen breiten Raum ein. Biedenkopf kritisierte deren Organisationsstruktur und verlangte, die ostdeutschen Bundesländer bei der »Reprivatisierung und Neuordnung der Wirtschaft« stärker einzubeziehen.[11] Dazu kündigte er die Bildung eines Treuhandkabinetts an. Biedenkopf ging vor den versammelten Landtagsabgeordneten auch auf die wirtschaftlichen Herausforderungen ein und verbreitete Optimismus: Sachsen sei schließlich ein »starkes [...] und ein reiches Land«.[12] Bereits in wenigen Jahren werde es möglich sein, »den Anschluss an die Entwicklung des Westens unseres Vaterlandes zu sichern«. Biedenkopf, der die wirtschaftspolitischen Aussagen Kohls oft nicht teilte und im Herbst 1990 Steuererhöhungen zur Finanzierung der deutschen Einheit ins Gespräch brachte, rechnete innerhalb von zwei Jahren mit einem Wirtschaftsaufschwung in Sachsen.[13]

11 Regierungserklärung Biedenkopfs vom 8.11.1990, in: Sächsischer Landtag, 1. Wahlperiode, Protokoll der 2. Sitzung, S. 52–65, hier S. 60. Vgl. Biedenkopf für dezentrale Struktur der Treuhand, in: Handelsblatt vom 9.11.1990.

12 Regierungserklärung Biedenkopfs vom 8.11.1990, in: Sächsischer Landtag, 1. Wahlperiode, Protokoll der 2. Sitzung, S. 52–65, hier S. 65. Der sächsische Finanzminister Georg Milbradt (CDU) modifizierte später die Feststellung Biedenkopfs: »Sachsen ist ein reiches Land, es hat nur im Moment kein Geld.« Sachsens Vermögensfahnder auf der Suche nach altem Landbesitz, in: Der Tagesspiegel vom 14.2.1993.

13 Vgl. Biedenkopf: Von Bonn nach Dresden, S. 378 (Eintrag zum 14.10.1990). Bei seiner Regierungserklärung zwei Jahre später musste Biedenkopf seine Prognose korrigieren. Vgl. Biedenkopf: Die Talsohle ist noch nicht erreicht, in: Sächsische Zeitung vom 15.10.1992.

Der Aufbau der sächsischen Landesverwaltung erfolgte nahezu parallel zur Umstrukturierung der Treuhandanstalt, die bis zum Beginn der Amtszeit von Detlev Karsten Rohwedder Ende August 1990 nur ein zahnloser Papiertiger war.[14] Die Behörde entwickelte sich erst unter seiner Führung zu einer funktionsfähigen Organisation, die ihrem Privatisierungsauftrag, der von der frei gewählten Volkskammer im Treuhandgesetz fixiert worden war, nachkommen konnte. Im vierten Quartal 1990 stieg der Personalbestand der Behörde rasant an, und zwar von 379 (30. September 1990) auf 1140 Mitarbeiter (31. Dezember 1990).[15] Diese Expansion beobachtete Biedenkopf mit Argusaugen. Ein Konflikt mit den ostdeutschen Bundesländern bahnte sich an, denn grundsätzliche, verfassungsrechtliche Fragen mussten geklärt werden, die die Aufgaben- und Kompetenzverteilung zwischen der Treuhandanstalt und den sogenannten neuen Bundesländern betrafen.

Unter den ostdeutschen Ministerpräsidenten war es Biedenkopf, der eine äußerst konfrontative Auseinandersetzung mit Rohwedder öffentlich inszenierte. Dabei machte der sächsische Ministerpräsident immer wieder deutlich, dass viele Entscheidungen der Treuhandanstalt mit Folgen verbunden seien, die »über das Anliegen der Privatisierung weit hinausgingen«.[16] Für die wirtschafts-, regional- und strukturpolitischen Konsequenzen ihrer Entscheidungen sei die Berliner Behörde »weder verantwortlich noch politisch legitimiert«. Überraschenderweise schien der Streit nach wenigen Wochen beigelegt zu sein. Doch der Burgfriede hielt nicht lange. In einem Zeitungsinterview antwortete Biedenkopf auf die Feststellung, er habe doch unlängst Frieden gemacht mit der Treuhand-

14 Dagegen kennzeichnet der Historiker Marcus Böick die Treuhandanstalt Mitte 1990 als »Heerlager im Dreißigjährigen Krieg«. Angesichts der sehr geringen Mitarbeiterzahl (Ende Juni 1990: 114) ist dieses Bild zwar plastisch, aber völlig unzutreffend. Böick: Die Treuhand, S. 246.

15 Vgl. Übersicht der Treuhandanstalt über die Entwicklung des Personalstandes Ost-West-Mitarbeiter vom 24.7.1992, in: Treuhandanstalt (Hg.): Dokumentation 1990–1994, Bd. 11, S. 155.

16 Biedenkopf für dezentrale Struktur der Treuhand, in: Handelsblatt vom 9.11.1990.

anstalt und ihrem Präsidenten: »Sagen wir: Waffenstillstand.«[17] Außerdem vermittelte er den Eindruck, der Verwaltungsrat der Behörde, in dem auch die ostdeutschen Ministerpräsidenten saßen, sei »der eigentliche Ort der Entscheidung«. Zwei Wochen zuvor hatte die Tageszeitung *Die Welt* gemeldet, Biedenkopf und Rohwedder hätten ihren Streit über die Kompetenzverteilung bei der Privatisierung von Treuhandunternehmen beigelegt.[18] Die Auseinandersetzung mit der Behörde in Berlin hatte eine entlastende Funktion, denn die Treuhandanstalt diente auch Biedenkopf als Blitzableiter.

Gleichzeitig nahm er die Bundesregierung und die westdeutschen Bundesländer in die Pflicht und verlangte mehr Unterstützung für die ostdeutschen Bundesländer,[19] deren Wiederaufbau »Aufgabe aller Deutschen« sei.[20] In dem Kontext hob er die Anpassungsleistungen der Ostdeutschen an das neue System hervor: »Den Menschen im Osten könnten jetzt nicht Leistungen zugemutet werden, die im Westen ›nicht mal im Traum‹ akzeptiert würden.« Daraus leitete Biedenkopf die Forderung ab, »bestimmte Besitzstände in der alten Bundesrepublik« auf den Prüfstand zu stellen, ohne jedoch konkrete Beispiele zu nennen. Während diese Forderung breite Unterstützung bei allen Fraktionen im sächsischen Landtag fand, bestand in der Beurteilung der DDR-Vergangenheit Dissens mit der Linken Liste/PDS. Hier hatte sich Biedenkopf bereits in seiner ersten Regierungserklärung eindeutig positioniert, als er die »Zerstörung unseres Landes durch die sozialistische Herrschaft« anprangerte.[21] Er verwies auf die wirtschaftlichen, ökologischen und politischen Altlasten sowie auf die »geistige und körperliche Beschädigung der Menschen«.[22] Die »Zwangs-

17 Wir können Deutschland nicht wieder teilen, in: Neue Zeit vom 31.1.1991.

18 Biedenkopf und Rohwedder einigen sich, in: Die Welt vom 14.1.1991.

19 Damit hatte Biedenkopf die bayerische Landesregierung aufgeschreckt. Reinhard Voigt (Referat 5, vermutlich Finanzministerium): Vermerk für Herrn Staatsminister zum mittelfristigen Finanz- und Transferbedarf des Beitrittsgebiets, 25.4.1991, BArch Berlin, B 412/9426, Bl. 317–321.

20 Alt-Bundesländer müssen Sachsen jetzt helfen, in: Leipziger Tageblatt vom 12.2.1991.

21 Regierungserklärung Biedenkopfs vom 8.11.1990, in: Sächsischer Landtag, 1. Wahlperiode, Protokoll der 2. Sitzung, S. 52–65, hier S. 58.

22 Ebd., S. 59.

jacke des realen Sozialismus« sei dafür verantwortlich gewesen, dass sich in der DDR die Menschen mit ihren Fähigkeiten nicht hätten entfalten können. Die Kritik am SED-Regime äußerte er auch in Gesprächen mit Journalisten; dabei verwendete er oft den Begriff der »Erblast«.[23]

Obwohl Biedenkopf in der Öffentlichkeit die schwierige ökonomische Lage der ostdeutschen Bundesländer nicht verschwieg, zeigte er sich doch auffallend zuversichtlich: Sachsen werde noch 1991 »eine deutliche wirtschaftliche Aufwärtsentwicklung [...] erleben«.[24] Diesen Zweckoptimismus wiederholte er mantramäßig. Dabei zeigten sich eklatante Unterschiede zur subjektiven Wahrnehmung der Lebenswirklichkeit von Bewohnern in ländlichen Regionen, wie etwa in Ostsachsen. Hier diagnostizierten Journalisten im Frühjahr 1991 eine völlig desillusionierte Stimmungslage in der Bevölkerung. Im Gegensatz dazu entwarf Biedenkopf für dieses Gebiet eine Zukunftsvision, die abgehoben und realitätsfern erschien. So prophezeite er für die abgelegene Grenzregion zu Polen und der Tschechoslowakei, dass dort in zehn bis 15 Jahren eine Euroregion entstehen werde, »in de[r] nicht fünf, sondern 25 Millionen Menschen leben« würden.[25] Wenn erst die Autobahnen gebaut seien und die Züge »mit normaler Geschwindigkeit« führen, werde sich auch eine »enge industrielle und kulturelle Zusammenarbeit entwickeln«.

Biedenkopf verband Imagepolitik auch mit aktiver Wirtschaftspolitik. So lud er Spitzenvertreter der Wirtschaftsverbände und des Handels zu einem Gespräch ein, um im Frühjahr 1991 eine Werbekampagne für ostdeutsche Konsumprodukte anzustoßen. Damit reagierte der Dresdner Regierungschef auf den massiven Einbruch der Binnennachfrage nach ostdeutschen Gütern, der mit der Einführung der D-Mark in Ostdeutschland Mitte 1990 einherging und die Wirtschaftsexperten in dem Ausmaß völlig überraschte. Der Nachfragerückgang, der über sinkende

23 Biedenkopf zeichnet düsteres Bild, in: Leipziger Tageblatt vom 22.2.1991.

24 Kurt Biedenkopf: Erste Schritte in Richtung einheitlicher Lebensverhältnisse, in: Neue Zeit vom 9.3.1991.

25 »Wer in Sachsen investiert, wird später dafür belohnt werden«, in: Die Welt vom 18.3.1991.

Preise nicht kompensiert werden konnte, bedeutete für viele kleinere und mittlere Betriebe der ostdeutschen Konsumgüterindustrie das Aus. Mit den geplanten Werbekampagnen sollten deren Absatzchancen verbessert werden.[26] Dazu sollte eine Fördergesellschaft für Qualitätsprodukte der Land- und Ernährungswirtschaft gegründet werden. Darüber hinaus war die Einführung eines sächsischen Gütesiegels für Lebensmittel im Gespräch. Biedenkopf betonte bei dem Spitzentreffen, dass der Kauf sächsischer Produkte dazu beitragen werde, sächsische Arbeitsplätze zu sichern. Viele Beobachter gingen davon aus, dass die Nachfrage nach ostdeutschen Produkten wieder steigen würde. Die Lage änderte sich aber 1991 nur langsam.

Biedenkopf war ein gern gesehener Gast auf Verbandstreffen in Westdeutschland, die er dazu nutzte, um seine Vorstellungen über den Wirtschaftsumbau in Ostdeutschland medienwirksam zu präsentieren. So war er im Juni 1991 Hauptredner auf dem Westfälischen Unternehmertag in Münster. Biedenkopf verband seine Ausführungen geschickt mit einem »Plädoyer für die Vollendung der inneren Einheit Deutschlands«, wie die *Westdeutsche Allgemeine* berichtete.[27] Er wiederholte zunächst seine Forderung, dass die deutsche Einheit eine Aufgabe aller Deutschen sei. Anschließend warb er für weitere Westhilfen, die er ausdrücklich von der Leistungsfähigkeit der westdeutschen Bundesländer abhängig machte. Um die Verteilungsprobleme bewältigen zu können, dürfe der Osten nicht einfach bestimmen, was nötig sei. Es komme vielmehr darauf an, dass der Westen die Hilfe gewähre, die er sich auch leisten könne. Rund 80 Prozent der Leistungen – so die Einschätzung des Redners – müssten aber aus dem Westen kommen. Gleichzeitig betonte er, dass »die immateriellen Leistungen« der Ostdeutschen zu würdigen seien.[28] Deren Anpassungsleistungen seien enorm, weil im Zuge der ökonomischen Transformation

26 Ein starker Trend zu heimischen Produkten. Spitzenvertreter von Produktion und Handel im Gespräch mit dem Ministerpräsidenten, in: Neue Zeit vom 31.5.1991.

27 Die Marktwirtschaft im Osten flankieren. Kurt Biedenkopf wirbt für West-Hilfen, in: Westdeutsche Allgemeine vom 19.6.1991.

28 Ebd.

soziale Besitzstände abgebaut würden. Seine Rede war auch in anderer Hinsicht sehr bemerkenswert, denn bei Biedenkopf ließ sich ein Lernprozess beobachten. So sprach er sich dafür aus, die Marktwirtschaft im Osten »behutsam« einzuführen und den Übergang mit staatlichen Hilfen zu flankieren.[29] Während er in seiner ersten Regierungserklärung noch von einem Zeitraum von zwei Jahren gesprochen hatte, in dem sich der Angleichungsprozess vollziehen würde, ging er ein halbes Jahr später davon aus, dass die wirtschaftliche Talfahrt erst im Spätherbst 1991 oder sogar im Frühjahr 1992 enden werde.[30] Biedenkopf, der beiläufig auch die Arbeit der Treuhandanstalt ausdrücklich lobte, hielt es allerdings für unrealistisch, dass der Osten bis zum Jahr 2000 mit dem Westen gleichziehen könnte, denn dafür seien jährliche Wachstumsraten von 17 Prozent erforderlich.[31]

Der Aufbau eines eigenständigen Direktorates Arbeit und Soziales in der Treuhandanstalt hatte bei der sächsischen Landesregierung große Begehrlichkeiten geweckt. Mitte 1991 hoffte Biedenkopf offenbar, dass die Behörde in Zukunft auch als arbeitsmarkt- und sozialpolitischer Akteur auftreten würde und dadurch den Freistaat entlasten könnte.[32] Dabei

29 Ebd.

30 Ebd. Die von Biedenkopf in der Folgezeit gemachten Zeitangaben wichen voneinander ab: In einem Zeitungsinterview erklärte er 1992, dass der Modernisierungsprozess in Ostdeutschland in etwa zehn Jahren abgeschlossen sein dürfte. Vgl. Jetzt gehen wir die schwierigste Wegstrecke. Die Menschen in Ostdeutschland brauchen eine Perspektive, in: Süddeutsche Zeitung vom 6.3.1992. Ein Jahr später prophezeite er, dass der Umbruch in spätestens acht Jahren abgeschlossen sei. Vgl. »Im Freistaat Sachsen vollzieht sich eine Revolution«. Umbruch benötigt acht Jahre, in: Die Welt vom 9.3.1993. In seinem Tagebuch entwarf Biedenkopf 1994 eine neue Sprachregelung, indem er dafür plädierte, »die Kohl'sche Formel [von den blühenden Landschaften] nicht statisch […], sondern dynamisch zu wenden: Es beginnt zu blühen«. Biedenkopf: Ringen um die innere Einheit, S. 402 f. (Eintrag zum 19.3.1994).

31 Vgl. Die Marktwirtschaft im Osten flankieren. Kurt Biedenkopf wirbt für West-Hilfen, in: Westdeutsche Allgemeine vom 19.6.1991. Wirtschaftsminister Schommer rechnete 1993 mit einem durchschnittlichen Wirtschaftswachstum von sieben Prozent. Vgl. Die Region am Rand der EG öffnet sich nach Ost und West, in: Die Welt vom 3.9.1993.

32 Vgl. Holz: Ergebnisvermerk über Besprechung (Jour-fixe Sachsen) vom 24.6.1991, S. 4, HStA Stuttgart, EA 8/502, Bü 10/5.

standen die Beschäftigungs- und Qualifizierungsgesellschaften im Mittelpunkt seiner Überlegungen. Im Verwaltungsrat forderte der sächsische Ministerpräsident die Treuhandanstalt zu einer aktiven Mitarbeit auf. Gleichzeitig machte er sich große Sorgen um die Stimmungslage in der ostdeutschen Bevölkerung. Unter Hinweis auf Meinungsumfragen sah er nicht nur eine schwindende Akzeptanz der Treuhandanstalt, sondern auch der Marktwirtschaft. Beides zusammen stelle eine »explosive Gefahr für die innere Sicherheit« Deutschlands dar.[33] Da in der ostdeutschen Bevölkerung nicht der Eindruck entstehen dürfe, die Marktwirtschaft helfe »den alten Bonzen«, sprach sich Biedenkopf im Verwaltungsrat dafür aus, einen personalpolitischen Kurswechsel vorzunehmen und politisch belastete Geschäftsführer von Treuhandunternehmen zu entlassen. Die Situation habe sich inzwischen so zugespitzt, »dass man an einer Rasenmäheraktion nicht vorbeikomme, wobei natürlich in Kauf zu nehmen sei, dass es hier auch Ungerechtigkeiten geben könne«. Dieser Vorstoß kam nicht von ungefähr: Bereits in der Regierungserklärung vom 8. November 1990 hatte Biedenkopf sowohl die ökonomische als auch die personelle »Erblast« des untergegangenen SED-Regimes betont.

Die Imagepolitik der Regierung Biedenkopf[34] zeigte im zweiten Halbjahr 1991 erste Früchte. So berichtete die Tageszeitung *Die Welt* über einen Wettbewerb unter den ostdeutschen Bundesländern um Investoren und stellte fest: »Zuerst wird es im Freistaat Sachsen nach oben gehen.«[35]

33 Tagebuch von Klaus Schucht (Eintrag zum 26.7.1991), BArch Koblenz, N 1585, Bd. 12, Bl. 195.

34 Im August 1991 legte die sächsische Staatskanzlei der Treuhandanstalt einen Beitrag für eine geplante Broschüre (»Chancen in den neuen Bundesländern«) vor, der die Einzigartigkeit des Industriestandorts Sachsen betonte: Dieser biete für »den kreativen Unternehmer Leistungspotentiale, die in den kommenden Jahren ökonomische Erfolge in Größenordnungen [sic] erwarten lassen«. Günter Meyer (StS der sächsischen Staatskanzlei) am 20.8.1991 an Dr. Dorenberg (THA), BArch Berlin, B 412/9426, Bl. 263–268, hier Bl. 267. In einer eigenen Werbebroschüre, die kurz darauf erschien, kannte das Selbstlob der sächsischen Landesregierung keine Grenzen mehr: »Das größte Infrastrukturprogramm in der europäischen Wirtschaftsgeschichte macht aus Sachsen das Japan Europas«, in: Blick durch die Wirtschaft (Frankfurt am Main) vom 20.9.1991.

35 Die Sachsen kommen, in: Die Welt vom 13.8.1991.

Biedenkopf, Schommer und Milbradt wurde ein nahezu makelloses Zeugnis ausgestellt. Während der Ministerpräsident als »Chefökonom« für das Kreative zuständig sei, setze Finanzminister Milbradt »zielgenau haushaltspolitische Akzente«. Wirtschaftsminister Schommer habe ein »rankes, aber schlagkräftiges« Ressort aufgebaut, besorge das operative Geschäft und lenke »geschickt die Medienöffentlichkeit«. Der sächsischen Landesregierung wurde eine wirtschaftspolitische Vorreiterrolle in Ostdeutschland attestiert, etwa bei den in Aufbau befindlichen Beschäftigungsgesellschaften: »Während anderswo heillos über das Für und Wider [...] gestritten wurde, hat die Regierung des Freistaats kurzerhand [...] Fakten geschaffen und dabei geschickt die Gewerkschaften eingebunden.« Als unabhängiger Zeuge für den scheinbar unaufhaltsamen Aufstieg Sachsens wurde auch noch der Präsident des Bundeskartellamtes, Wolfgang Kartte, mit den Worten zitiert: »Wir [die Westdeutschen] müssen aufpassen, sonst fressen uns die Sachsen in fünf Jahren kalt zum Frühstück.«[36] In der *Süddeutschen Zeitung* konnte man lesen, dass sich die milliardenschweren Transferzahlungen von West- nach Ostdeutschland »am ehesten« in Sachsen bezahlt machen würden: »Während das arme Mecklenburg-Vorpommern nach wie vor in Stagnation verharrt, hat man in Leipzig und Dresden längst in die Hände gespuckt und angepackt.«[37] Sachsen werde schon in fünf Jahren die Wirtschaftskraft von Rheinland-Pfalz erreichen.

Biedenkopf konnte einen weiteren Erfolg für sich verbuchen, als in der *Wirtschaftswoche* ein längerer Artikel erschien, der nicht nur voll des Lobes über die Entschlossenheit und Weitsicht des sächsischen Landesvaters war, sondern auch einen gewagten historischen Vergleich zum Barockkönig August dem Starken zog.[38] Es sei »August« gewesen, der aus dem vom Dreißigjährigen Krieg verwüsteten Dresden eine Kulturstadt gemacht und Sachsen zu »Weltgeltung« verholfen habe. Unweit des ihm

36 Ebd.
37 Die Sachsen schaffen es, in: Süddeutsche Zeitung vom 7.12.1991.
38 Die neuen Schwaben. Kurt Biedenkopf will den Freistaat zum ökonomischen Musterland entwickeln, in: Wirtschaftswoche vom 6.9.1991.

zu Ehren errichteten Reiterdenkmals (»Goldener Reiter«) arbeite Biedenkopf nun daran, »aus dem von der Planwirtschaft zerrütteten Sachsen das neue Musterland Ostdeutschlands zu schaffen«. Der sächsische Ministerpräsident konnte mit dem überschwänglichen Lob in den Medien, das auch schon im Ausland zu vernehmen war, rundum zufrieden sein. Die renommierte Wochenzeitung *The Economist* attestierte Biedenkopf eine politische Ausnahmestellung und krönte ihn zum König von Sachsen (»King of Saxony«).[39] Der Ritterschlag erfolgte schließlich durch Altbundeskanzler Helmut Schmidt (SPD), der Sachsen bescheinigte, »Marktführer unter den neuen Bundesländern zu werden«.[40] Besser konnte es für Biedenkopf und seine Kabinettskollegen nicht laufen!

Die außergewöhnlich gute Berichterstattung stärkte die Position Biedenkopfs in der Öffentlichkeit. Mit breiter Brust nahm er daher Verhandlungen mit dem Bund bzw. den Ländern über die finanzielle Unterstützung Ostdeutschlands auf.[41] Dabei artikulierte er auch offene Kritik am Westen und hinterfragte beispielsweise die Höhe der Transferzahlungen:[42] Die Nettoleistungen lägen in Wirklichkeit wesentlich niedriger als die in der Öffentlichkeit geschätzten 100 bis 150 Milliarden DM, denn es müssten in einer Gesamtbilanz auch die Steuereinnahmen in den »neuen Ländern« sowie die Konjunkturimpulse aus dem Osten Berücksichtigung finden. In dem Zusammenhang verwies er auf die wirtschaftspolitischen Initiativen der von ihm geführten Landesregierung. Biedenkopf war es wichtig, im vereinten Deutschland nicht als Bittsteller, sondern als Anwalt der Ostdeutschen wahrgenommen zu werden. So erinnerte er daran, dass

39 The Star of the East, in: The Economist vom 14.9.1991.

40 Andreas Luksch: Mutmacher, in: Freie Presse vom 21.11.1991.

41 Über das gestiegene Selbstbewusstsein der sächsischen Landesregierung ärgerte sich das THA-Vorstandsmitglied Klaus Schucht nach Gesprächen mit dem Staatssekretär im SMWA, Rüdiger Thiele. Tagebuch von Klaus Schucht (Einträge zum 10.9.1991 und 11.10.1991), BArch Koblenz, N 1585, Bd. 13, Bl. 251 u. 316. In der Bundeshauptstadt wurde Biedenkopf angeblich als »gefürchteter Anwalt des Ostens« wahrgenommen. Biedenkopf kämpft, damit der Osten nicht auf Dauer Armenhaus bleibt, in: Leipziger Volkszeitung vom 7.1.1993.

42 Biedenkopf: Leistungen des Westens überschätzt, in: Frankfurter Allgemeine Zeitung vom 19.11.1991.

bei der Diskussion über den Abbau von Arbeitsplätzen in ostdeutschen Braunkohlerevieren und in westdeutschen Steinkohlegruben »höchst unterschiedliche Maßstäbe« angelegt würden.[43] Von Ostdeutschland werde erwartet, »dass wir uns von etwa 70 Prozent der Beschäftigten trennen«. Dagegen sei es in Westdeutschland selbstverständlich, »dass in solchen Anpassungsprozessen niemand arbeitslos wird«. Biedenkopf wiederholte seine Feststellung, dass die deutsche Einheit eine »sehr seltene Chance der Modernisierung« biete, womit er den Abbau von Besitzständen meinte. Konkret sprach er sich dafür aus, »die Finanzierung im öffentlichen Bereich anders [zu] organisieren, Verkehrsprobleme anders [zu] regeln«, als das in Westdeutschland in der Vergangenheit gelöst worden sei.[44]

Der sächsische Ministerpräsident befürwortete nicht nur eine Dezentralisierung der Entscheidungsstrukturen und eine Stärkung des Subsidiaritätsprinzips, sondern hielt auch am Prinzip einer freien Marktwirtschaft grundsätzlich fest. Auf einer Kabinettssitzung, die bewusst in das von Krisen geschüttelte Chemnitz verlegt worden war, äußerte Biedenkopf zwar großes Verständnis für die Sorgen der Beschäftigten, die tags zuvor für den Erhalt ihrer Arbeitsplätze in Dresden demonstriert hatten.[45] Allerdings entscheide letztlich der Markt, »was nicht überlebensfähig« sei. Konkrete Versprechen konnte bzw. wollte er nicht abgeben: Die Staatsregierung und das Wirtschaftsministerium unternähmen alles, um in Regionen, die besonders schwer vom Strukturwandel betroffen seien, »neue Aktivitäten auszulösen«. Dabei ging es vor allem um die Gewinnung neuer Investoren, wie etwa die geplante Ansiedlung von Volkswagen im sächsischen Mosel.

43 Herausforderungen der Einheit erkennen und einordnen. Tagesspiegel-Gespräch mit Kurt Biedenkopf, in: Der Tagesspiegel vom 27.11.1991.

44 Damit meinte Biedenkopf die private Finanzierung öffentlicher Aufgaben. Vgl. Jetzt gehen wir durch die schwierigste Wegstrecke. Die Menschen in Ostdeutschland brauchen eine Perspektive, in: Süddeutsche Zeitung vom 6.3.1992. An dieser Idee hielt er in der Folgezeit beharrlich fest. Vgl. Rüpke (Staatskanzlei): Sprechzettel für MP Biedenkopf zum Privatisierungskonzept der Staatsregierung, [24.8.1993], SHStA Dresden, Bestand 12891 (Staatskanzlei), 11109.

45 Chemnitzer Region ist bedeutender Industriepark. Dritte Kabinettstagung »vor Ort«, in: Freie Presse vom 27.11.1991.

Anfang 1992 waren erstmals kritische Stimmen zu vernehmen. So berichtete *Die Welt*, dass Sachsen eine »respektable Staatswirtschaft« betreibe, denn der Freistaat halte Beteiligungen an fast 20 Unternehmen.[46] Darunter befanden sich etwa die Umweltforschungszentrum GmbH in Leipzig, die Sächsische Binnenhäfen-Oberelbe GmbH in Dresden, die Flughäfen in Leipzig und Dresden, die Leipziger Messe GmbH, die alten Staatsbäder der Sachsenkönige in Bad Brambach und Bad Elster sowie die weltberühmte Porzellanmanufaktur in Meißen. »Größter Brocken« war jedoch die neu gegründete Sächsische Landesbank (SachsenLB), für die im Haushaltsjahr 1991 ein Betrag von 187,25 Millionen DM bereitgestellt wurde. Über den Begriff »Staatswirtschaft« dürfte sich Biedenkopf sehr geärgert haben. Die von ihm geführte Landesregierung sollte auf keinen Fall als Anteilseigner bei den in Sachsen ansässigen Firmen erscheinen. Das sollte ausschließlich Aufgabe der Treuhandanstalt bleiben. Um mögliche Forderungen im Vorfeld abzuwehren, erklärte der im Finanzministerium zuständige Referatsleiter Gerhard Rombach, dass der Einstieg bei sanierungsbedürftigen Treuhandunternehmen, der von Gewerkschaften und zahlreichen ostdeutschen Politikern gefordert wurde, nicht infrage komme.[47]

Die Investorensuche stand auch im Mittelpunkt von öffentlichen Werbeveranstaltungen, die von der Landesregierung in Kooperation mit der Treuhandanstalt organisiert wurden. Die Berliner Behörde hatte Ende August 1991 eine Publikumsmesse im thüringischen Suhl durchgeführt, zu der Unternehmer sowie Wirtschafts- und Verbandsvertreter eingeladen worden waren. Das überregionale Echo fiel offenbar positiv aus und weckte das Interesse der Staatsregierung in Dresden, die gleich eine ganze Veranstaltungsreihe im Freistaat anvisierte.[48] Daraufhin beauftragte das sächsische Wirtschafts- und Arbeitsministerium (SMWA) eine Marke-

46 Teure Beteiligungswirtschaft. Unternehmerisches Engagement kostet den Freistaat Sachsen eine halbe Milliarde Mark, in: Die Welt vom 27.2.1992.

47 Ebd.

48 Dr. Koch (THA-Vorstand) am 4.2.1992 an Breuel, BArch Berlin, B 412/10484, Teil 2, Bl. 315.

ting-Beratungsgesellschaft mit der Konzipierung und Durchführung, die bereits für Suhl den Zuschlag erhalten hatte, der neuen Aufgabe aber nicht ganz gewachsen war. Unter dem Motto »Chance 92 – mit Sachsen wachsen« sollten im zweiten Quartal 1992 in vier Städten (Plauen, Bautzen, Grimma und Aue) Veranstaltungen durchgeführt werden. Während Ministerpräsident Biedenkopf die Schirmherrschaft übernahm, war Schommer als zuständiger Minister mit der Federführung betraut. Neben der gezielten Anwerbung von Investoren war nicht nur eine Unternehmerbörse wie in Suhl geplant, sondern auch eine Arbeitsvermittlungsbörse – ein Fehler, wie sich später herausstellen sollte. Bei den Beratungen mit der Treuhandanstalt und dem Marketingunternehmen wurde bald erkennbar, dass die Kosten zu explodieren drohten: Die vier in Sachsen vorgesehenen Messen verschlangen offenbar doppelt so viel Geld wie vergleichbare Veranstaltungen, die in anderen 32 ostdeutschen Städten geplant waren.[49] Die Planungsarbeiten stockten zeitweise, da das SMWA – sehr zum Unmut der Agentur – weder Räumlichkeiten noch Personal zur Verfügung stellen wollte. Schließlich hatte sich der Geschäftsführer der Marketingfirma auch noch mit Arbeitsämtern angelegt, die sich gegen dessen öffentlich geäußerte Kritik, sie seien rückständig und veraltet, zur Wehr setzten.[50] Die Bundesanstalt für Arbeit in Nürnberg lehnte folgerichtig den von ihm gestellten Antrag ab, die Kosten für eine »Deckungslücke« in Höhe von 128 312 DM zu übernehmen.[51]

Die Aktionstage in den vier sächsischen Städten waren aus Sicht des Marketingunternehmens ein voller Erfolg. An der Auftaktveranstal-

49 Aktennotiz (streng vertraulich) für Herrn Minner (THA) betr. Aktionstage, 9.11.1991, BArch Berlin, B 412/10484, Teil 2, Bl. 417 f. Für die Durchführung der Messen wurde ein Ausfallrisiko für die Veranstalter in Höhe von 1,28 Millionen DM verabredet. Ergebnisprotokoll für Gemählich/Minner/Hill (THA) über die Beratung Aktionstage im Freistaat Sachsen, 11.11.1991, ebd., Bl. 414–416, hier Bl. 415. Für die erste Veranstaltung in Plauen lag der projizierte Gesamtaufwand bei 390 000 DM. Tabelle Aktionstage (o. Verf., o. D.), ebd., Bl. 403 f.

50 Schade (Leiter der Zentralen Arbeitsverwaltung Ost-Berlin) am 11.11.1991 an Herrn Wiedenmann betr. Aktionstage Suhl, BArch Berlin, B 412/10484, Teil 2, Bl. 449 f.

51 Grauel (Bundesanstalt für Arbeit Nürnberg) am 19.9.1991 an Frank M. Wiedenmann (Messebüro Aktionstage Suhl), BArch Berlin, B 412/10484, Teil 2, Bl. 434 f.

tung in Plauen und den Aktionstagen in Bautzen nahmen angeblich fast 19 000 Besucher teil.[52] Ein Investor aus Australien sei sogar gesichtet worden. Im Rahmen der Abschlussveranstaltung in Aue, zu der auch ein Besuch der Bundesministerin für Frauen und Jugend, Angela Merkel (CDU), angekündigt war,[53] fand ein Fußballspiel zwischen einem Team der Treuhandanstalt und einer Mannschaft des Landratsamtes statt, aus dem Letztere als klarer Sieger hervorging. Die »Treuhänder« seien in dem sportlichen Wettstreit »völlig chancenlos« geblieben; über das offizielle Ergebnis hätten sich anschließend beide Mannschaften im Bierzelt geeinigt.[54] Das Resümee der Treuhandanstalt, die sich mit der Veranstaltungsreihe eine Imagekorrektur erhoffte, fiel sehr viel nüchterner aus. So war es nicht gelungen, VW als größten Arbeitgeber in Sachsen für eine der insgesamt vier Messeveranstaltungen zu gewinnen.[55] Außerdem wurde in der Presse berichtet, dass einige ortsansässige Firmen unter Hinweis auf zu hohe Standmieten der Messe in Plauen ferngeblieben seien.[56] Die Treuhandanstalt war mit der Durchführung der Aktionstage, aber auch mit der Zusammenarbeit mit dem SMWA und der Marketingfirma nicht zufrieden. Das betraf auch die Finanzierungsfrage: Die Treuhandanstalt hatte frühzeitig die Befürchtung geäußert, auf den mit den Aktionstagen verbundenen Kosten alleine sitzen zu bleiben.[57]

52 Frank M. Wiedenmann (Projektleitung): Messemagazin »Chance 92« – Aktionstage: Mit Sachsen wachsen, Aktionstage Grimma (10.–13.6.1992), 12.6.[1992], BArch Berlin, B 412/10484, Teil 1, Bl. 30 f.

53 THA-Direktorat Arbeitsmarkt und Soziales am 15.6.1992 an Herrn Wiedenmann, BArch Berlin, B 412/10484, Teil 1, Bl. 86.

54 Frank M. Wiedenmann (Projektleitung): Messemagazin »Chance 92« – Aktionstage: Mit Sachsen wachsen, Aktionstage Aue (24.–27.6.1992), 26.6.[1992], BArch Berlin, B 412/10484, Teil 1, Bl. 64 f.

55 VW Sachsen GmbH (Geschäftsführung) am 21.5.1992 an Messebüro Wiedenmann betr. Aktionstage, BArch Berlin, B 412/10484, Teil 1, Bl. 122.

56 Wochenspiegel Vogtland-Plauen-Auerbach-Reichenbach vom 6.5.1992, BArch Berlin, B 412/10484, Teil 1, Bl. 131.

57 Brendel (SMWA): Vermerk über Besprechung am 13.2.1992 im SMWA betr. Aktionstage in Sachsen, 17.2.1992, BArch Berlin, B 412/10484, Teil 1, Bl. 127 f.

Biedenkopfs Optimismus[58] steckte auch seine Parteifreunde in Sachsen an. Nachdem der VW-Konzern in Zwickau die Produktion von Golf-Karossen gestartet hatte, kannte die Erleichterung des zuständigen Landrats Christian Otto (CDU) keine Grenzen. Schon Ende 1992 werde der Tiefpunkt der Arbeitslosigkeit im Landkreis erreicht. Otto rechnete mittelfristig sogar mit einem Arbeitskräftemangel, der durch den Zuzug von ausländischen Facharbeitern kompensiert werden könnte. Mit der Standortentscheidung der Wolfsburger Konzernzentrale seien in der Region langfristig nicht nur bis zu 35 000 Stellen gesichert, sondern auch sprudelnde Steuereinnahmen für die Kommune garantiert. Daraus speiste sich seine Erwartung, dass Sachsen »um das Jahr 2020 [...] ein reicher Freistaat« sein werde.[59] Mit Blick auf die wirtschaftliche Entwicklung im vereinten Deutschland konnte sich der Landrat einen Seitenhieb gegen eine westdeutsche Krisenregion, die ebenfalls vom Strukturwandel stark gebeutelt war, nicht verkneifen: »Wenn wir dann den ersten Finanzausgleich an das Saarland zahlen, das will ich noch erleben!«[60]

Obwohl Biedenkopf bei seinen wirtschaftlichen Prognosen gewisse Korrekturen vornehmen musste und vor allem die zeitliche Dimension der ökonomischen Rekonstruktion unterschätzt hatte, war er nach wie vor davon überzeugt, dass der Wirtschaftsaufschwung in Ostdeutschland letztlich gelingen werde. In dieser Ansicht bestärkte ihn auch sein Be-

58 In einem Gastbeitrag betonte Biedenkopf Anfang Oktober 1992 erneut die ökonomische Vorreiterrolle Sachsens. Vgl. Kurt Biedenkopf: Dynamischer Aufbruch. Sachsen liegt bei der Privatisierung vorn, in: Rheinischer Merkur vom 9.10.1992.

59 Sie stehen auf der Matte, wissen aber, der Aufschwung klappt. Mosel in Westsachsen, ein Dorf in Erwartung des ganz speziellen, regionalen Wirtschaftswunders, in: Frankfurter Rundschau vom 25.4.1992.

60 Ebd. Unter Verweis auf Statistiker berichtete die *Frankfurter Allgemeine Zeitung* Mitte Juli 1992, dass Sachsen – gemessen am Bruttoinlandsprodukt – schon bald das Saarland überholen werde. Vgl. Fritz Ullrich Fack: Bergauf und bergab, in: Frankfurter Allgemeine Zeitung vom 15.7.1992. Bei der Pro-Kopf-Berechnung des Inlandsprodukts fiel Sachsen aber hinter das Saarland wieder zurück – auf etwa ein Drittel der dortigen Wertschöpfung. Vgl. ebd. Dagegen hatte Finanzminister Milbradt Ende 1991 vor überzogenen Erwartungen gewarnt: Sachsen werde erst nach der Jahrtausendwende den Abstand zum Saarland aufgeholt haben. Vgl. Sachsen dämpft Erwartungen, in: Die Welt vom 21.12.1991.

rater Meinhard Miegel, der vermutlich mit Biedenkopfs Unterstützung 1992 eine Niederlassung des von beiden gegründeten Forschungsinstituts (IWG) in Leipzig eröffnen konnte und damit auch auf dem ostdeutschen Markt präsent war. In seiner Eröffnungsrede, die bezeichnenderweise in den Kabinettsprotokollen der sächsischen Staatsregierung abgelegt wurde, stellte Miegel die Behauptung auf, dass die in den ostdeutschen Bundesländern vorherrschenden Themen, wie z.B. wirtschaftlicher Zusammenbruch und hohe Arbeitslosigkeit, »rasch an prägender Kraft verlieren« würden.[61] Bereits Ende 1992 dürfte »der Wiederaufstieg verbreitet spürbar« sein und »die Zahl positiver Nachrichten die Zahl negativer deutlich übersteigen«. Während der Politikberater vor allem auf die Folgen der ökonomischen Globalisierung für das wiedervereinigte Deutschland einging, spielten in seiner Rede die sozialen Verwerfungen und Ungleichheiten, die aus dem Transformationsprozess in Ostdeutschland resultierten, keine nennenswerte Rolle.

Die sächsische Landesregierung konnte Anfang 1993 den nächsten Werbecoup landen, als der international tätige Designer Luigi Colani als prominenter Gast des zweiten sächsischen Unternehmertags gewonnen werden konnte. Im Beisein des Staatssekretärs im SMWA, Rüdiger Thiele (FDP), lobte der aus Berlin stammende Stardesigner die wirtschaftliche Entwicklung des Freistaats seit der Vereinigung Deutschlands:[62] Sachsen werde bis zum Ende der 1990er-Jahre seine einst führende Wirtschaftsposition zurückgewinnen. Deshalb habe er etwa 75 Prozent seiner unternehmerischen Aktivitäten auf den Freistaat konzentriert. Er kündigte an, in Dresden ein »Büro für Consulting, Produktmanagement, für Forschung und Entwicklung« zu eröffnen, in dem auch einheimische Techniker,

61 Miegels Rede befindet sich im Protokoll der 67. Kabinettssitzung vom 14.4.1992. Prof. Dr. Meinhard Miegel: Ausführungen aus Anlass der Eröffnung der Leipziger Niederlassung des IWG Bonn am 9.4.1992, Redemanuskript (»Die wirtschaftlichen und gesellschaftlichen Perspektiven Deutschlands in den neunziger Jahren«), S. 23, SHStA Dresden, Bestand 12891 (Staatskanzlei), 11065.

62 Vgl. Firmen präsentieren neue Produkte. 800 Teilnehmer beim 2. Sächsischen Unternehmertag, in: Neue Zeit vom 11.2.1993.

Konstrukteure und Designer Arbeit finden sollten.[63] Die Landesregierung ließ sich die Zusammenarbeit mit Colani offenbar einiges kosten. So berichtete *Der Spiegel*, dass der egozentrische Meister der runden Form bei der Eröffnung einer Colani-Ausstellung in Dresden im Herbst 1992 insgesamt mehrere Hunderttausend DM aus Mitteln der landeseigenen Wirtschaftsförderungsgesellschaft kassiert habe.[64]

Die PR-Maßnahmen und die damit verbundenen Kosten wurden von der Opposition im Landtag angeprangert. Bei den Beratungen zum Haushalt 1993 mussten sich die anwesenden Regierungsvertreter einige unbequeme Fragen gefallen lassen. Die Fraktion Bündnis 90/Grüne scheiterte aber mit dem Versuch, von den für die Öffentlichkeitsarbeit der Staatskanzlei vorgesehenen 1,7 Millionen DM wenigstens 200 000 DM zu streichen.[65] Am Ende der Beratung wurde der PR-Etat sogar auf 1,8 Millionen DM erhöht, da die Staatsregierung kurzfristig noch die Finanzierung einer Werbebroschüre (»Die Staatsregierung stellt sich vor«) und einer Darstellung Sachsens in englischer Sprache beantragt hatte, die von der CDU-Mehrheit im Parlament letztlich bewilligt wurden. Zeitungskommentatoren verwiesen darauf, dass die brandenburgische Regierung weitaus weniger Geld für Repräsentationsverpflichtungen benötige.[66] Dazu passte dann auch die Meldung, dass der Umbau der sächsischen Staatskanzlei mit der Errichtung der goldenen Krone auf dem Dach nunmehr abgeschlossen sei: »Summa summarum also 386.000 Mark für ein Symbol vergangener Tage.«[67]

Anfang der 1990er-Jahre stellten die Printmedien Biedenkopf als Politiker dar, der sich mit dem bisher Erreichten sehr zufrieden zeigen

63 Colani sparte in Interviews nicht mit markigen Sprüchen: »Sachsen ist das intelligenteste Land der Welt. Da muss neues Feuer gemacht werden, da wird es krachen.« Nix Luftgespinste, in: Focus vom 1.3.1993.

64 Vgl. Luigi Colani, in: Der Spiegel vom 7.3.1993, https://www.spiegel.de/politik/luigi-colani-a-7b988de4-0002-0001-0000-000009276252 (Zugriff am 13.10.2022).

65 Goldene Krone, neuer Mercedes und millionenteure Reklame, in: Sächsische Zeitung vom 17.2.1993.

66 Ebd.

67 Ebd.

konnte.[68] Durch ihre Berichterstattung trugen sie mit dazu bei, dass in der Öffentlichkeit ein in weiten Teilen positiv besetztes Bild vom Ministerpräsidenten als Landesvater entstanden war, dem der scheinbar unaufhaltsame Wirtschaftsaufschwung im Freistaat zugerechnet wurde. Sachsen wurde mit Blick auf Ostdeutschland entweder als »Schrittmacher im Osten«,[69] »primus inter pares«,[70] »Dynamo Sachsen«[71] oder »Vorzeigeland«[72] bezeichnet. Biedenkopf leistete selber einen Beitrag zur Konstruktion dieses öffentlichen Bildes, indem er seine guten Kontakte zur Presse nutzte, gezielt Zeitungsartikel platzierte, immer wieder Interviews gab und über die Staatskanzlei aufwändige PR-Kampagnen finanzieren ließ. Die Realität sah jedoch anders aus: Von langfristiger Bedeutung war der in Teilen der sächsischen Öffentlichkeit entstehende Eindruck, zu den Verlierern der deutschen Einheit zu zählen, die vom Wirtschaftsaufschwung nicht profitieren würden. Es entstand sogar das Gefühl, dass Biedenkopfs Imagepolitik an der Lebenswirklichkeit der Bevölkerung in den Krisenregionen des Landes, wie etwa in Ostsachsen, vorbeiging.

2. Kajo Schommer – der Macher

Karl Josef (Kajo) Schommer war in der Bundes- und Landespolitik ein unbeschriebenes Blatt. Als promovierter Wirtschaftswissenschaftler konnte er politische Erfahrung als Kommunalpolitiker vorweisen. Schommer wurde 1982 Stadtkämmerer und Dezernent für Wirtschaft, Verkehr und Liegenschaften von Neumünster und vier Jahre später Bürgermeister.

68 Vgl. Zufriedenheit mit Biedenkopf sichert CDU Sympathie in der Bevölkerung, in: Handelsblatt vom 15.7.1993.
69 Wirtschaftsstandort Sachsen: Ein Schrittmacher im Osten, Die Welt vom 9.3.1993.
70 Ebd.
71 Dynamo Sachsen, in: Capital vom 1.6.1993.
72 Sachsen – Vorzeigeland mit kleinen Kratzern, in: Die Welt vom 10.9.1994.

Biedenkopf holte ihn Ende 1990 nach Sachsen und ernannte ihn zum Minister für Wirtschaft und Arbeit.[73] Schommer gelang es, sich relativ rasch in das neue Amt einzuarbeiten und eigene Akzente zu setzen. Beide Politiker vertraten dieselben wirtschaftspolitischen Leitbilder und ergänzten sich gegenseitig: Während sich Biedenkopf in erster Linie als fürsorgender Landesvater präsentierte, arbeitete sein Wirtschaftsminister frühzeitig am Image, ein ruheloser Macher zu sein. Kurz nach der Regierungsbildung in Sachsen verbreitete auch Schommer Zweckoptimismus: Schon am Ende der ersten Legislaturperiode werde der Freistaat unter den ostdeutschen Bundesländern »das erste und das Beste sein« und von Anfang an die niedrigste Arbeitslosenquote haben.[74] Er zeigte sich davon überzeugt, dass Sachsen rasch prosperieren werde und wählte dabei Metaphern, die Assoziationen an die Hochphase der Industrialisierung Ende des 19. Jahrhunderts weckten: »Die Kessel sind angeheizt, nun müssen wir nachlegen, und dann donnern wir los.«[75] Damit ließ Schommer keinen Zweifel am bevorstehenden Erfolg des Wirtschaftsaufbaus in Sachsen aufkommen, der im ostdeutschen Vergleich auch noch am stärksten ausfallen werde. Er prophezeite, dass Sachsen bereits Mitte der 1990er-Jahre hinsichtlich seiner Wirtschaftskraft im Vergleich zu den »alten Bundesländern« einen guten Mittelplatz einnehmen werde.[76] Der sächsische Wirtschaftsminister kreierte sogar eine eigene Wortschöpfung (»Sachstum«), um die öko-

73 Biedenkopf wollte ursprünglich Birgit Breuel für dieses Ressort gewinnen, die das Angebot aber ablehnte. Vgl. Biedenkopf: Von Bonn nach Dresden, S. 388 (Eintrag zum 19.10.1990).

74 »Wir wollen die Ersten und die Besten sein!«, in: Hamburger Abendblatt vom 12.11.1990.

75 »Nun müssen wir nachlegen, und dann donnern wir los«, in: Die Welt vom 13.11.1990.

76 »Sachsen darf kein Billiglohnland werden«. Der CDU-Politiker Kajo Schommer prognostiziert baldigen Aufschwung, in: Süddeutsche Zeitung vom 19.11.1990. Im Ranking der Bundesländer nach dem Bruttoinlandsprodukt (BIP) pro Kopf belegten die ostdeutschen Bundesländer 2022 nach wie vor die letzten Plätze, obwohl der Abstand zu den nächstplatzierten Ländern nicht mehr besonders groß ist. In Ostdeutschland weist Sachsen das höchste Pro-Kopf-BIP auf.

nomische Ausnahmestellung des Freistaats zu unterstreichen.[77] Dahinter stand die Überlegung, »die Sicherung und Steigerung von Wohlstand unter Beachtung sozialer Gerechtigkeit und ökologischer Verträglichkeit« als Markenzeichen sächsischer Wirtschaftspolitik zu etablieren. Die Staatsregierung in Dresden verfolgte also das Ziel, Sachsen als ökonomisches Musterland im vereinten Deutschland zu vermarkten. In den Medien wurde gar der Eindruck vermittelt, die Sachsen seien »die neuen Schwaben«.[78]

Schommer skizzierte seine wirtschaftspolitischen Vorstellungen erstmals Ende 1990 im sächsischen Landtag. Dabei betonte er – wie Biedenkopf – die Erblast des untergegangenen SED-Regimes, auf die er ausführlich einging: »Wir sind hier angetreten vor 14 Tagen und haben zunächst ein Trümmerfeld aufzuräumen. 40 Jahre Diktatur haben wir zu beseitigen [...]. Wir haben ein Trümmerfeld von 40 Jahren Planwirtschaft, Kommandowirtschaft zu beseitigen.«[79] Anschließend signalisierte er den Betrieben zwar Unterstützung bei der Transformation von der Plan- zur Marktwirtschaft, zeigte aber auch die Grenzen staatlicher Interventionspolitik auf: »Wir werden aber auch heute um jeden Arbeitsplatz kämpfen, allerdings nur für Unternehmen und in Unternehmen, die marktfähige Produkte herstellen, die sanierungsfähig sind und die auch ein vernünftiges Sanierungskonzept haben.«[80] Schommer lehnte sogenannte Erhal-

77 »Sachstum« – die politische Vision des Kajo Schommers, in: Welt am Sonntag vom 10.2.1991.

78 Die neuen Schwaben. Kurt Biedenkopf will den Freistaat zum ökonomischen Musterland entwickeln, in: Wirtschaftswoche vom 6.9.1991. Bei der Eröffnung des Mittelstandsforums »Technologietransfer« in Dresden erklärte Wirtschaftsminister Schommer im Frühjahr 1992: »Wer, wenn nicht Sachsen, wäre die ideale Konkurrenz für Baden-Württemberg?« Sachsen als Zentrum der Mikroelektronik. Schommer für Chip-Produktion, in: Frankfurter Allgemeine Zeitung vom 9.4.1992.

79 Schommer in der Aktuellen Debatte über die Situation auf dem Arbeitsmarkt in Sachsen am 22.11.1990, in: Sächsischer Landtag, 1. Wahlperiode, Protokoll der 4. Sitzung, S. 155–160, hier S. 155.

80 Ebd., S. 156.

tungssubventionen ab und vertraute auf die Selbstheilungskräfte des Marktes.[81] Die Betriebe, die nicht erhaltenswert seien, dürften nicht mit Steuermitteln über Wasser gehalten werden. Und in Anlehnung an Joseph Schumpeter sprach er sich dafür aus, den Weg freizumachen »für schöpferische Zerstörung«.[82] Die Schließung unrentabler Betriebe sei notwendig, »selbst wenn es in Sachsen dann 300 000 Arbeitslose geben wird«.[83] Der Wirtschaftsminister lehnte eine direkte Kapitalbeteiligung des Landes an Unternehmen mit der Begründung ab, dies führe zu einer subventionierten Staatswirtschaft und würde die Beschäftigten in »falschen Sicherheiten über ihren Arbeitsplatz« wiegen.[84] In dem Zusammenhang sprach er sich dezidiert gegen das Konzept der »industriellen Kerne« aus, das ab 1992 offizieller Bestandteil der Wirtschaftspolitik der Bundesregierung werden sollte, ein Jahr zuvor aber schon bei der Rettung des Chemiestandorts in Sachsen-Anhalt und des Carl-Zeiss-Werkes in Jena erstmals Anwendung gefunden hatte.[85] Demzufolge sollte es in jedem ostdeutschen Bundesland jeweils ein hoch subventioniertes Leuchtturmprojekt geben, von dem man sich beschäftigungspolitische Signalwirkung auf die umliegenden Regionen erhoffte. Von diesem Konzept hielt der sächsische Wirtschaftsminister anfangs sehr wenig.

81 In einem Zeitungsbeitrag räumte Finanzminister Milbradt im Herbst 1995 selbstkritisch ein, dass die finanzielle und ökonomische Dimension der Transformation Ostdeutschlands unterschätzt und die Selbstheilungskräfte sowie die positiven Auswirkungen des Systemtransfers überschätzt worden seien. Vgl. Georg Milbradt: Chance zum Abbau von Verkrustungen. Die Dimensionen des Umwälzungsprozesses in Ostdeutschland wurden vielfach unterschätzt, in: Handelsblatt vom 4.10.1995.

82 Schommer in der Aktuellen Debatte über die Situation auf dem Arbeitsmarkt in Sachsen am 22.11.1990, in: Sächsischer Landtag, 1. Wahlperiode, Protokoll der 4. Sitzung, S. 155–160, hier S. 156.

83 Strukturwandel soll nicht unnötig aufgehalten werden. Gespräch mit Wirtschaftsminister Schommer, in: Handelsblatt vom 4.12.1991.

84 Sachsen liegt im Osten an der Spitze, in: Süddeutsche Zeitung vom 23.8.1991.

85 Trotz allem würde ich sagen: 95 Prozent waren richtig. Interview mit Wirtschaftsminister Dr. Kajo Schommer, in: Sächsische Zeitung vom 25.11.1991.

In Interviews und öffentlichen Stellungnahmen wählte Schommer oft den Angriffsmodus und scheute keine Auseinandersetzung. Dabei ging er mit seinen Amtskollegen in Westdeutschland nicht zimperlich um: Diese hätten mehr Finanzmittel für den Osten »unverfroren« abgeblockt und »sittenwidrig« das föderalistische Prinzip der Bundesrepublik aufgehoben, weil den neuen Ländern der Zugang zum Finanzausgleich zunächst verweigert worden sei.[86] Seine verbalen Attacken bewegten sich teilweise hart an der Grenze des öffentlich Zumutbaren. Schommer pflegte ganz bewusst das Image, undiplomatisch aufzutreten. Seine harsche Kritik traf mitunter auch die Mitarbeiterinnen und Mitarbeiter der im Aufbau befindlichen Landesverwaltung und dürfte demotivierend gewirkt haben. In Dresden – so sein Befund – gebe es noch keine funktionierende Verwaltung: »Da herrschen Zustände wie vor 500 Jahren«.[87] Obwohl seine Forderung, das West-Ost-Lohngefälle möglichst rasch abzubauen, um den Exodus von Fachkräften zu stoppen, inhaltlich berechtigt war, dürfte er mit seiner aggressiven Wortwahl auch bei seinen Parteifreunden in Westdeutschland kaum Sympathiepunkte gesammelt haben. Ostdeutschen Straßenbaufirmen warf Schommer wiederum vor, zu langsam und zu ineffektiv zu arbeiten.[88] Doch auch vor westdeutschen Unternehmern gab er sich wenig konziliant: Bei einer Veranstaltung der Industriekreditbank im oberfränkischen Wirsberg kritisierte er, dass aus Westdeutschland »ohnehin nicht immer nur Gutes in die neuen Länder« gekommen sei, und verwies allgemein auf Marktstrategien westdeutscher Unternehmer in Ostdeutschland.[89]

86 »West-Länder handeln sittenwidrig«. Sachsens Wirtschaftsminister Kajo Schommer drängt auf rasche Ost-Hilfen, in: Nürnberger Nachrichten vom 31.1.1991.

87 Ebd.

88 Dresdner Minister: Sachsen arbeiten zu langsam, in: Süddeutsche Zeitung vom 13.8.1991. Daraufhin bescheinigte ihm der *Tagesspiegel* süffisant, zur »Seelenlage der Ostdeutschen ein eher distanziert unbekümmertes Verhältnis« zu haben. Porträtiert: Im Einsatz für die Marktwirtschaft, in: Der Tagesspiegel vom 22.1.1992.

89 »Die Stimmung ist besser als dargestellt«, in: Frankfurter Allgemeine Zeitung vom 4.5.1991.

Schommers Kommunikationsstrategie war indes widersprüchlich.[90] Denn seine offen vorgetragene Kritik an der Höhe der Westhilfen und am Zustand der ostdeutschen Verwaltung stand im Gegensatz zu den optimistischen Wirtschaftsprognosen, die er in der Öffentlichkeit immer wieder zum Besten gab. Vor Mitgliedern des Mittelstandsinstituts von Schleswig-Holstein erklärte er in Kiel, dass die wirtschaftliche Lage in Sachsen besser sei als die Stimmungslage.[91] Der Aufschwung werde bereits Ende 1991 spürbar sein. Schommer gab sich sehr zuversichtlich: »Wir werden es schaffen!«[92] Der Wirtschaftsminister strotzte vor Selbstbewusstsein und sah seine Politik durch die wirtschaftliche Entwicklung in Sachsen bestätigt. Selbstkritik war ihm fremd: »95 Prozent von dem, was wir seit dem 3. Oktober 1990 in Sachsen wirtschaftlich in die Wege geleitet haben, war richtig.«[93] Mit seinem Optimismus hatte sich Schommer in eine Sackgasse manövriert, denn die realwirtschaftliche Entwicklung verlief anders und vor allem schlechter als von ihm vorhergesehen. Daher sah sich der sächsische Wirtschaftsminister Anfang 1992 dazu gezwungen, seine Kommunikationsstrategie zu modifizieren. Im Landtag betonte er zwar, dass die Wirtschaft in Sachsen auf dem Weg aus der Talsohle schon ein beachtliches Stück zurückgelegt habe. Anschließend wies er aber darauf hin, dass es »für den vielleicht noch schwierigen Weg, den wir vor

90 Obwohl Schommer in den 1970er-Jahren in der Öffentlichkeitsabteilung des Kieler Wirtschaftsministeriums, an dessen Spitze von 1973 bis 1985 Jürgen Westphal (CDU) stand, gearbeitet hatte, wurde ihm von Journalisten attestiert, »kein PR-Profi« und in Dresden in einige Fettnäpfchen getreten zu sein. Porträtiert: Im Einsatz für die Marktwirtschaft, in: Der Tagesspiegel vom 22.1.1992.

91 Schommer: Sachsen wird es schaffen, in: Kieler Nachrichten vom 29.4.1991.

92 Ebd. Diese Strategie verfolgte auch der Parlamentarische Staatssekretär im SMWA Münch in einer Landtagsdebatte über die Situation auf dem Arbeitsmarkt in Sachsen am 21.3.1991, in: Sächsischer Landtag, 1. Wahlperiode, Protokoll der 13. Sitzung, S. 619–621, hier S. 621.

93 Trotz allem würde ich sagen: 95 Prozent waren richtig. Interview mit Wirtschaftsminister Dr. Kajo Schommer, in: Sächsische Zeitung vom 25.11.1991.

uns haben, […] keine erprobten Lösungswege« gebe.[94] Schommer wollte sich öffentlich nicht mehr festlegen lassen. Die neue Sprachregelung verkündete er auf der Hannover-Messe im Frühjahr 1992: »Der Weg ist lang. Das Tal ist aber erreicht, und es geht jetzt aufwärts.«[95] Seine Stellungnahmen waren nun sehr allgemein gehalten: In einem Rundschreiben zeigte er sich Ende 1993 davon überzeugt, dass »die Voraussetzungen für einen breit einsetzenden Wirtschaftsaufschwung gegeben sind«.[96] Gleichzeitig hielt der Wirtschaftsminister aber daran fest, die vermeintliche Vorreiterrolle Sachsens – nicht nur für Ostdeutschland – immer wieder zu unterstreichen.[97] Nachdem sich das Kabinett auf eine neue Gaststättenverordnung geeinigt hatte, verkündete Schommer: »Der Freistaat Sachsen ist das erste Bundesland ohne Sperrstunde.«[98] Regierungssprecher Michael Sagurna kommentierte den Kabinettsbeschluss mit den Worten: »Sachsen hat durchgehend geöffnet.«[99]

Schommer hatte sich in der Presse längst den Ruf erarbeitet, ein Politiker zu sein, der dem Streit nicht aus dem Weg ging, auf Parteidisziplin wenig Rücksicht nahm und für die Bundesregierung in Bonn »ein rotes Tuch« geworden war.[100] Einzelne kritische Beobachter machten freilich darauf aufmerksam, dass das sächsische Wirtschafts- und Arbeitsminis-

94 Erklärung Schommers zur Wirtschafts- und Arbeitsmarktsituation in Sachsen am 21.2.1992, in: Sächsischer Landtag, 1. Wahlperiode, Protokoll der 38. Sitzung, S. 2424–2433, hier S. 2433. Die geänderte Kommunikationsstrategie wurde auch in der Presse registriert. Vgl. Christian Kerl: Zwei Botschaften, in: Freie Presse vom 22.2.1992.

95 Sachsen mit verhaltenem Optimismus. Arbeitslosigkeit im März gesunken, in: Frankfurter Allgemeine Zeitung vom 6.4.1992.

96 Rundschreiben von Wirtschaftsminister Kajo Schommer vom 21.12.1993 an alle Bezieher des Wirtschaftstelegramms des Freistaats Sachsen, BArch Berlin, B 412/9383.

97 Vgl. Sachsen verzeichnet bereits beträchtliche Investitionsdynamik. Interview mit Wirtschaftsminister Kajo Schommer, in: Neue Zeit vom 5.6.1992.

98 Freistaat, in: Süddeutsche Zeitung vom 8.4.1992.

99 Ebd.

100 Klaus Wallbaum: »Der Streik endet, wenn man die Sachsen ungestört verhandeln lässt«. Kajo Schommer, Wirtschaftsminister von Sachsen, in: Hannoversche Allgemeine Zeitung vom 10.5.1993.

terium über keinen »Generalplan« verfüge.[101] Auch wenn die Handlungsspielräume gering seien, liege »bis jetzt kein einleuchtendes Konzept« für die vom Strukturwandel hart getroffenen Regionen im Erzgebirge oder in der Oberlausitz vor. Außerdem wurde das Credo des Wirtschaftsministers infrage gestellt, über den Ausbau der Infrastruktur und die Gewinnung von Investoren die Arbeitsmarktprobleme in Sachsen langfristig in den Griff zu bekommen.[102] Die seit 1990 geleisteten Investitionen und die Standortwerbung hätten das Ansteigen der Arbeitslosenzahlen nicht stoppen können. Damit geriet Schommers Imagepolitik ins Wanken; mitunter war von Schönfärberei die Rede.[103] Dem Ministerium wurde sogar unterstellt, nur noch positive Mitteilungen zu veröffentlichen.

101 Der Plan heißt: Alles tun, was machbar ist. In Sachsens Wirtschaftspolitik nur Ansätze strategischen Denkens, in: Sächsische Zeitung vom 5.1.1994.

102 Wer sucht, der findet. Standort Sachsen jetzt auf Computer abrufbar, in: Sächsische Zeitung vom 9.4.1994. Dem SMWA wurde sogar bescheinigt, keine aktive Arbeitsmarktpolitik zu betreiben. Vgl. Sachsen erbrachte ein Drittel der ostdeutschen Leistung. Viele Branchen im Aufwärtstrend – Arbeitsmarkt bleibt Problem, in: Sächsische Zeitung vom 30.9.1994.

103 Schommers Image-Konzept für Sachsen – eine Schönrechnung, in: Leipziger Volkszeitung, [August 1994]. Das Nachrichtenmagazin *Focus* brachte die Kritik an Schommer auf den Punkt: »Blasse Leistungsbilanz«. Vgl. Sachsen: Die Luft ist raus, in: Focus vom 29.5.1995.

IV. Privatisierung als Zweckbündnis

1. Ungleiche Partner: Die sächsische Landesregierung und die Treuhandanstalt

Die Treuhandanstalt bekam von der Politik in kürzester Zeit eine Vielzahl von Aufgaben zugewiesen. Darauf reagierte die Behörde, die dem Bundesfinanzministerium nachgeordnet war, mit organisatorischen Maßnahmen: Neue Direktorate wurden gebildet bzw. zusammengelegt. Die Treuhandanstalt befand sich in einem permanenten Umbauprozess. Im Einzelnen war sie nicht nur zuständig für die Privatisierung der ehemals volkseigenen Betriebe, wie es das Treuhandgesetz vom 17. Juni 1990 ursprünglich vorsah.[1] Ihr Aufgabenprofil vergrößerte sich schlagartig, da drängende Fragen geklärt werden mussten, die im Zusammenhang mit der Privatisierung standen. Dazu gehörten die Altschulden und ökologischen Altlasten der ostdeutschen Betriebe, aber auch die Eigentumsfrage, für deren Klärung die Landesämter zur Regelung offener Vermögensfragen aufgebaut wurden, sowie der verspätete Strukturwandel der ostdeutschen Wirtschaft. Mit ihren struktur- und industriepolitischen Entscheidungen griff die Treuhandanstalt massiv in die Zuständigkeiten der Länder ein. Die Privatisierungsbehörde war somit ein Fremdkörper in der föderalen Verfassungsordnung der Bundesrepublik und drohte das ausbalancierte Machtverhältnis zwischen dem Bund und den Ländern langfristig zulasten Letzterer zu verschieben. Daraus ergaben sich Konfliktfelder, für deren Lösung es keine Blaupause gab. Doch auch mit ihrer

1 Gesetz zur Privatisierung und Reorganisation des volkseigenen Vermögens (Treuhandgesetz), in: Gesetzblatt der DDR 1990, Teil I, Nr. 33, S. 300–303, hier S. 300 (§ 1, Abs. 1).

Privatisierungspolitik tangierte die Treuhandanstalt die Interessen der Landesregierungen in Ostdeutschland, die auf die Betriebsschließungen und die Massenarbeitslosigkeit Antworten finden mussten.

Da sich die schwarz-gelbe Bundesregierung unter Kanzler Kohl beharrlich weigerte, das von der frei gewählten Volkskammer verabschiedete Treuhandgesetz den veränderten politischen und wirtschaftlichen Rahmenbedingungen anzupassen und eine neue Rechtsgrundlage zu schaffen, ergab sich für die ostdeutschen Landesregierungen ein Handlungsspielraum, den diese nutzten, um ihre Interessen zu artikulieren. Dabei zeichnete sich die sächsische Landesregierung besonders aus. Ministerpräsident Biedenkopf und Wirtschaftsminister Schommer war es gelungen, sich mithilfe einer gezielten Imagepolitik eine gute Ausgangslage für die Verhandlungen bzw. Gespräche mit der Treuhandanstalt zu verschaffen. Dabei verfügte die Landesregierung in Dresden über keine kohärente Gesamtstrategie, sondern wählte vielmehr eine eklektische Vorgehensweise. Deshalb konnte sie in der Öffentlichkeit rasch Themen besetzen und Handlungsfähigkeit demonstrieren. Das zeigte sich frühzeitig bei der Debatte über vermeintliche SED-Seilschaften in der Wirtschaft, die Biedenkopf und Schommer öffentlich angeprangert und dadurch die Treuhandanstalt unter Druck gesetzt hatten. Nachdem sich der Bundeskanzler der Forderung nach einem Austausch der Wirtschaftseliten angeschlossen und das Thema zur Chefsache erklärt hatte, reagierte die Berliner Behörde auf die Vorwürfe und berief pensionierte Richter als sogenannte Vertrauensbevollmächtigte, die entsprechenden Beschwerden aus den Betrieben oder von »besorgten Bürgern« nachgehen sollten.[2]

Es gab aber auch Streitpunkte, die nicht so schnell gelöst werden konnten. So hatte Biedenkopf in seiner ersten Regierungserklärung struk-

2 Treuhandanstalt (Pressestelle): Pressemitteilung (»Treuhandanstalt stellt sich dem Problem der Seilschaften«) vom 7.11.1990, BArch Berlin, B 412/9426, Bl. 356. In den Treuhandniederlassungen gab es ebenfalls Vertrauensbevollmächtigte: Prof. Dr. L. Messerschmidt (Dresden), Hans-Ulrich Bayer (Chemnitz) und Prof. Dr. H.-J. Schubert (Leipzig). Vgl. Vertrauensbevollmächtigte in den Niederlassungen der Treuhandanstalt, ebd., Bl. 357. Vgl. Malycha: »Alte Seilschaften«.

turelle Veränderungen bei der Treuhandanstalt angemahnt und die Einrichtung eines Treuhandkabinetts in Sachsen gefordert. Diese Forderung fand parteiübergreifende Unterstützung im sächsischen Landtag, wobei in der Plenardebatte unterschiedliche Interessen bei den Fraktionen erkennbar wurden. So verband der SPD-Fraktionsvorsitzende Karl-Heinz Kunckel das Plädoyer für eine Dezentralisierung der Treuhandanstalt mit der Forderung nach einer aktiven Strukturpolitik, um die »Substanz unserer Industriestruktur« und damit den »Kern der sächsischen Wirtschaft« zu erhalten.[3] Dagegen sah ein Antrag der FDP-Landtagsfraktion vor, die Treuhandanstalt in eine Anstalt »zur Einführung und Sicherung der sozialen Marktwirtschaft in den neuen Bundesländern« umzugestalten.[4] Abgeordnete der Fraktion Bündnis 90/Grüne schlugen wiederum vor, Treuhand-Aktiengesellschaften auf Landesebene zu bilden, in deren Aufsichtsräten Vertreter der Arbeitgeber- und Arbeitnehmerseite sowie der kommunalen Spitzenverbände sitzen sollten.[5] Die Fraktion Linke Liste/PDS sprach sich schließlich für die Auflösung der Treuhandanstalt in Berlin und für die Bildung einer »sächsischen Landestreuhandanstalt« aus.[6]

Ministerpräsident Biedenkopf suchte frühzeitig den persönlichen Kontakt zur Treuhandspitze. Ende November 1990 traf er sich zum ersten Mal mit Birgit Breuel, die zu diesem Zeitpunkt unter anderem für die neu gebildeten Niederlassungen der Behörde zuständig war. Dabei wiederholte er seinen Standpunkt, die Treuhandanstalt habe die Landes-

3 Rede Kunckels bei der Aussprache zur Regierungserklärung Biedenkopfs am 15.11.1990, in: Sächsischer Landtag, 1. Wahlperiode, Protokoll der 3. Sitzung, S. 72–75, hier S. 73.

4 Antrag der FDP-Fraktion zur grundsätzlichen Umgestaltung der bisherigen Treuhandanstalt vom 15.11.1990, in: Sächsischer Landtag, 1. Wahlperiode, Drucksache 1/42.

5 Redebeitrag Michael Weber (Bündnis 90/Grüne) bei der aktuellen Debatte zum Thema Treuhandangelegenheiten am 22.11.1990, in: Sächsischer Landtag, 1. Wahlperiode, Protokoll der 5. Sitzung, S. 72 f., hier S. 72.

6 Antrag der Fraktion Linke Liste/PDS vom 19.12.1990, in: Sächsischer Landtag, 1. Wahlperiode, Drucksache 1/75.

regierung bei ihren Privatisierungsentscheidungen zu beteiligen.[7] Das gelte insbesondere beim Verkauf größerer Grundstücke und Immobilien in prominenter Lage (z. B. des Elbufers in Dresden), betreffe aber auch die Zukunft von Staatsgütern (vor allem Weingüter) und die Stilllegung von Betrieben »mit erheblichen Belastungen des Arbeitsmarktes«. Gleichzeitig machte er aber auch deutlich, dass die von ihm geführte Regierung nicht beabsichtige, das Geschäft der Treuhandanstalt zu übernehmen. Die Treuhandanstalt, die den wachsenden Gesprächsbedarf bei den ostdeutschen Landesregierungen erkannt hatte, versuchte auf deren Wünsche und Interessen einzugehen und schlug etwa die Einrichtung regelmäßiger Gesprächsrunden auf unterschiedlichen Verwaltungsebenen vor. So wurde die Bildung eines Arbeitskreises aus Mitarbeitern der Wirtschaftsminister der Länder in Aussicht gestellt.[8] Die Treuhandanstalt vereinbarte mit Sachsen monatliche Gespräche auf Fachebene, insbesondere mit dem Wirtschafts- und dem Finanzministerium.[9] All dies sollte der Verbesse-

7 Dr. Dorenberg (Direktor Koordination von Länderfragen): Vermerk über ein Gespräch zwischen Birgit Breuel und Kurt Biedenkopf am 24.11.1990, BArch Berlin, B 412/9403, Bl. 18–21. Die Treuhandanstalt hatte kurz zuvor ein eigenes Direktorat »Koordination von Länderfragen« eingerichtet. Vgl. Dr. Dorenberg am 4.12.1990 an StS Dr. Michael Krapp (Thüringer Staatskanzlei) betr. Informationen der THA für die Landesregierungen, BArch Berlin, B 412/9426, Bl. 326 f. Gleichlautende Schreiben gingen auch an die Chefs der anderen ostdeutschen Staatskanzleien.

8 Dr. Dorenberg am 8.1.1991 an die Staatssekretäre für Wirtschaft in den neuen Bundesländern betr. Informationsaustausch, BArch Berlin, B 412/9403, Bl. 35 f.

9 Dr. Gimbel (THA-Länderabteilung Sachsen) an THA-Präsident Rohwedder (über Frau Breuel) über das bevorstehende Treffen zwischen THA-Vorstand und Biedenkopf am 11.1.1991 in Dresden, 9.1.1991, BArch Berlin, B 412/9403, Bl. 4–13, hier Bl. 5. Dr. Gimbel kam ursprünglich aus der bayerischen Finanzverwaltung und wechselte in den 1970er-Jahren in das Bundeswirtschaftsministerium (BMWi), wo er zunächst im Leitungsbereich und dann für die Regionalförderung und Zonenrandförderung zuständig war. Im Frühjahr 1990 übernahm er die Organisation der ersten Hilfsprogramme für die Grenzkreise der DDR. Seit Herbst 1990 war er in der Treuhandanstalt verantwortlich für die Zusammenarbeit mit dem Freistaat Sachsen. Handschriftliche Aufzeichnungen [Dr. Gimbel] zur Anhörung der AG »Forschung u. Technologie« der SPD-Bundestagsfraktion am 14.6.1993 in Halle, BArch Berlin, B 412/9390.

rung der Kommunikation zwischen der Treuhandanstalt und den Ländern dienen.[10]

Anfang Januar 1991 kam es in Dresden zum ersten Treffen zwischen dem Treuhandvorstand und dem sächsischen Kabinett unter Leitung von Ministerpräsident Biedenkopf.[11] Auf der Tagesordnung, die zuvor mit dem Chef der Staatskanzlei Arnold Vaatz (CDU) abgestimmt worden war, standen Fragen der Organisation der Treuhandanstalt sowie der Zusammenarbeit mit dem Freistaat, aber auch Sanierungskonzepte einzelner Treuhandbetriebe in Sachsen.[12] Mit der schnellen Gründung der Treuhandniederlassungen in den ehemaligen Bezirkshauptstädten der DDR,[13] des Direktorats für Länderfragen und dem Angebot, regelmäßige Gesprächsrunden einzurichten, war die Treuhandanstalt dem Anliegen

10 Die Treuhandanstalt hatte bereits am 18. Oktober 1990 ein Bürgertelefon in der Zentrale am Berliner Alexanderplatz eingerichtet. Vgl. THA-Direktorat Länderfragen: Information Nr. 9 für die Landesregierungen betr. Bürgertelefon in der Treuhandanstalt, 25.1.1991, BArch Berlin, B 412/9426, Bl. 355.

11 Dr. Wolfgang Gimbel (THA-Länderabteilung Sachsen): Notiz vom 18.12.1990 an die THA-Vorstandsmitglieder betr. 1. Treffen mit Ministerpräsident Biedenkopf am 11.1.1991 in Dresden, BArch Berlin, B 412/3696. Der Treuhandvorstand hatte vorher schon die Landesregierungen von Brandenburg und Sachsen-Anhalt in Potsdam bzw. Magdeburg besucht. Biedenkopf traf sich mit den THA-Niederlassungsleitern erstmals Ende 1990. Vgl. Dr. Gimbel (THA-Länderabteilung Sachsen): Vermerk über die erste Gesprächsrunde zwischen Vertretern der sächsischen Landesregierung und Vertretern der THA am 6.12.1990 in Dresden, BArch Berlin, B 412/9403, Bl. 23–25.

12 Tagesordnung für das Gespräch des THA-Vorstands mit der Landesregierung Sachsen am 11.1.1991 in Dresden, BArch Berlin, B 412/3696.

13 Ende 1990 hatte der Treuhandvorstand eine Regelung beschlossen, mit der die Zuständigkeitsbereiche zwischen Treuhandzentrale und den Treuhandniederlassungen abgegrenzt wurden. Letztere erhielten die Verantwortung für die Unternehmen mit bis zu 1500 Beschäftigten. Vgl. THA-Direktorat Länderfragen: Information Nr. 10 für die Landesregierungen betr. Neuorganisation bei der Treuhandanstalt, 12.2.1991, BArch Berlin, B 412/9426, Bl. 358–360, hier Bl. 358. Diese Obergrenze orientierte sich am Mitbestimmungsgesetz von 1976. Vgl. Karriere in Deutschland, in: Die Presse vom 15.3.1991. Außerdem veranlasste die Treuhandanstalt, dass in den Niederlassungen Beiräte berufen wurden, denen jeweils acht bis zehn Mitglieder angehörten: Vertreter von der Landesregierung, den Kommunalverbänden, Wirtschaftsverbänden und Industrie- und Handelskammern, Handwerkskammern, Gewerkschaften, Landwirtschaft, Kirchen sowie Bürgerbewegungen. Vgl. THA-Direktorat Länderfragen: Information Nr. 6 für die Landesregierungen betr. Beiräte bei den Niederlassungen, 7.1.1991, BArch Berlin, B 412/9426, Bl. 343 f.

Biedenkopfs offenbar weit entgegengekommen. Die Forderung nach einer umfassenden Dezentralisierung, ja sogar Regionalisierung der Treuhandanstalt war jedenfalls vom Tisch.[14] Der sächsische Ministerpräsident gab sich mit den durchgeführten Strukturveränderungen in der Berliner Behörde vorerst zufrieden.

In kurzer Zeit wurden mehrere Kommunikationskanäle auf unterschiedlichen Ebenen zwischen der Treuhandanstalt und den ostdeutschen Bundesländern aufgebaut. An erster Stelle ist zunächst der Verwaltungsrat der Treuhandanstalt zu nennen, in dem die ostdeutschen Ministerpräsidenten schon Ende 1990 Sitz und Stimme erhielten. Ministerpräsident Biedenkopf nahm in der Regel persönlich an den Sitzungen des Verwaltungsrats in Berlin teil. Darüber hinaus gab es regelmäßige eigene Treffen der ostdeutschen Ministerpräsidenten, Landesminister und Staatssekretäre mit Vertretern der Treuhandanstalt und der Bundesregierung in Bonn, Berlin oder einer der ostdeutschen Landeshauptstädte. In Biedenkopfs Imagepolitik spielte das sogenannte Treuhandkabinett eine zentrale Rolle. Hier sollten – so die Forderung Biedenkopfs – die für das Land Sachsen relevanten Privatisierungsentscheidungen im Zusammenspiel von Treuhandanstalt und Landesregierung behandelt werden. Der Ministerpräsident wollte frühzeitig über bevorstehende Betriebsschließungen unterrichtet werden[15] und schrieb die Einrichtung der Treuhandkabinette in Ostdeutschland seiner Initiative zu.[16] Er vermittelte den Eindruck, dadurch unmittelbaren Einfluss auf die Entscheidungen des Treuhandvorstands nehmen zu können. Das sächsische Treuhandkabi-

14 Dr. Gimbel (THA-Länderabteilung Sachsen) an THA-Präsident Rohwedder (über Frau Breuel) über das bevorstehende Treffen zwischen THA-Vorstand und Biedenkopf am 11.1.1991 in Dresden, 9.1.1991, BArch Berlin, B 412/9403, Bl. 4–13, hier Bl. 5.

15 Zur Vorbereitung seiner Regierungserklärung am 21. Februar 1991 bat er die Treuhandanstalt um Informationen über bevorstehende Unternehmenszusammenbrüche. Dr. Gimbel (THA-Länderreferat Sachsen): Rundschreiben an die THA-Direktoren vom 19.2.1991, BArch Berlin, B 412/9384.

16 Biedenkopf: Von Bonn nach Dresden, S. 398 (Eintrag zum 30.10.1990).

nett traf sich bis Ende 1994 zu insgesamt 45 Sitzungen[17] und tagte erstmals im Dezember 1990.[18] An den Sitzungen nahmen in der Regel Vertreter des Länderreferats Sachsen der Treuhandanstalt, der drei Niederlassungen und der Liegenschaftsgesellschaft der Treuhandanstalt (TLG) sowie der zuständigen Landesministerien teil. Weitere Gäste konnten hinzugeladen werden, etwa vom Landesamt zur Regelung offener Vermögensfragen oder von Wirtschaftsförderungsgesellschaften.[19] Ein Staatssekretär des sächsischen Wirtschaftsministeriums leitete die Sitzungen, an denen Biedenkopf und Schommer nicht teilnahmen. Die Landesministerien waren vielmehr durch die jeweiligen Staatssekretäre vertreten. Das Treuhandkabinett war kein Entscheidungs-, sondern ein Beratungsgremium, in dem die jeweiligen Landesvertreter ihre Interessen einbringen konnten. Die Privatisierungsentscheidungen wurden jedoch stets in der Treuhandanstalt getroffen.

Jeder Sitzung des Treuhandkabinetts war ein Vorgespräch mit Vertretern des sächsischen Landtags vorgeschaltet. Hier konnten Landtagsabgeordnete aus allen Fraktionen ihre Anliegen vortragen und Probleme mit den Vertretern der Treuhandanstalt und der Landesregierung bespre-

17 In den übrigen ostdeutschen Bundesländern wurden ebenfalls Treuhandkabinette eingerichtet, die sich aber wesentlich seltener trafen: Sachsen-Anhalt (27-mal), Mecklenburg-Vorpommern (18-mal), Brandenburg (15-mal), Thüringen (14-mal) und Berlin (12-mal). Vgl. THA-Länderabteilung Berlin/Brandenburg: Notiz über letzte Sitzung des TH-Wirtschaftskabinetts in Brandenburg am 20.12.1994, 16.12. 1994, BArch Berlin, B 412/9342. Den Hinweis auf das Dokument verdanke ich meinem Kollegen Wolf-Rüdiger Knoll.

18 Biedenkopf: Ein neues Land entsteht, S. 93–95 (Eintrag zum 14.3.1991). Für die ersten drei Sitzungen liegen weder Einladungsschreiben noch Protokolle vor. Erst zur vierten Sitzung am 26. März 1991 gibt es schriftliche Unterlagen. Sowohl das THA-Länderreferat Sachsen als auch das SMWA fertigten Niederschriften von den Sitzungen an, die jedoch nicht alle überliefert sind.

19 Mehrere sächsische Bürgermeister hatten offenbar Anfang 1992 die Landesregierung darum gebeten, »ein ähnliches Instrumentarium wie das Treuhandkabinett auf der Ebene der Regierungspräsidenten zu installieren«. Dem widersprachen die Niederlassungsleiter von Leipzig und Chemnitz mit dem Hinweis, dass solche Gespräche in ihrem Zuständigkeitsbereich bereits stattfinden würden. THA-Länderreferat Sachsen: Ergebnisvermerk über die 13. Sitzung des Treuhand-Wirtschaftskabinetts Sachsen am 18.2.1992 in Dresden, BArch Berlin, B 412/9450, Bl. 195–203, Bl. 201.

chen, die sich im Zusammenhang mit der Privatisierung vor Ort ergaben. Dabei ging es unter anderem um den Erhalt einzelner Unternehmen, wie z.B. der Feldschlößchen Brauerei,[20] aber auch um allgemeine Fragen der Privatisierung und Betriebsstilllegung,[21] der Reprivatisierung einzelner Betriebe[22] sowie der Beteiligung an Beschäftigungsgesellschaften.[23] Obwohl keine Entscheidungen getroffen wurden, kam dem Gremium eine wichtige Funktion als Informations- und Beratungsstelle sowie als Kummerkasten des Landes zu. Hier brachten die Abgeordneten – wenn auch selektiv und gefiltert – die Sorgen und Nöte der Menschen aus ihren jeweiligen Wahlkreisen zur Sprache. Das diente jedoch in erster Linie der Binnenkommunikation, denn die Außenwirkung blieb aufgrund der fehlenden Berichterstattung in den Medien sehr stark eingeschränkt.

Die Treuhandspitze war sichtlich bemüht, die Belange der Länder in den eigenen Planungen stärker zu berücksichtigen und die Kommunikation zu verbessern. So hatte Birgit Breuel ein Rundschreiben an die ostdeutschen Ministerpräsidenten aufsetzen lassen, in dem sie offene Themen benannte, »deren Inangriffnahme bzw. zügige Abarbeitung durch die Länder uns der gemeinsamen Zielsetzung näher bringen kann«, wie das Schreiben wolkig formulierte.[24] Dazu zählte die Beschleunigung der Arbeit bei den Vermögensämtern, die rasche Entscheidung zur Privatisierung des Öffentlichen Personennahverkehrs (ÖPNV), die Erarbeitung von Richtlinien zur Beseitigung ökologischer Altlasten und die Einrichtung von Berggrundbüchern für den anstehenden Strukturwandel im Bergbau. Das Länderreferat Sachsen der Treuhandanstalt, das vom Büro Breuel um

20 SMWA: Niederschrift der 5. Sitzung des Treuhandkabinetts am 24.4.1991, 13.5.1991, BArch Berlin, B 412/9450, Bl. 575–579, hier Bl. 576.

21 Vgl. THA-Länderabteilung Sachsen: Vermerk über die 6. Sitzung des Treuhandkabinetts am 21.5.1991, BArch Berlin, B 412/9450, Bl. 529–536, hier Bl. 530.

22 Vgl. SMWA: Protokoll über das Vorgespräch des Treuhandkabinetts am 21.5.1991, 21.6.1991, BArch Berlin, B 412/9450, Bl. 545–550, hier Bl. 547.

23 Vgl. THA-Länderabteilung Sachsen: Vermerk über die 7. Sitzung des Treuhandkabinetts am 24.6.1991, BArch Berlin, B 412/9450, Bl. 458–469, hier Bl. 459.

24 Birgit Breuel: Rundschreiben (Entwurf) an die Ministerpräsidenten der neuen Bundesländer betr. Zusammenarbeit zwischen THA und neuen Ländern, o.D., BArch Berlin, B 412/9426, Bl. 282f., hier Bl. 283.

eine Stellungnahme gebeten worden war, sprach sich gegen das geplante Rundschreiben aus und wies darauf hin, dass die genannten Punkte bereits Gegenstand der Gespräche mit den Ländern seien. Der zuständige Mitarbeiter sah »kein[en] Handlungsbedarf« und befürchtete sogar, dadurch »unnötige Konfliktfelder« zu eröffnen.[25]

Die Kooperationsbereitschaft der Treuhandanstalt hatte allerdings auch ihre Grenzen. So wurde die Forderung einzelner sächsischer Landtagsabgeordneter, Einblick in Privatisierungsunterlagen zu bekommen, mit dem Argument abgewehrt, es müssten die Interessen potenzieller Käufer gewahrt werden. Das schloss insbesondere die Offenlegung unternehmensbezogener Daten der Investoren aus, die in juristischer Hinsicht als schützenswerte Betriebsgeheimnisse gewertet wurden. Stattdessen boten Vertreter der Länderabteilung im Treuhandkabinett an, »eine intensive Unterrichtung [...] in begründeten Fällen« zu gewährleisten.[26] Kritik kam nicht nur von der Opposition im sächsischen Landtag, sondern auch von der regierenden CDU, die sich in der zweiten Jahreshälfte 1991 nicht mehr bereit zeigte, die Arbeit der Treuhandanstalt »vorbehaltlos mitzutragen«.[27] Der wirtschaftspolitische Sprecher der CDU-Landtagsfraktion, Klaus Leroff, drohte, einen entsprechenden Vorstoß im Bundesrat zu unternehmen, wenn die Treuhandanstalt in dieser Frage nicht endlich einlenke.[28] Obwohl sie grundsätzliches Verständnis signalisierte, rückte die Treuhandanstalt nicht ein Jota von ihrer Position ab, da für

25 Dr. Dorenberg am 8.8.1991 an Birgit Breuel betr. Entwurf eines Schreibens an die Ministerpräsidenten, ebd., Bl. 281.

26 THA-Länderabteilung Sachsen: Vermerk über die 8. Sitzung des Treuhand-Kabinetts Sachsen am 11.9.1991 in Dresden, BArch Berlin, B 412/9450, Bl. 402–411, hier Bl. 404.

27 SMWA: Protokoll der [8]. Sitzung des Treuhandkabinetts am 11.9.1991 in Dresden, BArch Berlin, B 412/9450, Bl. 379–385, hier Bl. 379.

28 THA-Länderabteilung Sachsen: Ergebnisvermerk über die 9. Sitzung des Treuhand-Wirtschaftskabinetts des Freistaates Sachsen am 9.10.1991 in Dresden, BArch Berlin, B 412/9450, Bl. 369–375, hier Bl. 370. Die FDP-Fraktion stellte im sächsischen Landtag Ende 1991 den Antrag, eine Gesetzesinitiative im Bundesrat zu starten, damit Privatisierungsentscheidungen nur noch im Einvernehmen mit den jeweiligen Landesregierungen getroffen werden konnten. Vgl. Antrag der FDP-Fraktion vom 3.12.1991, in: Sächsischer Landtag, 1. Wahlperiode, Drucksache 1/1135. Das SMWA

sie die rechtlichen Einwände zu schwer wogen. Aus der Diskussion mit den Landtagsabgeordneten zogen die anwesenden Treuhandmitarbeiter den Schluss, bei zukünftigen Sitzungen zunächst »eine Erfolgsbilanz mit den wichtigsten positiven Ergebnissen der Tätigkeit der THA [...] vorzutragen, um positive Tendenz zu unterstreichen«.[29] Nicht nur Landtagsabgeordnete versuchten, den Druck auf die Treuhandanstalt zu erhöhen und andere Akteure auf Bundesebene dafür zu gewinnen, Einfluss auf die Privatisierungsentscheidungen zu erlangen. Der parlamentarische Staatssekretär im SMWA, Helmut Münch, nahm einen Grundstücksverkauf in einem Ortsteil von Döbeln zum Anlass, um mit dem Gedanken zu spielen, den Bundeskanzler über die CDU-Bundestagsfraktion einzuschalten. Er drohte in dem Fall sogar damit, »die Treuhand bei der Presse lächerlich zu machen«.[30]

Schommer erkannte letztlich doch das Dilemma, in dem sich die Treuhandanstalt befand, die auf ihrer Zuständigkeit für Privatisierungsentscheidungen bestand, und unterbreitete Ende 1991 einen neuen Vorschlag für die weitere Zusammenarbeit: Demzufolge sollte das SMWA mit der Treuhandanstalt im Einzelfall beraten, bei welchen »industriepolitisch und regionalpolitisch strukturbestimmenden Unternehmungen«

lehnte den Vorstoß ab und verwies darauf, dass es »bei der Komplexität dieser Fragen [...] zu nicht vertretbaren Friktionen und Verzögerungen« kommen würde. SMWA (Schommer): Stellungnahme zum Antrag (Drucksache 1/1135), ebd.

29 Diese Schlussfolgerung findet sich am Ende des Protokolls als »Anmerkung«. THA-Länderabteilung Sachsen: Ergebnisvermerk über die 9. Sitzung des Treuhand-Wirtschaftskabinetts des Freistaates Sachsen am 9.10.1991 in Dresden, BArch Berlin, B 412/9450, Bl. 369–375, hier Bl. 370. Ein Mitarbeiter des Länderreferats Sachsens sprach im Zusammenhang mit den Abgeordnetenvorgesprächen im Treuhandkabinett von »schmerzhaften Angriffe[n] aus dem parlamentarischen Raum«. Länderabteilung Sachsen: Vermerk über die 10. Sitzung des Treuhand-Wirtschaftskabinetts Sachsen am 19.11.1991 in Dresden, ebd., Bl. 326–332, hier Bl. 326.

30 Länderabteilung Sachsen: Vermerk über die 12. Sitzung des Treuhand-Wirtschaftskabinetts Sachsen am 21.1.1992 in Leipzig, BArch Berlin, B 412/9450, Bl. 258–264, hier Bl. 259. Dagegen unterstrich der Staatssekretär im SMWA, Rüdiger Thiele, Mitte 1992 die Vertraulichkeit der Gespräche im Treuhandkabinett. THA-Länderabteilung Sachsen: Ergebnisvermerk über die 18. Sitzung des Treuhand-Wirtschaftskabinetts Sachsen am 14.7.1992 in Dresden, BArch Berlin, B 412/9451, Bl. 383–392, hier Bl. 387.

der Zeitrahmen für eine Sanierung verlängert werden könnte.[31] Dahinter stand die Überlegung, den Betrieben mehr Zeit für den Markteintritt zu erkaufen. Der Wirtschaftsminister ließ jedoch einige damit zusammenhängende Fragen unbeantwortet. So machte er keine Angaben zu den Auswahlkriterien und zur Finanzierung. Schommer setzte einfach voraus, dass die Bundesregierung den Finanzrahmen der Treuhandanstalt mittelfristig erweitern würde.

2. Erste Reaktionen auf Betriebsschließungen: Entwicklung eines Frühwarnsystems

Mit dem Aufbau des Direktorats Länderfragen professionalisierte die Treuhandanstalt ihre Zusammenarbeit mit den ostdeutschen Landesregierungen. Im Mittelpunkt stand ein enger Informationsaustausch, der von Biedenkopf frühzeitig gefordert worden war. Dazu kündigte die Berliner Behörde an, aktualisierte Informationen aller Treuhandunternehmen regelmäßig zu übermitteln.[32] Darüber hinaus sollten die »bevorstehenden wesentlichen Abwicklungsfälle« mitgeteilt und die Länder bei den Abwicklungsverhandlungen beteiligt werden. Schließlich ging es auch darum, Gespräche über die »großen Problembranchen oder -unternehmen« bereits im Vorfeld zu führen. Anfang April 1991 lag eine erste Liste mit insgesamt 21 Unternehmen vor, bei denen sich aus Sicht der Treuhandanstalt Massenentlassungen abzeichneten.[33] Darunter befanden sich acht sächsische Betriebe, so z. B. die Feuerfestwerke Wetro GmbH, die Glasseiden GmbH Oschatz und das Sächsische Porzellanwerk Freiberg. Die

31 Schommer an Breuel [Dezember 1991], BArch Berlin, B 412/9426, Bl. 194–196, hier Bl. 196.

32 Birgit Breuel am 13.3.1991 an Hans-Jürgen Schultz (Minister für Wirtschaft und Technik in Thüringen) betr. Informationskonzept der Treuhandanstalt für die Landesregierungen, S. 2, BArch Berlin, B 412/9376.

33 Dr. Heisse/Ringleb (U2 OF): Notiz vom 9.4.1991 an Birgit Breuel betr. Unterrichtung der Landesregierungen über bevorstehende Massenentlassungen, BArch Berlin, B 412/9356, S. 209–211.

Treuhandanstalt hatte sich mit der Ankündigung, regelmäßig über die Treuhandbetriebe zu informieren, weit aus dem Fenster gelehnt, denn insbesondere die Vorlage der Unternehmenskonzepte und D-Mark-Eröffnungsbilanzen ließ aufgrund fehlender betriebswirtschaftlicher Daten lange auf sich warten.[34] Deshalb war es nicht weiter überraschend, dass einige Monate später eine vollständige Liste aller sächsischen Unternehmen, bei denen sich Massenentlassungen abzeichneten, immer noch nicht vorlag.[35] Gleichzeitig bot das Länderreferat Sachsen dem SMWA an, Branchengespräche zum Werkzeugmaschinenbau, Fahrzeugbau und zur chemischen Industrie wieder aufzunehmen und Regionalkonferenzen durchzuführen.[36] Staatssekretär Münch forderte von der Treuhand mehr Flexibilität und schnellere Entscheidungen, um kurzfristig Arbeitsplätze zu sichern. Dazu sollten bei den gemeinsamen Gesprächen im Treuhandkabinett Vertreter der Landratsämter, Kommunen, Geschäftsführungen, Betriebsräte und Gewerkschaften eingebunden werden.[37] Das Frühwarn-

34 Mitte Oktober 1991 lagen von den 2745 sächsischen Treuhandunternehmen aktuelle Personaldaten und Mitarbeiterprognosen nur aus 1409 Unternehmen vor (51,4 Prozent). Herr Gemählich (THA, PE A): Hausmitteilung an Herrn Dr. Gimbel (P L2) betr. Entlassungen durch TH-Unternehmen im Bundesland Sachsen, 16.10.1991, BArch Berlin, B 412/9406, Bl. 168 f., hier Bl. 168.

35 SMWA: Protokoll der [8]. Sitzung des Treuhandkabinetts am 11.9.1991 in Dresden, BArch Berlin, B 412/9450, Bl. 379–385, hier Bl. 383. Daher entschied die Treuhandanstalt, zunächst nur über Unternehmen mit mehr als 1000 Beschäftigten zu informieren. THA-Länderabteilung Sachsen: Ergebnisvermerk über die 9. Sitzung des Treuhand-Wirtschaftskabinetts des Freistaates Sachsen am 9.10.1991 in Dresden, ebd., Bl. 369–376, hier Bl. 373. Bei der Datenerhebung sollten folgende Faktoren abgefragt werden: Beschäftigtenstand zum 31.12.1990 und 30.9.1991, voraussichtliche Beschäftigungsentwicklung, wirtschaftliche Situation sowie Stand der Privatisierung. Vgl. THA-Länderabteilung Sachsen (Werner): Notiz über Gespräch des THA-Vorstandes mit Minister Dr. Schommer am 17.10.1991 betr. »Frühwarnsystem« für Unternehmen des Freistaates, BArch Berlin, B 412/9406, Bl. 171.

36 Vgl. THA-Länderabteilung Sachsen: Ergebnisvermerk über die 9. Sitzung des Treuhand-Wirtschaftskabinetts des Freistaates Sachsen am 9.10.1991 in Dresden, BArch Berlin, B 412/9450, Bl. 369–376, hier Bl. 373.

37 THA-Länderreferat Sachsen: Ergebnisvermerk über die 15. Sitzung des Treuhand-Wirtschaftskabinetts Sachsen am 28.4.1992 in Dresden, BArch Berlin, B 412/9450, Bl. 102–113, hier Bl. 103.

system – so Münch – müsse so funktionieren, dass »die Verantwortlichkeiten von Anfang bis Ende klar definiert sind«.[38]

Die Berichterstattung der Treuhandanstalt zu den Betrieben aus dem sogenannten Frühwarnsystem verlief unregelmäßig und konzentrierte sich vor allem auf die sächsische Textil- und Bekleidungsindustrie. Hier drohten die meisten Betriebsschließungen. Es gab aber vereinzelt auch Erfolgsmeldungen: So erhielt das Länderreferat Sachsen von dem zuständigen Direktorat Anfang September 1992 die Mitteilung, dass es gelungen sei, drei Betriebe zu privatisieren.[39] Der Negativtrend konnte jedoch nicht gestoppt werden. Es waren insbesondere Spinnereien und Textilwerke, die sich auf den von der Treuhandanstalt erstellten Listen befanden.[40] Das SMWA bat in der Folgezeit darum, auch mittelständische Firmen mit einer geringen Beschäftigtenzahl in das Frühwarnsystem aufzunehmen.[41] Die Treuhandanstalt zögerte zunächst damit, auf die sächsischen Wünsche einzugehen, da sie nahezu zeitgleich damit begonnen hatte, verschiedene Programme zum Aufbau eines selbsttragenden Mittelstands in Ostdeutschland zu konzipieren. Hier stand eine grundsätzliche Klärung noch aus.[42] Bis zum Frühjahr 1993 hatte sich die Rücklaufquote bei der Datenerhebung für das Frühwarnsystem deutlich verbessert und lag bei

38 SMWA: Protokoll der 15. Sitzung des Treuhandkabinetts am 28.4.1992 in Dresden, 19.5.1992, ebd., Bl. 117–125, hier Bl. 117.

39 Dabei handelte es sich um die Dresdener Herrenmode GmbH, die Plauener Gardine GmbH und die Vogtlandstoffe GmbH in Reichenbach. Vgl. THA-Direktor Bernhard Schröder (U3 TL) am 4.9.1992 an Dr. Gimbel (P L2) betr. »Frühwarnsystem Sachsen«, BArch Berlin, B 412/9361, Bl. 99.

40 THA-Länderreferat Sachsen (Dr. Gimbel) am 22.9.1992 an das sächsische Staatsministerium für Finanzen (Herr Demuth) betr. Frühwarnsystem, BArch Berlin, B 412/9432, Bl. 304.

41 THA-Länderreferat Sachsen: Vermerk über die 21. Sitzung des Treuhand-Wirtschaftskabinetts Sachsen am 10.11.1992 in Dresden, BArch Berlin, B 412/9451, Bl. 187–193, hier Bl. 189f.

42 THA-Länderreferat Sachsen: Vermerk über die 22. Sitzung des Treuhand-Wirtschaftskabinetts Sachsen am 15.12.1992 in Dresden, BArch Berlin, B 412/9402, Bl. 226–230, hier Bl. 227. Vgl. zur Mittelstandspolitik der Treuhandanstalt Trecker: Neue Unternehmer braucht das Land.

83 Prozent.[43] In die Frühwarnlisten wurden auch Angaben von Unternehmen berücksichtigt, die sich bereits in Liquidation bzw. Gesamtvollstreckung befanden. Obwohl der Informationsaustausch unter dem Strich verbessert werden konnte, gab sich die sächsische Landesregierung mit der Errichtung des Frühwarnsystems nicht zufrieden.

3. Das Breuel-Schommer-Abkommen

Der Stimmungsumschwung in den ostdeutschen Bundesländern, der seit Anfang 1991 mit Händen zu greifen war und mit massiven Protesten gegen Betriebsschließungen und Massenarbeitslosigkeit einherging, setzte die Politik unter Zugzwang. Die Prophezeiung mancher Ökonomen und Politiker von den Selbstheilungskräften des Marktes hatte sich als Chimäre herausgestellt. Da sich auch noch die deutschen Privat- und Geschäftsbanken beim Wirtschaftsaufbau in Ostdeutschland mit Investitionszusagen – sehr zum Verdruss der Politik – auffällig zurückhielten, musste der Staat die Initiative ergreifen und aktive Wirtschaftspolitik betreiben. Am 8. März beschloss das Bundeskabinett das »Gemeinschaftswerk Aufschwung Ost«[44] und setzte damit den Startschuss für den Transfer von Geldmitteln in einer Größenordnung, die auch von Zeitgenossen

43 THA-Direktor Bayreuther am 25.5.1993 an Direktor Länderfragen (Herr Allert) betr. Frühwarnlisten, BArch Berlin, B 412/9385, Bl. 252.

44 Vgl. dazu die essayhafte Darstellung bei Böick/Lorke: Zwischen Aufschwung und Anpassung. Beide Autoren können sich bei der Bewertung des »Aufbau Ost« nicht so recht entscheiden. In ihrer Einleitung betonen sie, dass dem »Aufbau Ost« kein »detaillierter ausgeklügelter Masterplan« zugrunde lag (ebd., S. 19). In ihrem Fazit kommen sie dagegen zum Schluss, der »Aufbau Ost« stelle ein »umfassendes [...] politisches, wirtschaftliches, gesellschaftliches und kulturelles Umbauprojekt« dar (ebd., S. 126). In der aktuellen Debatte über den »Aufbau Ost« herrscht nach wie vor viel Unwissenheit und Legendenbildung. So behauptet der Leipziger Literaturwissenschaftler Dirk Oschmann, dass der umgangssprachliche Begriff »Aufbau Ost« aus der Lingua Tertii Imperii (LTI) und damit aus der NS-Zeit stamme. Oschmann: Der Osten: eine westdeutsche Erfindung, S. 53 f. Dabei übernimmt Oschmann völlig unkritisch Textpassagen aus einer Rede des Schriftstellers Christoph Hein bei der Beerdigung des Verlegers Elmar Faber 2017. Vgl. Hein: Erinnerungen an einen Husaren,

als beispiellos angesehen wurde. Das Finanzvolumen betrug zunächst 24 Milliarden DM für zwei Jahre. Damit sollten Investitionsmaßnahmen in der Verkehrsinfrastruktur, dem Umweltschutz, den Wohnungs- und Städtebau finanziert werden. Die wirtschafts- und strukturpolitische Entscheidung der Bundesregierung machte eine Absprache mit den Bundesländern und der Treuhandanstalt erforderlich, die bereits am 14. März in groben Zügen vorlag. Die Landeswirtschaftsminister bestätigten den Kurswechsel auch ein Jahr später noch einmal. Auf ihrer gemeinsamen Sitzung Ende März 1992 betonten sie, dass »die Kräfte des Marktes und des freien Wettbewerbs allein« nicht ausreichten, um das West-Ost-Gefälle auszugleichen.[45] Obwohl die Privatisierung der ostdeutschen Betriebe primäres Ziel bleibe, komme der Industriepolitik der Treuhandanstalt eine »Schlüsselrolle« zu.

Anfang 1991 hatte die Treuhandanstalt Kontakt zu den ostdeutschen Regierungschefs aufgenommen, um die Folgen der Privatisierung gemeinsam zu erörtern. Dabei ging es vor allem um die Beantwortung der Frage, welche Absprachen im Fall von Betriebsschließungen zu treffen waren. Das sogenannte Frühwarnsystem, das im Übrigen nicht nur in Sachsen errichtet wurde,[46] konnte dafür nur ein erster Schritt sein. Es war die Treuhandpräsidentin, die den Gesprächsfaden zu den ostdeutschen Ministerpräsidenten Mitte Oktober 1991 wieder aufnahm. Breuel sorgte sich offenbar um diejenigen Unternehmen, die »kaum überwindliche wirtschaftliche Schwierigkeiten [...] und nur mehr begrenzte Zeit«

S. 146. Kritisch dazu: Dierk Hoffmann: NS-Aufbau Ost?, in: Frankfurter Allgemeine Zeitung vom 22.5.2023. Eine innovative und quellenfundierte Untersuchung des »Gemeinschaftswerks Aufschwung Ost« ist daher dringend erforderlich!

45 Protokoll der Wirtschaftsministerkonferenz am 25./26.3.1992, S. 9, BArch Berlin, B 412/9397.

46 So einigte sich die Treuhandanstalt mit der Landesregierung von Mecklenburg-Vorpommern Anfang 1993 darauf, den »Modernisierungsprozess« von »regional bedeutsame[n] Betriebe[n]« zu unterstützen und ein »Frühwarnsystem« vor dem Vollzug der Abwicklung eines Unternehmens einzurichten. Birgit Breuel an den Ministerpräsidenten von Mecklenburg-Vorpommern betr. Zusammenarbeit zwischen Treuhandanstalt und Landesregierung, 23.2.1993, LHA Schwerin, 8.11-1 Staatskanzlei M-V, Nr. 112.

hätten.[47] Aus diesem Grunde stünden schmerzliche Entscheidungen, einschneidender Personalabbau und zahlreiche Stilllegungen unmittelbar bevor. Umso wichtiger sei es, an »Problemstandorten parallel zum unvermeidlichen Abbau den Aufbau neuen wirtschaftlichen Lebens [...] ins Werk zu setzen«. Damit sprach sich Breuel dafür aus, gemeinsam Konzeptionen für regionale Entwicklungsprojekte zu entwickeln. Die Treuhandpräsidentin zeigte sogar Verständnis für die Haltung der Länder, »Unternehmen am Leben zu erhalten, obwohl ihre wirtschaftliche Lage [...] aussichtslos ist und auch langdauernde nachhaltige Privatisierungsbemühungen keinen Erfolg gezeitigt haben«.[48]

Wirtschaftsminister Schommer reagierte einige Monate später auf das Gesprächsangebot von Breuel und unterbreitete der Treuhandanstalt einen konkreten, in seinem Ressort entwickelten Vorschlag.[49] Demzufolge sollten sanierungsfähige Unternehmen, die in absehbarer Zeit noch nicht zu privatisieren waren, gezielt gefördert werden. Schommer lehnte zwar eine Beteiligung des Freistaats an diesen Unternehmen nach wie vor ab, bot aber Unterstützung durch eine neue Projektinitiative »Sanierung Durch Unternehmer« (SDU) an.[50] Dahinter stand die Idee, Unternehmer für die betriebliche Sanierung zu gewinnen, die im Gegenzug 51 Prozent der Gesellschaftsanteile erhalten würden. Nach Abschluss der Sanierungsphase, die nicht länger als fünf Jahre dauern sollte, konnten die Unternehmer die restlichen Anteile (49 Prozent) von der Treuhandanstalt erwerben.

Zwischen Treuhandanstalt und SMWA bestand lange Zeit Unklarheit darüber, wie die Zuständigkeiten und Kompetenzen abzugrenzen waren.

47 Birgit Breuel am 14.10.1991 an Kurt Biedenkopf betr. Grundsatzfragen der Zusammenarbeit zwischen der THA und den Ländern, BArch Berlin, B 412/9403, Bl. 550–552, hier Bl. 551. Gleichlautende Schreiben gingen an die anderen ostdeutschen Ministerpräsidenten.

48 Ebd., Bl. 551 f.

49 Kajo Schommer an Birgit Breuel betr. Sanierung von Treuhandunternehmen durch die Treuhandanstalt, [16.3.1992], BArch Berlin, B 412/9403, Bl. 483–485.

50 Anlage zum Schreiben Schommers an Breuel (Projekt: »Sanierung Durch Unternehmer«), Stand: 10.3.1992, ebd., Bl. 486–494.

Ferner ging es darum, Kriterien zu entwickeln, um die Sanierungsfähigkeit eines Treuhandunternehmens festzustellen. Die Berliner Behörde bestand auf einer sorgfältigen Prüfung der Einzelfälle. In einem Schreiben an Kajo Schommer unterstrich Birgit Breuel, dass eine »aktive Sanierung« nur für solche Unternehmen infrage komme, »bei denen die Konzepte hinreichend konkrete Anhaltspunkte dafür erkennen lassen, dass in absehbarer Zeit die Wettbewerbsfähigkeit erreicht wird«.[51] Dabei legte sie großen Wert auf die Feststellung, dass die Treuhandanstalt keine Bestandsgarantie geben könne. Außerdem erinnerte sie Schommer an seine Zusage, die Schließung von Unternehmen, die keine Überlebenschance hatten, politisch mitzutragen. Das Ziel aller Sanierungsbemühungen müsse letztlich die Privatisierung des Unternehmens sein. Damit hatte die Treuhandpräsidentin ihren Standpunkt deutlich gemacht und die inhaltlichen Eckpunkte einer geplanten Grundsatzvereinbarung mit der sächsischen Landesregierung umrissen, bei der die Entscheidungsbefugnis bei der Treuhandanstalt verblieb.

Schommer akzeptierte offenbar die Vorstellungen von Breuel, die Biedenkopf zwei Wochen später über den erfolgreichen Abschluss der Gespräche informierte.[52] Mit der getroffenen Vereinbarung, bei der die Sanierung der Betriebe und das bereits praktizierte Frühwarnsystem im Mittelpunkt standen, hatte sich die Treuhandchefin in wichtigen Punkten durchgesetzt.[53] Die sächsische Landesregierung verpflichtete sich nämlich, einen eigenen finanziellen Beitrag zu leisten, »damit Sachsen

51 Birgit Breuel am 13.4.1992 an Kajo Schommer, BArch Berlin, B 412/9403, Bl. 507 f., hier Bl. 507.

52 Präsidentin Birgit Breuel am 27.4.1992 an Ministerpräsident Kurt Biedenkopf, BArch Berlin, B 412/9450, Bl. 36–39. Das Schreiben enthält den Wortlaut der Vereinbarung.

53 Der Dresdner IG-Metall-Bezirksleiter Hasso Düvel hielt die Absprache sogar für eine Meisterleistung der Treuhandpräsidentin, die Wirtschaftsminister Schommer »über den Tisch gezogen« habe. Teure Spielräume. Die Treuhand ermöglicht Industriepolitik an Elbe und Mulde, in: Wirtschafts-Woche (Ost) vom 8.5.1992 (BArch Berlin, B 412/9403, Bl. 465). Birgit Breuel berichtete im Verwaltungsrat Ende Mai 1992 über die Vereinbarung. Protokoll der 26. Verwaltungsratssitzung am 29.5.1992, BArch Berlin, B 412/9035, Bl. 174.

ein Industrieland bleibt«.[54] Konkret ging es um den Einsatz von Geldmitteln, die dem Freistaat aus der Gemeinschaftsaufgabe »Verbesserung der regionalen Wirtschaftsstruktur« zuflossen, aber auch um Landesbürgschaften, arbeitsmarktpolitische Maßnahmen des Landes und öffentliche Infrastrukturmaßnahmen. Die Aufgabenverteilung war klar: Während die Staatsregierung die Betriebe benannte, die als regional bedeutsam eingestuft wurden, behielt sich die Treuhandanstalt das Recht vor, die eingereichten Unternehmenskonzepte zu prüfen. Die Vereinbarung enthielt schließlich noch die Feststellung, dass die Landesregierung kein Veto gegen Abwicklungsentscheidungen der Treuhandanstalt einlegen könne.[55] Doch Schommer stand nicht mit leeren Händen da, denn er konnte es erstens als Erfolg verbuchen, bei der Sanierung sächsischer Betriebe ein Wörtchen mitreden zu können. Zweitens war es für das SMWA wichtig, darauf hinzuweisen, dass die Treuhandanstalt erstmals mit einem ostdeutschen Bundesland eine solche Absprache getroffen habe.[56] Drittens gelang mit dieser Vereinbarung auch der Schulterschluss mit der IG Metall im Freistaat, die den Wirtschaftskurs Biedenkopfs unterstützte.[57]

Die Umsetzung der Vereinbarung ließ nicht lange auf sich warten: Der sächsische Wirtschaftsminister legte bereits einen Monat später die erste Liste mit elf Betrieben aus der Textil- und Bekleidungsindustrie vor, »die aus regional bedeutsamen Gründen vordringlich behandelt« werden

54 Präsidentin Birgit Breuel am 27.4.1992 an Ministerpräsident Kurt Biedenkopf, BArch Berlin, B 412/9450, Bl. 36–39, hier Bl. 37. Innerhalb der Treuhandanstalt hoffte man, mit der Absprache, »Fehlinterpretationen und überzogene Erwartungen« ausräumen zu können. Auszug aus einer Vorstandsvorlage (o. Verf., o. D.), ebd., Bl. 35.

55 Darauf wies auch eine Pressemitteilung des SMWA ausdrücklich hin. SMWA: Pressemitteilung (»Modernisierung von Treuhandunternehmen in Sachsen – Schommer trifft mit Breuel Absprache über die künftige Zusammenarbeit bei der Modernisierung von Treuhandunternehmen«), 30.4.1992, BArch Berlin, B 412/9382.

56 Ebd., S. 1.

57 Vgl. Keine Scheu vor Gemeinsamkeit mit Biedenkopf. IG Metall in Sachsen zieht mit der CDU-Regierung an einem Strang, in: Hannoversche Allgemeine vom 16.12.1992. Christian Rau beschreibt die enge Zusammenarbeit zwischen dem Ministerpräsidenten und den sächsischen Gewerkschaftsführern zu Recht als »sächsischen Korporatismus«. Rau: Die verhandelte »Wende«, S. 160.

sollten.[58] Und am 4. Mai 1992 war ein Treffen geplant, bei dem Vertreter der Treuhandanstalt und des SMWA über die »wichtigsten« Maschinenbauunternehmen sprechen wollten.[59] Damit verlagerten sich die Gespräche vom Treuhandkabinett, das über Absprachen und Entscheidungen weiterhin informiert wurde, auf die Fachebene der zuständigen Experten im SMWA und in der Treuhandanstalt. Diese Vorgehensweise hatte wiederum eine entlastende Funktion für die Berliner Behörde: Als die Staatsregierung in einem Einzelfall eine frühzeitige Benachrichtigung der Betriebsräte anmahnte, konnten die Mitarbeiter des Länderreferats Sachsen auf die »inzwischen sehr breite Informationspolitik« verweisen.[60] Darüber hinaus sah sich das SMWA nun zu einem gemäßigten Umgangston mit der Treuhandanstalt veranlasst. So betonte Staatssekretär Thiele, dass das Ministerium »weder Interesse noch Absicht habe, Schärfen in [die] Zusammenarbeit [mit der Treuhandanstalt] zu bringen«.[61] Darauf entgegnete der Dresdener Niederlassungsleiter Wotte mit dem Hinweis, dass die öffentliche Kritik einzelner Mitglieder der Staatsregierung an der Treuhandanstalt der Erklärung Thieles widerspreche.[62] Innerhalb

58 Minister Schommer am 28.5.1992 an THA-Präsidentin Breuel, BArch Berlin, B 412/9450, Bl. 40f., hier Bl. 41. Vgl. Anlage zum Schreiben Schommers an Breuel, 14.5.1992, ebd., Bl. 42f.

59 THA-Länderreferat Sachsen: Ergebnisvermerk über die 15. Sitzung des Treuhand-Wirtschaftskabinetts Sachsen am 28.4.1992 in Dresden, BArch Berlin, B 412/9450, Bl. 102–113, hier Bl. 105.

60 THA-Länderreferat Sachsen: Ergebnisvermerk über die 17. Sitzung des Treuhand-Wirtschaftskabinetts Sachsen am 16.6.1992 in Dresden, BArch Berlin, B 412/9450, Bl. 4–12, hier Bl. 7.

61 THA-Länderabteilung Sachsen: Vermerk über die 19. Sitzung des Treuhand-Wirtschaftskabinetts Sachsen am 2.9.1992 in Dresden, BArch Berlin, B 412/9451, Bl. 362–370, hier Bl. 368. Thiele hatte gegenüber der Presse die Eigentümerfunktion der Treuhandanstalt und den gesetzlichen Privatisierungsauftrag ausdrücklich unterstrichen. Vgl. Kein Breuel-Diktat. Minister zur Freistaat-Treuhand-Initiative, in: Sächsische Zeitung vom 22.7.1992. Im Treuhandkabinett würdigte Thiele wiederholt die gute Zusammenarbeit mit der Berliner Behörde. THA-Länderreferat Sachsen: Vermerk über die 25. Sitzung des Treuhand-Wirtschaftskabinetts am 23.3.1993, BArch Berlin, B 412/9402, Bl. 199–204, hier Bl. 204.

62 THA-Länderabteilung Sachsen: Vermerk über die 19. Sitzung des Treuhand-Wirtschaftskabinetts Sachsen am 2.9.1992 in Dresden, BArch Berlin, B 412/9451, Bl. 362–370, hier Bl. 369. *Der Spiegel* berichtete wenige Tage später, dass sich die sächsische

der Treuhandspitze wurde kurz darauf mit Genugtuung registriert, dass Schommer zukünftig doch einen moderaten Kurs verfolge und die Entscheidungen der Behörde letztlich akzeptiere.[63]

Das Breuel-Schommer-Abkommen räumte der Landesregierung in Dresden de facto keine Mitspracherechte bei den Entscheidungen der Treuhandanstalt ein. Diesen Standpunkt vertrat auch der Leiter des Direktorats Recht, der im Auftrag des Treuhandvorstands eine juristische Bewertung des Abkommens vornahm.[64] Die freiwillige Beteiligung der Länder an den Entscheidungsprozessen diene, so Manfred Balz, nur der Optimierung der Treuhandentscheidungen. Die Länderbeteiligung etabliere »keine – unzulässige – Mischverwaltung« und sie modifiziere die gesetzlichen Vorgaben der Treuhandanstalt »selbstverständlich nicht«.[65] Die Denkschrift versuchte sogar den Ländern das Recht streitig zu machen, über die Mobilisierung von Interessenverbänden und Öffentlichkeit Einfluss auf die Privatisierungsentscheidungen zu nehmen. Dieses Ansinnen war jedoch realitätsfern, denn gerade Biedenkopf und Schommer hatten mehrmals unter Beweis gestellt, dass sie sich daran nicht gebunden fühlten. Nachdem Mitarbeiter des SMWA Informationen an die Presse durchgestochen hatten, dass die ersten der gemeinsam zu sanierenden Betriebe nicht vor dem Spätherbst festständen, überwog in der Presse schon bald die Skepsis.[66]

Landesregierung von der Treuhandanstalt abkoppeln wolle. Schommer plane einen »Alleingang« und hoffe auf Fördermittel aus Brüssel und Bonn. Vgl. Sachsen kontra Treuhand, in: Der Spiegel vom 7.9.1992.

63 Dr. Gimbel: Laufzettel (handschriftlich) an Präsidentin Breuel über eine Pressekonferenz von Schommer, 15.9.1992, BArch Berlin, B 412/9403, Bl. 289.

64 Dr. [Manfred] Balz (THA-Direktor Recht): Denkschrift zur rechtlichen Bewertung des Projekts Gremium »Modernisierung von TH Unternehmen« in Sachsen, 18.6.1992, BArch Berlin, B 412/9403, Bl. 406–410.

65 Ebd., Bl. 407. Biografische Angaben zu Balz finden sich bei Malycha: Vom Hoffnungsträger zum Prügelknaben, S. 235f.

66 Der Beifall ist verrauscht. Mühsame Suche nach Sanierungskandidaten zwischen Treuhand und Freistaat, in: Sächsische Zeitung vom 18.6.1992. Ein Mitarbeiter des Länderreferats Sachsen kommentierte den Zeitungsartikel handschriftlich mit den Worten: »Nüchterner Artikel!«

Im Treuhandkabinett wurde nicht nur über Privatisierungsfälle gesprochen, sondern auch über die Zukunft der Kulturhäuser ehemaliger DDR-Kombinate und VEB, die den Kommunen angeboten wurden.[67] Darüber hinaus ging es in den Sitzungen vereinzelt auch um Personalfragen. Dabei waren es Landtagsabgeordnete, die entsprechende Debatten insbesondere beim Verkauf landwirtschaftlicher Flächen lostraten. Der CDU-Abgeordnete Heinz Lehmann brachte Mitte Dezember 1992 einen konkreten Fall zur Sprache, der den VEB Schaltelektronik Oppach betraf. Flächen des von der Treuhand bereits 1990 liquidierten Unternehmens befanden sich mitten in einem geplanten Gewerbegebiet. Zwischen den Kaufpreisvorstellungen der Kommune und der zuständigen Bodenverwertungs- und -verwaltungs GmbH (BVVG) bestanden offenbar erhebliche Differenzen, die den Landtagsabgeordneten auf den Plan riefen, in dessen Wahlkreis Oppach lag. Dabei geriet der Leiter der BVVG-Außenstelle Leipzig in die Kritik, gegen den »erhebliche Vorwürfe wegen destruktiver Haltung und Gesprächsführung erhoben« wurden.[68] Daraufhin verteidigten die Treuhandmitarbeiter grundsätzlich die Verkaufsstrategien der BVVG. Nach Abfassung des Protokolls setzte sich das Länderreferat Sachsen für eine Richtigstellung ein, da der Außenstellenleiter ungerechtfertigterweise kritisiert worden sei.[69]

Das SMWA hatte der Treuhandanstalt bis Anfang 1993 insgesamt 109 Unternehmen mit rund 43 000 Beschäftigten gemeldet, die aus Sicht der Landesregierung regional bedeutsam waren und langfristig saniert

67 Im Frühjahr 1993 lagen der Treuhandanstalt 49 Anträge sächsischer Gemeinden auf Zuordnung von Kulturhäusern vor. Davon wurden 23 positiv entschieden. Vgl. THA-Länderreferat Sachsen: Vermerk über die 27. Sitzung des Treuhand-Wirtschaftskabinetts Sachsen am 25.5.1993 in Dresden, BArch Berlin, B 412/9451, Bl. 8–12, hier Bl. 10.

68 THA-Länderreferat Sachsen: Vermerk über die 22. Sitzung des Treuhand-Wirtschaftskabinetts Sachsen am 15.12.1992 in Dresden, BArch Berlin, B 412/9451, Bl. 152–156, hier Bl. 153.

69 Dr. Gimbel: Vermerk an Frau Präsidentin Breuel, 14.1.1993, ebd., Bl. 157. Das Länderreferat entschuldigte sich beim Leipziger BVVG-Außenstellenleiter für den »aufgetretenen Fehler«. Darkow am 14.1.1993 an Herrn Hahn, ebd., Bl. 166.

werden sollten.[70] Das Ministerium nutzte das mit der Treuhandchefin geschlossene Abkommen, um vor allem Betriebe aus der Textil- und Bekleidungsindustrie vor der Abwicklung zu retten. Eine neue Liste mit 16 Unternehmen wurde der Berliner Behörde am 2. März 1993 übermittelt.[71] Darunter befand sich auch die traditionsreiche Heckert Chemnitzer Werkzeugmaschinen GmbH, die 1993 von der westdeutschen Traub AG übernommen wurde.[72] Es dauerte für manche Unternehmen offenbar mehr als ein Jahr, um auf die Liste des SMWA zu gelangen, was teilweise aber darauf zurückzuführen war, dass unvollständig ausgefüllte Anträge vorlagen. Damit lief manchen Betrieben die Zeit davon, sodass sie schließlich vom Ministerium als nicht mehr sanierungsfähig eingestuft werden mussten.[73]

Die Treuhandanstalt weigerte sich grundsätzlich, einmal privatisierte Betriebe wieder zurückzunehmen. Entsprechende Nachfragen der Landesregierung wehrte sie im Treuhandkabinett immer wieder ab.[74] Die Berliner Behörde zeigte sich zwar durchaus gesprächsbereit, bestand aber darauf, dass abgeschlossene Verträge zunächst einmal einzuhalten waren und die Käufer ihrer unternehmerischen Verantwortung gerecht wurden. Dazu ließ die Treuhandanstalt die vertraglich fixierten Arbeitsplatzgarantien und Investitionszusagen auch nach Abschluss des Kauf-

70 Schommer an den Präsidenten des Sächsischen Landtags (Erich Iltgen) betr. Drucksache 1/2405 – Große Anfrage der SPD »Stand der Sanierung und Privatisierung im Freistaat Sachsen«, S. 2, [8.1.1993], SHStA Dresden, Bestand 12891 (Staatskanzlei), 11087.

71 Anlage: Im Rahmen der Schommer-Breuel-Vereinbarung ausgewählten Unternehmen, [Fax. vom 2.3.1993], BArch Berlin, B 412/9402, Bl. 182.

72 Die Privatisierung des Betriebes stand lange auf Messers Schneide. Innerhalb der Treuhandanstalt wurde Anfang April noch über eine Abwicklung laut nachgedacht. Vgl. Birgit Breuel: Notiz für Brahms über Gespräch mit Schommer am 7.4.1993, 8.4.1993, BArch Berlin, B 412/3175.

73 So etwa bei der Textilwerke Vowetex GmbH in Plauen. Vgl. Anlage: Im Rahmen der Schommer-Breuel-Vereinbarung ausgewählten Unternehmen, [Fax. vom 2.3.1993], BArch Berlin, B 412/9402, Bl. 182.

74 Vgl. THA-Länderreferat Sachsen: Vermerk über die 28. Sitzung des Treuhand-Wirtschaftskabinetts Sachsen am 29.6.1993 in Dresden, BArch Berlin, B 412/9452, Bl. 515–520, hier Bl. 516.

vertrages noch intern prüfen. Sollte sich ein Unternehmen als nicht wettbewerbsfähig erweisen, müsse über eine Liquidation oder Abwicklung nachgedacht werden. Auf diese Weise sollte einer Dauersubventionierung wirtschaftlich maroder Betriebe der Riegel vorgeschoben werden. Für die Treuhandanstalt kamen Unternehmensrücknahmen nur in »eng begrenzten Ausnahmefällen [bei] besonders schwerwiegender Vertragsverletzungen durch den Investor« in Betracht.[75] Die Bedeutung von Betrugsfällen wurde zeitgenössisch offenbar überschätzt: Nach Angaben des Länderreferats Sachsen war die Berliner Behörde bei etwa 45 000 Privatisierungen lediglich in etwa 40 Fällen Betrügern aufgesessen.

4. Die Zukunft der Treuhandbetriebe

Allen politischen Akteuren war bewusst, dass die Treuhandanstalt nicht dauerhaft bestehen bleiben würde. Das hing mit den gravierenden verfassungsrechtlichen und ökonomischen Problemen zusammen, die durch die Arbeit der Treuhandanstalt hervorgerufen wurden. Hinzu kam die Tatsache, dass das SMWA im Treuhandkabinett über den Fortgang der Privatisierung und die immer geringer werdende Zahl der noch offenen Fälle genau unterrichtet wurde. Im Laufe des Jahres 1992 zeichnete sich ein vorläufiger Abschluss des operativen Geschäfts bis Ende 1993 ab.[76] Alle Treuhandniederlassungen konnten ihre Tätigkeit im Übrigen noch vor der Berliner Zentrale beenden. Damit rückten die Fragen nach einem geordneten Übergang und nach der Zukunft der noch nicht privatisierten Treuhandbetriebe in den Mittelpunkt der Gespräche zwischen Treuhandanstalt und sächsischer Landesregierung, die eine erneute Welle von Betriebsschließungen befürchtete. Staatssekretär Thiele bat in einer

75 THA-Länderreferat Sachsen: Vermerk über die 31. Sitzung des Treuhand-Wirtschaftskabinetts Sachsen am 21.9.1993 in Dresden, BArch Berlin, B 412/9452, Bl. 480–491, hier Bl. 484. Vgl. allgemein zur Bedeutung kriminellen Fehlverhaltens bei der Privatisierung ostdeutscher Betriebe Karlsch: Grauzonen und Wirtschaftskriminalität.

76 SMWA: Vermerk zur Zukunft der Treuhandbetriebe, 7.12.1992, BArch Berlin, B 412/9451, Bl. 176.

Sitzung des Treuhandkabinetts darum, dass es 1993 wegen der näher rückenden Schließung der Treuhandniederlassungen in Leipzig, Dresden und Chemnitz »nicht zu einer höheren Zahl von Liquidationen kommen dürfe«.[77] Mitarbeiter des Länderreferats begegneten der zunehmenden Unsicherheit der Staatsregierung mit dem Hinweis, nach Abschluss der Privatisierungen würden andere Aufgaben an Bedeutung gewinnen, die von einer Rechtsnachfolgerin der Treuhandanstalt weiter zu bearbeiten seien, insbesondere das Vertragsmanagement, die Finanzrevision sowie die Liegenschaftsverwertung.[78]

Die Debatte über die Zukunft der Treuhandbetriebe wurde teilweise auch in der Öffentlichkeit geführt. Wirtschaftsminister Schommer versuchte durch Stellungnahmen und Interviews Druck auf die Treuhandanstalt auszuüben. Im Mittelpunkt standen die Betriebe, die als nicht privatisiert zurückblieben, wenn die Berliner Behörde ihre Arbeit beenden würde. Dazu forderte die sächsische Landesregierung die Schaffung einer Industrieholding, die von Bundeswirtschaftsminister Günter Rexrodt (FDP) jedoch strikt abgelehnt wurde.[79] Dieser ließ sich auch nicht auf den Vorschlag Schommers ein, eine Holding auf privatrechtlicher Basis zu errichten, die von »Wirtschaftsmanagern höchster Co[u]leur« zu führen sei. Die Pläne des sächsischen Wirtschaftsministers sahen vor, dass der

77 THA-Länderreferat Sachsen: Vermerk über die 22. Sitzung des Treuhand-Wirtschaftskabinetts Sachsen am 15.12.1992 in Dresden, BArch Berlin, B 412/9402, Bl. 226–230, hier Bl. 229.

78 THA-Länderreferat Sachsen: Vermerk über die 23. Sitzung des Treuhand-Wirtschaftskabinetts Sachsen am 19.1.1993 in Dresden, BArch Berlin, B 412/9402, Bl. 213–219, hier Bl. 215.

79 Ulrich Langer: Zeitgewinn für Sanierung. Einrichtung einer Industrieholding, in: Leipziger Volkszeitung vom 25.2.1993. Schommer ventilierte im Sommer 1994 öffentlich die Möglichkeit für eine »Sanierungsholding«. Vgl. Sachsen gründet noch in diesem Jahr Sanierungsholding für Treuhand-Firmen, in: Süddeutsche Zeitung vom 29.8.1994. Damit war der Minister vorgeprescht. Sächsische Staatskanzlei: Ergebnisprotokoll der Vorkonferenz (155. Kabinettssitzung) am 15.8.1994, S. 3 (Verschiedenes), 23.8.1994, SHStA Dresden, Bestand 12891 (Staatskanzlei), 11147.

Bund lediglich als Bürge auftreten sollte.[80] Doch genau darin bestand für die Bundesregierung das eigentliche Problem; sie sah in dieser für Sachsen verlockenden Lösung nur ein unkalkulierbares Risiko. Rexrodt befürchtete nämlich, dass der Bund auf den Betrieben und den Kosten sitzen bleiben würde.[81] Nach den Erfahrungen mit den teilweise schwierigen und schleppenden Privatisierungsverhandlungen waren diese Bedenken nicht von der Hand zu weisen. Gleichzeitig war der Begriff der Industrieholding in der politischen Öffentlichkeit sehr stark umstritten, denn bei vielen Kritikern weckte er die Erinnerung an eine Staatswirtschaft, die man mit dem Ende der DDR überwunden zu haben glaubte. Mit anderen Worten: Der Begriff war kontaminiert, denn er »assoziierte Nähe zu alten Zeiten und riesigen Subventionen«.[82] Zur Ironie der Geschichte gehört aber auch, dass dieser politisch höchst umstrittene Weg teilweise doch mit dem Konzept der sogenannten Industriellen Kerne beschritten wurde.

Am 12. Oktober 1992 traf sich erstmals eine Arbeitsgruppe, in der Vertreter des Bundesfinanzministeriums, des Bundeswirtschaftsministeriums und der Treuhandanstalt saßen, um über die Zukunft der Privatisierungsbehörde zu beraten und ein Konzept für eine Nachfolgeeinrichtung auszuarbeiten.[83] Die Vorstellungen der Bundesregierung und der Berliner Behörde lagen anfangs weit auseinander. Während dem Treuhand-

80 Schommer ging von 250 bis 300 regional bedeutsamen Unternehmen in Sachsen aus, die auf diese Weise gerettet werden könnten. Vgl. Debatte über Industriepolitik. Im Landtag notiert, in: Neue Zeit vom 20.2.1993. Schommers Modell hatte das ehemalige Vorstandsmitglied der Treuhandanstalt Karl Schirner mitentworfen. Atlas und Anker letzte Rettung? Sachsen sucht Lösung für die restlichen Treuhandbetriebe, in: Süddeutsche Zeitung vom 13.3.1993. Mit seinem Plan einer Industrieholding für ostdeutsche Betriebe stieß Schommer auch in den eigenen Reihen auf Widerstand. Auf Druck von Bundeskanzler Kohl musste Schommer seinen Plan anscheinend wieder in der Schublade verschwinden lassen. Sachsen träumt von Bonner Milliarden für sanierungswürdige Ost-Betriebe, in: Frankfurter Rundschau vom 16.3.1993.

81 Während der Bund 95 Prozent des Aktienkapitals zeichnen sollte, waren für die Banken nur 5 Prozent vorgesehen. Wirtschaftsstandort Sachsen: Ein Schrittmacher im Osten, in: Die Welt vom 9.3.1993.

82 Aus Bonn noch immer kaum Resonanz. Droht den sächsischen Industrie-Sanierungsplänen die Luft auszugehen, oder kommt die Wende?, in: Sächsische Zeitung vom 8.3.1993.

83 Vgl. Seibel: Verwaltete Illusionen, S. 322.

vorstand eine Auflösung vorschwebte, wollte das Bundesfinanzministerium den Fortbestand der Institution als Anstalt des öffentlichen Rechts sichern. Darüber hinaus musste eine Einigung mit den Ländern gefunden werden. Im Verwaltungsrat forderte Biedenkopf am 16. Juli 1993, dass der Bund »seine Verantwortung für die über 1994 hinaus bestehenden Sanierungsaufgaben als öffentliche Hand uneingeschränkt wahrnehmen« müsse.[84] Die Diskussion über die Treuhandnachfolge bot offenbar Anlass für Spekulationen: Der sächsische Ministerpräsident war nach einem Gespräch mit dem Bundesfinanz- und dem Bundeswirtschaftsminister davon überzeugt, dass die Bundesregierung »einer Regionalisierung wahrscheinlich keinen Widerstand mehr entgegensetzen werde«.[85] Mit Blick auf die noch ausstehenden Privatisierungen pochte Staatssekretär Münch darauf, die »Mitwirkungsmöglichkeiten des Freistaates« zu erweitern.[86]

An dieser Stelle muss die parlamentarische Auseinandersetzung über das am 9. August 1994 verkündete »Gesetz zur abschließenden Erfüllung der verbliebenen Aufgaben der Treuhandanstalt« nicht noch einmal *en détail* beschrieben werden.[87] Festzuhalten bleibt, dass sich das Bundesfinanzministerium mit seinen Vorstellungen weitgehend durchsetzen konnte. Dagegen war es den Ländern im Gesetzgebungsverfahren nicht gelungen, weitreichende Mitwirkungsrechte in der Nachfolgeorganisation – der Bundesanstalt für vereinigungsbedingte Sonderaufgaben

84 Zit. nach Malycha: Vom Hoffnungsträger zum Prügelknaben, S. 683.

85 Sächsische Staatskanzlei: Ergebnisprotokoll der 127. Kabinettssitzung am 9.11.1993, SHStA Dresden, Bestand 12891 (Staatskanzlei), 11115. Diese Aussage bezog sich sehr wahrscheinlich nur auf die Zukunft der TLG. Vgl. THA-Länderreferat Sachsen: Vermerk über die 37. Sitzung des Treuhand-Wirtschaftskabinetts Sachsen am 12.4.1994 in Dresden, BArch Berlin, B 412/9452, Bl. 6–17, hier Bl. 12 f.

86 THA-Länderreferat Sachsen: Vermerk über die 33. Sitzung des Treuhand-Wirtschaftskabinetts Sachsen am 30.11.1993 in Dresden, BArch Berlin, B 412/9452, Bl. 358–369, hier Bl. 363. In derselben Sitzung erklärte der Treuhandmitarbeiter Allert, ab 1. Januar 1995 seien »die neuen Länder treuhandfrei«. Ebd.

87 Vgl. dazu ausführlich Seibel: Verwaltete Illusionen, S. 329–357.

(BvS) – zu erhalten.[88] Auch wenn das offizielle Ende der Treuhandanstalt die aufgeheizte Stimmung in der Öffentlichkeit deutlich abkühlen ließ, gestaltete sich doch die Zusammenarbeit der ostdeutschen Länder mit der BvS in der Folgezeit keineswegs konfliktfrei. Ende 1997 beklagten sich Sachsen und Sachsen-Anhalt gemeinsam darüber, dass die Rechtsnachfolgerin der Treuhandanstalt die Länder etwa an den Kosten beim Investorentausch oder bei der Zweitprivatisierung mit mindestens 50 Prozent belasten wolle.[89]

Als Birgit Breuel am 30. Dezember 1994 das Schild der Treuhandanstalt öffentlichkeitswirksam am Berliner Amtssitz, der später nach dem 1991 ermordeten Präsidenten Detlev K. Rohwedder benannt wurde, abmontierte, war die Privatisierung der ostdeutschen Betriebe noch längst nicht abgeschlossen. Das galt auch für Sachsen: Es kam durchaus vor, dass abgeschlossene Kaufverträge wieder auf dem Tisch des SMWA landeten, weil der Käufer nach mehreren Jahren Konkurs anmelden musste. Dafür bietet die Eisen- und Stahlgießerei Chemnitz ein gutes Beispiel.[90] Der Betrieb, der Ende 1987 dem VEB Kombinat Schienenfahrzeugbau Berlin zugeordnet worden war, wurde 1992/93 privatisiert und mit einem Gesellschaftervertrag in die Christian Pfeiffer Gießerei GmbH & Co KG mit Sitz in Beckum umgewandelt. Die Gießerei wurde 1993 – ebenfalls durch einen Gesellschaftervertrag – in die Brockhausen & Holze Gieße-

88 Vgl. Malycha: Vom Hoffnungsträger zum Prügelknaben, S. 692. Darauf hatte auch die Landesregierung in Dresden bestanden. Vgl. Sächsische Staatskanzlei: Ergebnisprotokoll der Vorkonferenz (135. Kabinettssitzung) am 17.1.1994, 25.1.1994, SHStA Dresden, Bestand 12891 (Staatskanzlei), 11124.

89 Herr Wittmoser (Staatskanzlei): Kommentierte Tagesordnung zur Gemeinsamen Kabinettsausschusssitzung mit Sachsen-Anhalt am 14.11.1997, S. 4, 13.11.1997, SHStA Dresden, Bestand 12891 (Staatskanzlei), 11274. Besonders deutliche Kritik am Verhalten der BvS übte der Wirtschaftsminister von Sachsen-Anhalt, Klaus Schucht (SPD), der bis Ende 1994 im Treuhandvorstand gesessen hatte. Vgl. Flaskamp (SMWA): Notiz vom 7.11.1997 für StS Dr. Vehse betr. Gemeinsame Kabinettsausschusssitzung Sachsen/Sachsen-Anhalt am 14.11.1997, ebd.

90 Vgl. zum Folgenden Dieter Utoff (2. Bevollmächtigter der IG Metall in Chemnitz) am 13.8.1998 an Minister Dr. Schommer betr. Brockhausen & Holze Gießerei Chemnitz GmbH, SHStA Dresden, Bestand 13036 (SMWA), 1665 (Teil 1).

rei GmbH & Co KG umbenannt. Obwohl das Land Nordrhein-Westfalen eine Bürgschaft in Höhe von 27 Millionen DM übernommen hatte, damit Gebäude- und Anlageninvestitionen vorgenommen werden konnten, und die Sächsische Aufbaubank (SAB) Mitte 1996 einen Kredit über 2,33 Millionen DM gewährte, konnte der Fortbestand der Firma langfristig nicht mehr gesichert werden. Das Unternehmen meldete im Frühjahr 1997 Gesamtvollstreckung an.[91] Der Konkursverwalter verkaufte die Gießerei nach Absprache mit der IG Metall an die Silbitz Guss GmbH in Thüringen, die wiederum nach einem halben Jahr von der Rücktrittsklausel des Kaufvertrags Gebrauch machte. Um eine Betriebsschließung zu verhindern, beantragte der Geschäftsführer beim SMWA Finanzmittel in Höhe von 2,5 Millionen DM. Dem Ministerium waren offenbar die Hände gebunden, denn die Europäische Kommission lehnte eine Umstrukturierungsbeihilfe, die beantragt worden war, mit dem Hinweis ab, die Gießereiindustrie zähle »nicht unbedingt zu den Wachstumsbranchen«.[92] Die Herstellung von Guss sei – so der Wettbewerbskommissar in seinem Antwortschreiben – nach wie vor »sehr arbeitsintensiv«.

91 Weber/Sigl (SMWA) am 21.4.1997 an StS für Wirtschaft zur Information: BHC – Brockhausen & Holze Gießerei & Co. KG Chemnitz, SHStA Dresden, Bestand 13036 (SMWA), 1665 (Teil 2).

92 Karel van Miert (Europäische Kommission) am 18.2.1998 an Außenminister Dr. Klaus Kinkel betr. Staatliche Beihilfe Nr. C 5/98 (ex NN 54/97), SHStA Dresden, Bestand 13036 (SMWA), 1665 (Teil 1).

V. Privatisierung als Aushandlungsprozess

1. Rahmenbedingungen der Privatisierung

Die eigentliche Herkulesaufgabe, vor der die Treuhandanstalt 1990 stand, war nicht nur die Privatisierung der ehemaligen volkseigenen Betriebe, sondern auch der damit verbundene Strukturwandel in Ostdeutschland.[1] Die DDR-Wirtschaft war in ihrer Struktur durchaus vergleichbar mit den Ökonomien der westlichen Industrienationen, denn sie war sehr komplex und arbeitsteilig organisiert. Ihr Fundament ruhte allerdings auf einer alternden Industriestruktur: Die Grundstoff- und Schwerindustrie stand von Anfang an im Mittelpunkt der SED-Wirtschaftspolitik, insbesondere die Eisen- und Stahlindustrie sowie ab 1957 die Kohle- und Energiewirtschaft. Einen weiteren Schwerpunkt bildete die Textilbranche, die vor allem in Sachsen beheimatet war. Diese Wirtschaftszweige, die seit Mitte des 19. Jahrhunderts zu den Lokomotiven der Industrialisierung gezählt hatten, befanden sich ab Ende der 1950er-Jahre in Westeuropa und Nordamerika in einer Dauerkrise.[2] Der Strukturwandel, der nicht mehr aufzuhalten war, veränderte nicht nur die Wirtschaftsstruktur, sondern führte auch zum massiven Arbeitsplatzabbau im primären und sekundären Sektor. Die staatssozialistischen Systeme in Ostmitteleuropa und Osteuropa versuchten sich diesen langfristigen sozioökonomischen Prozessen zu entziehen. Sowohl das planwirtschaftliche System als auch der gemeinsame Markt des Rats für gegenseitige Wirtschaftshilfe (RGW), des

1 Vgl. Hoffmann: Treuhandanstalt – Privatisierung – Öffentlichkeit, S. 99.
2 Vgl. Plumpe: Das kalte Herz.

ökonomischen Zusammenschlusses der Ostblockstaaten, wirkten lange Zeit wie ein Schutzschirm gegen die Turbulenzen der Weltwirtschaft, der jedoch mit der friedlichen Revolution im Herbst 1989 zerplatzte.

Der verschlafene Strukturwandel[3] lastete als schwere Hypothek auf den ostdeutschen Betrieben, wie sich nach dem Mauerfall 1989 rasch herausstellte. Da einige Vorstandsmitglieder und Manager der Treuhandanstalt über Privatisierungs- und Sanierungserfahrungen verfügten, die sie in der Bonner Republik in den 1970er- und 1980er-Jahren gesammelt hatten, überrascht es nicht, dass der Strukturwandel in Ostdeutschland nach westdeutschem Vorbild erfolgte.[4] Die westdeutschen Experten mussten aber frühzeitig erkennen, dass sie es in Ostdeutschland mit einer Vielzahl neuer Herausforderungen zu tun hatten, die die wirtschaftliche Neuordnung erschwerten: von der Entflechtung der Kombinate und den Restitutionsansprüchen über die Altschulden und ökologischen Altlasten bis hin zum Zusammenbruch der Ostmärkte. Hinzu kam die enorme Dynamik, mit der sich der Strukturwandel in den ostdeutschen Bundesländern vollzog und der die Beschäftigten, aber auch die politischen Akteure überforderte. Dadurch gerieten die ökonomischen Leitbilder der Bonner Republik auf den Prüfstand und veränderten sich langfristig.

Bereits in der Regierungszeit des letzten Ministerpräsidenten der DDR, Lothar de Maizière (CDU), begann die Entflechtung der Kombinate, die als ökonomische Dinosaurier der Planwirtschaft und als untauglich für die Marktwirtschaft galten. Doch dadurch wurden oftmals Liefer- und Produktionsketten unterbrochen, die in der Kürze der Zeit nicht zu ersetzen waren. Die wirtschaftliche Talfahrt, in der sich die ostdeutsche Wirtschaft seit dem Mauerfall am 9. November 1989 befand und die sich in einem spürbaren Rückgang der industriellen Warenproduktion niederschlug,[5] ist allerdings nur zum Teil damit zu erklä-

3 André Steiner bezeichnet die 1980er-Jahre zutreffend als eine Periode, die in der DDR von wirtschaftlichem und politischem »Strukturkonservativismus« geprägt gewesen sei. Vgl. Steiner: Abschied von der Industrie, S. 43.

4 Vgl. Damm: »Keine Wende«?, S. 515.

5 Vgl. Steiner: Die DDR-Volkswirtschaft am Ende, S. 119 f. (Tabelle 1).

ren. Die Treuhandanstalt versuchte mit ihrer Mittelstandspolitik auf die nicht intendierten Folgen der Entflechtungspolitik zu reagieren. Dabei reklamierte die sächsische Landesregierung Mitspracherechte, die immer wieder Anlass zu Diskussionen im Treuhandkabinett boten.[6] Hier waren zum Teil enge Absprachen zwischen der Treuhandanstalt und dem SMWA erforderlich, wie beide Seiten betonten.[7] Mitte 1991 lag ein internes Papier der Treuhandanstalt zur Entflechtung vor, das einen sehr stark ordnungspolitischen Stempel trug und konkrete Ziele formulierte: Neben der Mittelstandsförderung nannten die Autoren die Beschleunigung der Privatisierung, die Schaffung »flexiblerer Wirtschaftseinheiten« und die Auflösung »nicht-marktwirtschaftskonformer Bindungen«.[8] Insbesondere in der Textil- und Bekleidungsindustrie sowie im Maschinenbau gab es Anfang September 1991 noch größere Unternehmenseinheiten, die nach Einschätzung der Berliner Behörde kombinatsähnliche Strukturen aufwiesen.[9] Eine Übersicht über den Stand der Entflechtung in den ostdeutschen Bundesländern, die das Länderreferat Sachsen der Treuhandanstalt erstellen wollte, lag im Frühjahr 1992 noch nicht vor.[10]

Es ist bereits darauf hingewiesen worden, dass die Privatisierung der ostdeutschen Betriebe durch das Prinzip »Rückgabe vor Entschädigung« belastet bzw. verzögert wurde. Das galt auch für die Reprivatisierung der

6 SMWA: Protokoll der 8. Sitzung des Treuhandkabinetts am 11.9.1991 in Dresden, BArch Berlin, B 412/9450, Bl. 379–385, hier Bl. 384.

7 THA-Länderreferat Sachsen: Ergebnisvermerk über die 9. Sitzung des Treuhand-Wirtschaftskabinetts des Freistaates Sachsen am 9.10.1991 in Dresden, BArch Berlin, B 412/9450, Bl. 369–376, hier Bl. 372.

8 Vizepräsident Hero Brahms: Vorlage für den Gesamtvorstand der Treuhandanstalt (erste Erkenntnisse aus der Initiative Entflechtung), 12.7.1991, BArch Berlin, B 412/9406, Bl. 407–410, hier Bl. 408. Das Papier war mit den Branchendirektoraten abgestimmt und fand dann auch die Zustimmung des Vorstands. In der Folgezeit diente es als Richtschnur für die Treuhandanstalt. Vizepräsident Hero Brahms am 4.3.1992 an alle kaufmännischen Direktorate betr. Entflechtung der THA-Beteiligungsunternehmen, BArch Berlin, B 412/9406, Bl. 337 f.

9 THA-Länderabteilung Sachsen: Liste der sächsischen Kombinate, 6.9.1991, BArch Berlin, B 412/9376. Bei elf Kombinaten sei die Entflechtungsfrage noch offen. Anlage 2 (o. Verf., o. D.), BArch Berlin, B 412/9406, Bl. 404.

10 THA-Länderabteilung Brandenburg (Frau Kröning): Vermerk über die AL-Besprechung vom 10.2.1992, BArch Berlin, B 412/9406, Bl. 382.

1972 in der DDR zwangsverstaatlichten Betriebe, die von Anfang an sehr schleppend verlief. Darauf wiesen der Unternehmerverband Sachsen und die IHK Leipzig in einem offenen Brief an Bundeskanzler Helmut Kohl (CDU) bereits Ende 1990 hin.[11] Darüber hinaus drängten sächsische Landtagsabgeordnete bei den Vorgesprächen zu den Sitzungen des Treuhandkabinetts immer wieder auf eine Lösung des Problems, das sie für den bisher ausgebliebenen Aufbau eines einheimischen Mittelstands verantwortlich machten.[12] Obwohl der Deutsche Bundestag am 22. März 1991 das Hemmnisbeseitigungsgesetz verabschiedete, waren einzelne Fragen etwa zur Zuständigkeit bei der Arbeitsplatzsicherung und den Altkrediten noch offen geblieben.[13] Unklarheiten bestanden offenbar auch in Bezug auf die Bewertung von Betriebsteilen, die abgespalten und separat veräußert wurden.[14] Inhaber von Familienunternehmen, die monatelang auf eine Entscheidung zu ihren Restitutionsanträgen warten mussten, beklagten sich über den »Schwebezustand« und stellten In-

11 Brief an Kanzler: Privatisierung geht zu langsam, in: Die Welt vom 27.11.1990.

12 Vgl. THA-Länderabteilung Sachsen: Vermerk über die 5. Sitzung des Treuhand-Kabinetts am 24.4.1991 in Dresden, BArch Berlin, B 412/9450, Bl. 565–569, hier Bl. 565 f.; THA-Länderreferat Sachsen: Ergebnisvermerk über die 17. Sitzung des Treuhand-Wirtschaftskabinetts Sachsen am 16.6.1992 in Dresden, ebd., Bl. 4–12, hier Bl. 4; THA-Länderreferat Sachsen: Ergebnisvermerk über die 18. Sitzung des Treuhand-Wirtschaftskabinetts Sachsen am 14.7.1992 in Dresden, BArch Berlin, B 412/9451, Bl. 383–392, hier Bl. 385 f.; THA-Länderreferat Sachsen: Vermerk über die 23. Sitzung des Treuhand-Wirtschaftskabinetts Sachsen am 19.1.1993 in Dresden, BArch Berlin, B 412/9402, Bl. 213–220, hier Bl. 216. Anfang 1994 gab es in der THA-Geschäftsstelle Chemnitz immer noch einen Bearbeitungsrückstand bei Reprivatisierungsfällen. Vgl. THA-Länderreferat Sachsen (Dr. Gimbel) am 20.1.1994 an den Leiter der THA-GS Chemnitz (Dr. Schluckebier), BArch Berlin, B 412/9467, Bl. 16.

13 SMWA: Vorgespräch des Treuhandkabinetts am 21.5.1991, 21.6.1991, BArch Berlin, B 412/9450, Bl. 545–550, hier Bl. 549.

14 THA-Länderreferat Sachsen: Vermerk über die Sitzung des Treuhandkabinetts am 24.6.1991, BArch Berlin, B 412/9450, Bl. 458–468, hier Bl. 462. Das SMWA erhielt erst im Frühjahr 1992 eine vom Treuhandvorstand gebilligte Arbeitsanleitung für die Reprivatisierung von Unternehmen und die Rückgabe von Vermögenswerten nach Paragraf 6 des Vermögensgesetzes. Vgl. Dr. van Scherpenberg (THA-Generalbevollmächtigter) am 22.4.1992 an StS Dr. Thiele (SMWA), BArch Berlin, B 412/9426, Bl. 115 f.

vestitionsvorhaben vorerst zurück.[15] Es gab allerdings auch erfolgreiche Reprivatisierungsfälle, wie etwa die Heckmannwerk GmbH. Das 1819 gegründete Familienunternehmen hatte sich im chemischen Apparate- und Anlagenbau spezialisiert und war 1972 verstaatlicht worden. Der Betrieb, der als erster größerer Betrieb in Sachsen bereits im Frühjahr 1990 privatisiert wurde, hatte zunächst mit erheblichen wirtschaftlichen Problemen zu kämpfen.[16] Durch ein geschicktes Marketing und den Aufbau eines neuen Vertriebssystems habe man den Umsatz aber in kurzer Zeit wieder steigern können, erklärte Hauptgeschäftsführer Franz Ritter in einem Zeitungsinterview. Zu den Kunden zählten unter anderem die »Chemieriesen« BASF und Hoechst, die Mineralölkonzerne Shell und Esso sowie der Industriekonzern Linde.[17] Während bei anderen ostdeutschen Betrieben Kurzarbeit und Arbeitsplatzabbau dominierten, könne das Heckmannwerk die Beschäftigtenzahl von insgesamt 660 aufgrund der guten Auftragslage halten.

Auf der Grundlage von Schätzungen der Modrow-Regierung gingen die Bundesregierung und die Treuhandanstalt 1990 davon aus, dass bei einer raschen Privatisierung mit hohen Erlösen zu rechnen sei.[18] Dabei waren allerdings nicht die Altschulden der DDR-Betriebe berücksichtigt, die in der Planwirtschaft keine Rolle gespielt hatten und nach der Währungsumstellung am 1. Juli 1990 jedoch mit rund 120 Milliarden DM voll zu Buche schlugen. Aus den erhofften Verkaufsgewinnen waren nun Verluste geworden, die teilweise erklären, warum mancher Käufer von Treuhandbetrieben nur noch den symbolischen Preis von einer D-Mark zahlte. Dagegen wurden Reprivatisierer benachteiligt, denn sie mussten die Altschulden in zahlreichen Fällen vollständig übernehmen. Deshalb

15 Landmaschinen Wolfgang Kralle KG am 30.10.1991 an Dr. Joachim Schmidt (MdB, CDU), BArch Berlin, B 412/9450, Bl. 279–281, hier Bl. 281. Daraufhin wandte sich Schmidt direkt an den sächsischen Ministerpräsidenten. Schmidt am 11.11.1991 an Biedenkopf, ebd., Bl. 278.

16 Das mittelständische Unternehmen wechselte die Märkte nahezu vollständig. Heckmannwerk GmbH – Bilanz nach einem Jahr Reprivatisierung, in: Handelsblatt vom 27.3.1991.

17 Ebd.

18 Vgl. Fuder: Schnelle Privatisierung für schnelle Erlöse, S. 73.

forderte die sächsische Landesregierung im Treuhandkabinett Neuerwerber und Antragsteller auf Reprivatisierung gleichzustellen, um den einheimischen Mittelstand stärker zu fördern.[19] Einen Antrag der SPD-Landtagsfraktion, die Altschulden der Betriebe vollständig streichen und von der Treuhandanstalt übernehmen zu lassen, lehnte das SMWA jedoch mit der Begründung ab: »Betriebe, die ihre Verbindlichkeiten zurückzahlen können, sollten dies auch tun.«[20] Außerdem standen lange Zeit die D-Mark-Eröffnungsbilanzen noch aus, die von den Treuhandunternehmen zu erstellen waren und die den Blick auf den Zustand der ostdeutschen Betriebe erheblich eintrüben sollten. Nachträgliche Korrekturen an den D-Mark-Eröffnungsbilanzen schloss die Treuhandanstalt grundsätzlich aus.[21] Ende 1992 gab es für Sachsen offenbar keine gesicherten Zahlenangaben zu den Unternehmen, die noch immer über keine testierte Eröffnungsbilanz verfügten.[22]

Ein weiteres Problem bei den Privatisierungen stellten die ökologischen Altlasten auf dem Betriebsgelände der Treuhandunternehmen dar, die kein Käufer zu übernehmen bereit war. Die Treuhandanstalt schätzte die damit verbundenen Kostenrisiken allein in Sachsen auf etwa 5,1 Milliarden DM.[23] Da die Wirtschaftsstruktur des Freistaats vor allem durch

19 THA-Länderabteilung Sachsen: Vermerk über die 5. Sitzung des Treuhand-Kabinetts am 24.4.1991 in Dresden, BArch Berlin, B 412/9450, Bl. 565–569, hier Bl. 565 f.

20 Dr. Kajo Schommer (SMWA) an den Präsidenten des Sächsischen Landtags, Erich Iltgen, betr. Drucksache 1/420: Antrag der SPD-Fraktion zur Entschuldung vom 23.5.1991, in: Sächsischer Landtag, 1. Wahlperiode, Drucksache 1/420.

21 THA-Länderabteilung Sachsen: Vermerk über die 16. Sitzung des Treuhand-Wirtschaftskabinetts Sachsen am 26.5.1992 in Dresden, BArch Berlin, B 412/9450, Bl. 82–90, hier Bl. 87.

22 THA-Länderreferat Sachsen: Vermerk über die 22. Sitzung des Treuhand-Wirtschaftskabinetts Sachsen am 15.12.1992 in Dresden, BArch Berlin, B 412/9402, Bl. 226–230, hier Bl. 228.

23 THA-Direktor Umweltschutz/Altlasten: Informationsunterlage für den Besuch der THA-Präsidentin bei dem Ministerpräsidenten des Freistaates Sachsen, 2.4.1993, BArch Berlin, B 412/9406, Bl. 226–228, hier Bl. 226. Mit einem Anteil an den Altlasten der THA von 28 Prozent war Sachsen unter den ostdeutschen Bundesländern Spitzenreiter; es folgten Ost-Berlin (23), Sachsen-Anhalt (18), Thüringen (13), Brandenburg (12) und Mecklenburg-Vorpommern (6). Vgl. Anlage: Altlastensanierung der THA aus Privatisierungen – Aufteilung nach Ländern (Firmensitz), ebd., Bl. 229.

mittelständische Unternehmen geprägt war, gab es nahezu keine sogenannten Großprojekte der Altlastenbehandlung, die der Bund mit über 100 Millionen DM je Unternehmen festgelegt hatte. Während in dieser Bilanz die chemische Industrie, die ihren Standort traditionell in Sachsen-Anhalt hatte, in Sachsen kaum zu Buche schlug, tauchte die Altlastensanierung des Uranbergbaus im Erzgebirge (SDAG Wismut) erst gar nicht auf. Zur Umsetzung der Finanzierungsregelung für ökologische Altlasten wurde eigens eine Bund-Länder-Arbeitsgruppe eingerichtet, die sich schließlich darauf einigen konnte, dass die Treuhandanstalt bei den Großprojekten 75 Prozent der Kosten übernahm. In Sachsen betraf das die Saxonia AG Freiberg und die Sächsischen Olefinwerke Böhlen. Auf Wunsch der Landesregierung sollten noch das Sächsische Edelstahlwerk Freital und die Nickelhütte Aue in die Liste aufgenommen werden.

Besonders schwer wog schließlich der Zusammenbruch des Osthandels, der mit der Einführung der D-Mark als alleiniges Zahlungsmittel am 1. Juli 1990 begann und durch die Auflösung der Sowjetunion Ende 1991 weiter beschleunigt wurde. Das in Ost-Berlin ansässige Institut für angewandte Wirtschaftsforschung (IAW), in dem Wirtschaftsexperten der aufgelösten Staatlichen Plankommission den Systemwechsel überstanden hatten, rechnete für 1991 mit einem Rückgang der Exporte ostdeutscher Firmen nach Osteuropa um bis zu 60 Prozent,[24] was durch Bartergeschäfte und die Verlängerung von Hermes-Bürgschaften der Bundesregierung nicht zu kompensieren war. Die Sowjetunion blieb für Sachsen der wichtigste Außenhandelspartner.[25] Für einige Betriebe stand rasch die wirtschaftliche Existenz auf dem Spiel, so etwa bei der Robur Werke GmbH Zittau. Der Nutzfahrzeughersteller war in der ostsächsischen Region der größte Arbeitgeber und von sowjetischen Großaufträgen sehr

24 Der Zusammenbruch des Osthandels hat eine höhere Arbeitslosigkeit zur Folge, in: Handelsblatt vom 13.11.1990.

25 Der Leitplankenbau kommt zügig voran. Sächsisches Wirtschaftsministerium vermerkt Aufschwung im öffentlich finanzierten Baugewerbe, in: Die Tageszeitung vom 22.10.1990. An der Exportabhängigkeit Sachsens von der Sowjetunion bzw. der Gemeinschaft Unabhängiger Staaten (GUS) änderte sich in der Folgezeit nichts. Freistaat erzielte 1991 Außenhandelsüberschuss, in: Neue Zeit vom 20.5.1992.

stark abhängig. Als ein Großauftrag in die Sowjetunion im Sommer 1991 auf der Kippe stand, sah die Treuhandanstalt eine Lösung nur noch auf politischer Ebene.[26] Über die Vergabe von Hermes-Bürgschaften, für die Bonn im Frühjahr 1992 über 5 Milliarden DM bereitstellte,[27] sollten die Exportgeschäfte deutscher Firmen abgesichert werden. Damit sprang der deutsche Staat als Bürge ein, der die Zahlungsverpflichtungen der säumigen Partner übernahm.[28] Mit den staatlichen Hilfen gewannen die ostdeutschen Betriebe Zeit, um langfristig auf westliche Märkte umzuschwenken.[29] Da die Sowjetunion Ende 1991 auch als Vertragspartner aufgehört hatte zu existieren und Rechnungen nicht beglichen wurden, dachte das SMWA laut darüber nach, »die Möglichkeit der Rückführung dieser Lieferungen und deren weitere Verwertung zu prüfen«.[30] Am Ende übernahm die Treuhandanstalt bei mehr als 700 Verträgen mit einem Gesamtvolumen von rund 21 Milliarden DM »Haftungsbeitritte zu Exporteurerklärungen« und damit die finanziellen Risiken von Treuhandunternehmen, die durch die Hermes-Bürgschaften nicht abgedeckt waren.[31]

26 THA (U2 FB): Information zur Robur-Werke GmbH Zittau, 18.7.1991, BArch Berlin, B 412/10467.

27 Vgl. SMWA: Protokoll der 15. Sitzung des Treuhandkabinetts am 28.4.1992 in Dresden, BArch Berlin, B 412/9450, Bl. 117–125, hier Bl. 119. Über 90 Prozent davon deckten die Geschäfte ostdeutscher Firmen ab. Vgl. Hermes – warum lahmt der Götterbote heut' im Osten?, in: Sächsische Zeitung vom 9.11.1992.

28 Die Bundesregierung hatte zunächst signalisiert, dass es eine weitere Aufstockung des 5-Milliarden-DM-Plafonds nicht geben werde. Deshalb wandte sich das SMWA nur noch in absoluten Einzelfällen an das Bundeswirtschaftsministerium, um Hermes-Bürgschaften zu beantragen. Vgl. Dr. Schommer (SMWA) am 15.12.1992 an Jürgen W. Möllemann (BMWi), BArch Berlin, B 102/700747; THA-Länderreferat Sachsen: Vermerk über die 30. Sitzung des Treuhand-Wirtschaftskabinetts Sachsen am 24.8.1993 in Dresden, BArch Berlin, B 412/9452, Bl. 500–508, hier Bl. 504 f. Die Bundesregierung stellte 1993 nochmals Hermes-Bürgschaften in Höhe von 4 Milliarden DM zur Verfügung.

29 Ende 1995 war erstmals Italien wichtigstes Ausfuhrland für Sachsen. Vgl. Italien ist Sachsens Exportkunde Nummer eins, in: Süddeutsche Zeitung vom 7.11.1995.

30 THA-Länderreferat Sachsen: Vermerk über die 16. Sitzung des Treuhand-Wirtschaftskabinetts Sachsen am 26.5.1992 in Dresden, BArch Berlin, B 412/9450, Bl. 82–90, hier Bl. 89.

31 THA-Länderreferat Sachsen: Vermerk über die 31. Sitzung des Treuhand-Wirtschaftskabinetts Sachsen am 21.9.1993 in Dresden, BArch Berlin, B 412/9452, Bl. 480–491, hier Bl. 482.

2. Holpriger Start

Bis zum Sommer 1990 erfolgten zentrale Weichenstellungen bei den ersten großen Privatisierungsfällen, die zu Unrecht in Vergessenheit geraten sind und teilweise einer empirisch fundierten Untersuchung noch bedürfen. Die Rede ist vom Energie- und Bankensektor, Zeitungsverlagswesen sowie von der Versicherungsbranche.[32] An diesen Entscheidungen waren weder die Treuhandanstalt noch die ostdeutschen Landesregierungen in nennenswerter Weise beteiligt.[33] Letztere konnten sich ohnehin erst nach den Landtagswahlen am 14. Oktober konstituieren. Mit anderen Worten: Als die Privatisierung in Ostdeutschland begann, waren die Treuhandanstalt und die Länder noch gar nicht richtig funktionsfähig. Das bestehende Machtvakuum konnten westdeutsche Kaufinteressenten für sich nutzen, um neue Märkte zu erobern. Diese scheinbar gesetzeslose Übergangsphase, die vom Aufbau des Verwaltungsapparats auf Landes- und Kommunalebene geprägt war, ließ in breiten Teilen der Öffentlichkeit den bis heute bestehenden Eindruck einer chaotischen Goldgräberzeit entstehen,[34] in der vermeintliche Schnäppchenjäger, Glücksritter und Gauner ihr kommerzielles Unwesen getrieben hätten. Im Zusammen-

32 Dazu liegen erste überblicksartige Darstellungen vor: Vgl. Schenk: Globalisierung und Krise 1989–2020, S. 657–662; Eggenkämper/Modert/Pretzlik: Die staatliche Versicherung der DDR. Aus der Sicht eines Zeitzeugen: Most: Fünfzig Jahre im Auftrag des Kapitals. Zu den Printmedien liegt eine erste quellengestützte Studie bereits vor. Vgl. Tröger: Pressefrühling und Profit. Außerdem gibt es eine profunde Untersuchung zu den Verlagen. Vgl. Links: Das Schicksal der DDR-Verlage.

33 Die Übernahme der Bankgeschäfte ehemaliger DDR-Kreditinstitute durch westdeutsche Banken (Deutsche Bank AG und Dresdner Bank AG) ist vom Bundesrechnungshof nachträglich kritisiert worden. In dem Bericht, der lange unter Verschluss lag, findet sich – bezugnehmend auf einen Vermerk des BMF – der Hinweis, dass »keine schriftlichen Unterlagen über den Verhandlungsablauf, der zu den Verträgen führte, vorliegen.« Bericht des Bundesrechnungshofes über die Abwicklung von Altkrediten der ehemaligen DDR und die Übernahme von Geschäften ehemaliger DDR-Kreditinstitute durch andere Geschäftsbanken, 27.9.1995, S. 30, https://fragdenstaat.de/blog/2023/10/03/geheimbericht-bundesrechnungshof-banken-wiedervereinigung/ (Zugriff am 11.10.2023).

34 Dieses Bild vermittelt auch relativ unkritisch der Bochumer Historiker Marcus Böick in seinen Studien. Vgl. Böick: Die Treuhand.

hang mit der Privatisierung von Gaststätten und Filialen der einstigen Handelsorganisation (HO), die Anfang 1991 erfolgte, kursierten rasch Gerüchte, dass die Treuhandanstalt einheimische Bewerber zugunsten westdeutscher Kaufinteressenten benachteilige: Zwischen ehemaligen HO-Kreisdirektoren und großen westdeutschen Handelsketten würden entsprechende Vorverträge bestehen, »die nun eingelöst werden« sollten.[35]

Für Sachsen stand der Privatisierungsstart unter keinem guten Stern, denn die Treuhandanstalt musste Anfang Oktober 1990 die erste große Betriebsschließung verkünden, die für eine Welle der Empörung sorgte. Wegen existenzieller wirtschaftlicher Schwierigkeiten wurde beim weltbekannten Fotokamerahersteller Pentacon mit Sitz in Dresden ein Liquidationsverfahren eröffnet, das sich schon in den Wochen zuvor abgezeichnet hatte.[36] Die Berliner Behörde vollzog letztlich nur eine Entscheidung, die von der letzten DDR-Regierung unter Lothar de Maizière (CDU) vorbereitet worden war. Als die Entscheidung bekannt wurde, zeigte sich die breite Öffentlichkeit, die mit den Betriebsinterna wenig vertraut war, völlig überrascht. Das Versprechen von den blühenden Landschaften bekam erste Risse. Daraufhin versuchte man in der Treuhandanstalt fieberhaft, den betroffenen Beschäftigten eine Übergangslösung zu bieten, um den Weg in die Arbeitslosigkeit zu verhindern.[37] Im Einzelnen war vorgesehen, das Betriebsgelände zu nutzen, um Qualifizierungs- und Umschulungsmaßnahmen durchzuführen. Doch der nächste Konfliktfall ließ nicht lange auf sich warten: Die Margarethenhütte im ostsächsischen Großdubrau stellte bereits zu DDR-Zeiten Hochspannungsisolatoren her, die

35 Ortsansässige fühlen sich übergangen. »Rosinen« fehlen auf der Ausschreibungsliste in Sachsen, in: Tribüne vom 31.1.1991. Die Bundesregierung versuchte dem entgegenzusteuern und warb zusammen mit der Treuhandanstalt 1992 eindringlich dafür, öffentliche Aufträge bevorzugt an ostdeutsche Unternehmen zu vergeben. Vgl. Dr. Gimbel (THA, P L2) am 1.9.1992 an StS Dr. Rüdiger Thiele (SMWA) betr. Behördenmarketing, BArch Berlin, B 412/9399.

36 Zur Geschichte von Pentacon aus der Sicht des ehemaligen Forschungsleiters Jehmlich: Der VEB Pentacon Dresden.

37 THA-Direktor Arbeitsmarkt und Soziales am 10.1.1991 zum Modell Pentacon, BArch Berlin, B 412/9403, Bl. 38 f.

zu 80 Prozent exportiert wurden. Das Elektrokeramikwerk, das in einer strukturschwachen Region 800 Menschen Arbeit bot, geriet in die Schlagzeilen, als der Aufsichtsrat der thüringischen Tridelta AG Hermsdorf,[38] zu der die Margarethenhütte gehörte, die Schließung des Standortes Ende 1990 beschloss.[39] Gerüchte kamen auf, dass moderne Maschinen über Nacht abgebaut worden seien. Nach Angaben ehemaliger Ingenieure seien sogar »die wichtigsten Betriebsunterlagen und Porzellan-Rezepturen sowie die letzten Mitarbeiterlöhne samt Tresor weggeschleppt« worden.[40] Der Skandal war perfekt: In Ostdeutschland kursierte erstmals der Verdacht, westdeutsche Konkurrenz würde einen ostdeutschen Betrieb plattmachen. Daraufhin protestierte der Landtagsabgeordnete Marko Schiemann (CDU) bei der Treuhandpräsidentin Birgit Breuel: »[I]ch werde nicht zulassen, dass derartige Machenschaften [...] weiterhin auf dem Rücken der Oberlausitzer Bürger ausgetragen werden.«[41] Die Privatisierungsbilanz für Sachsen entsprach Mitte 1991 nicht den hoch gesteckten Erwartungen: Von den insgesamt 2400 Treuhandunternehmen standen noch 2000 zum Verkauf an.[42]

3. Prestigeobjekt im Staatsbesitz: Die Porzellanmanufaktur Meissen

Biedenkopf sah es Ende 1990 als seine persönliche Aufgabe an, dafür zu sorgen, dass die weltbekannte Porzellanmanufaktur Meissen, die sich seit ihrer Gründung immer im Staatsbesitz befunden hatte, nicht privatisiert

38 Die Tridelta AG war das Nachfolgeunternehmen der VEB Kombinat Keramische Werke Hermsdorf (KWH) und unterhielt 1990 mehrere Standorte, u. a. in Großdubrau.

39 Zu den Einzelheiten und auf der Grundlage von THA-Akten Pötzl: Der Treuhand-Komplex, S. 148–154.

40 Diese Sichtweise machte sich Petra Köpping in ihrem Buch zu Eigen. Dies.: Integriert doch erst mal uns!, S. 25.

41 Marko Schiemann (MdL) am 8.11.1991 an Birgit Breuel, BArch Berlin, B 412/9383.

42 2.000 Unternehmen noch zu verkaufen, in: Berliner Zeitung vom 11.6.1991.

wurde.[43] Als er im Landtagswahlkampf 1990 vom westdeutschen Journalisten Franz Alt gefragt wurde, ob er bei einem Wahlsieg die Manufaktur privatisieren wolle, antwortete Biedenkopf, dass er auch als überzeugter Anhänger der Marktwirtschaft für Staatsbesitz sei. Man könne – so seine Begründung – einem Privaten nicht die Frage überlassen, »ob es Meißen [sic] in hundert Jahren noch gibt«.[44] Biedenkopf erkannte den symbolischen Wert der Porzellanmanufaktur für seine Imagepolitik als Landesvater, denn er konnte problemlos an eine lange historische Tradition anknüpfen, die in der Barockzeit ihren Anfang genommen hatte. Nachdem der Freistaat die Porzellanmanufaktur von der Treuhandanstalt übernommen hatte, schrieb er voller Zufriedenheit in seine Tagebuch: »Es war ein schönes Gefühl, einen Anteil an einer Tradition zu haben, die bis 1710 zurückreicht.«[45]

Am 7. März 1991 war es so weit: An diesem Tag beschloss der Vorstand der Treuhandanstalt einstimmig, die Geschäftsteile der Staatlichen Porzellan-Manufaktur Meissen GmbH »kostenlos« – wie es das knapp gehaltene Sitzungsprotokoll festhielt – an den Freistaat zu übertragen.[46] Die mündliche Zustimmung des Bundesfinanzministeriums durch Staatssekretär Horst Köhler (CDU) gegenüber Treuhandchef Detlev K. Rohwedder war bereits während einer Sitzung des Präsidialausschusses des Verwaltungsrats am 23. Februar erfolgt. Eine Vorentscheidung war allerdings schon vorher gefallen: Mit Schreiben vom 6. Dezember 1990

43 Dagegen wurde das Sächsische Porzellanwerk Freiberg 1991, das nicht im staatlichen Besitz war, privatisiert. Ein Jahr später drohte der Konkurs des Unternehmens. Vgl. Schreiben der THA (U2 C) vom 2.6.1992 an THA (U2 OF, Scheunert), BArch Berlin, B 412/9356, Bl. 423. Gegen die drohende Werksschließung protestierte der Bürgermeister Freibergs K. Heinze am 2.6.1992 an THA-Direktor Optik, Keramik und Feinkeramik (Fax.), ebd., Bl. 424. Als die privatisierte Sächsische Porzellanmanufaktur Freital Ende 1992 in Existenzschwierigkeiten geriet, lehnte StS Dr. Thiele (SMWA) eine staatliche Beteiligung »grundsätzlich« ab. THA-Länderreferat Sachsen: Vermerk über die 23. Sitzung des Treuhand-Wirtschaftskabinetts Sachsen am 19.1.1993 in Dresden, BArch Berlin, B 412/9402, Bl. 213–220, hier Bl. 219.

44 Biedenkopf: Von Bonn nach Dresden, S. 334.

45 Biedenkopf: Ein neues Land entsteht, S. 145.

46 Ergebnisprotokoll der Vorstandssitzung am 7.3.1991, BArch Berlin, B 412/2565, Bl. 8–24, hier Bl. 13.

hatte die Treuhandanstalt gegenüber Biedenkopf die unentgeltliche Übertragung zugesichert, um »Spekulationen« in der Öffentlichkeit über »die künftigen Eigentumsverhältnisse« vorzubeugen, wie der im Vorstand für Beteiligungen zuständige Wolf R. Klinz ausdrücklich betonte.[47] In der Vorstandsvorlage wurde die historische Bedeutung der Manufaktur hervorgehoben. Als ältester europäischer Hersteller von Porzellan sei Meissen über die politischen Umbrüche hinweg immer »ein Staatsbetrieb mit überwiegender Bindung an Sachsen« gewesen.[48] Die Entscheidung werde »dieser Tradition und der kulturellen Symbolwirkung der Manufaktur« für die Region um Meißen und den Freistaat Sachsen gerecht.

Mit dem formellen Beschluss des Treuhandvorstands erfolgte die Übertragung eines Unternehmens mit insgesamt 1500 Mitarbeiterinnen und Mitarbeitern an den Freistaat.[49] Die Bilanz wies für das zweite Halbjahr 1990 einen Gewinn von 1,1 Millionen DM bei einem Umsatz von 31,6 Millionen DM aus. Für das Jahr 1991 wurde eine Umsatzsteigerung auf 70 Millionen eingeplant. Mit der Übertragung der Geschäftsanteile gingen auch Formen und Dekore für ca. 250 000 Erzeugnisse und mehr als 20 000 Porzellaneinzelstücke der Schauhalle – das zum Unternehmen gehörende Museum – auf den Freistaat als »wesentlicher Teil eines regionalen und nationalen Kulturerbes« über.[50] Die Treuhandanstalt, für die durch die Übertragung keine Kosten oder Verpflichtungen entstanden, ging davon aus, dass die hohe Mitarbeiterzahl 1991 nur um 50 sinken würde. Obwohl es offenbar Kaufinteressenten gab, wie etwa die Rosenthal AG, die Salamander AG, die Suita Trading Co. Ltd. aus Japan und das Senger & Co. Handelshaus, waren entsprechende Überlegungen zur Privatisierung der Manufaktur in der Berliner Behörde aber rasch wieder verworfen worden.

Doch aus dem Prestigeobjekt Biedenkopfs, der bis zum Sommer 2015 im Aufsichtsrat der Porzellanmanufaktur Meissen saß, entwickelte

47 Dr. Klinz am 6.12.1990 an Ministerpräsident Prof. Kurt Biedenkopf, ebd., Bl. 150.
48 Begründung zur Vorstandsvorlage vom 1.3.1991, BArch Berlin, B 412/2565, Bl. 149.
49 Zu den Zahlen: ebd.
50 Ebd.

sich nach vielen Jahren ein Sorgenkind der sächsischen Landesregierung, was vor allem auf ein verändertes Konsumverhalten im Luxusgütersektor zurückzuführen war. Nachdem die Strategie, die Manufaktur zu einem sächsischen Modelabel à la Gucci zu machen, 2014 immer noch nicht aufgegangen war, die Verkaufszahlen nicht stimmten und das Unternehmen Millionenverluste einfuhr, zwang die sächsische Staatsregierung unter Ministerpräsident Stanislaw Tillich (CDU) die Porzellanmanufaktur zu einem radikalen Sparkurs. In einem Interview gegenüber der Hamburger Wochenzeitung *Die Zeit*, das Ende Juli 2017 unter der Überschrift »Männer im Porzellanladen« veröffentlicht wurde, zeigte sich Biedenkopf zumindest in einem Punkt selbstkritisch.[51] So äußerte er Zweifel an seiner früheren Einschätzung, dass ein Staatsbetrieb das geeignete Modell für die Manufaktur sei: »Heute frage ich mich, ob zum Beispiel eine private Stiftung nicht besser gewesen wäre. Bei einem Staatsbetrieb besteht immer die Gefahr, dass er in politische Kreuzwellen kommt.« Die Gründe für das Scheitern der ambitionierten Pläne sah er jedoch nicht in seinen Entscheidungen als Aufsichtsratsvorsitzender, sondern beim Finanzminister in Dresden. Die Wachstumsstrategie zur Luxus-Lifestyle-Marke unter dem von 2008 bis 2015 amtierenden Geschäftsführer Christian Kurtzke, so verteidigte sich Biedenkopf, »habe doch gerade erst begonnen, sich zu entfalten«. Und weiter sagte er: »Wenn man so etwas macht, muss man einen langen Atem haben.« Finanzminister Georg Unland (CDU) habe viel zu früh die Bremse gezogen. Wenn der Freistaat die 32 Millionen Euro für eine »etwas merkwürdige« und »gefloppte« Imagekampagne (»So geht sächsisch«) in die Manufaktur gesteckt hätte, »würden wir heute hier nicht sitzen« – da war sich der Alt-Ministerpräsident ganz sicher.

Die sächsische Staatsregierung schaltete sich zunächst nur in Ausnahmefällen bei Privatisierungsentscheidungen, die Treuhandunternehmen in Sachsen betrafen, direkt ein. Als bekannt wurde, dass die Niederlas-

51 Doreen Reinhard: Männer im Porzellanladen, in: Zeit Online vom 29.7.2017, https://www.zeit.de/2017/31/porzellanmanufaktur-meissen-bilanz-geschaeftsmodell/komplettansicht (Zugriff am 16.11.2022).

sung Dresden mit einem Interessenten über den Verkauf der Sächsischen Dampfschifffahrt, besser bekannt als *Weiße Flotte*, verhandelte, intervenierte das SMWA in Berlin und machte Landesinteressen geltend. Staatssekretär Münch verlangte, Verkaufsverhandlungen, »die die Identität der Sachsen berühren«, nicht ohne vorherige Rücksprache mit der Landesregierung und Beratung im Landtag abzuschließen.[52] Er zog einen Vergleich, um die Relevanz der Entscheidung in diesem Einzelfall zu unterstreichen: »Die ›weiße Flotte‹ in Dresden ist ebenso unverkäuflich an Privatpersonen wie der Dresdner Zwinger!«[53] Den Zuschlag erhielt 1992 die Münchener Conti-Reederei. Zum Abschluss seiner Tätigkeit nannte der zuständige Niederlassungsleiter, Helmut Wotte, diesen Fall einmal die »interessanteste Privatisierung«[54] und verwies auf den Einsatz der Treuhandanstalt zum Erhalt der historischen Raddampfer. Die Zukunft des Unternehmens konnte letztlich gesichert werden, weil der Freistaat Sachsen Anteile an der eigens dafür gebildeten Gesellschaft erwarb.

4. Markennamen als Erfolgsgeschichten

Einzelne Betriebe der Konsumgüterindustrie, die schon zu DDR-Zeiten über einen Markennamen verfügten, hatten gute Chancen, den Übergang in die Marktwirtschaft zu schaffen.[55] Das betraf vor allem Brauereien und Spirituosenhersteller, aber auch Firmen, die Kosmetika oder Waschmittel produzierten. Dafür bietet die Privatisierung der Wernesgrüner Brauerei AG ein anschauliches Beispiel. Die sächsische Bierbrauerei aus dem Vogtland, die über Braurechte aus dem Jahr 1436 verfügte, hatte sich mit

52 Dr. Münch (SMWA) am 29.1.1992 an Birgit Breuel, BArch Berlin, B 412/9426, Bl. 192f.

53 Ebd. Drei Wochen später bezeichnete Münch die »weiße Flotte« im Treuhandkabinett als »unverkäufliches Wahrzeichen Dresdens«. SMWA: Protokoll der 13. Sitzung des Treuhandkabinetts am 18.2.1992 in Dresden, BArch Berlin, B 412/9450, Bl. 206–212, hier Bl. 206.

54 Helmut Wotte: »Mit den Sachsen muss man noch rechnen«. Der Dresdner Treuhandchef zieht ein Resümee seiner zweijährigen Tätigkeit, in: Die Welt vom 3.9.1993.

55 Vgl. Gries: Produkte als Medien, S. 17–24.

dem traditionsreichen Premium-Pils Wernesgrüner einen Namen gemacht. In der DDR wurde der Gerstensaft aufgrund der großen Nachfrage im westlichen Ausland liebevoll »Vogtland-Dollar« genannt.[56] Das Ende des Arbeiter-und-Bauern-Staates bedeutete für das Unternehmen keinen Umsatzeinbruch. Im Gegenteil: Die »Sachsen-Quelle«[57] sorgte mit zweistelligen Zuwachsraten für Optimismus bei der Geschäftsführung und den 275 Beschäftigten. Anders als die Radeberger Exportbierbrauerei GmbH, die der Oetker-Konzern nach der Wiedervereinigung rasch übernahm, florierte die Brauerei auch ohne den Einstieg eines westdeutschen Investors und blieb zunächst in ostdeutscher Hand. Als Anfang 1994 bekannt wurde, dass die Treuhandanstalt, die noch über die Hälfte der Anteile bei der Wernesgrüner Brauerei AG verfügte, an einen Verkauf an die Brau und Brunnen AG aus Dortmund ernsthaft nachdachte, legte die Staatsregierung in Dresden lauthals Protest ein. Biedenkopf, der die Brauerei als Bestandteil sächsischer Identitätspolitik betrachtete, drängte auf eine sächsische Lösung. Daraufhin führte der für diese Privatisierung zuständige Mitarbeiter in der Treuhandniederlassung Chemnitz, Dr. Schluckebier, Gespräche mit einer Firma, die Restitutionsansprüche hätte geltend machen können.[58] Nachdem das Vorkaufsrecht erloschen und ein Verkaufsgespräch mit zwei einheimischen Brauereien gescheitert waren, kam es kurz darauf doch noch zur Privatisierung des Unternehmens,[59] das dann von 2002 bis 2020 zur Bitburger Braugruppe gehörte und seit 2021 Teil der Carlsberg-Deutschland-Gruppe ist.[60]

56 Spekulationen um den »Vogtland-Dollar«. Die Sachsen bangen um »Wernesgrüner« und hoffen auf Landesvater Biedenkopf, in: Die Welt vom 13.1.1994.

57 Ebd.

58 THA-Länderreferat Sachsen: Vermerk über die 36. Sitzung des Treuhand-Wirtschaftskabinetts Sachsen am 8.3.1994 in Dresden, BArch Berlin, B 412/9452, Bl. 117–125, hier Bl. 123.

59 SMWA: Protokoll der 40. Sitzung des Treuhandkabinetts des Freistaates Sachsen am 19.7.1994 in Dresden, 29.7.1994, S. 6, SMWAV.

60 Vgl. Wernesgrüner: Bewegende Geschichte in bewegenden Bildern, https://www.wernesgruener.de/brauerei/geschichte/index.html (Zugriff am 17.11.2022).

Da die Nachfrage nach ostdeutschen Konsumgütern, die 1990 überraschend stark eingebrochen war, ab 1991 wieder spürbar anstieg,[61] konnten sich von der Treuhandanstalt privatisierte Unternehmen in Ostdeutschland gegenüber westdeutschen Anbietern durchaus wieder behaupten, ohne dass die Landesregierungen eingreifen mussten. Das galt etwa für das Familienunternehmen Likörfabrik Bockau R. Eisenreich & Co. GmbH in Aue, das eine breite Palette an Spirituosen anbot.[62] Durch Investitionen in moderne Maschinen und Anlagen konnte der Umsatz erhöht werden, sodass zum Jahresende 1993 die insgesamt 50 Mitarbeiterinnen und Mitarbeiter in zwei Schichten arbeiten mussten. Verkaufsrenner waren offenbar der Gewürzlikör »Wilde Sau« und »Der Erzgebirgskräuter«. Ein Großauftrag aus Russland über die Lieferung von einer halben Million Flaschen Wodka schien die Zukunft des Exportgeschäfts zu sichern. Auch in anderen Sparten der Konsumgüterindustrie konnten Markennamen ausschlaggebend sein: Das traditionsreiche Dresdner Unternehmen Eg-Gü, das 1890 von Egbert Günther gegründet wurde, produzierte im Kaiserreich Bohnerwachs und stellte 1919 als erstes Unternehmen weltweit Schuhcreme in Tuben her.[63] Nachdem die 1990 gegründete Eg-Gü Schuhpflegemittel GmbH Ende 1993 erfolgreich reprivatisiert worden war, stieg das Unternehmen mit seinen 29 Beschäftigten zum Marktführer in Ostdeutschland auf und konnte sich in Westdeutschland einen Marktanteil von immerhin 30 Prozent sichern.[64] Diese Erfolgsgeschichten dürfen allerdings nicht darüber hinwegtäuschen, dass die Privatisierung

61 Vgl. entsprechende Beobachtungen für die sächsische Kleinstadt Wurzen: Villinger: Vom ungerechten Plan zum gerechten Markt?, S. 252 f.

62 Erfolg im Erzgebirge mit »Wilde Sau« und »Bitter«, in: Die Welt vom 16.3.1994.

63 Vgl. Traditionsreiche Schuhcreme aus Sachsen. Eg-Gü in Dresden ist Marktführer in Ostdeutschland, in: Frankfurter Allgemeine Zeitung vom 26.8.1994.

64 Der Erfolg war jedoch nur von kurzer Dauer: Dem Unternehmen gelang es nicht, an den Erfolg der Vorkriegszeit dauerhaft anzuknüpfen, und musste 2005 Insolvenz anmelden. Die Oli-Laccos Lack- & Cosmetics Vertriebs- und Handelsgesellschaft mbH erwarb die Markenrechte, Maschinen und Rezepturen und verlagerte die Produktion nach Lichtenau (Landkreis Mittweida). Karlsch: »Das Chemiedreieck bleibt!«, S. 336.

bzw. Reprivatisierung teilweise mit erheblichen rechtlichen Hürden und ökonomischen Risiken verbunden war.[65] Darüber hinaus blieb die Zukunft mancher Unternehmen lange Zeit noch offen.[66]

Auch die ostdeutsche Pharmaindustrie konnte 1990 mit Zuversicht in die Zukunft blicken, denn in dieser Wirtschaftsbranche wurde von Anfang an mit hohen Gewinnen gerechnet.[67] Daran änderte die Währungsumstellung nichts. Die Nachfrage nach ostdeutschen Medikamenten ging nicht so stark zurück; die großen Absatzmärkte in Osteuropa brachen – im Gegensatz zu vielen anderen Produkten – nicht zusammen. Das größte Unternehmen mit knapp 3000 Beschäftigten (Stand: 1.7.1990) hatte seinen Sitz in Sachsen: das Arzneimittelwerk Dresden (AWD). Das AWD, das durch die Fusion von zwei traditionsreichen Dresdener Arzneimittelfabriken 1951 entstanden war und über eine breite Produktpalette

65 Das betraf beispielsweise den in der DDR bekannten Spülmittelhersteller Fit, der 1993 von dem westdeutschen Chemiker Wolfgang Groß aufgekauft und danach wieder in die Gewinnzone geführt wurde. Vgl. Im Osten die Märkte, im Westen der Preisvorteil. Fit-Spülmittel wollen auch ohne breite Werbung vorankommen, in: Frankfurter Allgemeine Zeitung vom 27.9.1994. Ausführlicher dazu Karlsch: »Das Chemiedreieck bleibt!«, S. 339 f.

66 Die Kosmetikmarke Florena aus dem sächsischen Waldheim übernahmen Ende 1992 die drei Geschäftsführer in einem MBO-Verfahren. Diese verpflichteten sich gegenüber der Treuhandanstalt, von den rund 700 Beschäftigten 170 zu übernehmen und innerhalb von vier Jahren 5,6 Millionen DM zu investieren. In der Folgezeit konnte der Umsatz auch durch eine Vergrößerung der Produktpalette gesteigert werden. Der Marktanteil stieg in Ostdeutschland auf 15 Prozent bei Hautcreme und auf 26 Prozent bei Rasiercreme. Vgl. Der Duft aus Waldheim setzt sich im Osten durch. Florena Cosmetic aus Sachsen ist in die Badezimmer zurückgekehrt, in: Frankfurter Allgemeine Zeitung vom 13.10.1994. Das Unternehmen ist seit 2002 eine Tochtergesellschaft der Beiersdorf AG und soll Ende 2022 geschlossen werden. Vgl. Reckendrees: Beiersdorf, S. 280; Nivea-Konzern Beiersdorf gibt Werk in Waldheim auf, in: Freie Presse vom 26.2.2022, https://www.freiepresse.de/nachrichten/wirtschaft/wirtschaft-regional/nivea-konzern-beiersdorf-gibt-werk-in-waldheim-auf-artikel10737416 (Zugriff am 17.11.2022). Im Gegenzug eröffnete Beiersdorf ein Jahr später eine neue Produktionsstätte im Leipziger Stadtteil Seehausen für rund 200 Mitarbeiterinnen und Mitarbeitern. Vgl. Beiersdorf eröffnet offiziell sein Werk in Leipzig, in: MDR Sachsen vom 22.9.2023, https://www.mdr.de/nachrichten/sachsen/leipzig/leipzig-leipzig-land/beiersdorf-werk-seehausen-eroeffnung-100.html (Zugriff am 10.10.2023).

67 Vgl. Karlsch: »Das Chemiedreieck bleibt!«, S. 389.

verfügte,[68] schrieb sofort schwarze Zahlen und wurde vom Leitungsausschuss als rentabel und privatisierungsfähig eingestuft. Die Treuhandanstalt befand sich in einer äußerst günstigen Verhandlungsposition, handelte es sich bei dem AWD doch um ein »attraktives Unternehmen«.[69] Die Privatisierungsgespräche wurden allerdings durch Restitutionsansprüche auf Gesellschaftsanteile, Betriebsteile und einzelne Grundstücke zeitweise erschwert.[70]

Wirtschaftsminister Schommer schaltete sich in die laufenden Verkaufsverhandlungen im Sommer 1991 ein, um eine sächsische Lösung ins Spiel zu bringen, ohne dass er aber einen Kaufinteressenten präsentieren konnte.[71] Stattdessen schlug er ein Modell vor, das aus einem Bankenkonsortium, einem westlichen Unternehmen als Minderheitseigner, einer Mitarbeiterbeteiligung und einem »qualifizierte[n] Stiftungsanteil mit gemeinnützigem Profil« bestand.[72] Schommer sprach sich dafür aus, »von einer Vermarktung nach dem Meistbietungsverfahren« abzusehen. Ein Verkauf des AWD »ohne jede Prüfung anderer Privatisierungsmöglichkeiten« würde von der sächsischen Staatsregierung – so warnte er – als »ausgesprochen unfreundliche[r] Akt« angesehen werden.[73] In seinem Antwortschreiben erklärte Dr. Ernst Schraufstätter, der bei der Treuhandanstalt das Direktorat Chemie leitete und zuvor bei der Bayer AG für die Auslandsgeschäfte verantwortlich gewesen war,[74] dass die Wettbewerbsfähigkeit des Arzneimittelherstellers langfristig nur »durch Eintritt eines potenten westlichen Unternehmens« zu sichern sei.[75] Gleichzeitig betonte er, »der Erhalt der Selbständigkeit sowie des Namens und

68 Vgl. die firmeneigene Unternehmensgeschichte AWD.pharma GmbH & Co. KG (Hg.): Geschichte des Arzneimittelwerks Dresden.
69 Karlsch: Einheitsgewinner, S. 121.
70 Vgl. Karlsch: »Das Chemiedreieck bleibt!«, S. 411.
71 Dr. Kajo Schommer (SMWA) am 22.8.1991 an Birgit Breuel (THA), BArch Berlin, B 412/9406, Bl. 165 f.
72 Ebd., Bl. 165.
73 Ebd., Bl. 166.
74 Vgl. Malycha: Vom Hoffnungsträger zum Prügelknaben, S. 280.
75 THA-Unternehmensgruppe Chemie (Prof. Dr. Schraufstätter) am 17.9.1991 an Kajo Schommer (SMWA) betr. AWD, BArch Berlin, B 412/9406, Bl. 162 f., hier Bl. 162.

der Marken des traditionsreichen sächsischen Unternehmens« liege auch ihm am Herzen. Er wies den Vorwurf zurück, durch die Beauftragung der Investmentbank Wasserstein Perella seien den Kaufinteressenten Betriebsgeheimnisse zugänglich gemacht worden.

Die Fronten verhärteten sich, als Staatssekretär Dr. Thiele von der Treuhandanstalt verlangte, die Verkaufsgespräche »für wenigstens« zwei Monate auszusetzen.[76] Mehr als 60 Firmen zeigten Interesse an dem Kauf von AWD.[77] Nachdem die Frist für ein *binding offer* am 16. Oktober abgelaufen war,[78] erteilte der Treuhandvorstand am 25. November 1991 Asta Medica – einer Tochtergesellschaft der Degussa AG – den Zuschlag. Die Treuhandmanager waren mit dem Ergebnis zufrieden: Asta Medica hatte sowohl beim Kaufpreis als auch bei den Arbeitsplatz- und Investitionsgarantien das beste Angebot vorgelegt.[79] Auf den ersten Blick schien auch die sächsische Staatsregierung einen wichtigen Erfolg verbucht zu haben, denn Asta Medica sicherte zu, den Firmensitz von Frankfurt am Main nach Dresden zu verlegen. Anfängliche Pläne, den Firmensitz mit einer nennenswerten Mitarbeiterzahl in die Elbmetropole zu verlegen, wurden jedoch nicht realisiert.[80] Nach einem erfolgreichen Start verschlechterte sich die wirtschaftliche Lage des Unternehmens Mitte der 1990er-Jahre; AWD verlor Marktanteile.[81] Es begann ein Untergang auf Raten, den Schommer auf Konzentrationsprozesse in der Pharmaindustrie zurückführte.[82] Ende 2011 musste die AWD.pharma GmbH & Co. KG schließen.

76 StS Dr. Thiele (SMWA) am 8.10.1991 an Dr. Klaus Schucht (THA) betr. AWD, BArch Berlin, B 412/9406, Bl. 164.

77 Vgl. Karlsch: Einheitsgewinner, S. 121.

78 THA-Unternehmensgruppe Chemie (Herr Bauer) am 17.10.1991 an Präsidentin Birgit Breuel betr. Stand der Privatisierung des AWD, BArch Berlin, B 412/9406, Bl. 156 f.

79 Vgl. Karlsch: Einheitsgewinner, S. 121.

80 SMWA (v. Bühlow) am 15.6.2000 über Referatsleiter 26 und Abteilungsleiter 2 an StS Dr. Vehse betr. AWD, SHStA, Bestand 13036 (SMWA), 1680.

81 Vgl. Karlsch: »Das Chemiedreieck bleibt!«, S. 415 f.

82 Dr. Kajo Schommer am 11.7.2000 an Dr. Rainer Jork (MdB), SHStA, Bestand 13036 (SMWA), 1680. Jork war von 1998 bis 2002 stellvertretender Vorsitzender der CDU-Landesgruppe Sachsen im Deutschen Bundestag.

5. Ein Meisterstück Biedenkopfs? Die Chipfabrik in Dresden

Obwohl die SED-Führung zwischen 1977 und 1988 etwa 14 Milliarden DDR-Mark in die Mikroelektronik investierte, was dem gesamten Jahresetat der DDR für Forschung und Entwicklung im Jahr 1988 entsprach, betrug der technologische Rückstand auf diesem Feld zu anderen Industrienationen Ende der 1980er-Jahre fast zehn Jahre.[83] Als Herzstück der ambitionierten Pläne Ost-Berlins galt der VEB Forschungszentrum Mikroelektronik Dresden (ZMD), das Mitte 1990 mit seinen rund 3000 Beschäftigten der Treuhandanstalt unterstellt wurde. Die Privatisierung gestaltete sich sehr schwierig. Während die Berliner Behörde eine Gesamtlösung für die Mikroelektronik in Ostdeutschland anstrebte, sprach sich die Staatsregierung für eine »eigenständige mittelstandsorientierte Lösung« im Freistaat aus.[84] Nach einer Einigung sah es lange Zeit nicht aus; eine Kompromisslösung war in weite Ferne gerückt.[85] Nach Einschätzung des SMWA wies der Standort in Dresden »erhebliche Privatisierungschancen« auf.[86] In einer Sitzung des Treuhandkabinetts wurde Staatssekretär Dr. Thiele deutlich: Es könne nicht hingenommen werden, dass es »südlich von Berlin und östlich von Erfurt nichts an Mikroelektronik-Technologie mehr gebe«.[87] Dagegen verwies die Treuhandanstalt darauf, dass eine Schließung des Produktionsstandorts in der sächsischen Landeshauptstadt aus betriebswirtschaftlicher Sicht notwendig sei, und favorisierte einen anderen Standort in Erfurt, der bessere Bedingungen

83 Vgl. Barkleit: Mikroelektronik in der DDR, S. 27.

84 THA-Länderreferat Sachsen: Vermerk über die 6. Sitzung des Treuhand-Kabinetts Sachsen am 21.5.1991 in Dresden, BArch Berlin, B 412/9450, Bl. 529–536, hier Bl. 534.

85 Vgl. SMWA: Protokoll der 8. Sitzung des Treuhandkabinetts Sachsen am 11.9.1991 in Dresden, BArch Berlin, B 412/9450, Bl. 379–385, hier Bl. 385.

86 THA-Länderreferat Sachsen: Vermerk über die 8. Sitzung des Treuhand-Kabinetts Sachsen am 11.9.1991 in Dresden, BArch Berlin, B 412/9450, Bl. 402–411, hier Bl. 407. Das vom SMWA angefertigte Sitzungsprotokoll geht auf die Details der Auseinandersetzung nicht ein.

87 Ebd.

biete.[88] Die Beharrlichkeit des SMWA schien sich auszuzahlen: Der Treuhandvorstand beschloss am 25. September 1991 beide Standorte für ein Jahr parallel zu fördern.[89] Nach dem Probejahr sollte entschieden werden, »welchem Standort die Zukunft gehört«.[90] Gleichzeitig lehnte die Staatsregierung eine Übernahme des Unternehmens durch den Freistaat aus finanziellen, aber auch aus »ordnungspolitischen Gründen« ab.[91] Man wolle keinen Präzedenzfall schaffen, erklärte Staatssekretär Dr. Thiele. Zwischen den beteiligten Akteuren bestand inzwischen Konsens darüber, dass in Ostdeutschland nur ein Unternehmen der Mikroelektronik »wirtschaftliche Zukunftsaussichten« haben werde.[92]

Biedenkopf und Schommer wollten die gewonnene Zeit dazu nutzen, um Investoren für den Standort in Dresden zu gewinnen, der in der Chipproduktion Anfang 1992 noch 600 Beschäftigten Arbeit bot.[93] Der Ministerpräsident setzte seine Hoffnungen ganz auf den Technologiekonzern Siemens, der frühzeitig seine Fühler ausstreckte, ohne sich aber in die Karten blicken zu lassen.[94] Die Münchener Konzernzentrale entschied sich zunächst gegen ein Engagement in Sachsen – im Gespräch war der

88 Daneben gab es mit dem Halbleiterwerk Frankfurt (Oder) (HFO) noch einen dritten Standort in Ostdeutschland, der von der brandenburgischen Landesregierung unterstützt wurde. Der Standort blieb jedoch ein wirtschaftliches Dauerproblem; die Betreiberfirma musste 2003 endgültig Insolvenz anmelden. Vgl. Knoll: Die Treuhand in Brandenburg, S. 363–376.

89 StS (SMWA) an Schommer [Stempel: 25.9.1991], BArch Berlin, B 412/9406, Bl. 153.

90 Ebd. Bereits im Frühjahr 1991 hatte die Unternehmensberatung Arthur D. Little im Auftrag der Treuhandanstalt ein Gutachten erstellt, das für den Erhalt des Erfurter Standortes votierte. Nach einem Protest der Landesregierung in Dresden veranlasste die Berliner Behörde ein zweites Gutachten, das wieder Arthur D. Little durchführen sollte, wie die Presse kritisch berichtete. Kerstin Eckstein: Wendehals oder nicht. Was wird nun aus Dresdens Mikroelektronik?, in: Sächsische Zeitung vom 19.11.1991.

91 THA-Länderreferat Sachsen: Ergebnisvermerk über die 9. Sitzung des Treuhand-Wirtschaftskabinetts des Freistaates Sachsen am 9.10.1991 in Dresden, BArch Berlin, B 412/9450, Bl. 369–376, hier Bl. 374.

92 Notiz (o. Verf.) über Gespräch des THA-Vorstandes mit Minister Dr. Schommer am 17.10.1991, BArch Berlin, B 412/9406, Bl. 141 f., hier Bl. 141.

93 Geglückter Kompromiss. Mikroelektronik bleibt doch in Dresden, in: Sächsisches Tageblatt vom 19.3.1992.

94 Biedenkopf: Ein neues Land entsteht, S. 366 (Eintrag zum 23.3.1992).

Bau einer Fabrik zur Produktion von 64-Megabit-Chips.[95] Marktstudien hätten ergeben, dass die weltweite Nachfrage nach den hochintegrierten Chips bereits Mitte der 1990er-Jahre wieder zurückgehen werde, gab Siemens zur Begründung bekannt. In der Staatskanzlei war die Bestürzung groß. Biedenkopf hatte mit dieser Absage offenbar nicht gerechnet, gab seinen Plan aber nicht auf.[96] Trotz des Rückschlags war er davon überzeugt, dass die Stärke des Freistaats darin liege, über die dafür notwendigen wissenschaftlichen Einrichtungen und das erforderliche qualifizierte Fachpersonal zu verfügen. Finanzierungsfragen spielten eine untergeordnete Rolle, wobei Sachsen stets darauf achte, dass eine finanzielle Eigenbeteiligung nicht über den Handlungsspielraum des Landeshaushalts hinausging. Als die weiteren Gespräche zeitweise durch die Forderung des Bundesfinanzministeriums belastet wurden, Sachsen müsse bei einer Privatisierung »die Hälfte der über den Liquidationskosten liegenden Finanzierungsaufwendungen« tragen, bezeichnete Staatssekretär Dr. Thiele den Vorstoß als »Kriegserklärung«.[97]

Eine Lösung bahnte sich Mitte 1993 an: Nach langwierigen Verhandlungen übernahmen die Commerzbank AG und die Dresdner Bank AG je zur Hälfte die Anteile des neu gegründeten Zentrums Mikroelektronik Dresden GmbH (ZMD), das zuvor aus der Muttergesellschaft herausgelöst worden war.[98] Die Finanzierung einer neuen Chipfabrik, für die sich Siemens Ende 1993 dann doch entschied, erfolgte nach dem Motto: Nicht kleckern, sondern klotzen.[99] So steuerten die Treuhandanstalt und der

95 Vgl. 64-Megabit-Absage soll das letzte Wort nicht sein. »High-Tech-Land Sachsen« – zwischen Skepsis und Zuversicht, in: Sächsische Zeitung vom 15.6.1992.

96 So führte er fünf Monate später ein Gespräch mit dem Vizepräsidenten des US-amerikanischen Technologieunternehmens Texas Instruments, das allerdings ergebnislos verlief. Vgl. Biedenkopf: Ringen um die innere Einheit, S. 81 (Eintrag zum 18.11.1992).

97 THA-Länderreferat Sachsen: Ergebnisvermerk über die 18. Sitzung des Treuhand-Wirtschaftskabinetts Sachsen am 14.7.1992 in Dresden, BArch Berlin, B 412/9451, Bl. 383–392, hier Bl. 384.

98 Dresdener Mikroelektronikproduzent nach langen Verhandlungen privatisiert, in: Handelsblatt vom 14.6.1993.

99 Gunhild Lütge: Lockruf der Subventionen, in: Zeit Online vom 31.12.1993, https://www.zeit.de/1994/01/lockruf-der-subventionen/komplettansicht (Zugriff am 23.11.2022).

Freistaat Sachsen in einem ersten Schritt zusammen rund 200 Millionen DM an Subventionszahlungen bei. Aus dem Haushalt des Bundesforschungsministeriums war über einen Zeitraum von zehn Jahren mit insgesamt 300 Millionen DM zu rechnen. Darüber hinaus war es Biedenkopf offenbar in Brüssel gelungen, Finanzmittel aus der Regionalförderung für das Prestigeprojekt zu sichern. Am Ende sollen die Investitionen, die in das größte Mikroelektronikprojekt der Berliner Republik in den 1990er-Jahren flossen, 2,4 Milliarden DM betragen haben.[100] An dem Deal war Siemens zunächst mit geringen Eigenmitteln beteiligt, denn der Konzern stellte – Presseangaben zufolge – nur Personal und Know-how für drei Jahre zur Verfügung. Vorstandschef Heinrich von Pierer war es in den Kaufverhandlungen gelungen, das unternehmerische Risiko weitgehend auf den Bund und das Land abzuwälzen, wie Biedenkopf in seinem Tagebuch kritisch vermerkte.[101] Das ZMD produzierte mit seinen 360 Mitarbeiterinnen und Mitarbeitern sogenannte Asics, d.h. anwendungsspezifische Logikschaltungen, deren Herstellung Siemens langfristig anvisierte.[102]

Pünktlich zum Weihnachtsfest 1993 verkündete von Pierer vor den versammelten Journalisten in Dresden die Entscheidung des Unternehmens, eine hochmoderne Halbleiterfabrik mit 1200 Arbeitsplätzen in der sächsischen Landeshauptstadt zu bauen.[103] Biedenkopf war sichtlich zufrieden: Mehr Pressevertreter habe die Siemensspitze auch bei ihrer jährlichen Präsentation der Geschäftszahlen nicht vorweisen können.[104] Noch wichtiger war indes die symbolische Bedeutung, die Kerstin Eckstein in der *Sächsischen Zeitung* auf den Punkt brachte: »Siemens wertet

100 Wie Dresden zur Mikrochip-Hauptstadt wurde, in: Sächsische Zeitung Online vom 21.12.2013, https://www.saechsische.de/plus/wie-dresden-zur-mikrochip-hauptstadt-wurde-2736608.html (Zugriff am 23.11.2022).

101 Vgl. Biedenkopf: Ringen um die innere Einheit, S. 361 (Eintrag zum 13.12.1993).

102 Vgl. Gunhild Lütge: Lockruf der Subventionen, in: Zeit Online vom 31.12.1993.

103 Mehrere Tageszeitungen hatten vorab darüber berichtet. Vgl. Dresden wird Hightech-Standort. Siemens baut Chip-Fabrik, in: Die Welt vom 21.12.1993; Europas größtes Halbleiterprojekt in Dresden. Über zehn Jahre 2,4 Milliarden DM Investitionen, in: Frankfurter Allgemeine Zeitung vom 22.12.1993.

104 Vgl. Biedenkopf: Ringen um die innere Einheit, S. 367 (Eintrag zum 23.12.1993).

den Standort Ostdeutschland in einer Weise auf, wie es die westdeutsche und internationale Industrie bislang nicht vermochte.«[105] Als Anfang Juni 1994 der Spatenstich für die neue Fabrikanlage in Dresden erfolgte, war der Wirtschaftsdezernent der Stadt Rolf Wolgast davon überzeugt, dass sich die Elbmetropole zu einem »deutschen Silicon Valley« entwickeln werde.[106] Doch Ende der 1990er-Jahre war von der Aufbruchsstimmung nicht mehr viel zu spüren, denn Siemens musste nach Milliardenverlusten Standorte im Ausland schließen. Dafür machte von Pierer den weltweit starken Preisverfall bei Halbleitern verantwortlich, der durch eine »selbstmörderische Preispolitik« der asiatischen Hersteller hervorgerufen worden sei.[107] Für die Chipfabrik in Dresden gab der Konzernchef jedoch eine Bestandsgarantie ab, was vermutlich mit den umfangreichen staatlichen Zuschüsse zusammenhing, die vertraglich vereinbart waren und die eine mehrjährige Laufzeit hatten. Trotz aller Schwierigkeiten wird man feststellen können, dass Biedenkopfs Bemühungen, eine Chipfabrik in Dresden dauerhaft anzusiedeln, letztlich von Erfolg gekrönt waren.

6. Das Tal der Tränen: Textil- und Bekleidungsindustrie

Anfang März 1991 besuchte die Bundesministerin für Frauen und Jugend, Angela Merkel (CDU), eine Baumwollspinnerei in Lengenfeld, um sich selbst einen Eindruck über die Lage in der sächsischen Textilindustrie zu verschaffen.[108] Der Hauptgeschäftsführer des Verbandes der Baumwollindustrie Sachsen/Thüringen, Bertram Höfer, hatte die Informationsreise

105 Kerstin Eckstein: Der Osten taugt etwas. Siemens-Entscheidung für Halbleiter-Mekka, in: Sächsische Zeitung vom 24.12.1993.

106 Dresden hofft auf weitere Milliarden-Investition, in: Handelsblatt vom 25.8.1994.

107 Siemens schließt Chipfabrik, in: Die Welt vom 1.8.1998, https://www.welt.de/printwelt/article624423/Siemens-schliesst-Chipfabrik.html (Zugriff am 23.11.2020).

108 Der Geschäftsführer malte ein Bild in dunklen Farben. Ministerin Merkel besuchte die Textilindustrie in Sachsen, in: General-Anzeiger vom 4.3.1991.

der frisch vereidigten Ministerin organisiert und erhoffte sich dadurch Aufmerksamkeit für die stark kriselnde Branche in der überregionalen Presse. Der Betrieb, der knapp 30 Kilometer südwestlich von Zwickau im Vogtlandkreis lag, bot offiziell 278 Beschäftigten eine Arbeit, von denen 218 in der Spinnerei tätig waren. Merkel stellte sich den Fragen der stark verunsicherten Belegschaft, unter der mehrheitlich Frauen waren.[109] Während 60 Beschäftigte noch im Zwei- bzw. Dreischichtsystem arbeiten konnten, befanden sich bereits etwas mehr als 200 Mitarbeiterinnen und Mitarbeiter in »Kurzarbeit Null«. Merkel goss ihren Gesprächspartnerinnen reinen Wein ein: »Die Textilindustrie wird hier nicht mehr in dem Maße bestehen bleiben können, wie es einmal war.«[110] Das Werk Lengenfeld schien exemplarisch für die gesamte Textilindustrie in Ostdeutschland zu stehen, deren Kollaps in der Presse frühzeitig vorhergesagt wurde. Nach Angaben des Textilindustrie-Verbandes gingen in Sachsen, Sachsen-Anhalt und Thüringen bis August 1991 rund 24 400 Arbeitsplätze in der Branche verloren.[111]

Auch der Treuhandvorstand machte sich keine Illusionen: Der Bereich der Textilindustrie sei »schwierig zu privatisieren«, wie es Dr. Wolf R. Klinz in einer Verwaltungsratssitzung offen aussprach.[112] Nur zwei Monate später stand die Abwicklung der Sächsischen Baumwollspinnereien und Zwirnereien AG in der Kleinstadt Flöha auf der Tagesordnung des Verwaltungsrats. Aufgrund der schwierigen wirtschaftlichen Lage bestehe keine Möglichkeit, den Betrieb »in seiner jetzigen Form« weiter-

109 In der Textilbranche war der Beschäftigungsanteil von Frauen grundsätzlich sehr hoch und lag Anfang 1992 bei 74,3 Prozent. Vgl. Sachsen führt bei der Privatisierung. Nur noch 19,5 Prozent aller Beschäftigten sind in Treuhandunternehmen des Landes tätig, in: Neue Zeit vom 27.1.1992. Deshalb kündigte Treuhandvorstandsmitglied Alexander Koch an, in seinem Direktorat ein Referat »für spezielle Probleme der Frauen-Beschäftigung« einzurichten. Ebd.

110 Ebd.

111 Der Leitplankenbau kommt zügig voran. Sächsisches Wirtschaftsministerium vermerkt Aufschwung im öffentlich finanzierten Baugewerbe, in: Die Tageszeitung vom 22.10.1991.

112 Protokoll über die 15. Sitzung des Verwaltungsrates am 3.5.1991, BArch Berlin, B 412/9034, Bl. 220–236, hier Bl. 225.

zuführen.[113] Durch Abspaltung und Reprivatisierung von »überlebensfähigen Unternehmenseinheiten« könnten jedoch von den insgesamt 8326 Arbeitsplätzen vermutlich 1525 gerettet werden. Angesichts der Brisanz der bevorstehenden Entscheidung versuchte Vorstandsmitglied Klaus Peter Wild, eine neue Sprachregelung zu entwickeln, und warb dafür, den Begriff »Zerschlagung« in der Beschlussvorlage durch »Auflösung« zu ersetzen. Der Verwaltungsrat machte sich die Entscheidung nicht leicht und gab die Beschlussvorlage mindestens zweimal zur Prüfung an das zuständige Direktorat zurück. Ende 1991 wurde schließlich die Liquidation des Unternehmens beschlossen,[114] wobei für die Mitarbeiterinnen und Mitarbeiter zuvor noch eine Beschäftigungsgesellschaft gegründet worden war.[115]

Da 70 Prozent der ostdeutschen Textilbetriebe ihren Sitz in Sachsen hatten,[116] stand die von Biedenkopf geführte Landesregierung vor einer gewaltigen Herausforderung. Als Erstes kündigte Minister Schommer im Landtag an, einen Beauftragten der Landesregierung für die Textil- und Bekleidungsindustrie zu ernennen, der das Vertrauen sowohl der Arbeitgeber- als auch der Arbeitnehmerseite genießen sollte.[117] Außerdem wollte er nach dem Vorbild der »Aktionstage Suhl« einen Textilkongress in der Oberlausitz durchführen, deren Wirtschaftsstruktur nicht

113 Protokoll über die 17. Sitzung des Verwaltungsrates am 26.7.1991, BArch Berlin, B 412/9034, Bl. 138–166, hier Bl. 164.

114 Protokoll über die 21. Sitzung des Verwaltungsrates am 17.12.1991, BArch Berlin, B 412/9035, Bl. 369–379, hier Bl. 376.

115 Aus der AG entstand Anfang 1992 ein neues Treuhandunternehmen: die Sächsische Baumwollspinnerei GmbH. Dieser Betrieb wies im März 1993 nur noch 100 Beschäftigte auf und sollte in eine Management-KG überführt werden. Vgl. Landrat des Kreises Flöha (H. Sollmann) am 17.3.1993 an Birgit Breuel, BArch Berlin, B 412/9361, Bl. 16–18. Der Verwaltungsrat der Treuhandanstalt gewährte Mitte 1994 nochmals Finanzhilfen in Höhe von 11,9 Millionen DM. Vgl. Protokoll der 50. Sitzung des Verwaltungsrates am 22.7.1994, BArch Berlin, B 412/9037, Bl. 173–201, hier Bl. 181 f.

116 Zu den traditionellen Regionen der sächsischen Textilindustrie gehörten die Oberlausitz, die Region um Chemnitz, das sogenannte Textildreieck (Crimmitschau-Meerane-Glauchau), das Erzgebirge und das Vogtland.

117 Sächsischer Landtag beschloss Wirtschaftsplan, in: Leipziger Tageblatt vom 24.7. 1991. Mit dem »Wirtschaftsplan« war der Einzelplan des SMWA im Landeshaushalt gemeint.

nur vom Braunkohlentagebau, sondern auch von der Textilindustrie sehr stark geprägt war. Die Werbeveranstaltung, an deren Vorbereitung das SMWA, die Treuhandanstalt und die zuständigen Landräte gemeinsam beteiligt waren, sollte die Region als Industriestandort in der Öffentlichkeit präsentieren.[118] Obwohl die Auftragslage dramatisch schlecht war, die Produktion zurückging und erste Textilbetriebe vor dem Aus standen, blieb die Branche ein wichtiger Arbeitgeber in Sachsen: In der sächsischen Textil- und Bekleidungsindustrie waren im Sommer 1991 immerhin noch 15,5 Prozent der abhängig Beschäftigten tätig.[119] In der Presse war von »Überstrukturen« die Rede, die sich »marktbedingt zurückentwickeln« müssten.[120] Die sächsischen Textilbetriebe könnten in Zukunft nur mit »Spezialangeboten« bestehen, nicht aber mit Erzeugnissen, »die Südostasien viel billiger auf den Markt wirft«. In manchen Regionen wurde mit einer Arbeitslosigkeit von bis zu 50 Prozent gerechnet.[121] In seiner Verzweiflung erhob der Vorsitzende der Gewerkschaft Textil und Bekleidung, Willi Arens, schwere Vorwürfe: Landesregierung und Treuhandanstalt hätten für die Textilindustrie in Sachsen »ein Jahr verschlafen«.[122]

Treuhandanstalt und Landesregierung ließen nichts unversucht und bildeten als Erstes eine Arbeitsgruppe, in der auch ein Vertreter der thüringischen Landesregierung saß: Unter der Leitung von Bernhard Schröder, der in der Treuhandanstalt seit Juni 1991 das zuständige Branchendirektorat leitete,[123] sollte ein Konzept »für die Entwicklung der Textil- und

118 Vgl. THA-Länderabteilung Sachsen: Vermerk über die 8. Sitzung des Treuhand-Kabinetts Sachsen am 11.9.1991 in Dresden, BArch Berlin, B 412/9450, Bl. 402–411, hier Bl. 410.

119 Vgl. Sächsisches Stuttgart sollte erstrebenswertes Ziel sein, in: Sächsische Zeitung vom 16.9.1991.

120 Ebd.

121 »Regierung und Treuhand verschliefen ein ganzes Jahr«, in: Sächsische Zeitung vom 26.11.1991.

122 Ebd.

123 Schröder war zwölf Jahre Vorstandsmitglied der Karstadt AG und von 1988 bis 1990 Projektmanager in der Schuh- und Textilindustrie im Auftrag des Wirtschaftsministeriums von Rheinland-Pfalz. Vgl. Treuhandanstalt (Hg.): Dokumentation 1990–1994, Bd. 7, S. 682.

Bekleidungsindustrie« ausgearbeitet werden.[124] Schröder war sich im Klaren darüber, dass die Sanierung von »überlebensfähigen Teilen« einzelner Textilbetriebe zwar von sozialpolitischer Bedeutung für die jeweilige Region sei, aber »erhebliche Konsequenzen« für die Privatisierungsbehörde nach sich ziehe. Der Freistaat wolle mit dem Geld der Treuhand nämlich Strukturpolitik betreiben, erklärte er in einem Zeitungsinterview.[125] Das sei jedoch nur in einem begrenzten Umfang und nicht über einen längeren Zeitraum möglich. Stattdessen kündigte er die Gründung eines weiteren Gremiums für Textilfragen an, in dem auch Gewerkschaften und Fachverbände vertreten sein sollten: den »Sachsentisch«.[126] Hier sollten Fragen der Umstrukturierung und deren Finanzierung erörtert werden.

Zur ersten Bewährungsprobe kam es, als im Verwaltungsrat über die Privatisierung der zum Maschinenbau gehörenden Textima AG (bis 1990: VEB Kombinat Textima) verhandelt wurde, die zu DDR-Zeiten der größte Textilmaschinenhersteller im RGW war. Das Unternehmen hatte im Herbst 1991 noch etwa 10 000 Beschäftigte, von denen sich knapp 6000 in Kurzarbeit befanden. Die Produktpalette der Textima AG war äußerst heterogen, da unter dem Dach der AG insgesamt 20 Gesellschaften aufgelistet waren. Die wirtschaftliche Lage war schwierig, denn der Textilmaschinenbau befand sich weltweit in einer Krise. Daher sah die Treuhandanstalt die Lösung des Problems darin, »wesentliche Teile des Unternehmens einzeln zu privatisieren«.[127] Der Verwaltungsrat unterstützte den Vorschlag, große Unternehmensstrukturen aufzubrechen, und plädierte dafür, die westdeutsche Maschinenbauindustrie als Vorbild zu nehmen. In der anschließenden Diskussion gab der Treuhandvorstand allerdings zu bedenken, dass man sich der »Idee von größeren Einheiten«

124 THA-Direktorat Textil/Bekleidung/Leder (Direktor Schröder): Gesprächsgrundlage zur Textilindustrie im Freistaat Sachsen, 16.10.1991, BArch Berlin, B 412/9406, Bl. 187 f., hier Bl. 187.

125 Der »Sachsentisch« soll eine neue Zukunft weben, in: Die Welt vom 28.12.1991.

126 Ebd.

127 So Treuhandvorstandsmitglied Brahms auf einer Verwaltungsratssitzung. Protokoll über die 19. Sitzung des Verwaltungsrates am 18.10.1991, BArch Berlin, B 412/9034, Bl. 49–83, hier Bl. 55 f.

nicht grundsätzlich verschließen könne, und verwies auf Konzentrationsprozesse in der Branche in Westdeutschland.[128] Die Treuhandanstalt befand sich mit ihrer Strategie in einem Dilemma. Denn die »Filetisierung« der ehemaligen Kombinate, die einer Kostenexplosion und einer Staatsholdung einen Riegel vorschieben sollte, geriet öffentlich immer mehr in die Kritik.[129] Davon ließ sich offenbar auch die Bundesregierung beeindrucken, die im Frühjahr 1991 damit begonnen hatte, ihren Wirtschaftskurs radikal zu ändern: Mit der angekündigten Rettung des Chemiestandorts in Sachsen-Anhalt ebnete Bundeskanzler Kohl langfristig den Weg für eine Erhaltung der industriellen Kerne in Ostdeutschland.

Ende 1991 gab es in Sachsen nach Mitteilung der Treuhandanstalt nur noch 26 118 Mitarbeiterinnen und Mitarbeiter in der Textilindustrie sowie 9029 in der Bekleidungsindustrie.[130] Der Rückgang war erschreckend: Innerhalb eines Jahres war die Beschäftigtenzahl um 70 bzw. 80 Prozent gesunken. Da die Treuhandanstalt durch Privatisierung bzw. Reprivatisierung bis zu diesem Zeitpunkt nur 10 000 Arbeitsplätze vertraglich absichern konnte, war mit weiteren Entlassungen zu rechnen. Als der Beauftragte der Landesregierung für die Textil- und Bekleidungsindustrie Berthold Keller[131] Anfang 1992 bei einer ersten Krisensitzung verlangte, dass den Betrieben mehr Zeit gegeben werden müsste, um sich auf dem Markt behaupten zu können, wollte sich Branchendirektor Schröder auf keine konkreten Zusagen festlegen lassen.[132] Daraufhin erhöhte Ministerpräsident Biedenkopf den Druck auf die Treuhandanstalt

128 Ebd., Bl. 56.

129 Maurice Querner: Herzstück wird zerlegt, in: Freie Presse vom 25.1.1992.

130 Vgl. Niederschrift über Treffen der AG »Sächsische Textil-Bekleidungs-Industrie« am 16.1.1992 im SMWA, S. 1, BArch Berlin, B 412/9382.

131 Berthold Keller war von 1978 bis 1990 Vorsitzender der Gewerkschaft Textil-Bekleidung (GTB) in Westdeutschland gewesen.

132 Vgl. Niederschrift über Treffen der AG »Sächsische Textil-Bekleidungs-Industrie« am 16.1.1992 im SMWA, S. 3, BArch Berlin, B 412/9382. Keller wiederholte diese Forderung auch zwei Monate später im Treuhandkabinett sowie in einem Zeitungsinterview Mitte 1992. Vgl. Vgl. SMWA: Protokoll der 14. Sitzung des Treuhandkabinetts am 24.3.1992 in Dresden, BArch Berlin, B 412/9450, Bl. 177–185, hier Bl. 181; Maschen- und Strumpfindustrie als überlebensfähiger Kern. SZ sprach mit Bertold Keller, in: Sächsische Zeitung vom 8.7.1992.

und kündigte an, mit Unterstützung der Berliner Behörde die Textilbetriebe zu bestimmen, die sanierungsfähig seien.[133] In dem Zusammenhang sprach er sich dafür aus, nicht nur die »Zeitachse« um einige Jahre zu verlängern, sondern auch die Subventionszahlungen zu erhöhen, damit ein »Grundbestand der Textilindustrie« erhalten werden könne. Um den Informationsaustausch zu verbessern, schlug Dr. Wolfgang Gimbel vom zuständigen Länderreferat der Treuhandanstalt vor, ein »klärendes Gespräch« bei Wirtschaftsminister Günter Rexrodt (FDP) zu vereinbaren, an dem Vertreter der Landesregierung und der Textilbeauftragte Keller teilnehmen sollten.[134]

Die Treuhandanstalt begann auch in der Textilindustrie zunächst damit, große Unternehmen zu entflechten. So wies der VEB Zwickauer Kammgarnspinnerei GmbH – der größte DDR-Hersteller auf diesem Gebiet – insgesamt 19 verschiedene Produktionsstandorte in Sachsen und Thüringen auf.[135] Für die Sanierungsgespräche waren in diesem Fall die hohen Kostenbelastungen ausschlaggebend, die sich durch stillgelegte und nicht betriebsnotwendige Immobilien sowie den hohen Arbeitskräftebestand in den Leitungs- und Verwaltungsabteilungen des Unternehmens ergaben. Dagegen wurde der 1990 in eine GmbH umgewandelten Kammgarnspinnerei attestiert, über eine vergleichsweise gute technische Ausstattung zu verfügen, die noch aus der zweiten Hälfte der 1980er-Jahre stammte. Die Privatisierungsbehörde signalisierte, Bürgschaften für In-

133 »Der Aufbau im Osten ist eine solidarische Aufgabe«. Interview mit Kurt Biedenkopf, in: Die Welt vom 19.2.1992.

134 Vgl. SMWA: Protokoll der 13. Sitzung des Treuhandkabinetts am 18.2.1992 in Dresden, BArch Berlin, B 412/9450, Bl. 206–212, hier Bl. 207. Dagegen sah Branchendirektor Schröder keine Notwendigkeit zur persönlichen Teilnahme des Ministers an dem Treffen, denn er ging davon aus, mit dem SMWA eine Lösung finden zu können. Vgl. THA-Direktor Schröder am 1.6.1992 an Dr. Rexrodt, BArch Berlin, B 412/9382. Dieser segnete Schröders Vorschlag ab und ließ sich nur über den Fortgang der Gespräche informieren. Vgl. Dr. Rexrodt am 8.7.1992 an Dr. Schommer, ebd. Der entscheidende Informationsaustausch erfolgte somit zwischen Branchendirektor Schröder und dem Textilbeauftragten Keller. THA-Direktor Schröder am 2.7.1992 an Keller, ebd.

135 Vgl. Kaufmännisches Direktorat (U3 C): Entflechtung der Zwickauer Kammgarnspinnerei GmbH, o. D., BArch Berlin, B 412/9406, Bl. 232–237.

vestitionen in Höhe von 8,5 Millionen DM bereitzustellen und die Alt- und Liquiditätskredite zu übernehmen. Das zuständige Treuhanddirektorat schätzte einzelne Unternehmensteile zunächst als sanierungsfähig ein. Doch es kam anders: Im Frühjahr 1993 beschloss der Verwaltungsrat einstimmig die Abwicklung des Unternehmens.[136]

Die Schwierigkeiten bei der Privatisierung von Textilbetrieben zeigten sich exemplarisch bei dem VEB Plauener Spitze, einem der traditionsreichsten sächsischen Unternehmen. Mit der Übernahme des volkseigenen Betriebes durch die Treuhandanstalt 1990 setzte ein Strukturwandel ein, der rasch zu einem Verlust an Arbeitsplätzen führte. Den Zuschlag für das Unternehmen erhielt Mitte 1991 ein Käufer, der nach Angaben des Branchendirektors Schröder das beste Angebot unterbreitet[137] und die Sicherung von 700 Voll- und Teilzeitarbeitsplätzen zugesagt hatte.[138] Kurz darauf verschlechterte sich jedoch die wirtschaftliche Lage des Unternehmens, was die Treuhandanstalt unter anderem auf die Fehleinschätzung der Marktchancen durch die Geschäftsführung,[139] aber auch auf die gewachsenen Probleme der gesamten Branche zurückführte. Da der Betrieb weiter rote Zahlen schrieb und mit einer Verbesserung nicht zu rechnen war, versuchte der neue Eigentümer den Kaufvertrag rückgängig zu machen, was die Treuhandzentrale wiederum ablehnte.[140] Im Treuhandkabinett machte sich Staatssekretär Dr. Münch dafür stark, den Vertrag für nichtig zu erklären und die Plauener Spitze in eine Auffanggesellschaft

136 Vgl. Protokoll der 36. Sitzung des Verwaltungsrates am 23.4.1993, BArch Berlin, B 412/9036, Bl. 335–354, hier Bl. 342.

137 Vgl. THA-Länderreferat Sachsen: Ergebnisvermerk über die 14. Sitzung des Treuhand-Wirtschaftskabinetts Sachsen am 24.3.1992 in Dresden, BArch Berlin, B 412/9450, Bl. 164–174, hier Bl. 166.

138 Vgl. THA-Direktor Schröder: Vermerk betr. Plauener Spitze, 18.3.1992, BArch Berlin, B 412/9450, Bl. 186–190, hier Bl. 186.

139 Der ehemalige Direktor für Beschaffung und Produktion im VEB Plauener Spitze kritisierte das Firmenkonzept sogar als »Ausschlachten mit Gewinn«. Siegfried Schober am 8.3.1992 an Ingrid Biedenkopf betr. Fa. Plauener Spitze GmbH, BArch Berlin, B 412/9361, Bl. 431–435, hier Bl. 432.

140 Vgl. THA-Direktor Schröder: Vermerk betr. Plauener Spitze, 18.3.1992, BArch Berlin, B 412/9450, Bl. 186–190, hier Bl. 187.

der Treuhandanstalt zu überführen.[141] Es dürfe nicht passieren, dass das Unternehmen »durch nichts tun [sic] den Bach runter geht«. Der anwesende Branchendirektor Schröder erwiderte, dass er dem Vorschlag nicht ohne Genehmigung des Treuhandvorstands zustimmen könne. Er verwies darauf, dass seine Behörde in dem Fall »die ganzen Verluste« übernehmen müsste. Eine Einigung schien nicht möglich zu sein, da die Treuhandanstalt, die Nachahmungseffekte befürchtete, von ihrem Veto nicht abrückte. Die Existenz der Stickerei im Vogtland konnte langfristig erst gesichert werden, als die Plauener Spitze 1994 als Marke weltweit geschützt wurde.

Die sächsische Staatsregierung verließ sich lange Zeit darauf, dass die Treuhandanstalt ein Gesamtkonzept zur Rettung der Textil- und Bekleidungsindustrie vorlegen würde. Doch dazu fehlten im Frühjahr 1992 noch die für eine Bestandsaufnahme erforderlichen Angaben von den Niederlassungen in Dresden und Chemnitz, wie der Textilbeauftragte Keller beklagte.[142] Die Erwartungen des SMWA waren hoch gesteckt: Unter Verweis auf die umfangreiche Unterstützung der Treuhandanstalt bei den sogenannten industriellen Kernen in Mecklenburg-Vorpommern (Werften) und Sachsen-Anhalt (Chemiedreieck) forderte Staatssekretär Dr. Thiele die »gleiche Großzügigkeit […] für die sächsische Textil- und Maschinenbauindustrie«.[143]

Eine im März 1992 durchgeführte Befragung von 37 Textil- und Bekleidungsunternehmen in der Oberlausitz offenbarte eine diffuse Stimmungslage:[144] Während 48 Prozent der Betriebe die Entwicklung der Pro-

141 SMWA: Protokoll der 14. Sitzung des Treuhandkabinetts am 24.3.1992 in Dresden, BArch Berlin, B 412/9450, Bl. 177–185, hier Bl. 178.

142 Keller: Protokoll von der 2. Sitzung der AG »Sachsentisch für die Textil- und Bekleidungsindustrie« am 12.3.1992 in Dresden, S. 2, BArch, B 412/9382. Diese Angaben lagen auch drei Monate später noch nicht vor. Vgl. StS Münch (SMWA) am 20.5.1992 an Herrn Hill (THA-Länderreferat Sachsen), BArch Berlin, B 412/9361, Bl. 428f.

143 SMWA: Protokoll der 14. Sitzung des Treuhandkabinetts am 24.3.1992 in Dresden, BArch Berlin, B 412/9450, Bl. 177–185, hier Bl. 182.

144 BBI transfer – Beratung und Bildung Interregional GmbH, Bremen – Forschungsstelle für Allgemeine und Textile Marktwirtschaft an der Universität Münster (o.D.), BArch Berlin, B 412/9382.

duktionstätigkeit als verbessert bezeichneten, antworteten 19 Prozent auf die Frage nach der Geschäftslage mit »schlecht«, 14 Prozent mit »sehr schlecht« und nur 19 Prozent mit »gut«. Außerdem erhielt die Landesregierung ein schlechtes Zeugnis: Deren Aktivitäten wurden eher negativ bewertet; nur ein Betrieb sah positive Einflüsse auf die Standortqualität. Eine Unternehmensbefragung der IHK Dresden kam in derselben Region zu ähnlichen Ergebnissen:[145] Obwohl viele Betriebe eine nach wie vor geringe Kapazitätsauslastung beklagten, gaben zwei Drittel der befragten Unternehmen an, sie würden ihre Produktion erhöhen. Der Investitionsbedarf war offenbar enorm: So erklärten 86 Prozent der Unternehmensleitungen, ihr Betrieb benötige neue Maschinen. Insbesondere bei der Kostengestaltung, dem Marketing und dem Vertrieb sahen viele einen großen Nachholbedarf. Beide Befragungen ließen erkennen, dass sich die Branche mitten in einem Strukturwandel befand, der mittlerweile auch die westdeutsche Textilindustrie erfasst hatte.[146] Das Votum der IHK Dresden war eindeutig: Um eine vollständige Deindustrialisierung der Oberlausitz zu vermeiden, müsse ein »Kernbereich [...] durch gemeinsame – betriebliche und staatliche – Anstrengungen« erhalten werden.[147]

Die Rahmenbedingungen für den Erhalt der ostdeutschen Textil- und Bekleidungsindustrie verschlechterten sich 1992 weiter, was vor allem mit dem zunehmenden Druck zusammenhing, der von globalen Prozessen ausging.[148] Steigende Lohnkosten führten zur Produktionsverlagerung

145 Vgl. IHK Dresden: Die Textil- und Bekleidungsindustrie der Oberlausitz. Situation – Maßnahmen – Perspektiven (Stand: April 1992), ebd.

146 Vgl. Michael Breitenacher (IFO – Institut für Wirtschaftsforschung – München, Abt. Industrie): Bleibt Deutschland Standort für die Textilindustrie? (= Sonderdienst aus ifo-Schnelldienst Nr. 13/92 vom 7.5.1992), ebd.

147 IHK Dresden: Die Textil- und Bekleidungsindustrie der Oberlausitz. Situation – Maßnahmen – Perspektiven (Stand: April 1992), S. 22 f., BArch Berlin, B 412/9382. Vor einer Deindustrialisierung warnte auch der Verband der nord-ostdeutschen Textilindustrie e. V. und legte einen konkreten Forderungskatalog vor. Verband der nord-ostdeutschen Textilindustrie (Hauptgeschäftsführer Höfer) am 26.10.1992 an StS von Würzen (BMWi), BArch Berlin, B 102/700746; Hauptgeschäftsführer Höfer: Wirtschaftspolitische Erfordernisse für die Erhaltung des sanierungsfähigen Kernbereiches der Textilindustrie in den neuen Bundesländern, 21.10.1992, ebd.

148 Vgl. zur Entwicklung bis 1990 Lindner: Den Faden verloren, S. 137–174.

in Niedriglohnländer. Dadurch schrumpfte die Inlandsproduktion auch in Westdeutschland, denn der zusätzliche Bedarf konnte überwiegend durch Importe gedeckt werden. Das hielt wiederum potenzielle Investoren von einem Engagement in Ostdeutschland ab.[149] Die Treuhandanstalt sah die einzige Chance für ostdeutsche Betriebe darin, »in mittlere und höhere Marktsegmente« vorzudringen, was allerdings ein hohes Maß an Flexibilität erfordere, die nur kleinere Unternehmen aufwiesen.[150] Damit drohte ein weiterer Stellenabbau. Der Textilbeauftragte Keller rechnete im 1. Halbjahr 1992 mit einer neuen Kündigungswelle.[151] Fünf Monate später konstatierte das Länderreferat Sachsen mit schonungsloser Offenheit, dass »das Bemühen des Freistaates, einen Kern der Textilindustrie zu erhalten, auf ›Kernchen‹ geschrumpft« sei.[152] In Ausnahmefällen war die Treuhandanstalt sogar bereit, eine Verlagerung von »Produktionsabschnitten« ins Ausland wohlwollend zu prüfen, wenn dadurch die Überlebenschance des ostdeutschen Unternehmens gesichert werden konnte.[153]

Mit dem Breuel-Schommer-Abkommen intensivierte sich die Zusammenarbeit zwischen der Treuhandanstalt und dem SMWA, das die Zukunft der heimischen Textilindustrie immer wieder zum Gegenstand

149 Im Fall der Spindelfabrik Hartha GmbH bei Döbeln beklagten sich Investoren über die langwierigen Verhandlungen mit der Treuhandanstalt. Vgl. Michael Grell/Frank Lieser/Roger Lieser (Wuppertal) am 21.9.1992 an Bundeswirtschaftsminister Dr. [sic] Jürgen Möllemann, BArch Berlin, B 102/700745.

150 THA (U3 TL): Branchenbericht Textil/Bekleidung/Leder für den Treuhand-Informationskongress am 7.5.1992, 5.5.1992, BArch Berlin, B 412/9361, Bl. 349–356, hier Bl. 350. Die Treuhandanstalt ging davon aus, dass der Markteintritt zwei bis drei Jahre (bzw. vier bis sechs Kollektionen) dauern würde, da Handel und weiterberarbeitende Betriebe »erst Erfahrungen mit den neuen Lieferanten sammeln« würden. Anlage: Bericht über die Textil- und Bekleidungsindustrie in Sachsen, 26.8.1992, ebd., Bl. 119–126, hier Bl. 121.

151 SMWA (Hebestreit): Protokoll von der 3. Sitzung der AG »Sachsentisch für die Textil- und Bekleidungsindustrie« am 13.5.1992 in Dresden, S. 2, BArch Berlin, B 412/9382.

152 THA-Länderreferat Sachsen (Hill): Information über die Besprechung »Sachsentisch« am 8.10.1992 in Dresden, 12.12.1992, BArch Berlin, B 412/9361, Bl. 85 f., hier Bl. 85.

153 SMWA: Protokoll von der 5. Sitzung der AG »Sachsentisch für die Textil- und Bekleidungsindustrie« am 8.10.1992 in Dresden, S. 2, BArch Berlin, B 412/9382.

gemeinsamer Besprechungen machte, unter anderem im Treuhandkabinett. Schommer legte der Berliner Behörde immer wieder Listen mit Unternehmen vor,[154] die seine Mitarbeiter als sanierungsfähig einstuften. In der Folge war die Treuhandanstalt darum bemüht, ihre Entscheidungen über die Sanierung einzelner Textilbetriebe transparent zu gestalten.[155] Dennoch blieben Meinungsverschiedenheiten bei der Beurteilung von Betrieben nicht aus: Während sich die Niederlassung Chemnitz dafür aussprach, die Volltuchwerke Crimmitschau GmbH aus wirtschaftlichen Gründen zu liquidieren, plädierte der Textilbeauftragte Keller gegen eine Betriebsschließung.[156] Der Fall beschäftigte sogar Bundeswirtschaftsminister Rexrodt.[157] Den beteiligten Akteuren bereiteten vor allem die Betriebe Sorgen, für die eine Privatisierung noch nicht in Sicht war, obwohl sie als sanierungsfähig eingeschätzt wurden. Darunter fielen Anfang Oktober 1992 immerhin 16 Betriebe. Hier sah das SMWA akuten Klärungsbedarf.[158] Darüber hinaus gab es fünf Betriebe, die als nicht sanierungsfähig galten, aber für die Landesregierung von großer regionaler, strukturbestimmender Bedeutung waren.

Das SMWA war sich Mitte Juli 1992 sicher, erste Erfolge der Presse vermelden zu können: Man habe sich mit der Treuhandanstalt darüber geeinigt, fünf sächsische Textilunternehmen »in ihrer Wettbewerbsfähigkeit« zu fördern.[159] Dazu zählten die Freizeit- und Bademoden AG Oberlungwitz (ca. 800 Beschäftigte), die Textilwerke Vowetex GmbH Plauen

154 Vgl. Dr. Schommer am 24.6.1992 an Birgit Breuel betr. Zusammenarbeit zwischen THA und Freistaat Sachsen, BArch Berlin, B 412/9382.

155 Vgl. THA-Direktor Schröder am 13.7.1992 an Keller, BArch Berlin, B 412/9361, Bl. 100–102; THA-Direktor Schröder am 28.7.1992 an Keller, ebd., Bl. 103–106.

156 THA-Niederlassung Chemnitz (Karl Hagemann) am 5.6.1992 an Minister Rexrodt, BArch Berlin, B 412/9361, Bl. 382 f.

157 Vgl. THA-Direktor Schröder am 16.6.1992 an Minister Rexrodt, BArch Berlin, B 412/9382. In dem Schreiben kündigte Branchendirektor Schröder an, dass es im Fall Crimmitschau »Ärger geben« werde. Letztlich scheiterten aber alle Sanierungsbemühungen des SMWA. SMWA: Protokoll von der 4. Sitzung der AG »Sachsentisch für die Textil- und Bekleidungsindustrie« am 23.7.1992 in Dresden, S. 3, ebd.

158 SMWA: Protokoll von der 5. Sitzung der AG »Sachsentisch für die Textil- und Bekleidungsindustrie« am 8.10.1992 in Dresden, S. 4, BArch Berlin, B 412/9382.

159 Hoffnung für fünf Textilbetriebe, in: Sächsische Zeitung vom 17.7.1992.

(etwa 400), die Damenmoden Bretnig GmbH (158), die Halbmond Teppichwerke GmbH Oelsnitz (ca. 500) sowie die Hirschfelder Leinen- und Textil GmbH (rund 160).[160] Doch Schommers eigenwillige PR-Aktion belastete die Zusammenarbeit mit der Treuhandanstalt, die sich über eine Rede des Ministers im sächsischen Landtag bitter beklagte, in der »falsche Zahlen genannt« worden seien.[161] Darüber hinaus nenne Schommer in der Öffentlichkeit Unternehmenszahlen, obwohl sich sein Textilbeauftragter ausdrücklich und schriftlich dagegen ausgesprochen habe. Das Verhältnis zu Schommer war zerrüttet: »Es geht nicht an, dass Sachsen politische Erfolge verkündet, die auf der eindeutig falschen Aussage beruhen, THA-Unternehmen würden durch das Eingreifen Sachsens gerettet.«[162] Die Treuhandanstalt befürchtete, dass durch die Presseauftritte des Ministers in der Öffentlichkeit der Eindruck entstehen könnte, dass die von ihm nicht genannten Unternehmen »nicht sanierungsfähig« seien.[163] Auch der Textilbeauftragte des SMWA war sichtlich genervt: »Wir brauchen Ergebnisse und kein Getöse«.[164] Von den Betrieben, die seit Schommers Ankündigung durch die Presse geisterten, waren Mitte November 1992 erst zwei in Management-KGs[165] überführt worden (Freizeit- und Bademoden AG Oberlungwitz, Halbmond Teppichwerke GmbH Oelsnitz), bei zwei

160 Textilbetriebe, in: Neue Zeit vom 17.7.1992.

161 THA-Direktor Schröder am 20.7.1992 an Birgit Breuel, BArch Berlin, B 412/9361, Bl. 212 f., hier Bl. 213.

162 Ebd. Daraufhin wandte sich Birgit Breuel telefonisch an StS Dr. Thiele und erreichte, dass »die Gespräche – wie bisher beabsichtigt – vertraulich« geführt werden, ohne die Namen der betroffenen Unternehmen öffentlich zu nennen. THA-Direktor Schröder: Notiz vom 24.7.1992 an Birgit Breuel, BArch Berlin, B 412/9382.

163 THA-Direktorat (Tobias Engelhardt): Vermerk betr. »Schommer-Breuel«-Vereinbarung, 16.9.1992, BArch Berlin, B 412/9382.

164 Ebd. Ein Mitarbeiter des THA-Branchendirektorats schrieb an den Rand einer Pressemitteilung des SMWA: Diese sei nur »erträglich« durch den Hinweis, dass die Treuhandanstalt am Ende doch alleine entscheide. SMWA: Pressemitteilung zur Modernisierung von Treuhandunternehmen, 15.9.1992 (Fax.), ebd.

165 Der Treuhandvorstand verband mit den Management-KGs das Ziel einer »aktiven Sanierungsbegleitung« durch erfahrene Manager, die bei einer erfolgreichen Privatisierung an den Gewinnen beteiligt werden sollten. Malycha: Vom Hoffnungsträger zum Prügelknaben, S. 594.

weiteren Unternehmen (Vowetex GmbH Plauen, Damenmoden Bretnig GmbH) war die Privatisierung noch völlig offen.[166]

Obwohl es zwischen Schröder und Schommer merklich kriselte,[167] hatte sich die Zusammenarbeit für die Treuhandanstalt insgesamt doch bewährt. In kurzer Zeit hatten sich die gemeinsamen Gesprächsrunden »eingespielt«, wobei nur in einem Fall eine erneute Prüfung der Sanierungsfähigkeit vereinbart werden musste.[168] Die Aufgaben waren zwischen Treuhandanstalt und SMWA klar verteilt; die »letzte Entscheidung« lag bei der Privatisierungsbehörde. Aus Sicht des zuständigen Branchendirektors hatte das sächsische Modell sogar Vorbildfunktion für andere ostdeutsche Bundesländer – vor allem für Thüringen. Doch nicht alles war rosig: Der sächsische Sonderweg stieß 1992 nämlich an finanzielle Grenzen, »die nur mit einem Gespräch in Bonn gebrochen« werden konnten, wie der Textilbeauftragte Keller der Landesregierung ausdrücklich betonte.[169]

Gegen die weitere Schließung von Textilbetrieben regte sich Ende 1992 Widerstand, den die Gewerkschaften zu organisieren versuchten. Auf der 1. Bezirkskonferenz der Gewerkschaft Textil-Bekleidung Süd-Ost, an der auch Betriebsräte der betroffenen Unternehmen teilnahmen, übten die Delegierten Kritik an der Treuhandanstalt und der Landesregierung. Sie forderten, einen Kern der Textil- und Bekleidungsindustrie in Sachsen zu erhalten. Dazu sollten unter anderem die Altschulden der Betriebe gestrichen und diesen »ein ausreichender Zeitraum« von drei bis fünf Jahren für die Sanierung gewährt werden.[170] Doch der große Proteststurm blieb weitgehend aus. Das öffentliche Desinteresse am Schick-

166 THA-Direktor Schröder am 19.11.1992 an StS Thiele (SMWA) betr. Textilunternehmen in Sachsen, BArch Berlin, B 412/9361, Bl. 67–70.

167 Die Kritik an Schommer ebbte in der Folgezeit nicht ab. Vgl. THA-Direktor Schröder am 3.9.1992 an Keller, BArch Berlin, B 412/9361, Bl. 114f.

168 THA-Direktor Schröder: Vermerk an Dr. Link (P L5) betr. Textilindustrie Thüringen, 28.7.1992, BArch Berlin, B 412/9361, Bl. 176–178.

169 THA-Länderreferat Sachsen (Hill): Information über Besprechung »Sachsentisch« am 8.10.1992 in Dresden, 12.12.1992, BArch Berlin, B 412/9361, Bl. 85f., hier Bl. 86.

170 Teilnehmer der 1. Bezirkskonferenz der Gewerkschaft Textil-Bekleidung (Bezirk Süd-Ost) am 21.11.1992 an Birgit Breuel, BArch Berlin, B 412/9361, Bl. 50–52.

sal der sächsischen Textilindustrie brachte der Betriebsvorsitzende der Lautex GmbH Leutersdorf auf die griffige Formel: »Wenn Metall hustet, hat ganz Deutschland Grippe. Wenn Textil Grippe hat, merkt das kein Mensch.«[171] Protestschreiben erreichten auch den Bundeskanzler, der aufgefordert wurde, sich für die Belange der Beschäftigten in der Textilindustrie einzusetzen.[172]

Privatisierungsgespräche mit westdeutschen Investoren, die aus Sicht der Treuhandanstalt und Belegschaften hoffnungsvoll begannen, konnten auch nach langwierigen Verhandlungen noch scheitern, wie das Beispiel der Trumpf Schuhfabrik in Seifhennersdorf verdeutlicht. Der volkseigene Betrieb verfügte Anfang der 1970er-Jahre über die modernste Schuhfabrik in der DDR und hatte 1977 mit dem westdeutschen Hersteller Salamander einen Lizenzvertrag geschlossen, um Schuhe für den westlichen Absatzmarkt anzufertigen.[173] Seit Anfang 1991 verhandelte die Berliner Behörde mit dem Schuhfabrikanten Birkenstock aus Bad Honnef, der seine Produktion in der Oberlausitz ansiedeln wollte. Die Verkaufsgespräche scheiterten jedoch an der Finanzierung für eine neue Hauptproduktionshalle, wobei sich dafür beide Seiten gegenseitig die Schuld zuschoben.[174] Nachdem der Unternehmenschef der Treuhandanstalt Anfang März 1993

171 Die Zukunft bei Textil heißt: Hochveredeln oder sterben, in: Sächsische Zeitung vom 30.3.1993.

172 Donath (stellv. Betriebsratsvorsitzender der Lautex GmbH Weberei und Veredelung) am 10.2.1994 an Bundeskanzler Dr. Helmut Kohl, BArch Berlin, B 102/700754. In dem Schreiben wurde die Einsetzung eines Untersuchungsausschusses verlangt, der die »fahrlässige Veruntreuung von Steuergeldern« durch zu hohe Beraterkosten unter die Lupe nehmen sollte. Die Lautex GmbH hatte ihr Umsatzziel im Geschäftsjahr 1993 weit verfehlt und einen Verlust von rund 51 Millionen DM erwirtschaftet. Die Unterstützungszahlungen der Treuhand (vor allem Verlustfinanzierung) beliefen sich im selben Zeitraum auf insgesamt 141 Millionen DM. Vgl. BMWi (RD Dr. Köpernick): Vermerk vom 10.3.1994 für das Büro des Ministers, ebd.

173 Vgl. Netzwerk Industrie.Kultur.Ost: VEB Trumpf Schuhfabrik Seifhennersdorf, 2017, https://www.industrie-kultur-ost.de/datenbanken/ruinen-datenbank/veb-schuhfabrik-trumpf-seifhennersdorf/ (Zugriff am 8.12.2022).

174 Chronologie der Verhandlungen Birkenstock/THA über Trumpf Schuh GmbH, o.D., BArch Berlin, B 412/9406, Bl. 191–196; Karl Birkenstock am 26.3.1993 an Sächsische Zeitung betr. Gegendarstellung, ebd., Bl. 199–201; Karl Birkenstock: offener Brief an die MitarbeiterInnen der Firma Trumpf, 27.3.1993, ebd., Bl. 202–204.

endgültig eine schriftliche Absage erteilt hatte, wurde der Betrieb mit den verbliebenen 325 Beschäftigten liquidiert und 1998 die Marke »Trumpf« im Handelsregister gelöscht. Während das SMWA der Treuhandanstalt vorwarf, eine falsche Privatisierungsstrategie mit einer Alles-oder-nichts-Lösung verfolgt zu haben, verwiesen Treuhandmitarbeiter auf die monatlichen Verluste in Höhe von 400 000 DM, die eine Liquidation des Betriebes, die bereits zweimal verschoben worden sei, unausweichlich gemacht hätten.[175]

Mit der Schließung zahlreicher Textilbetriebe rückte die Ausarbeitung von Sozialplänen immer wieder auf die Tagesordnung des sächsischen Treuhandkabinetts. Dabei mussten auch die rechtlichen Voraussetzungen geprüft werden. Im Fall des Kunstseidenwerks Pirna, das nach einer letztlich erfolglosen Privatisierung in die Gesamtvollstreckung geschickt worden war, versuchte der eingesetzte Sequester, die Vorfinanzierung des Sozialplanes mit der Staatsregierung und der Treuhandanstalt zu regeln.[176] Die Zeit drängte, denn der Betrieb konnte seine Produktion offenbar nur noch bis Ende 1993 aufrechterhalten. Die Kündigung aller 300 Beschäftigten schien nicht mehr abzuwenden zu sein. Während das SMWA die Treuhandanstalt in der Pflicht sah, wollte die Berliner Behörde zunächst die Betrugsvorwürfe prüfen, die gegen den Investor erhoben wurden. Die zuständigen Treuhandmitarbeiter gingen im Übrigen davon aus, dass nach der Beendigung des Liquidationsverfahrens ohnehin mit einem Überschuss zu rechnen sei, aus dem die Sozialplanforderungen zu begleichen seien. Dagegen wies ein sächsischer Vertreter darauf hin, dass rasch gehandelt werden müsste, da von der Belegschaft Aussagen zu den Kündigungen und zum Sozialplan erwartet würden. Eine Rücknahme des Unternehmens kam für die Privatisierungsbehörde erneut nicht infrage. Da der betriebliche Sozialplan bereits Anfang 1994 benötigt wurde, Mittel

175 Vermerk über die 30. Sitzung des Treuhand-Wirtschaftskabinetts Sachsen am 24.8.1993 in Dresden, BArch Berlin, B 412/9452, Bl. 500–508, hier Bl. 501.

176 THA-Länderreferat Sachsen: Vermerk über die 31. Sitzung des Treuhand-Wirtschaftskabinetts Sachsen am 21.9.1993 in Dresden, BArch Berlin, B 412/9452, Bl. 480–491, hier Bl. 489. Vgl. die überblicksartige Firmengeschichte Müller/Treitschke: Kunstseide aus Pirna.

aus der Liquidationsmasse jedoch erst Ende 1994 zur Verfügung standen, erklärte sich die Treuhandanstalt »in diesem besonderen Fall« bereit, die Vorfinanzierung zu übernehmen, »wenn hinreichend gesichert sei, dass die Gelder zurückgezahlt werden können«.[177]

Ende 1993 hatte die Treuhandanstalt über 90 Prozent ihrer Unternehmen in Sachsen verkauft.[178] Unter den 30 größten Firmen, die noch zu privatisieren waren, befanden sich fünf Textilmaschinenbau- bzw. Textilbetriebe.[179] Bei der Beantwortung der Frage nach der richtigen Verkaufsstrategie für die Textilmaschinenbaubetriebe herrschte Uneinigkeit: Während die Treuhandanstalt eine Einzelprivatisierung anstrebte, schlug die sächsische Seite vor, aus den vier übrig gebliebenen Unternehmen, die nach wie vor stark vom Export nach Osteuropa abhängig waren, einen Verbund zu bilden (»Spinnlinie«), der dann später als Ganzes verkauft werden sollte.[180] Beide Optionen hatten allerdings mit dem Problem weltweiter Überkapazitäten zu kämpfen. Erschwerend kam hinzu, dass der Markt für Spinnereimaschinen Anfang der 1990er-Jahre von wenigen großen Anbietern aus der Schweiz, Japan und Frankreich beherrscht wurde.[181] Da halfen auch keine Wettbewerbsvorteile: Obwohl sich z.B.

177 THA-Länderreferat Sachsen: Vermerk über die 32. Sitzung des Treuhand-Wirtschaftskabinetts Sachsen am 26.10.1993 in Dresden, BArch Berlin, B 412/9452, Bl. 469–478, hier Bl. 472 f.

178 Privatisierung von Firmen nähert sich dem Ende, in: Handelsblatt vom 10.11.1993.

179 Die 30 größten Betriebe Sachsens aus dem Treuhand-Angebot, in: Handelsblatt vom 10.11.1993.

180 Vgl. Textilmaschinenbau wird Sache der Politik. Auseinandersetzung um die Privatisierung von vier Betrieben in Sachsen, in: Frankfurter Allgemeine Zeitung vom 16.2.1994. Das SMWA ging davon aus, dass eine Privatisierung der Unternehmen aus der »Spinnlinie« erst nach zehn Jahren denkbar sei. Vgl. Sächsische Staatskanzlei: Ergebnisprotokoll der Vorkonferenz (154. Kabinettssitzung) am 8.8.1994, S. 3, SHStA, Bestand 12891 (Staatskanzlei), 11146. Besonders hohe Verluste fuhr die Chemnitzer Spinnereimaschinenbau GmbH (CSM) ein, die rückwirkend zum 1. Januar 1994 von der Beteiligungsgesellschaft Neue Länder GmbH & Co. KG (BNL) übernommen wurde. Vgl. Verwaltungsratsvorlage Privatisierung (Chemnitzer Spinnereimaschinenbau GmbH) – zur Vorlage für die Sitzung am 8./9.12.1994, BArch Berlin, B 412/8893, Bl. 95–121.

181 SMWA: Protokoll der 40. Sitzung des Treuhandkabinetts des Freistaates Sachsen am 19.7.1994 in Dresden, S. 2, SMWAV.

die Großenhainer Textilmaschinenbau GmbH auf die Herstellung von Vorspinnmaschinen (Flyer) und die Nadelfeldstrecke spezialisiert hatte und Aufträge aus den USA und Indien vorlagen, war das Überleben des Unternehmens nicht gesichert.[182] Nach Einschätzung der Treuhandanstalt war ein sehr viel größeres Auftragsvolumen (20 statt 13,5 Millionen DM) erforderlich, um über ein Weiterlaufen der Produktionsanlagen ernsthaft nachzudenken. Für den Fall, dass es nicht gelingen sollte, den Schrumpfungsprozess aufzuhalten, befürchteten Vertreter der Gewerkschaften und Betriebsräte eine Abwanderung von qualifizierten Facharbeitern, Ingenieuren und Wissenschaftlern sowie den Verlust »der kulturellen Identität und Traditionen in Sachsen«.[183]

7. Biedenkopfs Kehrtwende: Das Edelstahlwerk Freital

Während die Proteste gegen die Schließung von Textilbetrieben kaum ein überregionales Echo fanden, erschütterte die angekündigte Schließung der Sächsischen Edelstahlwerke GmbH Freital (SEW) die Öffentlichkeit im Frühjahr 1992 und bewog Ministerpräsident Biedenkopf zu einem wirtschaftspolitischen Kurswechsel. Das traditionsreiche Unternehmen, das auf eine über 130-jährige Geschichte zurückblicken konnte und zu DDR-Zeiten der größte Edelstahlproduzent des Landes war, stand vor dem Aus, nachdem sich die vorgesehene Privatisierung durch die Thyssen AG zerschlagen hatte.[184] Die wirtschaftliche Talfahrt setzte sich weiter fort. Obwohl die Beschäftigtenzahl innerhalb von 14 Monaten halbiert

182 Geschäftsführung kämpft um Erhalt des Standortes: Großenhainer Textilmaschinenbau, in: Sächsische Zeitung vom 22.2.1994.

183 Offener Brief der IG Metall Bezirksleitung Dresden, der IG Metall Verwaltungsstellen in Chemnitz und Riesa, des Betriebsratsvorsitzenden vier sächsischer Spinnereimaschinenbauunternehmen (»Sächsische Spinngruppe«), 15.4.1994, BArch Berlin, B 102/700754.

184 Vgl. Eißner/Jentsch: »Der eiskalte Wettbewerbswind bläst uns scharf ins Gesicht«, S. 158–160.

worden war – von 4700 (30. Oktober 1990) auf 2300 (1. Januar 1992) –, blieben die Verluste des Unternehmens größer als der Umsatz.[185] In der neun Kilometer südwestlich der Landeshauptstadt gelegenen Kleinstadt Freital drohte jeder fünfte Bewohner in die Arbeitslosigkeit zu geraten.[186] Daraufhin folgten die Mitarbeiterinnen und Mitarbeiter des Edelstahlwerks dem Beispiel der Stahlwerker aus Brandenburg an der Havel[187] und besetzten das Fabrikgelände.[188] Kurz darauf reiste der mächtige IG-Metall-Chef Franz Steinkühler nach Freital, um seine Unterstützung zu demonstrieren.[189] Höhepunkt der Proteste war Mitte September die öffentlichkeitswirksame Besetzung des Flughafens Dresden-Klotzsche durch die angereisten Stahlwerker aus Freital, bei der sich Biedenkopf, der kurz zuvor mit einem Flieger aus Bonn gelandet war, auf die Seite der Beschäftigten schlug: »Ich habe genau so eine Wut wie Sie.«[190]

Innerhalb der Treuhandanstalt waren die Würfel schon frühzeitig gefallen: Der Leitungsausschuss stufte die SEW am 10. Dezember 1991 »als nicht sanierungsfähig« ein.[191] Mit Rücksicht auf noch laufende Privatisierungsverhandlungen wurde die Abwicklung jedoch nicht sofort eingeleitet. Da die entsprechende Beschlussvorlage »mangels Entschei-

185 Nach Angaben der Treuhandanstalt mussten die SEW 1991 Verluste in Höhe von 141,5 Millionen DM verbuchen – bei einem Umsatz von 113,6 Millionen DM. Für das Geschäftsjahr 1992 wurde ein Verlust von 43,5 Millionen DM eingeplant, der sich Ende August aber schon auf 45,4 Millionen DM summierte. Vgl. Kajo Schommer: »Falsch, nicht hinnehmbar und skandalös«. Sachsen kritisiert Entscheidung der Treuhand zur Abwicklung der Edelstahlwerke Freital, in: Frankfurter Allgemeine Zeitung vom 16.9.1992.

186 Zeit zehrt an Arbeitsplätzen. Zur Aktionswoche der IG Metall, in: Sächsische Zeitung vom 1.4.1992.

187 Vgl. Knoll: Die Treuhandanstalt in Brandenburg, S. 293f.

188 Metaller protestieren gegen den »Plattmacher«, in: Frankfurter Rundschau vom 4.4.1992.

189 Noch keine Entscheidung zum Edelstahlwerk Freital. Erneute Konzept-Vorlage am 15. Mai vereinbart, in: Sächsische Zeitung vom 16.4.1992.

190 »Vierzig Jahre verarscht – und jetzt geht's weiter«. Edelstahlwerk-Betriebsrat zu Flughafen-Besetzung, in: Sächsische Zeitung vom 17.9.1992. Vgl. Biedenkopf: Ringen um die innere Einheit, S. 35 (Eintrag zum 21.9.1992).

191 Direktor Tantow: Stellungnahme des Vorstandsbereiches U5 EM, o.D., BArch Berlin, B 412/8860, Bl. 104. Vgl. Raab: Steuerung von Privatisierung, S. 225.

dungsreife« Ende April 1992 immer noch nicht vorlag, verschob der Verwaltungsrat das endgültige Votum, gegen das Biedenkopf erstaunlicherweise keine grundsätzlichen Bedenken im Sitzungsprotokoll fixieren ließ.[192] Die Forderung des Freitaler Betriebsrats, der Freistaat solle das Werk in eine Industrieholding übernehmen, ließ die Staatskanzlei zunächst unbeantwortet, denn die Landesregierung lehnte Landesbeteiligungen an Unternehmen aus ordnungspolitischen Gründen ab. Biedenkopf, der lange Zeit eine Investorenlösung favorisiert hatte, war über die Betriebsbesetzung »gar nicht so unglücklich«.[193] Unter Verweis auf die sogenannten industriellen Kerne, die in Thüringen (Carl Zeiss Jena), Sachsen-Anhalt (Chemieindustrie), Brandenburg (Stahlwerke) und Mecklenburg-Vorpommern (Werften) entstehen sollten, pochte der Landesvater nunmehr darauf, dass Sachsen mit seiner mittelständischen Industriestruktur nicht leer ausgehen dürfe. Doch in Dresden erkannten weder das Finanzministerium noch das Wirtschaftsministerium die Möglichkeiten, die sich bei der Entwicklung großer und komplexer Wirtschaftsstandorte für die ostdeutschen Bundesländer ergaben. Aus Sicht der Treuhandanstalt hatte Sachsen Anfang 1994 die Entwicklung verschlafen.[194]

Der Ministerpräsident, der durch die mediale Resonanz völlig überrascht war, die die Betriebsbesetzung ausgelöst hatte, präsentierte sich im Verwaltungsrat fortan als Vertreter sächsischer Interessen und machte die drohende Stilllegung des Stahlwerkes zum »Kasus [sic] belli«.[195] Im Treuhandkabinett monierte Staatssekretär Dr. Münch, Sachsen werde »zunehmend schlechter« behandelt als andere ostdeutsche Bundeslän-

192 Protokoll der 25. Verwaltungsratssitzung vom 28.4.1992, BArch Berlin, B 412/9035, Bl. 239–266, hier Bl. 257. Biedenkopf erwähnt diese Sitzung in seinem Tagebuch überhaupt nicht.

193 Metaller protestieren gegen den »Plattmacher«, in: Frankfurter Rundschau vom 4.4.1992.

194 So schrieb ein Mitarbeiter der Treuhandliegenschaftsgesellschaft an den Rand eines Gesprächsprotokolls: »In anderen Ländern geht es schon um konkrete Projekte, Sachsen ist zurück.« TLG (Geschäftsstelle Dresden): Notiz über Gespräch im sächsischen Finanzministerium am 25.1.1994 zum Thema »Entwicklung großer und komplexer Standorte in Sachsen«, BArch Berlin, B 412/9402, Bl. 64f., hier Bl. 64.

195 Tagebuch Klaus Schucht (Eintrag zum 26.8.1992), BArch Koblenz, N 1585, Bd. 17.

der, wenn für Freital keine akzeptable Lösung gefunden werden sollte.[196] Gleichzeitig erklärte er, Sachsen sei bereit, ca. 40 bis 50 Millionen DM an Fördermitteln bzw. Bürgschaften bereitzustellen. Die heftigsten Angriffe kamen wieder einmal von Minister Schommer: Er könne sich des Eindrucks nicht mehr erwehren, dass »man jetzt anfängt, wirklich plattzumachen«.[197] Die öffentlichen Proteste und der Einsatz Biedenkopfs zeigten langsam Wirkung: Bereits Ende Juli 1992 hatte der Verwaltungsrat den Abwicklungsbeschluss auf Eis gelegt und eine Einzelbürgschaft in Höhe von 18 Millionen DM gewährt, mit der Verbindlichkeiten und bereits durchgeführte Investitionen finanziert werden sollten.[198]

Nachdem die Landesregierung zugesagt hatte, sich an der Rettung des Unternehmens finanziell zu beteiligen, stand einer Einigung mit der Treuhandanstalt nichts mehr im Wege. Im Verwaltungsrat wurde Biedenkopf nicht müde zu betonen, dass es sich bei der Übernahme von zusätzlichen Privatisierungsaufwendungen durch den Freistaat »um einen Einzelfall ohne präjudizielle Wirkung« handle.[199] Die Treuhandpräsidentin konnte sich diesem Urteil durchaus anschließen, da es ihr wichtig war, die Einstufung der Sanierungsfähigkeit durch den Leitungsausschuss nicht grundsätzlich infrage stellen zu lassen. Die SEW wurden schließlich an die Boschgotthardshütte O. Breyer GmbH (BGH) zum Preis von

196 THA-Länderreferat Sachsen: Vermerk über die 19. Sitzung des Treuhand-Wirtschaftskabinetts Sachsen am 2.9.1992 in Dresden, BArch Berlin, B 412/9451, Bl. 362–370, hier Bl. 363.

197 Kajo Schommer: »Falsch, nicht hinnehmbar und skandalös«. Sachsen kritisiert Entscheidung der Treuhand zur Abwicklung der Edelstahlwerke Freital, in: Frankfurter Allgemeine Zeitung vom 16.9.1992.

198 Protokoll der 28. Verwaltungsratssitzung am 24.7.1992, BArch Berlin, B 412/9035, Bl. 121–137, hier Bl. 135. Außerdem wurden im THA-Direktorat Arbeitsmarkt und Soziales arbeitsmarkt- und sozialpolitische Maßnahmen entwickelt, die den weiteren Personalabbau begleiten sollten und geschätzte Kosten für die Treuhandanstalt in Höhe von 20 bis 30 Millionen DM verursachten. Vgl. Abteilungsleiter Minner: Vermerk an Herrn Dr. Krämer vom 14.9.1992 betr. Entscheidung zu Sächsische Edelstahlwerke Freital, BArch Berlin, B 412/10608.

199 Protokoll der 29. Verwaltungsratssitzung am 18.9.1992, BArch Berlin, B 412/9035, Bl. 93–113, hier Bl. 103. Dagegen bezeichnete StS Dr. Thiele den zugesagten Landeszuschuss für die SEW 1994 »als Fehler«. Protokoll der 48. Verwaltungsratssitzung am 20.5.1994, BArch Berlin, B 412/9037, Bl. 276–306, hier Bl. 280.

zwei Millionen DM verkauft.[200] Der Kaufvertrag sah eine weitere Halbierung des Personalbestandes auf 1100 Mitarbeiterinnen und Mitarbeiter vor.[201] Während die Treuhandanstalt den Erwerb durch eine Finanzspritze in Höhe der Liquidationskosten unterstützte, gab Sachsen die verbindliche Zusage, die Deckungslücke von 36 Millionen DM zu übernehmen.[202]

Mehrere Gründe waren letztlich ausschlaggebend dafür, dass die ursprünglich geplante Abwicklung abgewendet werden konnte. Von zentraler Bedeutung war Biedenkopfs Kehrtwende, der nach langem Zaudern die Bedeutung des Werks für Sachsen erkannte und sich mit ganzer Kraft dafür einsetzte, die Schließung des Betriebes zu verhindern.[203] Dabei war er auch zu Zugeständnissen gegenüber Birgit Breuel bereit, die in der entscheidenden Verwaltungsratssitzung Sicherheiten verlangte, damit nicht

200 Protokoll der 29. Verwaltungsratssitzung am 18.9.1992, BArch Berlin, B 412/9035, Bl. 93–113, hier Bl. 105. Im Frühjahr 1992 galt die Neue Maxhütte im bayerischen Sulzbach-Rosenberg als aussichtsreichster Kandidat für die Übernahme der SEW. Vgl. Biedenkopf: Ein neues Land entsteht, S. 352 (Eintrag zum 11.3.1992) und S. 386 (Eintrag zum 13.4.1992).

201 Vgl. E. Haas (U5 C6) an Dr. E. Maas (Kaufm. Direktor U5 C) betr. Kaufvertrag vom 23.12.1992 über die Sächsische Edelstahlwerke Freital GmbH, BArch Berlin, B 412/10613, Bl. 351 f., hier Bl. 351.

202 Vgl. Biedenkopf: Ringen um die innere Einheit, S. 36 (Eintrag zum 21.9.1992). Die Staatsregierung versuchte die Kosten auf den Bund abzuwälzen und kritisierte Bundesfinanzminister Theo Waigel, der die ostdeutschen Bundesländer an den Sanierungskosten der Treuhandbetriebe beteiligen wollte. Deshalb dachten sowohl Biedenkopf als auch Schommer laut darüber nach, »ob die Aufsicht über die Treuhand im Bonner Wirtschaftsministerium nicht besser aufgehoben sei als im Bundesfinanzministerium«. Vgl. Der Bund soll Sachsen sein Edelstahlwerk finanzieren. Freital benötigt 36 Millionen DM Anschubfinanzierung, in: Frankfurter Allgemeine Zeitung vom 24.9.1992. Die Entscheidung über die Zuständigkeit war aber bereits ein Jahr zuvor zugunsten des Ressorts von Waigel endgültig getroffen worden. Die Verteilung der Privatisierungskosten konnte erst Ende 1996 abschließend geregelt werden, als das sächsische Kabinett einem Vergleich zwischen dem Freistaat und der Treuhandnachfolgerin – der Bundesanstalt für vereinigungsbedingte Sonderaufgaben (BvS) – zustimmte. Vgl. 91. Sitzung des Kabinetts am 17.12.1996, Anlage 1: Beschluss Nr. 02/0600, SHStA, Bestand 12891 (Staatskanzlei), 11228.

203 Dafür musste er sich im Landtag harsche Kritik gefallen lassen. Eine Abgeordnete von Bündnis 90/Grüne bezeichnete Biedenkopfs Bemühungen als »Show […], die unter Missbrauch des Parlaments und auf dem Rücken der Arbeitslosen abgezogen« worden sei. Es hagelte Beschimpfungen. Im Landtag notiert, in: Neue Zeit vom 14.10.1992.

doch noch eine weitere »Alimentierung« durch die Berliner Behörde drohte.[204] Eine wichtige Rolle spielte aber auch der Siegener Unternehmer Rüdiger Winterhager, der aus Sicht der Treuhandanstalt ein überzeugendes Konzept vorgelegt hatte. Der neue Inhaber verlegte den Firmensitz sogar von Siegen nach Freital – übrigens kein Einzelfall bei der Privatisierung ostdeutscher Betriebe.[205] Die Sanierung der SEW stand aber unter einem denkbar ungünstigen Stern, denn Anfang 1993 lahmte die weltweite Konjunktur in der Stahlbranche. Darüber hinaus lag die erforderliche Zustimmung der EU zur Privatisierung erst neun Monate später vor, sodass neue Anlagen erst mit Verspätung bestellt werden konnten.[206] Erst 1998 konnte ein Geschäftsjahr mit einem Gewinn abgeschlossen werden.[207]

8. Ohne Zukunft: Die Forschungs-GmbHs

Die DDR-Kombinate besaßen eigene Forschungsabteilungen, deren Tätigkeit auf die Anforderungen der Planwirtschaft und die Wirtschaftskooperation im RGW zugeschnitten war. Diese Abteilungen, die über eine große Anzahl hochqualifizierter Ingenieure und weiteres akademisches Fachpersonal verfügten,[208] wurden im Zuge der Auflösung der Kombi-

204 Protokoll der 29. Verwaltungsratssitzung am 18.9.1992, BArch Berlin, B 412/9035, Bl. 93–113, hier Bl. 104.

205 Rainer Karlsch und Michael Schäfer listen in ihrer Geschichte der Familienunternehmen 13 weitere, regional bedeutsame Fälle auf. Vgl. Karlsch/Schäfer: Industrielle Familienunternehmen in Ostdeutschland, S. 87 (Tabelle 6).

206 Vgl. Mignon/Adamski: Betriebliches Transformationslernen – Stationen im Sanierungsprozess der Sächsischen Edelstahlwerke, S. 271 f.

207 Vgl. »Die Öfen waren nie aus«, in: Sächsische Zeitung vom 11.10.2019, https://www.saechsische.de/plus/die-oefen-waren-nie-aus-30-jahre-wir-mauerfall-wende-edelstahlwerk-freital-5128139.html (Zugriff am 15.12.2022).

208 Die Zahl der Beschäftigten war gemessen am Bedarf der DDR-Wirtschaft zu hoch. Dr. Gimbel: Handschriftliche Aufzeichnungen zur Anhörung der AG »Forschung und Technologie« der SPD-Bundestagsfraktion am 14.6.1993 in Halle, S. 4, BArch Berlin, B 412/9390.

natsstrukturen 1990 in der Regel abgespalten.[209] Seitdem firmierten sie als Forschungs-GmbHs im Portfolio der Treuhandanstalt und waren auf Forschungsaufträge angewiesen. Im Rahmen der Ersterfassung meldeten knapp 8000 Treuhandunternehmen insgesamt 90 500 Mitarbeiterinnen und Mitarbeiter, die in den Bereichen Forschung und Entwicklung tätig waren.[210] Dabei befanden sich die mit Abstand meisten Beschäftigten in den Wirtschaftsbranchen Maschinenbau (23 782), Elektrotechnik/Elektronik (12 854) und chemische Industrie (11 608). Hier fiel der Personalrückgang 1991 höher aus (35,5 Prozent) als bei den Gesamtbeschäftigten (30,9 Prozent).[211] Die Berliner Behörde bemühte sich auch hier, neue Eigentümer zu finden. Das Interesse der westlichen Unternehmen war jedoch gering, denn diese hatten bereits eigene Forschungsabteilungen. Bis zum Jahreswechsel 1990/91 warben große westdeutsche Forschungsorganisationen wie die Max-Planck- und Fraunhofer-Gesellschaft eine kleine Anzahl von ostdeutschen Forscherinnen und Forschern (ca. 250) ab und waren an einem weiteren Engagement nicht interessiert.[212]

Das Bundeswirtschaftsministerium ging Anfang 1991 von insgesamt 93 Forschungs-GmbHs in Ostdeutschland mit rund 13 000 Mitarbeiterinnen und Mitarbeitern aus, die »existentiell im besonderen Maße gefährdet« seien.[213] Deshalb beantragte das Ministerium für diese Einrichtungen

209 Die Treuhandanstalt kam im Rückblick zu dem Ergebnis, dass die Ausgründung »für sehr viele dieser Institute das Überleben ermöglicht« habe. Dr. Gehring/Dr. Gimbel (THA): Sprechzettel zu Forschung und Entwicklung (FuE) in Unternehmen der Treuhandanstalt, [Sommer 1993], BArch Berlin, B 412/9408, Bl. 37–42, hier Bl. 37.

210 Anlage zum Schreiben von Dr. Klinz (THA-Vorstand) vom 19.12.1991 an Dr. Schommer (SMWA): Überblick der THA (U4 DL) über FuE-Potentiale in Treuhandunternehmen, S. 1, BArch Berlin, B 412/9397.

211 Ebd., S. 3.

212 Dr. Sinnecker/Dr. Gimbel (THA): Information an Birgit Breuel und Karl Schirner betr. Zukunft der wirtschaftsnahen Forschungseinrichtungen, 15.2.1991, BArch Berlin, B 412/9391, Bl. 235–239, hier Bl. 238.

213 Geisendörfer (BMWi) am 15.1.1991 an Karl Schirner (THA-Vorstand) betr. Forschungs-GmbH, BArch Berlin, B 412/9391, Bl. 243 f., hier Bl. 243. In der Folgezeit war oft von 117 Forschungs-GmbHs mit insgesamt 13 000 Beschäftigten die Rede. Vgl. Dr. van Scherpenberg (THA-Generalbevollmächtigter) am 26.10.1992 an MinDir Dr. Eckhart John von Feyend (BMF, Abt. VIII A 3), BArch Berlin, B 412/9408, Bl. 590–582, hier Bl. 580.

eine Überbrückungsfinanzierung in Höhe von 350 Millionen DM, die jedoch vom Bundesfinanzministerium abgelehnt wurde, das die Treuhandanstalt in der Verantwortung sah.[214] Da es Forschungskapazitäten in einigen ostdeutschen Betrieben gab, die noch nicht ausgelagert bzw. rechtlich nicht selbstständig waren, ging die Treuhandanstalt von einer steigenden Zahl der von Arbeitslosigkeit Betroffenen aus. Genaue Angaben lagen Mitte Februar 1991 noch nicht vor. Da sich ein Großteil der Forschungs-GmbHs (60 Prozent) in Sachsen befand,[215] erhielt das zuständige Länderreferat in der Treuhandanstalt eine neue, zusätzliche Aufgabe: Es sollte die Privatisierung der Forschungseinrichtungen im Freistaat koordinieren.[216] Wichtiger Akteur auf Bundesebene waren neben dem Bundeswirtschafts- und Bundesforschungsministerium eine Arbeitsgruppe »Forschungs-GmbH«, die vom Bund-Länder-Ausschuss »Forschung und Technologie« eingesetzt worden war und die erstmals Mitte März 1991 zusammentrat.[217] Ziel war es, die GmbHs umgehend zu evaluieren und anschließend neu zu strukturieren. Auf diese Weise glaubte man in Bonn, den dramatischen Personalabbau stoppen und den Aufbau einer industrienahen Forschungslandschaft initiieren zu können, die als eine wichtige Voraussetzung für den Wirtschaftsaufbau in Ostdeutschland angesehen wurde.

Von den 98 Forschungseinrichtungen, die es Ende März 1991 in Sachsen gab,[218] hatten aus Sicht der Treuhandanstalt mehr als 40 »eine konkrete Privatisierungschance«.[219] Unternehmensberatungen wurden mit

214 Dr. Sinnecker/Dr. Gimbel (THA): Information an Birgit Breuel und Karl Schirner betr. Zukunft der wirtschaftsnahen Forschungseinrichtungen, 15.2.1991, BArch Berlin, B 412/9391, Bl. 235–239, hier Bl. 235.

215 Ebd., Bl. 236.

216 Dr. Gimbel (THA-Länderreferat Sachsen): Information an Dr. Dorenberg (THA) betr. Forschungs-GmbHs, 19.2.1991, BArch Berlin, B 412/9391, Bl. 230 f.

217 Dr. Schwarz (BMWi, ASB II/6): Vermerk über die 1. Sitzung der AG »Forschungs-GmbH« am 15.3.1991 im BMWi, 18.3.1991, BArch Berlin, B 412/9391, Bl. 283–285.

218 Einen Monat später waren es bereits 107. SMWA: Niederschrift der 5. Sitzung des Treuhandkabinetts am 24.4.1991, BArch Berlin, B 412/9450, Bl. 575–579, hier Bl. 579.

219 SMWA: Protokoll der 4. Sitzung des Treuhandkabinetts am 26.3.1991, BArch Berlin, B 412/9450, Bl. 590–592, hier Bl. 590 (Vorderseite). Bei der Strukturanpassung der Forschungseinrichtungen bot der baden-württembergische Wirtschaftsminister

der Evaluierung beauftragt,[220] die jedoch unter beträchtlichem Zeitdruck stand. Obwohl alle Beteiligten wussten, dass eine »Durchpeitschung« der Gutachten innerhalb von wenigen Monaten nicht ratsam war, konnte die Treuhandanstalt eine Entscheidung nicht auf den Sankt-Nimmerleinstag verschieben. Sie sah sich als Anteilseignerin dazu gezwungen, auf die »sehr kritische finanzielle Situation« der GmbHs zeitnah zu reagieren.[221] Es musste also ein Mittelweg »zwischen schnellen, aber auch fachlich akzeptablen Evaluierungsergebnissen« gefunden werden. Dabei versuchte die Treuhandanstalt die sächsische Landesregierung in die Pflicht zu nehmen: Bei den Forschungseinrichtungen mit geringen Privatisierungschancen müsse der Freistaat die Übernahme prüfen; ansonsten bleibe nur die Stilllegung übrig.[222] Im Zuge der Evaluierung offenbarten sich weitere Probleme. So beklagten Mitglieder der Arbeitsgruppe »Forschungs-GmbH« die »Vorrangigkeit betriebswirtschaftlicher Aspekte« und die Vernachlässigung wissenschaftlicher Parameter.[223] Deshalb sollten international ausgewiesene Fachexperten sowie Vertreter der Arbeitsgemeinschaft Industrieller Forschungsvereinigungen (AIF) in den Evaluierungsprozess einbezogen werden. Darüber hinaus sollte verstärkt Wert darauf gelegt werden, Vorschläge zur Umstrukturierung der Forschungseinrichtungen ausarbeiten zu lassen. Ungeachtet der vorgetragenen Kritik hielt

Hermann Schaufler (CDU) Hilfe durch die Steinbeis-Stiftung für Wirtschaftsförderung an, die ihren Sitz in Stuttgart hatte und im Wissens- und Technologietransfer aktiv tätig war. Vgl. ebd., Bl. 592 (Vorderseite).

220 Dr. Schwarz (BMWi): Vermerk vom 14.5.1991 über die 2. Sitzung der AG »Forschungs-GmbH« am 7.5.1991 im BMWi, BArch Berlin, B 412/9391, Bl. 278–282, hier Bl. 278 f.

221 Dr. Gimbel (PL 2): Vermerk vom 30.5.1991 über Sitzung der Bund-Länder-Arbeitsgruppe »Forschungs-GmbH's« am 29.5.1991 in Berlin, BArch Berlin, B 412/9391, Bl. 275 f.

222 THA-Länderreferat Sachsen: Vermerk über die 7. Sitzung des Treuhandkabinetts Sachsen am 24.6.1991 in Berlin, BArch Berlin, B 412/9450, Bl. 458–469, hier Bl. 467. Dagegen spielte das SMWA auf Zeit und wollte die Ergebnisse der Evaluierung abwarten. Bis dahin bleibe die »finanzielle Begleitung« durch die Treuhandanstalt notwendig. Ebd.

223 BMWi (ASB II/6): Vermerk vom 3.6.1991 über die 3. Sitzung der AG »Forschungs-GmbH« am 29.5.1991 im BMWi, BArch Berlin, B 412/9391, Bl. 260–264, hier S. 260.

die Treuhandanstalt an der Evaluierung durch die Unternehmensberatungen fest.[224]

Ende 1991 lag ein erster Evaluierungsbericht für 39 Forschungs-GmbHs in Sachsen vor. Die Gesamtbeurteilung fiel ambivalent aus.[225] Die Verfasser sahen zwar bei 32 Einrichtungen Chancen zur Privatisierung bzw. Kommunalisierung. Nur in zwei Fällen wurde die Stilllegung empfohlen. Der Innovationsgrad und die Wettbewerbsfähigkeit wurden bei 75 bzw. 80 Prozent der Geschäftsfelder mit gut oder befriedigend bewertet. Dagegen stuften die Gutachter die apparative Ausstattung zu zwei Dritteln mit befriedigend oder ausreichend ein. Insofern überraschte es nicht, dass die finanziellen Werte der Forschungs-GmbHs in erster Linie bei den Grundstücken und Gebäuden gesehen wurden, die die D-Mark-Eröffnungsbilanzen mit insgesamt 23,7 bzw. 51,3 Millionen DM taxierten.[226] Die Höhe der sogenannten Altschulden – d.h. Altkredite und Bürgschaften für Liquiditätskredite – lag bei rund 15 Millionen DM. Der Bericht sah allerdings für den angestrebten Konsolidierungsprozess einen drastischen Personalabbau vor: von 5914 (30. Juni 1991) auf 2374 (31. Dezember 1992).[227] Als die ersten Evaluierungsergebnisse vorlagen, entschied der Treuhandvorstand, die Durchführung der weiteren Gespräche an die zuständigen Branchendirektorate und Niederlassungen

224 THA (U4 DL): Aktennotiz über eine Beratung im BMWi am 6.6.1991 betr. Einbeziehung von Fachgutachtern und Fachexperten in die Evaluierung der Forschungs-GmbH, BArch Berlin, B 412/9391, Bl. 273f.

225 Evaluierungsbericht der THA-Projektgruppe Forschungs-GmbH vom 6.12.1991 zur Situation der Forschungs-GmbH in Sachsen, S. 1, BArch Berlin, B 412/9397. Die Evaluierung war von den Beraterfirmen GEWIPLAN, Scientific Consulting und Arthur D. Little durchgeführt worden.

226 Dr. Barbara Breuer (THA): Zur Problematik der Übereignung von Forschungs-GmbH in Landes- oder gemeinnützige Trägerschaft, S. 2, 19.2.1992, BArch Berlin, B 412/9397. Zu den Grundstücken lagen allerdings noch keine Bewertungsgutachten vor. Sinnecker (THA-Direktor Dienstleistungen) am 19.2.1992 an Dr. Klinz betr. Einrichtungen und Ausstattungen von Stiftungen und gemeinnützigen Einrichtungen namentlich bei Forschungs-GmbH, ebd.

227 Evaluierungsbericht der THA-Projektgruppe Forschungs-GmbH vom 6.12.1991 zur Situation der Forschungs-GmbH in Sachsen, S. 2, BArch Berlin, B 412/9397.

zu delegieren.[228] Die Privatisierung der Forschungs-GmbHs sollte nach den Vorstellungen der Treuhandanstalt Mitte 1992 abgeschlossen sein. Damit lag der Ball im Spielfeld der sächsischen Landesregierung, die für eine Übergangszeit eine Anschubfinanzierung für die noch nicht privatisierten GmbHs gewähren sollte.[229] Die Berliner Behörde drängte und war im Frühjahr 1992 sogar bereit, 16 Forschungs-GmbHs kostenlos an die Länder zu übertragen.[230] Sachsen wollte sich an der Grundfinanzierung der Forschungs-GmbHs 1992 mit 23 Millionen und 1993 mit 46 Millionen DM beteiligen.[231]

Die Anzahl der Forschungseinrichtungen, die sich noch in der Obhut der Treuhandanstalt befanden, verringerte sich bis Ende Februar 1992 auf 60.[232] Darunter waren 21 GmbHs, bei denen die Privatisierung kurz vor

228 Wolf Klinz (THA-Vorstand) am 9.12.1991 an Kajo Schommer betr. Forschungs-GmbHs, BArch Berlin, B 412/9393.

229 Dr. Sinnecker (THA-Direktor) vom 25.3.1992 an Dr. Flath (SMWA) betr. Forschungs-GmbH in Sachsen, BArch Berlin, B 412/9397. Da Sinnecker Anfang 1993 aus der Treuhandanstalt ausschied, musste die Zuständigkeit für die Evaluierung der Forschungseinrichtungen behördenintern neu geregelt werden. Vgl. Dr. van Scherpenberg (THA-Generalbevollmächtigter): Vermerk für Dr. Krämer (Vorstand U4) betr. Evaluierung der Forschungspotentiale, o.D., BArch Berlin, B 412/9408, Bl. 450.

230 Ein Mitarbeiter des Bundesfinanzministeriums stimmte diesem Vorschlag nur unter Vorbehalt zu und favorisierte stattdessen eine andere Lösung (Verpachtung). Vgl. Dr. Otto (BMF, Abt. VIII A 2): Vermerk an AL VIII betr. Kostenlose Abgabe von Forschungs-GmbHs durch die THA an die Länder, S. 2, 1.4.1992, BArch Berlin, B 412/9397. Eine generelle Zustimmung des BMF lag ein halbes Jahr später immer noch nicht vor. Vgl. Birgit Breuel an Theo Waigel (Briefentwurf vom 20.10.1992), BArch Berlin, B 412/9408, Bl. 588–590, hier Bl. 589f. Die Treuhandpräsidentin beklagte sich darüber, dass deshalb zeitaufwendige Einzelfallprüfungen durchzuführen seien. Außerdem könnten die in den Landeshaushalten für 1992 bereitgestellten Finanzmittel nicht abgerufen werden, was schließlich zulasten der Treuhandanstalt gehe.

231 BMWi (ASB II/6): Ergebnisprotokoll des Gesprächs mit Vertretern der THA, des Bundesministeriums für Forschung und Technologie (BMFT), BMF, BDI und der Länder Sachsen und Berlin am 25.6.1992 in Bonn, 3.7.1992, BArch Berlin, B 412/9407, Bl. 384–387, hier Bl. 386.

232 BMWi (ASB II/6): Diskussionspapier für die Besprechung der AG »Forschungs-GmbH« am 12.3.1992, 2.3.1992, BArch Berlin, B 412/9397. 50 Forschungseinrichtungen schlossen sich zu einem Verband zusammen. Vgl. Informationsblatt: Verband innovativer Unternehmen und Einrichtungen zur Förderung der wirtschaftsnahen Forschung in den neuen Bundesländern und Berlin e.V., o.D., BArch Berlin, B 412/9408, Bl. 352f. Eine Verbandstagung fand am 6. Mai 1993 im BMWi

dem Abschluss stand. Mehr als die Hälfte davon (12) befand sich in Sachsen.[233] In der Zwischenzeit hatten auch die westdeutschen Bundesländer die Gefahr erkannt, die von den existenziellen Problemen der Forschungseinrichtungen in Ostdeutschland für den dortigen Wirtschaftsaufbau ausging. Deshalb verständigte sich die Wirtschaftsministerkonferenz Ende März 1992 auf eine Abschlusserklärung, in der die Notwendigkeit unterstrichen wurde, »für eine längere Übergangszeit auch weiterhin besondere Förderhilfen sicherzustellen«.[234] Die zugesagte politische Unterstützung änderte allerdings nichts daran, dass es keine Blaupause für die Privatisierung der Forschungs-GmbHs gab und im Einzelfall spezifische Probleme zu lösen waren. So musste aufgrund von Restitutionsansprüchen beim Institut für Luft- und Kältetechnik (ILK) mit einer Mehrbelastung in Höhe von 1,5 Millionen DM gerechnet werden, für die sich zunächst keiner zuständig fühlte.[235] Dagegen stand die Privatisierung des Instituts zur Materialforschung und Anwendungstechnik (IMA) lange Zeit auf der Kippe, weil der potenzielle Käufer sein Angebot zurückzog, als der Aufsichtsrat der Flughafen GmbH Grundstücksflächen des Instituts beanspruchte, um den Dresdener Airport ausbauen zu können.[236]

(ASB) statt. Vgl. Einladungsschreiben an Dr. Gimpel [sic], o.D., ebd., Bl. 350. Die Verbandsspitze war mit der Mitgliederzahl unzufrieden und forderte eine stärkere Präsenz in den Ländern. Vgl. Rundbrief des Verbandsvorsitzenden (Prof. Dr. Wegerdt) an die Geschäftsführer der im Verband zusammengeschlossenen Firmen und Einrichtungen, 15.11.1993, BArch Berlin, B 412/9392, Bl. 264–266.

233 BMWi (ASB II/6): Diskussionspapier für die Besprechung der AG »Forschungs-GmbH« am 12.3.1992, 2.3.1992, BArch Berlin, B 412/9397. Im Bestand der Treuhandanstalt gab es Ende 1992 noch neun Forschungs-GmbHs in Sachsen mit ca. 780 Mitarbeiterinnen und Mitarbeitern. Vgl. THA-Länderreferat Sachsen (Winkler): Notiz zur Situation der THA-Forschungs-GmbH im Freistaat Sachsen mit Stand vom 15.1.1993, 30.1.1993, BArch Berlin, B 412/9408, Bl. 501 f.

234 Anlage 2 zu den Ergebnissen über die Wirtschaftsministerkonferenz am 25./26.3. 1992, S. 58, BArch Berlin, B 412/9397.

235 Dr. Schulze (SMWA): Vermerk über die am 30.11.1992 im SMWA geführte Besprechung zum Stand der Privatisierung des ILK, BArch Berlin, B 412/9408, Bl. 550.

236 Dr. Schulze (SMWA): Vermerk über die am 30.11.1992 im SMWA geführte Besprechung zum Stand der Privatisierung des IMA, ebd., Bl. 552 f. Ein Lösungsvorschlag lag im Frühjahr 1993 immer noch nicht vor. Vgl. BMWi (Dr. Singula): Vermerk über 10. Sitzung der AG »Forschungs-GmbHs« am 25.3.1993 im BMWi-ASB, ebd., Bl. 357–368, hier Bl. 364 f.

Einzelne ostdeutsche Bundestagsabgeordnete machten sich für die Forschungs-GmbHs stark und versuchten, Druck auf die Treuhandanstalt und das Bundesfinanzministerium auszuüben. So setzte sich der stellvertretende Vorsitzende der CDU/CSU-Bundestagsfraktion Johannes Nitsch dafür ein, dass die von ihm geleitete fraktionsinterne Kommission Wiederaufbau Neue Bundesländer ein Konzept für die industrienahen Forschungseinrichtungen in Ostdeutschland verfasste, das er Birgit Breuel zukommen ließ.[237] Dazu hatte der gebürtige Ostpreuße, der von 1962 bis 1990 als Diplomingenieur im VEB Energiebau Dresden tätig gewesen war, eine Studie beim Institut für Wirtschaftsforschung Halle (IWH) in Auftrag geben, an dem sich das Votum der Fraktionskommission sehr stark orientierte.[238] Darin forderten die Parlamentarier unter anderem, die bestehenden Förderprogramme des Bundeswirtschafts- und Bundesforschungsministeriums zugunsten kleinerer und mittlerer Unternehmen auf eine Laufzeit von mindestens fünf Jahren zu verlängern.[239] Darüber hinaus sollten die Übertragung von Immobilien vereinfacht sowie die

237 Johannes Nitsch am 25.6.1992 an Birgit Breuel, BArch Berlin, B 412/9407, Bl. 469; Anlage: Votum der Kommission Wiederaufbau Neue Bundesländer der CDU/CSU-Bundestagsfraktion betr. Umstrukturierung der Forschungs GmbHs, ebd., Bl. 470 f.

238 Johannes Nitsch: Ergebnisprotokoll der Kommissionssitzung »Wiederaufbau Neue Bundesländer« am 18.5.1992, BArch Berlin, B 412/9397.

239 Ebd., S. 2. Das BMFT plante ein Jahr später eine »Gemeinschaftsinitiative: Produkterneuerung«, bei der Unternehmen Einzelanträge bis zu einer Höchstfördersumme von 600 000 DM stellen konnten. Der jährliche Mittelbedarf wurde über einen Zeitraum von fünf Jahren mit 100 Millionen DM beziffert. Vgl. BMFT: Eckwerte einer neuen BMFT-Förderung, 25.6.1993, BArch Berlin, B 412/9408, Bl. 97. Gleichzeitig schlug das BMFT vor, die Treuhandanstalt solle einen Innovationsfonds bereitstellen, was diese jedoch unter Verweis auf die bisher geleisteten Aktivitäten ablehnte. Ein leitender Treuhandmitarbeiter wies in dem Zusammenhang auf die »offenkundige Überschätzung der Rolle der Treuhandanstalt« hin. THA-Büro Bonn (Dr. Pagels): Notiz zur Initiative des BMFT zur Förderung der Industrieforschung in den neuen Ländern, 1.7.1993, ebd., Bl. 91 f., hier Bl. 91. Die Finanzierung der Forschungs- und Entwicklungsprojekte erfolgte zu fast 80 Prozent aus dem Budget der Treuhandanstalt. Vgl. Birgit Breuel an Dr. Paul Krüger (Briefentwurf), o.D., ebd., Bl. 98 f.; BMWi (ASB II/6): Ergebnisvermerk über 1. Sitzung der AG »Industrieforschung/innovative Unternehmen« am 16.9.1993 im BMWi, 5.10.1993, ebd., Bl. 230–238, hier Bl. 231.

Entschuldung von Altkrediten und Liquiditätskrediten beschleunigt werden.[240] Mit seiner Initiative erzielte Nitsch einen Teilerfolg, denn das Kommissionsvotum kam auf die Tagesordnung einer Sitzung des Bundeskabinetts am 3. Juni 1992.[241] Daraufhin entwickelten die beiden zuständigen Ressorts ein Konzeptpapier, in dem betont wurde, dass »massive flankierende Hilfe[n]« nur »während einer Übergangszeit« geplant seien.[242] Die grundsätzliche Verantwortung der Wirtschaft für die industrienahe Forschung wurde ausdrücklich nicht infrage gestellt.

Damit lagen konkrete Vorschläge auf dem Tisch, die sich aber nicht ohne Weiteres umsetzen ließen. Dabei erwies sich vor allem die Entschuldungsproblematik als Knackpunkt. Birgit Breuel sicherte zwar zu, dass die Treuhandanstalt die »Lebensfähigkeit« einer Forschungs-GmbH »nicht an dieser Frage scheitern lassen« werde,[243] konnte aber eine Zustimmung des Bundesfinanzministers bis Ende 1992 noch nicht erwirken.[244] Dadurch verzögerten sich Privatisierungsentscheidungen teilweise erheblich. In einzelnen Fällen drohte sogar die Liquidation von Forschungs-GmbHs, die erst in letzter Sekunde abgewendet werden konnte.[245] Dahinter stand jedoch ein generelles Problem, das die Zusammenarbeit zwischen Bundesfinanzministerium und Treuhandanstalt mehr und mehr belastete: Seit Anfang 1992 nahm das Ministerium immer öfter die Fachaufsicht wahr und griff mitunter in Arbeitsabläufe der Berliner Behörde ein. Da-

240 Johannes Nitsch: Ergebnisprotokoll der Kommissionssitzung »Wiederaufbau Neue Bundesländer« am 18.5.1992, S. 3, BArch Berlin, B 412/9397.

241 Dr. Barbara Breuer (THA): Vermerk vom 29.5.1992 betr. Sitzung des Bundeskabinetts am 3.6.1992 (zu Forschungs-GmbHs), BArch Berlin, B 412/9397.

242 BMFT/BMWi: Konzept der Bundesregierung zur Förderung der Industrieforschung und Stärkung der Innovationstätigkeit in den neuen Bundesländern, 20.6.1993, BArch Berlin, B 412/9408, Bl. 84–88.

243 Birgit Breuel am 28.5.1992 an Johannes Nitsch, BArch Berlin, B 412/9397.

244 Vgl. Johannes Nitsch am 14.12.1992 an Bundesfinanzminister Theo Waigel (als Fax.), BArch Berlin, B 412/9408, Bl. 515.

245 Dr. van Scherpenberg (THA-Generalbevollmächtigter): Vermerk über Probleme bei der Privatisierung der Forschungs-GmbHs durch missverständliche Weisungen des BMF, 22.3.1993, BArch Berlin, B 412/9408, Bl. 441–443, hier Bl. 443.

raufhin beklagte Breuel eine »Überbeanspruchung« durch Beamte des Ministeriums,[246] auf die Treuhandmitarbeiter stellenweise mit einer Hinhaltetaktik reagierten.[247]

Die Treuhandanstalt konnte die Privatisierung der Forschungs-GmbHs nicht wie erhofft Mitte 1992 abschließen, was vor allem mit den bereits erwähnten rechtlichen und finanziellen Problemen zusammenhing, für die oft im Einzelfall Lösungen erarbeitet werden mussten. Dennoch machte Bundeswirtschaftsminister Jürgen Möllemann (FDP) die Treuhandanstalt für die schleppende Privatisierung der Forschungs-GmbHs öffentlich verantwortlich.[248] Anfang 1993 befanden sich noch 28 Forschungs-GmbHs in der Zuständigkeit der Berliner Behörde.[249] Davon sollten 13 über gemeinnützige Träger, vier über ein MBO-Verfahren und drei über Einzelkäufer privatisiert werden. Bei drei Einrichtungen war ein Liquidationsverfahren eingeleitet worden. Die Treuhandanstalt bemühte sich auch noch Mitte 1993 um die Forschungs-GmbHs,[250]

246 Zit. nach Malycha: Vom Hoffnungsträger zum Prügelknaben, S. 709.

247 Als das BMF erneut einen Bericht über den Privatisierungsstand der Forschungs-GmbHs anforderte, notierte der Mitarbeiter aus dem Länderreferat handschriftlich auf dem Brief: »Nicht reagieren. [...] Bericht kommt, wenn alle F-GmbH verkauft sind.« BMF (Dr. Otto) am 18.3.1993 an THA (Dr. Gimbel), BArch Berlin, B 412/9408, Bl. 449.

248 Ostdeutsche Forschung liegt brach. Möllemann fordert Treuhand zu stärkerem Engagement auf, in: Der Tagesspiegel vom 13.6.1992. Daraufhin sah sich die Treuhandpräsidentin zu einer Replik veranlasst, die mit dem handschriftlichen Zusatz endete: »schade, dass dieses Thema nicht bei Ihrem Besuch im Vorstand angesprochen wurde.« Birgit Breuel am 16.6.1992 an Bundeswirtschaftsminister Jürgen W. Möllemann, BArch Berlin, B 412/9397.

249 BMWi (Dr. Singula): Vermerk über 9. Sitzung der AG »Forschungs-GmbHs« am 20.1.1993 im BMWi, BArch Berlin, B 412/9408, Bl. 433–439, hier Bl. 433. Mitte August befanden sich nur noch acht Forschungs-GmbHs im THA-Bestand. Vgl. THA-Länderreferat Sachsen (Dr. Gimbel): Information »Stand Privatisierung Forschungs-GmbH«, 26.8.1993, ebd., Bl. 50.

250 Dr. Damaschke (Projektleiter »Bewertung von FuE in THA-Unternehmen«) an Dr. Gehring (THA-Direktor U5 ET): Abschlussbericht, 30.6.1993, BArch Berlin, B 412/9408, Bl. 54–57.

konnte aber den massiven Arbeitsplatzabbau nicht stoppen,[251] wofür sie Bundesforschungsminister Paul Krüger (CDU) in der Öffentlichkeit scharf kritisierte.[252] Angesichts der pessimistischen Prognosen von 1991 wertete es die Treuhandanstalt drei Jahre später als Erfolg, dass allein 22 Forschungseinrichtungen in Sachsen erfolgreich tätig waren – entweder durch Aufträge aus der Industrie oder im Rahmen der staatlichen Förderprogramme.[253]

251 Das BMWi befürchtete, dass sich langfristig die industrienahe Forschung durch den Personalabbau immer mehr in die westdeutschen Mutterfirmen verlagern könnte. Dadurch würde dem »Entstehen von verlängerten Werkbänken« Vorschub geleistet. Dr. Schwarz (BMWi, ASB II/6): Vermerk über das Gespräch zur »Lage und Entwicklung der Industrieforschung und der Innovationstätigkeit in den neuen Bundesländern« am 21.9.1993 im BMWi (ASB), BArch Berlin, B 412/9392, Bl. 332–334, hier Bl. 333.

252 »Die Treuhandanstalt muss mehr für die Industrieforschung tun«. Forschungsminister Krüger: Unvertretbarer Personalabbau, in: Frankfurter Allgemeine Zeitung vom 23.6.1993; Forschungslandschaft aufbauen. Treuhand verursachte Ausbluten des wissenschaftlichen Know-hows, in: Märkische Allgemeine vom 22.7.1993. Ein Mitarbeiter des THA-Länderreferats Sachsen kommentierte den Zeitungsartikel mit der handschriftlichen Bemerkung: »Bei Krüger nützt kein noch so guter Brief!«

253 Dr. Gehring/Dr. Gimbel (THA): Bericht betr. Forschung und Entwicklung (FuE) in Unternehmen der THA, 19.4.1994, BArch Berlin, B 412/9393.

VI. Privatisierungsstrategien der sächsischen Landesregierung

1. Der Sachsenfonds

Die sächsische Landesregierung versuchte von Anfang an in- und ausländische Investoren für Sachsen zu gewinnen. Damit reagierte sie nicht nur auf die angespannte Finanzlage des Freistaates, dessen Steuereinnahmen lange Zeit die Ausgaben des Landeshaushalts nicht zu decken vermochten. Dieser Kurs entsprach vielmehr dem wirtschaftspolitischen Credo von Ministerpräsident Biedenkopf und Wirtschaftsminister Schommer, denn der Staat sollte ihrer Meinung nach nicht selber als Unternehmer tätig werden. Deshalb startete die Staatsregierung mehrere Initiativen, um finanzstarke Investoren anzuwerben. Da sie eine aktive Mitarbeit des Landes in den Beteiligungsgesellschaften aus ordnungspolitischen Gründen grundsätzlich ablehnte, suchte die Landesregierung eine »privatwirtschaftliche Alternative zur Sanierung bestehender Unternehmen«.[1] Erste Überlegungen für einen sogenannten Sachsenfonds zur Förderung mittelständischer Strukturen entstanden vermutlich im Frühsommer 1991.[2] In einer Regierungserklärung regte Biedenkopf an, dass Banken diesen Fonds gründen sollten, um Treuhandunternehmen Kapital zur Verfügung zu stellen.[3] Ziel des Fonds sei es, Unternehmen in sächsischer Hand zu halten und auf den Börsengang vorzubereiten. Anschließend sollten die Anteile insbesondere der sächsischen Bevölkerung zum Erwerb an-

1 Biedenkopf: Ein neues Land entsteht, S. 438 (Eintrag zum 1.6.1992).

2 Vgl. ebd., S. 156 (Eintrag zum 26.7.1991).

3 Dr. Gimbel (THA-Länderreferat Sachsen): Vermerk betr. »Sachsenfonds«, 15.10.1991, BArch Berlin, B 412/9381, Bl. 417 f.

geboten werden. Der Freistaat wollte sich an dem Fonds finanziell nicht beteiligen, aber auf die Anlagepolitik Einfluss nehmen. Es war geplant, den Sachsenfonds mit einem Eigenkapital von 500 Millionen DM auszustatten, das zu je einem Viertel von Kreditinstituten, Industrie- und Handelsunternehmen sowie Versicherungen aufzubringen war.[4]

Obwohl eine Zusage der Banken für den Sachsenfonds noch nicht vorlag, gelang es der Landesregierung, die Initiative in der Öffentlichkeit als Erfolg zu verkaufen. Das mediale Echo fiel jedenfalls durchweg positiv aus: Erstmals sei in den »neuen Bundesländern« der Versuch unternommen worden, »alternativ zur Treuhand eine von landespolitischen Gesichtspunkten geprägte Privatisierungspraxis auf die Beine zu stellen«.[5] Der Fonds diene dazu, eine eigenständige mittelständische Wirtschaft aufzubauen. Im Einzelnen sollten Privatisierungsmodelle des Management-Buy-out (MBO) und des Management-Buy-in (MBI) gefördert werden. Warnungen aus Wirtschaftskreisen, der Sachsenfonds werde sich zu einer »kleinen Treuhand« entwickeln, begegnete Schommer mit dem Hinweis, dass sich der Freistaat finanziell nicht beteiligen und der Sachsenfonds als Aktiengesellschaft unternehmerisch vorgehen werde.[6] Gleichzeitig betonte der Wirtschaftsminister, die Sanierungsfähigkeit eines Unternehmens werde erst durch den Fondsvorstand eingehend geprüft, bevor eine finanzielle Beteiligung durch den Sachsenfonds erfolge.[7] Die *Neue Zeit* glaubte gar einen »Silberstreif am Horizont« für einzelne

4 Konzeption für den Sachsenfonds, Frankfurt am Main, 23.11.1991 (ohne Verf.), ebd., Bl. 400–403. In der Presse wurde wenige Tage später erstmals über den Sachsenfonds berichtet. Vgl. Chemnitzer Region ist bedeutender Industriepark. Dritte Kabinettstagung »vor Ort«, in: Freie Presse vom 27.11.1991.

5 Neugeründete Aktiengesellschaft soll geplanten »Sachsenfonds« verwalten. Modell zur Privatisierung und Förderung des Mittelstandes nimmt Gestalt an, in: Handelsblatt vom 28.11.1991.

6 Ebd. Die *Wirtschaftswoche* bezeichnete den Sachsenfonds als »schillernder Zwitter zwischen Plan und Profit« und als »Mini-Treuhand«. Vgl. Rosinen und Rinde. Ministerpräsident Biedenkopf will nicht privatisierbare Unternehmen in einem Fonds zusammenfassen, in: Wirtschaftswoche vom 6.12.1991.

7 Sachsen hilft Unternehmen über Bürgschaft und »Sachsenfonds«. Erste Landesbürgschaft für IMO Leipzig geplant, in: Frankfurter Allgemeine Zeitung vom 28.11.1991.

wirtschaftlich arg gebeutelte Regionen wie das Erzgebirge, den Vogtlandkreis und die Oberlausitz zu erkennen.[8] Treuhandmitarbeiter begrüßten zwar grundsätzlich den sächsischen Vorstoß, kritisierten aber die allzu optimistischen Erwartungen Biedenkopfs und Schommers. So warnte Helmut Wotte, Niederlassungsleiter in Dresden, davor, im Sachsenfonds ein Instrument der Vermögensbildung zu erkennen, denn die Sanierung der Betriebe sei mit »erheblichen Risiken« verbunden.[9]

Für den Sachsenfonds hatte Biedenkopf offenbar Frank Niethammer als Aufsichtsratsvorsitzenden gewinnen können, der seit Anfang 1991 die Industrie- und Handelskammer in Frankfurt am Main leitete und gleichzeitig im Verwaltungsrat der Treuhandanstalt saß.[10] Doch das Personalkarussell drehte sich munter weiter: Karl Schirner, ehemaliges Mitglied des Treuhandvorstands, wurde zeitweilig als aussichtsreicher Kandidat für die Geschäftsführung gehandelt, stand jedoch schon bald für den Posten nicht mehr zur Verfügung.[11] Die Tatsache, dass leitende Funktionen in den Gremien des Sachsenfonds nicht besetzt werden konnten, hatte einen Grund: Die Banken vereitelten letztlich das Prestigeprojekt Biedenkopfs. Nachdem die Deutsche Bank von Anfang an kein Interesse an dem Fonds gezeigt hatte, zog sich die Commerzbank, die bei der Gründung des Sachsenfonds die Federführung übernommen hatte, im Sommer 1992 endgültig aus dem Projekt zurück. Der geplante Kapitalstock kam nicht zustande. Ein Sprecher des Bankhauses begründete den Rückzug mit dem Hinweis, »die deutsche Industrie und der Handel hätten ihr Desinteresse an einer solchen Beteiligung ausgedrückt, da sie zumeist direkt in den

8 Sachsen, in: Neue Zeit vom 28.11.1991.

9 Kein Vorrang bei Verkauf von Treuhand-Betrieben. Treuhand begrüßt »Sachsenfonds«, in: Handelsblatt vom 29.11.1991.

10 Rosinen und Rinde. Ministerpräsident Biedenkopf will nicht privatisierbare Unternehmen in einem Fonds zusammenfassen, in: Wirtschaftswoche vom 6.12.1991.

11 Sachsen will das Projekt Sachsenfonds noch nicht aufgeben, in: Frankfurter Allgemeine Zeitung vom 22.8.1992.

neuen Ländern investieren«.[12] Die Treuhandanstalt traf dagegen keine Schuld. Sie hatte frühzeitig Unterstützung signalisiert und Beratung angeboten, welche Unternehmen »besonders geeignet« seien für eine mögliche Beteiligung des Sachsenfonds.[13] Die Berliner Behörde war über das Scheitern des Projekts nicht sonderlich überrascht: Schon die Privatisierungsgespräche beim Leipziger Stahlbauer Imo hätten gezeigt, »dass man bitten und betteln müsse, bis westdeutsche Banken bereit seien, mit Bürgschaften und Krediten die Sanierung von Ost-Betrieben zu unterstützen«.[14] Biedenkopf verkündete schließlich im Frühjahr 1993, dass der Sachsenfonds gescheitert sei.[15]

Die sächsische Staatsregierung hatte sich mit dem Sachsenfonds weit aus dem Fenster gelehnt und in der Öffentlichkeit den Eindruck vermittelt, sie verfüge über eine ernsthafte Alternative zur Privatisierung durch die Treuhandanstalt. So hatte der CDU-Landtagsabgeordnete Karl Matko in einer kleinen Anfrage wissen wollen, welche Möglichkeiten »für die Einbeziehung der bedrohten Großbetriebe in den zu bildenden Sachsenfonds« bestehen.[16] In seiner Stellungnahme musste Wirtschaftsminister Schommer einräumen, dass der Fonds »ausschließlich privat-wirtschaftlich organisiert« sei.[17] Entscheidungen über Beteiligungen treffe allein die Geschäftsführung. Mit dem Vorstoß hatte sich die Landesregierung auch

12 Sachsenfonds wird nicht gegründet, in: Neue Zeit vom 18.7.1992. Vgl. Nolte: Industriepolitik in Ostdeutschland am Beispiel des Bundeslandes Sachsen, S. 35. Der Treuhandvorstand suchte selber das Gespräch mit den Geschäftsbanken, um diese zu einem stärkeren Engagement bei der Kreditversorgung von sanierungswürdigen Treuhandunternehmen zu bewegen. Vgl. Schnellinformation: Ergebnisse der Vorstandssitzung vom 24.3.1992, BArch Berlin, B 412/9406, Bl. 134.

13 Karl Hagemann/Gunnar Odenram (THA) am 24.6.1992 an StS Dr. Thiele (SMWA) betr. Unternehmensvorschlag Sachsenfonds, BArch Berlin, B 412/9399.

14 Für »Sachsenfonds« fehlt das Geld, in: Frankfurter Rundschau vom 21.7.1992.

15 Sachsenfonds scheitert an fehlendem Haftungskapital, in: Handelsblatt vom 8.4.1993; Sachsenfonds gescheitert, in: Frankfurter Allgemeine Zeitung vom 8.4.1993; Biedenkopf begräbt Sachsenfonds, in: Freie Presse vom 8.4.1993.

16 Kleine Anfrage von Karl Matko (CDU) vom 18.2.1992, in: Sächsischer Landtag, 1. Wahlperiode, Drucksache 1/1419.

17 Dr. Schommer am 10.3.1992 an den Präsidenten des sächsischen Landtages, Erich Iltgen, in: ebd.

gegenüber der IG Metall in Stellung gebracht, die eine Staatsholding in Sachsen für 30 bis 40 Betriebe forderte.[18] Das lehnten Biedenkopf und Schommer kategorisch ab.

Der Sachsenfonds erwies sich letztlich als Flop. Aus dem Scheitern ergaben sich zwei Erkenntnisse, die Folgen hatten für die weiteren Privatisierungsstrategien der Landesregierung unter Biedenkopf. Da die Risikobereitschaft westdeutscher Banken in Dresden stark überschätzt worden war, musste erstens das notwendige Kapital zur Sanierung von ostdeutschen Betrieben fortan vom Staat aufgebracht werden, genauer gesagt: vom Bund. Zweitens erwies sich die Durchführung des Projekts ohne Mitwirkung der Treuhandanstalt als Irrweg. Diese hatte zwar ihre Fachberatung angeboten; Biedenkopf und Schommer waren aber nicht darauf eingegangen.

2. Das ATLAS-Projekt

Angesichts der zahlreichen Betriebsschließungen gerieten die ostdeutschen Landesregierungen Ende 1991 unter öffentlichem Druck. Sie konnten sich nicht mehr hinter der Treuhandanstalt verstecken. Forderungen der betroffenen Belegschaften und der Gewerkschaften nach einem stärkeren Engagement wurden immer lauter. Auch Wirtschaftswissenschaftler sahen die ostdeutschen Länder und Kommunen in der Pflicht, Strukturpolitik zu betreiben. So schrieb Wolfgang Gerstenberger, Leiter der Abteilung Industrie und Struktur im Münchener Ifo-Instituts, in einem Zeitungsartikel: »Wer anders als die Organe der betroffenen Regionen sollten entscheiden was besser ist: Die Sanierung bestehender oder die Ansiedlung von neuen Betrieben.«[19] Vor diesem Hintergrund wandte sich

18 Der Freistaat schließt das Mitwirken an einer Beteiligungsgesellschaft aus, in: Handelsblatt vom 24.2.1992.

19 Wolfgang Gerstenberger: Gefährdete Substanz. Strukturpolitik: Strategien für den Aufschwung im Osten. Der Staat muss die Betriebe beim Anpassungsprozess unterstützen, in: Wirtschaftswoche vom 15.11.1991.

Wirtschaftsminister Schommer an Treuhandchefin Breuel und schlug gemeinsame Gespräche über die langfristige Sanierung einzelner Betriebe vor.[20] Im Mittelpunkt seiner Überlegungen standen »industriepolitisch und regionalpolitisch strukturbestimmende Unternehmen«.[21] Dabei ging er von einer »Ausweitung des Finanzrahmens« der Treuhandanstalt aus, die die entsprechenden Liquiditätsmittel im jeweiligen Einzelfall zur Verfügung stellen sollte. Mit diesem Vorschlag schien sich auch das Bundesfinanzministerium anfreunden zu können. Um der Forderung nach einer vom Bund und den Ländern getragenen Staatsholding den Wind aus den Segeln zu nehmen, sollte stattdessen das Aufgabentableau der Treuhandanstalt erneut erweitert werden. Die Berliner Behörde sollte für ausgewählte Unternehmen ein »Privatisierungsmodell [...] unter Berücksichtigung strukturpolitischer Ziele« von Ländern und Kommunen entwickeln.[22] Damit landete der schwarze Peter wieder einmal bei der Treuhandanstalt.

Nahezu zeitgleich versuchte das SMWA Kriterien zu entwickeln, um der Treuhandanstalt strukturbestimmende Unternehmen nennen zu können. In einem ersten Anlauf orientierte man sich erstens an der historischen Industrietradition, zweitens an der regionalen Bedeutung und drittens am Innovationspotenzial der auszuwählenden Betriebe.[23] Doch die Klassifizierung erwies sich als äußerst schwierig, da eine Einteilung, die den Regeln scheinbarer Transparenz und Objektivierbarkeit folgen sollte, nahezu unmöglich erschien. Das SMWA sorgte selbst für noch mehr Verwirrung, indem es den Kriterienkatalog um drei zu-

20 Schreiben Schommers an Breuel betr. Politik der THA bei Sanierung von Unternehmen [als Kurzmitteilung des SMWA an Dr. Gimbel, 10.12.1991], BArch Berlin, B 412/9403, Bl. 545–547.

21 Ebd., Bl. 547.

22 BMF (Ref. VIII A I): Argumentationspapier zum Thema »Treuhandanstalt (Forderungen der Ost-MdB's, berechtigte und unberechtigte Kritik an der Treuhandanstalt)« [Fax.], o.D., BArch Berlin, B 412/9403, Bl. 533f., hier B. 534.

23 Dr. Kandalofsky (SMWA): Vermerk betr. Auftrag des Ministers zur Benennung von 10 strukturbestimmenden Unternehmen in Sachsen, 17.12.1991, BArch Berlin, B 412/9403, Bl. 520f. Erstmals zitiert bei: Trecker: Neue Unternehmer braucht das Land, S. 226.

sätzliche Aspekte erweiterte: die arbeitsmarktpolitische Bedeutung, die Sanierungsfähigkeit sowie die »Entflechtbarkeit in mittelständische[n] Strukturen«.[24] Es lag freilich in der Natur der Sache, dass mitunter die »Betrachtungsweisen von [Treuhandanstalt] und Freistaat voneinander« abwichen.[25] Die ersten vom SMWA genannten Unternehmen, zu denen etwa das Edelstahlwerk Freital, die Heckert Werkzeugmaschinen GmbH in Chemnitz und die Textima AG Chemnitz gehörten, waren nach Einschätzung der Treuhandanstalt aufgrund der Aktenlage ausgewählt worden und mussten noch genau überprüft werden. Bei einem ersten Treffen Anfang 1992 wurden die unterschiedlichen Positionen deutlich: Während die Treuhandanstalt darauf bestand, von der Landesregierung eine klare Definition der strukturbestimmenden Unternehmen vorgelegt zu bekommen, wollte sich das SMWA in dieser Frage nicht festlegen lassen und kündigte an, mehrere Listen vorzulegen.[26] Das zuständige Länderreferat der Treuhandanstalt zeigte zwar Verständnis für das Anliegen des sächsischen Wirtschaftsministeriums, Treuhandunternehmen zu sanieren, die »eine besondere Stellung im Lande oder in einer Region einnehmen«, bestand aber auf dem Prinzip, dass die Privatisierung der Betriebe Vorrang haben müsse.[27]

Auf der Grundlage der Breuel-Schommer-Vereinbarung zur Förderung von regional bedeutsamen sanierungsfähigen Betrieben startete das SMWA im Sommer 1992 eine neue Initiative: das sogenannte ATLAS-Projekt. Der Namen sollte nicht Schommers humanistische Bildung un-

24 Dr. Kandalofsky (SMWA): Vermerk betr. Auftrag des Ministers zur Benennung von 10 strukturbestimmenden Unternehmen in Sachsen, 17.12.1991, BArch Berlin, B 412/9403, Bl. 521.

25 THA-Länderreferat Sachsen (Werner): Vermerk über Brainstorming zur Ermittlung »Strukturbestimmender Unternehmen« in Sachsen, 8.1.1992, BArch Berlin, B 412/9403, Bl. 518f., hier Bl. 518.

26 THA-Länderreferat Sachsen (Dr. Gimbel): Vermerk über »Strukturbestimmende Unternehmen«, 14.1.1992, BArch Berlin, B 412/9403, Bl. 523f., hier Bl. 523; THA-Länderreferat Sachsen (Werner): Ergebnisvermerk über Besprechung im SMWA am 14.1.1992, 15.1.1992, BArch Berlin, B 412/9426, Bl. 166–168.

27 THA-Länderreferat Sachsen (Dr. Gimbel): Vermerk betr. Sanierung von Treuhandunternehmen, 2.4.1992, BArch Berlin, B 412/9406, Bl. 110–112, hier Bl. 111.

terstreichen, sondern war eine Abkürzung bzw. ein Akronym für einen sperrigen Verwaltungstitel: »Ausgesuchte Treuhandunternehmen vom Land angemeldet zur Sanierung«. Unternehmensbeauftragte sollten einzelne Betriebe bei der Durchführung von neu ausgearbeiteten Unternehmenskonzepten aktiv begleiten.[28] Die damit verbundenen Sanierungskosten sollten – und das war neu – gemeinsam von der Treuhandanstalt und Sachsen getragen werden, wobei ein prozentualer Höchstsatz vereinbart wurde. Die Staatsregierung sagte zu, für die Sanierung finanzielle Mittel zur Verfügung zu stellen, die der Freistaat aus der Gemeinschaftsaufgabe »Verbesserung der regionalen Wirtschaftsstruktur« erhielt.

Obwohl die Treuhandanstalt die Landesregierung mehrfach gedrängt hatte, einen präzisen Kriterienkatalog für die Identifizierung sanierungsfähiger Betriebe auszuarbeiten, lag dieser Mitte 1992 immer noch nicht vor. Das SMWA wollte sich die eigenen Handlungsspielräume nicht einengen lassen, um ad hoc auf drohende Betriebsschließungen reagieren zu können. Das bedeutete, dass jeder Fall einzeln zwischen den verantwortlichen Akteuren in Dresden und Berlin zu verhandeln war.[29] Sowohl das SMWA als auch die Treuhandanstalt mussten die Sanierungsfähigkeit eines Treuhandunternehmens feststellen. Im Mittelpunkt einer ersten Unterredung – nicht im Treuhandkabinett – standen Mitte August 1992

28 Zum ATLAS-Team gehörten der Geschäftsführer Manfred von Krüchten und der stellvertretende Geschäftsführer Gerhard Richter. Neben Berthold Keller, der bereits als Textilbeauftragter der Landesregierung tätig war, wurden zwei weitere Unternehmensbeauftragte eingestellt. Vgl. SMWA: Pressemitteilung vom 15.9.1992 betr. Modernisierung von Treuhandunternehmen, BArch Berlin, B 412/9403, Bl. 290–298. Die ATLAS-Geschäftsführung erhielt keinen Einblick in Privatisierungsunterlagen der Treuhandanstalt. Vermerk über die 28. Sitzung des Treuhand-Wirtschaftskabinetts Sachsen am 29.6.1993 in Dresden, BArch Berlin, B 412/9452, Bl. 515–520, hier Bl. 517.

29 Das SMWA entwickelte im Sommer 1992 einen 28-seitigen Prospekt (»Das Projekt ›ATLAS‹«), der auch die Zustimmung der Treuhandanstalt fand, die nur einzelne Korrekturen am Entwurf anbrachte. Diese betrafen insbesondere die Auskunftspflicht der Berliner Behörde. Vgl. Das Projekt »ATLAS« (Entwurf), Stand: 31.8.1992, BArch Berlin, B 412/9381, Bl. 210–237; THA-Länderreferat Sachsen (Dr. Gimbel) am 10.9.1992 an Dr. Geiger (Leiter Ministerbüro SMWA) betr. Entwurf einer Arbeitsanleitung für das Projekt »ATLAS«, ebd., Bl. 207–209.

neun »regional bedeutsame« Unternehmen, insbesondere aus dem Werkzeugmaschinenbau.[30] Biedenkopf warb im Verwaltungsrat der Treuhandanstalt dafür, das ATLAS-Projekt flexibel zu handhaben und in Einzelfällen mit anderen Mittelstandsprogrammen wie z.B. den Management-KGs zu verknüpfen.[31] Dadurch drohte jedoch der Privatisierungsauftrag der Treuhandanstalt verwässert zu werden,[32] denn es musste eine Antwort auf die Frage gefunden werden, wie es mit den Unternehmen weitergehen sollte, die zwar sanierungsfähig waren, für die aber kein Käufer gefunden werden konnte. In der Treuhandanstalt pochte man darauf, dass das SMWA in solchen Fällen einen Beschluss zur Liquidation mittragen sollte. Doch auch die Treuhandanstalt wählte mitunter einen pragmatischen Weg: Als sich abzeichnete, dass die Privatisierungsverhandlungen bei der Mähdrescherwerke AG Singwitz zu scheitern drohten, nahm sie rechtzeitig Kontakt zum SMWA auf, um im Rahmen des ATLAS-Projekts ein Alternativkonzept entwickeln zu lassen.[33]

Die Sanierung der Treuhandunternehmen im Rahmen des ATLAS-Projekts verlief kompliziert und war von mehreren Faktoren abhängig. Ein erfolgreicher Abschluss war oft nicht absehbar.[34] Das zeigt das Beispiel des VEB Rasoma Döbeln. Das 1919 gegründete Unternehmen hatte sich

30 Ergebnisbericht über das Gespräch zwischen der THA und dem Freistaat Sachsen am 13.8.1992, BArch Berlin, B 412/9403, Bl. 341–345.

31 Protokoll der 32. Verwaltungsratssitzung am 9.12.1992, BArch Berlin, B 412/9035, Bl. 5–24, hier Bl. 23. Dazu waren aber noch einige Detailfragen im Treuhandkabinett zu klären. Vgl. THA-Länderreferat Sachsen (Darkow): Vermerk über die 23. Sitzung des Treuhand-Wirtschaftskabinetts Sachsen am 19.1.1993 in Dresden, BArch Berlin, B 412/9451, Bl. 106–114, hier Bl. 110f.

32 Birgit Breuel: Notiz vom 8.4.1993 (vertraulich) für Brahms (U 1)/Dr. Hornef (F)/ Dr. van Scherpenberg (P G) über Gespräch mit Ministerpräsident Biedenkopf am 7.4.1993, BArch Berlin, B 412/3175.

33 Dr. Paulin/Dr. Schröder (THA): Vermerk für Frau Breuel für Gespräch mit Dr. Schommer am 7.4.1993 in Dresden, 5.4.1993, BArch Berlin, B 412/9406, Bl. 206–208, hier Bl. 207.

34 Auch in der Presse überwog zunächst die Skepsis über den langfristigen Erfolg der Sanierungsbemühungen im Rahmen des ATLAS-Projekts. Vgl. Vom Zusammenbruch der Wirtschaft ist Sachsen nicht verschont. Sanierungsprojekt »Atlas«, in: Frankfurter Allgemeine Zeitung vom 28.9.1992; Sachsen vertraut auf eigene Kraft. Sanierungsprojekt für Betriebe, in: Süddeutsche Zeitung vom 30.9.1992.

in den 1920er-Jahren auf die Produktion von Drehbänken spezialisiert und war nach dem Ende des Zweiten Weltkriegs von der sowjetischen Besatzungsmacht vollständig demontiert worden.[35] In den 1950er-Jahren wurde wieder damit begonnen, Präzisionsdrehbänke in Serie herzustellen. 1972 erfolgte die Zwangsverstaatlichung des Betriebs, der im Zuge der Automatisierung in den 1980er-Jahren Sondermaschinen produzierte, unter anderem die erfolgreiche Sternrevolver-Drehmaschine DRSF 40a mit pneumatischer Steuerung. Der Treuhandanstalt gelang es zunächst nicht, Käufer für den Betrieb zu finden, sodass zeitweilig die Liquidation drohte. Im Sommer 1992 waren nur noch 60 von ursprünglich 150 Arbeitsplätzen vorhanden; es drohte sogar ein weiterer Arbeitsplatzabbau.[36] Da der Betrieb für Döbeln wirtschaftlich bedeutsam war, wurde das Treuhandunternehmen unter den Rettungsschirm des ATLAS-Projekts genommen. Um die hoch qualifizierten Arbeitsplätze zu erhalten, erklärte sich auch die Landesregierung bereit, finanzielle Unterstützung zu leisten. Darüber hinaus ging es darum, einen Investitionsbedarf in Höhe von zwei Millionen DM abzudecken. Das Blatt wendete sich 1993, als zwei Investoren mit einem die Treuhandanstalt überzeugenden MBO-Konzept, das eine weitere Spezialisierung der Produktpalette beinhaltete, auf den Plan traten und die Zukunft des Unternehmens sichern konnten. Die finanzielle Unterstützung im Rahmen des ATLAS-Projekts hat vermutlich kurzfristig das Überleben des Unternehmens gesichert. Die Sanierungsbemühungen gingen auch bei anderen Betrieben, die in das ATLAS-Projekt aufgenommen werden sollten, mit einem teilweise erheblichen Beschäftigungsrückgang einher.[37]

35 Vgl. dazu die firmeneigenen Angaben zur Unternehmensgeschichte https://www.rasoma.de/historie.php (Zugriff am 11.1.2023).

36 Vgl. Ergebnisbericht über das Gespräch zwischen der THA und dem Freistaat Sachsen am 13.8.1992, BArch Berlin, B 412/9403, Bl. 341–345, hier Bl. 341 f.

37 So war der Personalbestand bei der Sächsischen Kunststofftechnik GmbH Freital von 921 (1.7.1990) auf 350 (31.12.1992) zurückgegangen. Ein weiterer Abbau auf 170 Mitarbeiter (zum 1.1.1993) war geplant. Aldag: Notiz an Dr. Charbonnier betr. Sächsische Kunststofftechnik GmbH Freital, 9.12.1992, BArch Berlin, B 412/9426, Bl. 44.

Angesichts der fundamentalen Strukturkrise, in der sich die ostdeutsche Textil- und Bekleidungsindustrie Anfang der 1990er-Jahre befand, war es nicht verwunderlich, dass sich etliche Betriebe aus dieser Wirtschaftsbranche darum bemühten, in das ATLAS-Projekt aufgenommen zu werden. Dabei musste die Treuhandanstalt die Bereitstellung der beantragten Fördermittel durch den Freistaat ein ums andere Mal anmahnen.[38] Im September 1992 wurden bereits 14 Betriebe im Rahmen des ATLAS-Projekts saniert und wettbewerbsfähig gemacht – darunter neun aus der Textil- und fünf aus der Maschinenbauindustrie. Gleichzeitig verhandelten Treuhandanstalt und SMWA über die Aufnahme von 50 weiteren sächsischen Betrieben in das gemeinsame Projekt.[39] Trotz der vereinbarten Zusammenarbeit bestand aber von Anfang an kein Zweifel daran, dass die Treuhandanstalt die letzte Entscheidung über die Empfehlungen des ATLAS-Teams traf.[40] Obwohl die IG Metall und der DGB in Sachsen stets eine staatliche Industrieholding gefordert hatten, waren sie mit dem ATLAS-Projekt der Landesregierung sehr zufrieden, das aus Sicht der Gewerkschaften doch eine »für Konservative vertretbare Form der staatlichen Lenkung« darstellte.[41]

38 Vgl. THA-Länderabteilung Sachsen (Dr. Gimbel) am 9.9.1992 an SMWA (Ullrich Fahdt) betr. Termin von Dr. Schommer im Ausschuss für Wirtschaft und Arbeit des Sächsischen Landtags, BArch Berlin, B 412/9403, Bl. 321 f.

39 »ATLAS« soll sächsischen Unternehmen mit Rat und Tat wieder auf die Beine helfen. Der Freistaat beschließt Sanierungs-Kooperation mit der Treuhandanstalt, in: Handelsblatt vom 21.9.1992.

40 Vgl. Nolte: Industriepolitik in Ostdeutschland am Beispiel des Bundeslandes Sachsen, S. 37.

41 Atlas-Projekt soll Sachsens Industrie retten, in: General-Anzeiger vom 6.1.1993. Biedenkopf und Schommer liebäugelten kurzzeitig mit der Errichtung einer Industrieholding für rund 500 sächsische Betriebe. Das Kapital sollte vom Bund (95 Prozent) und von den Banken (5 Prozent) aufgebracht werden. Vgl. Eine staatliche Industrieholding AG für sanierungsfähige Betriebe geplant, in: Handelsblatt vom 9.2.1993. Bundeswirtschaftsminister Rexrodt erteilte dem Vorstoß eine Absage. Das Bundeskanzleramt stellte wiederum fest, dass Biedenkopf das Vorhaben bei den Beratungen mit Bundeskanzler Kohl »erfreulicherweise nicht zur Sprache gebracht« habe. Vgl. Sachsen will mit Staatsholding Betriebe retten. Neues Konzept der Landesregierung zum Erhalt der industriellen Kerne, in: Süddeutsche Zeitung vom 5.2.1993.

Die sächsische Landesregierung hatte bei der Treuhandanstalt bis Anfang Februar 1993 145 Unternehmen als regional bedeutsam angemeldet.[42] Zu diesem Zeitpunkt waren die eingestellten Unternehmensbeauftragten immer noch damit beschäftigt, die Investitionskonzepte der Unternehmen auf die Förderfähigkeit zu prüfen und Sanierungsvorschläge auszuarbeiten. Um eine reibungslose Auszahlung der Investitionszuschüsse sicherzustellen, bat die Treuhandanstalt einige als regional bedeutsam eingestufte Unternehmen in einem Rundschreiben darum, rechtzeitig ihre Förderanträge einzureichen.[43] Auf Vorschlag von Dr. Gimbel wurde eine Arbeitsgruppe unter Beteiligung von ATLAS, SMWA, Treuhandanstalt und Sächsischer Aufbaubank (SAB) gebildet, die mit den Geschäftsführern der betreffenden Unternehmen die Anträge durchgehen sollte.[44] Die Zusammenarbeit zwischen der Treuhandanstalt und dem Freistaat Sachsen im ATLAS-Projekt entwickelte sich fast reibungslos, wie das Protokoll einer Verwaltungsratssitzung ausdrücklich hervorhob.[45] Treuhandmitarbeiter stellten befriedigt fest, dass die Unternehmensbeauftragten bei ihren Bewertungen »zu gleichen Ergebnissen« gekommen

42 THA-Länderreferat Sachsen (Darkow): Vermerk über die 24. Sitzung des Treuhand-Wirtschaftskabinetts Sachsen am 16.2.1993, BArch Berlin, B 412/9402, Bl. 205–211, hier Bl. 210.

43 Bredenbreuker/Dr. Gimbel (THA) am 2.4.1993 an die Geschäftsführer der ATLAS-Unternehmen des Spezialmaschinenbaus betr. Förderung von »regional bedeutsamen« Treuhandunternehmen, BArch Berlin, B 412/9402, Bl. 174.

44 THA-Länderreferat Sachsen (Darkow): Vermerk über die 27. Sitzung des Treuhand-Wirtschaftskabinetts Sachsen am 25.5.1993 in Dresden, BArch Berlin, B 412/9451, Bl. 8–12, hier Bl. 10. Die Sächsische Aufbaubank (SAB) war im Februar 1991 als Zweiganstalt der Landeskreditbank Baden-Württemberg gegründet worden. Die Aufgabe der SAB bestand darin, das Land Sachsen bei der Durchführung der Wirtschafts-, Wohnungsbau-, Städtebau-, Landwirtschafts- und Umweltförderung zu unterstützen. Dazu konnten zinsverbilligte Darlehen und Zuschüsse bereitgestellt sowie Bürgschaften und Gewährleistungen übernommen werden. Bis Mai 1992 waren bei der SAB mit ihren 279 Mitarbeitern rund 105 000 Anträge mit einem Fördervolumen von 7,4 Milliarden DM eingegangen. Vgl. Die Verluste sind erträglich. Sächsische Aufbaubank, in: Handelsblatt vom 26.5.1993; Frank M. Wiedenmann (Projektleitung): Messemagazin »Chance '92« – Aktionstage: Mit Sachsen wachsen, Aktionstage Grimma, 10.6.[1992], BArch Berlin, B 412/10484, Teil 1, Bl. 66 f.

45 Protokoll der 35. Sitzung des Verwaltungsrates am 19.3.1993, BArch Berlin, B 412/9036, Bl. 378–398, hier Bl. 379.

seien wie die Berliner Behörde – teilweise sogar »zu einschneidenderen Vorschlägen«.[46] Mit dem ATLAS-Projekt verband man in Berlin offenbar die Hoffnung, bei Schommer Verständnis für die »oft kurzfristigen Handlungszwänge« der Treuhandanstalt zu wecken.

Das SMWA hatte aus dem Desaster um den Sachsenfonds gelernt und präsentierte das ATLAS-Projekt erst in der Öffentlichkeit, als die letzten Absprachen mit der Treuhandanstalt getroffen waren.[47] An dieser Kommunikationsstrategie hielt man auch fest, als die Unternehmensbeauftragten mit ihrer Arbeit schon längst begonnen hatten. Schommer weigerte sich, Listen mit den Treuhandunternehmen, die als sanierungsfähig eingestuft worden waren, öffentlich zu machen. Er begründete seine überraschende Zurückhaltung mit dem Hinweis, bei den anderen Unternehmen, deren Prüfung auf Sanierungsfähigkeit noch laufe, könnte dies sonst zu »Problemen mit ihren Kunden und Kreditgebern führen«.[48] Das SMWA beschränkte sich auch gegenüber Landtagsabgeordneten darauf, nur allgemeine Informationen zum ATLAS-Projekt weiterzugeben – etwa zur Gesamtzahl der als regional bedeutsam eingestuften Unternehmen oder zu den gewährten Investitionszuschüssen.[49] Im Frühjahr 1993 waren zwar von 166 »ATLAS-Betrieben« bereits 43 privatisiert. Dennoch dämpfte Geschäftsführer Manfred von Krüchten in einem Zeitungsinterview die Erwartungen: »ATLAS ist keine Wunderwaffe, aber Ausdruck der Landesregierung, den Industriestandort Sachsen zu erhalten.«[50] Es lässt sich nicht eindeutig belegen, ob und inwieweit das ATLAS-Projekt

46 THA-Länderreferat Sachsen (Dr. Gimbel): Vermerk für Präsidentin Breuel betr. Besprechung mit Minister Dr. Schommer am 7.4.1993 in Dresden, 5.4.1993, BArch Berlin, B 412/9406, Bl. 214–217, hier Bl. 217.

47 Sanierung mit Mitteln des Landes Sachsen, in: Frankfurter Allgemeine Zeitung vom 16.9.1992.

48 Dr. Schommer am 27.6.1993 an den Präsidenten des Sächsischen Landtags, Erich Iltgen, betr. Kleine Anfrage von Wolf-Dieter Beyer (CDU) vom 19.4.1993, S. 1, in: Sächsischer Landtag, 1. Wahlperiode, Drucksache 1/3209.

49 Vgl. Dr. Schommer am 10.6.1993 an den Präsidenten des Sächsischen Landtags, Erich Iltgen, betr. Kleine Anfrage von Hans-Jürgen Richter (SPD) vom 5.5.1993, in: Sächsischer Landtag, 1. Wahlperiode, Drucksache 1/3224.

50 Von 166 Atlas-Betrieben sind 43 privatisiert, in: Frankfurter Allgemeine Zeitung vom 12.5.1993.

Vorbild war für die anderen ostdeutschen Bundesländer. Fest steht aber, dass nahezu zeitgleich vergleichbare Initiativen starteten, so etwa das ANKER-Projekt in Mecklenburg-Vorpommern, das B9-Modell des Berliner Senats zur Erhaltung von neun Industriestandorten in Ost-Berlin sowie das Thüringer Modell des Wirtschaftsministeriums in Erfurt zur Entwicklung industrieller Zentren.[51]

Aus der anfänglichen Zustimmung der Gewerkschaften zum ATLAS-Projekt der sächsischen Landesregierung entwickelte sich jedoch rasch eine grundsätzliche Ablehnung. Die gerade geschmiedete Allianz zwischen Biedenkopf, den Gewerkschaften und Arbeitgeberverbänden in Sachsen stand vor dem Aus. So kritisierte der Bezirksleiter der IG Metall in Sachsen, Hasso Düvel, dass es nicht möglich sei, »eigene Sanierungsvorstellungen autonom gegen eine nicht vorhandene oder falsche Konzeption der Treuhand durchzusetzen«.[52] Drei Monate später wiederholte er seine Kritik: Das Projekt habe sich bisher nicht bewährt. Es seien zwar einige Firmen privatisiert worden. Doch die eigentlich problematischen Fälle lägen noch gar nicht auf dem Tisch. Unter Verweis auf den Hungerstreik im thüringischen Kalibergbau erklärte er: Im Grunde diene das ATLAS-Projekt dem »Stillhalten, damit es in Sachsen nicht auch ein Bischofferode« gebe.[53] Düvels Kritik machte deutlich, dass die IG Metall mit dem Sanierungsprogramm andere Ziele verband als die sächsische Staatsregierung. Die Gewerkschaften setzten von Anfang an auf eine staatliche Industrieholding, mit deren Hilfe die Existenz der Treuhandunternehmen langfristig gesichert werden sollte. Deshalb überraschte es auch nicht, als der IG-Metall-Bezirksleiter dem sächsischen Wirtschaftsminister vorwarf, »keine ordentliche Industriepolitik zu betreiben«. Dagegen stellte

51 Hans-Jürgen Allert (THA-Direktorat Länderfragen) am 21.5.1993 an Verteiler betr. Projekte der Landesregierungen der neuen Länder, die im Zusammenhang mit THA-Unternehmen stehen (Anlage), BArch Berlin, B 412/10588.

52 IG Metall in Sachsen wirft der Treuhand Vernachlässigung der Sanierung vor. Kritik am Atlas-Projekt, in: Handelsblatt vom 29.6.1993.

53 Atlas gerät zum Zankapfel. Gewerkschaft kritisiert sächsisches Sanierungsprogramm, in: Frankfurter Rundschau vom 23.9.1993. Vgl. zum Protest der Kalikumpel im thüringischen Bischofferode Rau: Hungern für Bischofferode.

Schommer auf einer Pressekonferenz eine ganz andere Bilanz vor. Seiner Meinung nach hatte sich das ATLAS-Projekt sehr wohl bewährt.[54] Und sein Staatssekretär Thiele unterstrich auf einer Veranstaltung der Aktionsgemeinschaft Soziale Marktwirtschaft in Dresden, dass die sächsische Landesregierung mit dem ATLAS-Projekt »neue Instrumente der Wirtschaftsförderung« entwickelt habe.[55] Beide Politiker hatten bereits zuvor die Position der Treuhandanstalt, dass eine Bestandsgarantie für die Treuhandunternehmen auch im Rahmen des ATLAS-Projekts nicht abgegeben werden könne, nicht mehr öffentlich infrage gestellt.

Das ATLAS-Projekt, das Ende 1994 auslief, konnte durchaus einige Erfolge vorweisen. So wurden insgesamt 215 sächsische Unternehmen mit einem Personalbestand von 138 000 Beschäftigten als regional bedeutsam eingestuft und von der Staatsregierung mit etwa 300 Millionen DM gefördert.[56] Dadurch konnten 160 Betriebe mit etwa 22 000 Beschäftigten privatisiert sowie 13 Unternehmen mit 5500 Mitarbeiterinnen und Mitarbeitern in Management-Kommanditgesellschaften (MKGs) überführt werden. Bei 29 Betrieben mit knapp 2300 Beschäftigten, die sich in der Liquidation befanden, gab es noch Aussichten auf eine Teilprivatisierung. Darüber hinaus war das ATLAS-Projekt auch ein Beschäftigungsmodell für Unternehmensberater: Zwischen 1992 und 1994 waren bis zu 29 Berater als Unternehmensbeauftragte tätig.[57]

54 Vgl. »Atlas-Projekt bewährt sich«. Sachsens Wirtschaftsminister Kajo Schommer zieht einjährige Bilanz, in: Leipziger Volkszeitung vom 23.9.1993.

55 Sachsen setzt auf eine Politik der Industrieförderung. Thiele: Eine Verbesserung der Rahmenbedingungen allein reicht nicht aus, in: Frankfurter Allgemeine Zeitung vom 29.10.1993.

56 Treuhandfirmen in Sachsen 1994 wirtschaftlich stabilisiert. Atlas registriert bessere Ertragssituation, in: Neue Zeit vom 23.7.1994; Sachsen beendet das Projekt Atlas, in: Frankfurter Allgemeine Zeitung vom 2.12.1994.

57 Dr. Schommer am 2.4.1996 an den Präsidenten des Sächsischen Landtags, Erich Iltgen, betr. Kleine Anfrage von Johann Kehl (SPD), in: Sächsischer Landtag, 2. Wahlperiode, Drucksache 2/2829.

3. Das HERKULES-Projekt

Im Oktober 1991 startete das SMWA das sogenannte HERKULES-Projekt, das mit den Anfangsbuchstaben ebenfalls eine lange und wenig eingängige Bezeichnung abkürzte: »Hilfe durch Experten für die Regionen durch kreative und unkonventionelle Lösungen zur wirtschaftlichen Entwicklung Sachsens«. Dieses Projekt verfolgte das Ziel, Gemeinde- und Landratsämter bei der Gewerbe- und Industrieansiedlung zu beraten.[58] Dabei sollten erstens Standortprofile für ausgewählte Regionen entwickelt, zweitens Unternehmen und Investoren über Fördermöglichkeiten beraten sowie drittens Unterstützung bei der Suche nach Investoren geleistet werden. Dazu wurde ein elfköpfiges Team mit Unternehmensberatern gebildet, die für einzelne Arbeitsamtsbezirke zuständig waren.[59] Das SMWA sah in dem HERKULES-Projekt keine Konkurrenz zu bereits laufenden Projekten der Regionalförderung. Im Gegenteil: Das neue Projekt sollte die Tätigkeit von Beratungsunternehmen, die bereits vor Ort tätig waren, und der Wirtschaftsförderung Sachsen GmbH unterstützen.[60]

58 Der Minister freut sich diebisch über endlose Autobahn-Staus, in: Welt am Sonntag vom 14.6.1992.

59 [SMWA]: Fax. an Herrn Darkow (THA) betr. Herkules-Team, 4.12.1991, BArch Berlin, B 412/9381, Bl. 386; Broschüre »Projekt Herkules« (o. Verf., o. D.), ebd., Bl. 372–381.

60 E. Hill (P L2) an Eggers (P L6) betr. Kurzerläuterung zu den Projekten »ATLAS« und »HERKULES«, 18.5.1993, BArch Berlin, B 412/9381, Bl. 9 f. Die Wirtschaftsförderung Sachsen GmbH (WFS) wurde Ende April 1991 mit Unterstützung der baden-württembergischen Landesregierung als landeseigenes Unternehmen des Freistaates Sachsen gegründet und hatte die Aufgabe, Investoren zu beraten und Standortwerbung zu betreiben. Außerdem unterstützte die WFS mit ihren rund 50 Mitarbeiterinnen und Mitarbeitern sächsische Unternehmen bei ihrer Exporttätigkeit. Vgl. Ministerium für Wirtschaft, Mittelstand und Technologie Baden-Württemberg: Kabinettssache vom 17.4.1991, S. 3 u. 17–19, HStA Stuttgart, EA 6/206, Bü 158; THA-Länderabteilung Sachsen (Dr. Gimbel): Vermerk über die 5. Sitzung des Treuhand-Kabinetts am 24.4.1991 in Dresden, BArch Berlin, B 412/9450, Bl. 565–569, hier Bl. 568. Ende 1992 unterhielt die WFS zehn Niederlassungen in Osteuropa und fünf in Westeuropa bzw. den USA. Vgl. Wirtschaftsförderung verpasst Betrieben Anzüge nach Maß. 15 Auslandsbüros verbessern die Marktchancen, in: Leipziger Volkszeitung vom 2.12.1992.

Minister Schommer war Anfang 1994 voll des Lobes über das HERKULES-Projekt. Seiner Ansicht nach war die Bilanz imposant:[61] Insgesamt seien 12000 vorhandene Arbeitsplätze gesichert und rund 3000 neu geschaffen worden. Die Berater hätten 260 Einzelberatungen von Bürgermeistern und Landräten durchgeführt, mehr als 800 Investorenanfragen bearbeitet und den Aufbau von 15 Gewerbegebieten mit begleitet. Schommer sah in der Tätigkeit des Projektteams den Hauptgrund dafür, dass die von der Landesregierung geförderten Gewerbegebiete zu 70 Prozent ausgelastet waren. Verglichen mit dem Investitionsvolumen in Höhe von 30 Milliarden DM, das im Rahmen des Projekts umgesetzt worden sei, schienen die Personalaufwendungen für die Berater von 8,7 Millionen DM mehr als gerechtfertigt zu sein.[62] Auf kritische Nachfragen gab Schommer in einem Zeitungsinterview zu, dass die Namensgebung des Projekts auch ein Stück weit Marketing sei, die sich so bundesweit eingeprägt hätte: »Wenn jemand anruft, schick mir mal Herkules, weiß jeder, was er will und was er bekommt.«[63] In der *Stuttgarter Zeitung* konnte sich ein Kommentator nicht den Seitenhieb verkneifen, die antiken Götter und Sagenhelden sollten nicht nur die sächsische Wirtschaft nach vorne bringen, sondern auch Ministerpräsident Biedenkopf den Sieg bei der Landtagswahl am 11. September 1994 sichern.[64]

4. Das ZEUS-Projekt

Kein ostdeutsches Bundesland hat so viele wirtschaftspolitische Initiativen Anfang der 1990er-Jahre gestartet wie Sachsen. Diese zielten darauf ab, Beschäftigung zu sichern und neue Arbeitsplätze zu schaffen.

61 »Herkules« sicherte 12.000 Arbeitsplätze in Sachsen, in: Die Welt vom 16.3.1994.

62 Herkules-Team leistet Titanen-Arbeit in Sachsen. Wirtschaftsminister Schommer zieht Bilanz für das bisher in Deutschland einmalige Projekt, in: Neue Zeit vom 12.3.1994.

63 Wenn in Sachsen jemand Herkules ruft, weiß jeder Bescheid. Der sächsische Wirtschaftsminister Kajo Schommer über Industriepolitik, in: Neue Zeit vom 13.6.1994.

64 Erste Erfolge werden sichtbar. 45 Prozent des ostdeutschen Exports kommen aus Sachsen, in: Stuttgarter Zeitung vom 1.9.1994.

Während im Mittelpunkt des ATLAS-Projekts die Sanierung von Betrieben stand, denen ansonsten die Betriebsschließung drohte, verfolgte das HERKULES-Projekt das Ziel der regionalen Wirtschaftsförderung. In eine ähnliche Richtung ging ein weiteres Vorhaben, das ebenfalls einen klangvollen Namen trug: das ZEUS-Projekt. Auch hierbei handelte es sich um eine Abkürzung: »Zentrum für Exportunterstützung in Sachsen«. Es hatte die Aufgabe, die Exporttätigkeit von sächsischen Unternehmen zu unterstützen. Hintergrund war der dramatische Zusammenbruch der Exportmärkte in Osteuropa für zahlreiche ostdeutsche Unternehmen infolge der D-Mark-Einführung Mitte 1990 sowie der Auflösung der Sowjetunion Ende 1991. Das Projekt sollte sächsischen Unternehmen dabei behilflich sein, neue Märkte im Ausland zu erschließen und die Vertriebstätigkeit zu verbessern. Dazu veranlasste das SMWA unter der Leitung der Wirtschaftsförderung Sachsen GmbH (WFS) die Bildung von zwei Teams aus Unternehmensberatern, d.h. jeweils ein Team für die westlichen und die östlichen Märkte.[65] Zu den 30 Projektmitarbeiterinnen und -mitarbeitern kamen in Einzelfällen noch Unternehmensbeauftragte hinzu, die die Betriebe vor Ort betreuen sollten.[66] Im Landeshaushalt waren für das zweite Halbjahr 1992 zunächst Personal- und Sachkosten in Höhe von 1,64 Millionen DM vorgesehen, von denen jedoch nur 400 000 DM abgerufen wurden, da »geeignete Berater erst nach und nach gewonnen werden konnten«.[67]

65 Vgl. Dr. Schommer am 10.5.1993 an den Präsidenten des Sächsischen Landtags, Erich Iltgen, betr. Kleine Anfrage von Patrick Ott (FDP) vom 6.4.1993, Anlage: Werbebroschüre »Zeus«, S. 8, in: Sächsischer Landtag, 1. Wahlperiode, Drucksache 1/3126.

66 THA-Länderreferat Sachsen (Darkow): Vermerk über die 26. Sitzung des Treuhand-Wirtschaftskabinetts Sachsen am 27.4.1993 in Dresden, BArch Berlin, B 412/9451, Bl. 20–26, hier Bl. 24.

67 Dr. Schommer am 25.3.1993 an den Präsidenten des Sächsischen Landtags, Erich Iltgen, betr. Kleine Anfrage von Gunter Lochbaum (SPD) vom 4.2.1993, S. 2, in: Sächsischer Landtag, 1. Wahlperiode, Drucksache 1/2829. Bis Ende 1992 war nur ein Berater im ZEUS-Projekt beschäftigt, zwischen Januar und April 1993 waren es drei, zwischen Mai und September 1993 vier und von Oktober 1993 bis Dezember 1994 fünf. Vgl. Dr. Schommer am 2.4.1996 an den Präsidenten des Sächsischen Landtags, Erich Iltgen, betr. Kleine Anfrage von Johann Kehl (SPD), in: Sächsischer Landtag, 2. Wahlperiode, Drucksache 2/2829.

Um den Export sächsischer Unternehmer anzukurbeln, sollten in zwölf westlichen und zehn osteuropäischen Staaten eigene Büros eröffnet oder zumindest Auslandsrepräsentanten eingestellt werden.[68] Das SMWA orientierte sich offenbar an der Tätigkeit der 1958 gegründeten japanischen Außenhandelsorganisation Jetro (Japan External Trade Organisation).[69] Minister Schommer erklärte bei der Pressevorstellung, dass die Sachsen bei der Erschließung westlicher Absatzmärkte von den Japanern lernen könnten.[70] Doch das ZEUS-Projekt, mit dem der Minister einen »neuen industriepolitischen Weg« einschlagen wollte,[71] startete zu einem denkbar ungünstigen Zeitpunkt. Denn die Treuhandanstalt hatte fast zeitgleich angekündigt, das Auslandsbüro in Tokio zu schließen. Die Bilanz japanischer Investitionen in Ostdeutschland sei »tatsächlich ernüchternd«, erklärte Wolfgang Vehse, der in der Berliner Behörde das Direktorat Internationale Beziehungen leitete.[72] Die wirtschaftlichen Interessen der Japaner würden sich vor allem auf die »Zukunftsmärkte vor ihrer Haustür« konzentrieren, insbesondere in China und Südostasien. Die umtriebige Öffentlichkeitsarbeit Schommers, der extra dafür auch nach Japan gereist war,[73] rief daher Kritiker auf den Plan, die sich über die Namensgebung der einzelnen Projekte lustig machten. Das SMWA könne »gleich ein neues Projekt zur Beerdigung der sächsischen Wirtschaft ersinnen«.[74] Und weiter hieß es in dem Zeitungsartikel: »Man könnte es dann Hades nennen.«

68 »Zeus« soll Sachsens Ausfuhren ankurbeln, in: Die Welt vom 6.4.1993.

69 »Zeus« soll Sachsen helfen. Schommer stellt Modell zur Absatzförderung im Ausland vor, in: Frankfurter Allgemeine Zeitung vom 6.4.1993.

70 Freistaat gründet Zentrum für Exportunterstützung. »Zeus«-Projekt vermittelt Marktinformation, in: Handelsblatt vom 6.4.1993.

71 »Zeus« soll Sachsens Ausfuhren ankurbeln, in: Die Welt vom 6.4.1993.

72 Enttäuschung über das Engagement der Japaner, in: Handelsblatt vom 17.3.1993.

73 Vgl. Dr. Schommer am 10.5.1993 an den Präsidenten des Sächsischen Landtags, Erich Iltgen, betr. Kleine Anfrage von Patrick Ott (FDP) vom 6.4.1993, S. 2, in: Sächsischer Landtag, 1. Wahlperiode, Drucksache 1/3126.

74 Ralf Hübner: Sächsische Mythen, in: Neue Zeit vom 15.4.1993.

5. Das Perlenketten-Projekt

Die sächsische Landesregierung startete Anfang 1992 eine wirtschaftspolitische Initiative in der ostsächsischen Grenzregion zu Polen und der Tschechoslowakei, die kein großes mediales Echo hervorgerufen hat und ganz im Schatten der hier bereits vorgestellten Projekte stand. Die Rede ist von dem sogenannten Perlenketten-Projekt entlang der Neiße, das der aus der DDR-Textilforschung kommende Staatssekretär Dr. Münch angestoßen hat. Damit reagierte das SMWA auf die hohe Arbeitslosenquote in der ländlich geprägten Region, die weit über dem Landesdurchschnitt lag und die bei vielen Menschen den Eindruck hinterließ, der Aufschwung Ost komme bei ihnen nicht an. Das Ministerium verfolgte mit dem Perlenketten-Projekt das Ziel, den wirtschaftlichen Niedergang in der strukturschwachen Grenzregion aufzuhalten,[75] die sehr stark von der DDR-Textilindustrie geprägt gewesen war. Andernfalls rechnete Minister Schommer, der Bundeswirtschaftsminister Möllemann um Unterstützung bat, mit Unruhen, »die keiner von uns will«.[76] Das Projekt zeigte aber auch die Grenzen staatlicher Struktur- und Industriepolitik auf, denn es gelang nicht, den Verlust von Arbeitsplätzen durch die Schaffung neuer Stellen zu kompensieren. Da große Unternehmen kein Interesse daran zeigten, Produktionsstätten in die Region zu verlagern, konzentrierten sich das SMWA und die WFS darauf, »krisenresistente« mittelständische Betriebe anzusiedeln,[77] die beim Ministerium in Dresden finanzielle Zuschüsse beantragen konnten – bei einer Eigenbeteiligung in Höhe von mindestens

75 In Zittau waren im Herbst 1992 nur noch neun Prozent der industriellen Arbeitsplätze im Vergleich zum Jahr 1989 vorhanden. Gleichzeitig hatte eine starke Abwanderung eingesetzt: Die Einwohnerzahl ging von 37000 (1989) auf 32000 (1992) zurück. Vgl. Broschüre: Perlenkette an der Neiße. Schaufenster der Europäischen Gemeinschaft, BArch Berlin, B 412/9385, Bl. 138–163, hier Bl. 141.

76 Dr. Schommer am 5.12.1991 an Möllemann, BArch Berlin, B 412/9426, Bl. 197–199, hier Bl. 197.

77 Wirtschaftsförderung Sachsen (WFS) GmbH Dresden: Information zum Arbeitsstand »Perlenkette entlang der Neiße«, 2.12.1992, BArch Berlin, B 412/9385, Bl. 44–62.

20 Prozent der zuwendungsfähigen Ausgaben.[78] Einer eigens dazu veröffentlichten Richtlinie zufolge waren auch Freiberufler sowie Zweckverbände und Körperschaften des öffentlichen Rechts antragsberechtigt.

Bereits im Vorfeld hatte Staatssekretär Dr. Münch Gespräche mit den zuständigen Landräten, Bürgermeistern und den Geschäftsführern der WFS vor Ort durchgeführt.[79] Innerhalb des SMWA wurde eine Projektgruppe zur Koordinierung und Steuerung der insgesamt zwölf Einzelvorhaben gebildet, zu denen beispielsweise der Ausbau des Kurbetriebs in Bad Muskau, die Rekultivierung des Braunkohletagebaus in Olbersdorf und der Erhalt der Gießerei Keulahütte GmbH Krauschwitz gehörten.[80] Es ging aber nicht nur darum, bestehende Standorte zu sichern, sondern auch um die Nutzung moderner Technologien für Existenzneugründungen. So war in der Gemeinde Lodenau ein Experimentierstandort für Druck-Entwässerungssysteme geplant. Nach den Vorstellungen des SMWA sollte in Rothenburg/Oberlausitz das erste voll computergesteuerte Parkhaus entstehen, das den Landesrechnungshof auf den Plan rief, der die Ausgaben in Höhe von 3,4 Millionen DM kritisierte, da es »im weiten Umkreis keine Benutzer« gebe.[81] Das Länderreferat Sachsen der Treuhandanstalt wurde über die Projektdurchführung auf dem Laufenden gehalten, ohne aber an der Projektsteuerung direkt beteiligt zu sein.[82] Das Gesamtprojekt, das zunächst bis 31. Dezember 1992 befristet war,

78 Anlage 2: Richtlinie zur Verbesserung der wirtschaftlichen Infrastruktur und Abbau der Arbeitslosigkeit im Gebiet Bad Muskau bis Zittau im Rahmen des Sonderprogramms »Perlenschnur an der Neiße«, o. D., BArch Berlin, B 412/9385, Bl. 52–54.

79 Dr. Münch (SMWA) am 22.4.1992 an Dr. Dorenberg (THA) betr. Sonderstrukturprogramm Neiße (Perlenschnur entlang der Neiße), BArch Berlin, B 412/9385, Bl. 241. Eine erste Besichtigungsreise hatte Ende 1991 stattgefunden. Vgl. Thesenpapier (o. Verf.), erarbeitet im Rahmen der Regionalbereisung (13./14.12.1991), ebd., Bl. 243–250.

80 Margitta Pötzsch: Sächsische »Perlenzüchter« mit großen Ideen entlang der Neiße. Freistaat will strukturschwache Grenzregionen entwickeln, in: Sächsische Zeitung vom 4.9.1992.

81 Tadel für Biedenkopf. Rechnungshof rügt schleppende Privatisierung, in: Frankfurter Rundschau vom 6.10.1995.

82 Hill (THA-Präsidialbereich Länderfragen) am 21.1.1993 an H.-J. Dillinger (Liegenschaftsgesellschaft der THA mbH) betr. Anfrage zur Kostenbeteiligung am Projekt »Oberlausitz/Niederschlesien«, BArch Berlin, B 412/9383.

hatte genauso viele Einzelvorhaben (Perlen) wie die Europäische Gemeinschaft (EG) Mitgliedstaaten. Auf diese Weise hoffte man in Dresden, Fürsprecher in Brüssel zu gewinnen, um die Fördertöpfe der EG anzapfen zu können.[83] Die sächsische Landesregierung, die sich das Perlenketten-Projekt 1992/93 jeweils 25 Millionen DM kosten ließ, um dadurch etwa 5000 Arbeitsplätze neu zu schaffen, war jedoch mit den eingestellten Unternehmensberatern unzufrieden. So klagte Staatssekretär Münch: »Die schreiben dicke Bücher voll, machen Versprechungen, und keiner weiß, was gemeint ist.«[84] Sein Ministerium hatte Mitte 1993 noch drei Berater unter Vertrag. Das Perlenketten-Programm erfüllte nicht die Erwartungen des SMWA, was aber vor allem auf die schwierigen ökonomischen Rahmenbedingungen in der Grenzregion zurückzuführen war.

6. Das Pegasus-Projekt

Sachsen verfügte 1990 über eine sehr große Zahl an betrieblichen Forschungseinrichtungen, die im Zuge der Entflechtung der DDR-Kombinate entstanden waren und separat privatisiert werden sollten.[85] Dieser Weg erwies sich als äußerst steinig, denn Investoren hatten wenig Interesse, diese Einrichtungen zu übernehmen, da die westlichen Unternehmen, die in Ostdeutschland als Käufer auftraten, über eigene Forschungs- und Entwicklungsabteilungen verfügten. Die Nachfrage nach den sogenannten Forschungs-GmbHs war also denkbar gering, obwohl hoch qualifizierte Arbeitskräfte dort beschäftigt waren. Auf diesem Gebiet entwickelte sich die Privatisierung zur Hängepartie. Es drohte der Verlust vieler Arbeitsplätze. Dem versuchte die sächsische Staatsregierung etwas entgegenzusetzen und startete das Pegasus-Projekt, das nach dem geflügelten Pferd

83 Margitta Pötzsch: Sächsische »Perlenzüchter« mit großen Ideen entlang der Neiße. Freistaat will strukturschwache Grenzregionen entwickeln, in: Sächsische Zeitung vom 4.9.1992.

84 Hoher Verschleiß an Beratern. Ringen um Wirtschaftsstandort Ostsachsen nur von bescheidenem Erfolg, in: Neue Zeit vom 5.6.1993.

85 Vgl. dazu auch Kapitel V.8.

aus der griechischen Mythologie benannt wurde. Überdies wollten Biedenkopf und Schommer damit Sachsen, dem Vorbild Baden-Württembergs folgend, zu einem Hochtechnologieland entwickeln.

Die Projektidee entstand bei einem informellen Gespräch zwischen einem Referatsleiter des SMWA und einem Referenten der Treuhandgeschäftsstelle Dresden am 2. September 1993.[86] Es ging konkret darum, Treuhandunternehmen, die sich schon in der Liquidation befanden, nach entsprechender Prüfung bei der Entwicklung innovativer Produkte im High-Tech-Bereich zu unterstützen. Dazu kündigte der sächsische Ministerialbeamte an, eine Projektgruppe zusammenzustellen, die aus Vertretern der WFS GmbH, Unternehmensberatern des ATLAS-Projekts, Technologieberatern sowie einem Marketingfachmann des SMWA bestehen sollte.[87] Als Auswahlkriterien schlug er vor, neben der ingenieurtechnischen und betriebswirtschaftlichen Situation der einzelnen Betriebe noch die Dringlichkeit im Hinblick auf die Privatisierungschancen zu berücksichtigen.[88] Im ersten Halbjahr 1994 fanden mindestens acht Arbeitssitzungen der Projektgruppe statt, auf denen keine Beschlüsse gefasst, sondern nur die Chancen zur Förderung einzelner Unternehmen erörtert wurden.[89]

Das Projekt krankte jedoch von Anfang an am fehlenden Interesse der Treuhandzentrale, die dem Projekt zwar keine Steine in den Weg legte.[90] Ende Juni 1994 war aber immer noch nicht geklärt, wer in der Berliner

86 Erik von Waldenfels (Referent Abwicklung der THA-GS Dresden): Gesprächsprotokoll/Memorandum vom 2.9.1993 an Herrn Nugel (Leiter THA-GS Dresden) und Frau Piegsda (Abteilungsleiterin Abwicklung der THA-GS Dresden), BArch Berlin, B 412/9405.

87 Felicitas Piegsda/Erik von Waldenfels (THA-GS Dresden): Gesprächsprotokoll vom 9.11.1993 über Vorbesprechung für »Technologieprojekt« zugunsten sächsischer Treuhandunternehmen, BArch Berlin, B 412/9405.

88 SMWA (Ref. 42): Protokoll über Arbeitssitzung »Gesamtsächsisches Technologieprojekt für THA-Unternehmen« am 27.1.199[4] im SMWA, BARch Berlin, B 412/9405.

89 An den Sitzungen nahmen Vertreter vom SMWA, von der WFS und ATLAS-Projektgruppe sowie der Treuhandanstalt (Zentrale, GS Dresden und Leipzig) teil.

90 Dr. Allner (THA, P L2): Vermerk vom 1.2.1994 an Frau Kühn (THA-GS Dresden) betr. Projekt »Pegasus«, BArch Berlin, B 412/9405.

Behörde für das Pegasus-Projekt zuständig sein sollte.[91] Ein inhaltlicher Knackpunkt war zudem die Bestandsgarantie für die zu fördernden Treuhandunternehmen, die das SMWA mehrmals einforderte und die der Generalbevollmächtigte der Treuhandanstalt, Norman van Scherpenberg, nicht abgeben wollte.[92] Obwohl die Treuhandgeschäftsstellen Dresden und Chemnitz bereits nach wenigen Wochen elf bzw. vier Unternehmen für das Pegasus-Projekt melden konnten,[93] kamen die Verhandlungen nicht richtig voran. Nach dem Veto van Scherpenbergs drohte sogar das rasche Projektende, wie der Leiter der Treuhandgeschäftsstelle Dresden etwas konsterniert einräumen musste.[94] Aus Pegasus wurde letztlich Ikarus: Da das SMWA zur Überzeugung gelangte, die selbst gesteckten Ziele nicht mehr erreichen zu können, erlahmten die sächsischen Bemühungen, sodass die gemeinsame Projektgruppe vermutlich im Herbst 1994 ihre Arbeit einstellte. In der Zwischenzeit hatten Biedenkopf und Schommer einen anderen Weg gefunden, um aus Sachsen doch noch ein Hochtechnologieland zu machen, wie das Beispiel der Mikrochipfabrik in Dresden zeigen sollte.[95]

91 Dr. Uwe Allner (THA, P L2) am 24.6.1994 an Birgit Kühn (THA-GS Dresden, Abt. Abwicklung) betr. »Pegasus-Projekt«, BArch Berlin, B 412/9405.

92 Daraufhin schlug das THA-Direktorat Recht eine »weiche Patronatserklärung« vor, die nur einer Absichtserklärung gleichkam. Karl B. Nugel (Leiter der THA-GS Dresden) am 24.3.1994 an Dr. Wolfgang Gimbel (THA, P L2) betr. Projekt Technologieförderung von sächsischen Unternehmen mit dem SMWA, BArch Berlin, B 412/9405.

93 Karl B. Nugel (THA-GS Dresden) am 15.3.1994 an Dr. van Scherpenberg (THA-Generalbevollmächtigter) betr. Projekt Technologieförderung von sächsischen Unternehmen in Liquidation mit dem SMWA, BArch Berlin, B 412/9405; Dr. Allner (THA, P L2) am 15.4.1994 an Herrn von Waldenfels (THA-GS Dresden) betr. Projekt »Pegasus«, ebd. Dagegen gab es im Zuständigkeitsbereich der Treuhandgeschäftsstelle Leipzig kein Unternehmen, das für das Pegasus-Projekt infrage kam. Vgl. Bolle/Kreyßig (THA-GS Leipzig, Abt. Liquidation/Abwicklung) am 21.2.1994 an Dr. Bühler (THA-GS Dresden, Abt. Abwicklung) betr. Technologieförderung von THA-Unternehmen, ebd.

94 Karl B. Nugel (Leiter der THA-GS Dresden) am 24.3.1994 an Dr. Wolfgang Gimbel (THA, P L2) betr. Projekt Technologieförderung von sächsischen Unternehmen mit dem SMWA, BArch Berlin, B 412/9405.

95 Vgl. dazu Kapitel V.5.

7. Metamorphosen der Privatisierung

Im Zentrum der Privatisierung der ostdeutschen Wirtschaft standen zweifellos die Treuhandbetriebe. Obwohl in der Öffentlichkeit immer wieder Alternativen zum gesetzlich festgelegten Kurs der Treuhandanstalt diskutiert wurden,[96] hielt man in Bonn am Privatisierungsauftrag fest. Denn die wirtschaftspolitischen Leitbilder der Bundesregierung waren sehr stark geprägt von den ordnungspolitischen Debatten der 1980er-Jahre, die unter dem Einfluss eines Zeitgeistes standen, der bereits zeitgenössisch als neoliberal bezeichnet wurde. Die christlich-liberale Koalition unter Bundeskanzler Helmut Kohl hatte kurz nach dem Regierungswechsel 1982 als eines ihrer zentralen Ziele formuliert, die Wirtschaft zu modernisieren und deren Leistungsfähigkeit zu steigern. Deshalb befanden sich Deregulierung,[97] Entstaatlichung[98] und Privatisierung ganz oben auf der politischen Agenda. Darüber hinaus ging es darum, die Durchführung öffentlicher Aufgaben und die Zuständigkeit für öffentliche Güter an den Markt zu delegieren (Vermarktlichung[99]). Die Transformation Ostdeutschlands von der Plan- zur Marktwirtschaft läutete jedoch einen Paradigmenwechsel ein: Mit dem Zusammenbruch der ostdeutschen Wirtschaft ab Mitte 1990 verschoben sich die Gewichte im korporatistischen Wirtschaftssystem der Bundesrepublik wieder zugunsten des Staates. Die Errichtung der Treuhandanstalt führte daher zu einer Entwicklung, die dem Trend zum Rückzug des Staates zuwiderlief. Gleichzeitig begünstigte die Zusammenarbeit von westdeutschen Managern, Wirtschaftsprüfern, Unternehmensberatern und Verwaltungsangestellten in der Berliner Behörde ein neues Geschäftsmodell, bei dem es zu einer engen Kooperation zwischen öffentlicher und privater Hand kam – unter anderem in Form

96 Vgl. Hoffmann: Treuhandanstalt – Privatisierung – Öffentlichkeit, S. 88–95.
97 Vgl. Schorkopf/Schmoeckel/Schulz/Ritschl (Hg.): Gestaltung der Freiheit.
98 Vgl. Handschuhmacher: Eine »neoliberale« Verheißung.
99 Vgl. Ahrens: Macht und Märkte.

der *Public-Private Partnership* (PPP). Das zeigte sich etwa bei Infrastrukturmaßnahmen in den ostdeutschen Bundesländern.[100]

Das Privatisierungspostulat wurde im vereinten Deutschland aber nicht fallen gelassen. Im Gegenteil: Anfang der 1990er-Jahre beschleunigte sich die Privatisierung des zukunftsträchtigen Telekommunikationssektors.[101] Nachdem in der Bonner Republik die Effizienz der Kommunalverwaltungen seit den 1970er-Jahren infrage gestellt worden war, setzte auch hier eine Entwicklung ein, an deren Ende die Auslagerung kommunaler Leistungen stand. In dem Zusammenhang sollten private Dienstleister beispielsweise die Abfallentsorgung übernehmen.[102] Die Privatisierung machte auch vor dem System sozialer Sicherheit nicht Halt.[103] Biedenkopf und Schommer, die sich als Modernisierer von Staat und Gesellschaft verstanden, wollten der Debatte über die Delegierung staatlicher Aufgaben ihren Stempel aufdrücken und entwickelten eigene Vorschläge. Im Sommer 1993 legte die Staatskanzlei einen ersten Entwurf für ein Privatisierungskonzept vor, das zahlreiche Felder auf Landes- und Kommunalebene auflistete, für die die Zuständigkeit zur Disposition gestellt wurde.[104] Dazu gehörten etwa die Landesmusikschulen und die Schlösserverwaltung, der Staatshochbau und die Straßenreinigung, aber auch soziale Einrichtungen der Jugend- und Altenpflege, der Öffentliche Personennahverkehr sowie die Müllabfuhr. Das Kabinett schloss sich diesen Vorstellungen weitgehend an und beschloss, eine Privatisierungskommission einzuberufen, die beauftragt wurde, »die Verwaltung der Staatsregierung zu überprüfen« und dem Landtag alle zwei Jahre einen Privatisierungsbericht vor-

100 Das Bundeswirtschaftsministerium betonte auch in der Folgezeit, dass die Nutzung privater Finanzierungsmodelle im Infrastrukturbereich verstärkt geboten sei, und forderte die ostdeutschen Bundesländer auf, in ihren Haushaltsordnungen die Pflicht zur Suche nach privatrechtlichen Lösungen bei der Wahrnehmung öffentlicher Aufgaben zu verankern. BMWi (I B 6 – 02 00 41/19): Notiz vom 24.4.1998 betr. private Finanzierung öffentlicher Infrastrukturen, BArch Berlin, B 102/793131.

101 Vgl. Ritter: Deutsche Telekommunikationspolitik 1989–2003.

102 Vgl. Süß: Idee und Praxis der Privatisierung, S. 21.

103 Vgl. Hockerts: Vom Wohlfahrtsstaat zum Wohlfahrtsmarkt?

104 Sächsische Staatskanzlei: Entwurf eines Privatisierungskonzeptes, 19.8.1993, SHStA, Bestand 12891 (Staatskanzlei), 11107.

zulegen.[105] Der Kommission sollten – unter dem Vorsitz der Staatskanzlei – Vertreter der Staatsministerien des Innern, der Finanzen und für Wirtschaft und Arbeit sowie des jeweils betroffenen Ressorts angehören.[106] Zu den Sitzungen war der sächsische Rechnungshof einzuladen. Bemerkenswert war der ausdrückliche Hinweis, dass der Grundsatz der Wirtschaftlichkeit bei der Wahrnehmung und Finanzierung von Verwaltungsaufgaben »auch die Pflicht zur Suche nach privatwirtschaftlichen Lösungen« beinhalte.[107]

Die Privatisierungspläne Biedenkopfs und Schommers stießen innerhalb der Landesregierung teilweise auf Widerspruch. So lehnte es der Staatsminister für Kultus Friedbert Groß (CDU) ab, den schulpsychologischen Dienst in die Liste aufzunehmen.[108] Die Staatskanzlei sah in dem Veto keine grundsätzlichen Bedenken gegen das Privatisierungskonzept. Das Ministerium wurde aufgefordert, die Einwände in die noch bevorstehende Diskussion zwischen den beteiligten Ressorts einzubringen.[109] Um seiner Initiative Nachdruck zu verleihen, verbündete sich Biedenkopf mit dem bayerischen Ministerpräsidenten Edmund Stoiber (CSU). In einer gemeinsamen Kabinettssitzung bekräftigten beide Politiker ihr Interesse »an einer verstärkten Deregulierung und Privatisierung« und bildeten eine kleine Arbeitsgruppe.[110] Stoiber sprach sich dafür aus, die staatlichen

105 Anlage 2 zur 118. Kabinettsitzung am 24.8.1993: Beschluss Nr. 01/459, SHStA, Bestand 12891 (Staatskanzlei), 11107.

106 Das Kabinett bestätigte die Kommissionsmitglieder einen Monat später. Sächsische Staatskanzlei: Ergebnisprotokoll der 121. Kabinettssitzung am 28.9.1993, S. 6, 28.9.1993, SHStA, Bestand 12891 (Staatskanzlei), 11110.

107 Anlage 2 zur 118. Kabinettsitzung am 24.8.1993: Beschluss Nr. 01/459, SHStA, Bestand 12891 (Staatskanzlei), 11107.

108 StS Nowak am 18.8.1993 an Chef der Staatskanzlei (Meyer) betr. Kabinettsvorlage der Sächsischen Staatskanzlei – Referentenentwurf für ein Privatisierungskonzept der Staatsregierung, SHStA, Bestand 12891 (Staatskanzlei), 11107. Groß wurde in diesem Amt bereits ein Jahr später von Matthias Rößler (CDU) abgelöst.

109 Sächsische Staatskanzlei: Kabinettsvorlage (Referentenentwurf) »Privatisierungskonzept«, 19.8.1993, SHStA, Bestand 12891 (Staatskanzlei), 11107.

110 Sächsische Staatskanzlei: Ergebnisprotokoll der gemeinsamen Kabinettssitzung mit der Staatsregierung des Freistaates Bayern am 21.9.1993, S. 3f., 9.11.1993, SHStA, Bestand 12891 (Staatskanzlei), 11109.

Aktivitäten auf den Prüfstand zu stellen, weil andernfalls »die Gefahr einer juristisch administrativen Selbstlähmung« bestehe.[111] Biedenkopf, der das kurz zuvor beschlossene sächsische Privatisierungskonzept auf der gemeinsamen Kabinettssitzung vorstellte, betonte, das primäre Ziel sei nicht eine »Kostenverlagerung«, sondern »Effizienzgewinne«.[112] Dadurch ließen sich Kosten verringern, weil private Dienstleister in der Regel »besser wirtschaften« würden. Daher müsse bei jeder öffentlichen Aufgabe die Frage gestellt werden, ob eine privatwirtschaftliche Lösung gefunden werden könne.

Im Kabinett entwickelte sich der schulpsychologische Dienst[113] zum Zankapfel. Während das Finanzministerium auf einer Privatisierung bestand, blieb das Kultusressort bei seinem Nein. Der Kompromiss, auf den sich die Kontrahenten schließlich einigen konnten, klammerte eine Entscheidung in dieser Frage zunächst aus und sah eine erneute Überprüfung nach zwei Jahren vor.[114] Grundsätzlich bestand aber Konsens darüber, dass es bei der Frage nach einer Privatisierung von bisher staatlichen Aufgaben nur darauf ankomme, »ob Leistungen marktmäßig angeboten werden oder werden könnten«. Dagegen spielten Kriterien des öffentlichen Interesses oder der hoheitlichen Aufgaben keine entscheidende Rolle,[115] wie das Sitzungsprotokoll ausdrücklich festhielt. Nach den Vorstellungen Biedenkopfs hatte die Staatskanzlei mit gutem Beispiel voranzugehen: Hier sollten Schreibdienste, die bereits im Rahmen von Arbeitsbeschaf-

111 Ebd., S. 3.

112 Rüpke (Staatskanzlei): Sprechzettel für Ministerpräsident Biedenkopf zum Privatisierungskonzept der Staatsregierung, S. 2, SHStA, Bestand 12891 (Staatskanzlei), 11109.

113 Betroffen waren 75 Schulpsychologen. Kabinettspressekonferenz am 11.4.1995: Ministerpräsident Biedenkopf zum Stand der Privatisierung, S. 1, SHStA, Bestand 12891 (Staatskanzlei), 11162.

114 Sächsische Staatskanzlei: Ergebnisprotokoll der 22. (II) Kabinettssitzung am 11.4.1995, S. 2, 26.4.1995, SHStA, Bestand 12891 (Staatskanzlei), 11162.

115 Ausgenommen blieb der Kernbereich der Staatsaufgaben, d.h. Polizei und Justiz. Christoph Carl (SK 22): Vermerk vom 17.11.1995 betr. Große Anfrage der CDU-Fraktion zum Thema »Privatisierung von Dienstleistungen, Vermögens- und Finanzierungsleistungen«, S. 2, SHStA, Bestand 12891 (Staatskanzlei), 11189. Der Schuldienst wurde allerdings nicht erwähnt.

fungsmaßnahmen (ABM) finanziert wurden, langfristig ausgelagert bzw. privatisiert werden.[116] Auf der Kabinettspressekonferenz geriet der Ministerpräsident richtig ins Schwärmen: »Privatisierung ist nicht nur eine Frage der Kostenersparnisse, es ist auch eine Frage der Benutzerfreundlichkeit, der Dezentralisation und der Bürgernähe.«[117] Ein vehementer Befürworter der Privatisierung öffentlicher Leistungen war im Übrigen der Landesrechnungshof. So forderte Vizepräsident Udo Theobald, dass die staatlichen Aufgaben weiter zurückgefahren werden müssten.[118] Biedenkopf sei zwar bundesweit Verfechter eines »schlanken Staates«, lasse den Worten aber keine Taten folgen. Es gebe zahlreiche Aufgaben wie das Vermessungswesen, den staatlichen Hochbau oder die Planung von Baugebieten, die schon längst von Privatunternehmen erfüllt werden könnten.

Biedenkopf und Schommer befanden sich in einem Dilemma: Einerseits entsprach die Privatisierung der Treuhandunternehmen ihren ordnungspolitischen Vorstellungen. Andererseits engagierte sich Sachsen massiv mit den dargestellten Projekten in der Wirtschaft. Dadurch verschob sich das Verhältnis zwischen Staat und Wirtschaft und öffnete Freiräume für neue Privatisierungsziele, die beide Politiker nutzen wollten. Auf diese Weise geriet etwa das Tafelsilber der Kommunen – vor allem die kommunale Strom-, Wasser- und Gasversorgung – ins Visier der Privatisierungsbefürworter. Diese politische Agenda hatte auch Vorbildcharakter für andere Bundesländer.

116 Kabinettspressekonferenz am 11.4.1995: Ministerpräsident Biedenkopf zum Stand der Privatisierung, S. 2, SHStA, Bestand 12891 (Staatskanzlei), 11162.

117 Ebd., S. 5f.

118 Tadel für Biedenkopf. Rechnungshof rügt schleppende Privatisierung, in: Frankfurter Rundschau vom 6.10.1995.

VII. Privatisierung als Sozialpolitik

1. Sächsischer Alleingang: Das Aufbauwerk Sachsen

Der bundesdeutsche Wohlfahrtsstaat leistete nicht nur einen gewichtigen Beitrag zur Finanzierung der deutschen Einheit über die Sozialversicherung,[1] sondern war auch an der Privatisierung der Treuhandunternehmen aktiv beteiligt. Denn im Zuge von Betriebsschließungen und Massenarbeitslosigkeit wurde das komplette arbeitsmarkt- und sozialpolitische Instrumentarium eingesetzt, über das die Bonner Republik verfügte, um den Übergang von der Plan- zur Marktwirtschaft in Ostdeutschland abzufedern. Die damit einhergehende Expansion des Interventionsstaates führte freilich zu dessen Überforderung, da die eingesetzten Mittel auf die gewaltige und historisch einmalige Aufgabe nicht ausgerichtet waren. Das erhöhte langfristig den Druck auf die politischen Akteure, Reformen auf den Weg zu bringen, die mit Leistungskürzungen verbunden waren. Vor diesem Hintergrund sind die Rentenreform (Riesterrente) und Arbeitsmarktreformen (Hartz IV) der rot-grünen Bundesregierung unter Bundeskanzler Gerhard Schröder (SPD) Anfang der 2000er-Jahre zu sehen.[2]

Bei der sozioökonomischen Transformation Ostdeutschlands sah sich der Sozialstaat ganz unterschiedlichen Herausforderungen gegenüber. Erstens sollten in den Betrieben die unmittelbaren Folgen von Erwerbslosigkeit mithilfe von Sozialplänen abgemildert werden. Zweitens musste eine arbeitsmarktpolitische Antwort auf den Strukturwandel

1 Vgl. Ritter: Der Preis der deutschen Einheit.

2 Vgl. Nawrat: Agenda 2010 – ein Überraschungscoup?; Wolfrum: Rot-Grün an der Macht.

gefunden werden. Dabei gerieten die von den Gewerkschaften eingeforderten Beschäftigungsgesellschaften rasch in den Fokus der öffentlichen Debatten. Da eine Rahmenvereinbarung zwischen den Tarifparteien, den ostdeutschen Ländern und der Treuhandanstalt erst am 17. Juli 1991 abgeschlossen werden konnte,[3] preschte die sächsische Landesregierung mit einer eigenen Initiative vor. Das Kabinett verabschiedete zunächst einen Zehn-Punkte-Plan, in dessen Mittelpunkt die Weiterbildung und Qualifizierung der Beschäftigten stand.[4] In dem Zusammenhang kündigte Minister Schommer am 10. Juli 1991 die Gründung des Arbeitsförderungswerkes Sachsen GmbH an.[5] Diesem Beispiel würden andere Bundesländer wie Berlin und Brandenburg folgen, berichtete Treuhandvorstand Alexander Koch noch am selben Tag der Presse.[6] Doch das arbeitsmarktpolitische Programm war mit heißer Nadel gestrickt, da es keine Angaben zur Finanzierung enthielt.[7] Erschwerend kam hinzu, dass Schommer die Gewerkschaften in seine Pläne nicht eingeweiht hatte.[8] Die Kommunikationsstrategie des SMWA war missglückt, denn Arbeitgeber und Gewerk-

3 Ausführlicher dazu Rau: Die verhandelte »Wende«, S. 335–349.

4 Treuhand zur Mitarbeit aufgefordert. Programm »Arbeit und Qualifizierung für Sachsen« gebilligt, in: Neue Zeit vom 11.7.1991. Vgl. allgemein zu den Anfängen der beruflichen Weiterbildung in Ostdeutschland nach 1990 Nietzel: Qualifizierung für die Marktwirtschaft.

5 Strukturwandel für Sachsens Wirtschaft, in: Leipziger Tageblatt vom 11.7.1991. Unter der Schirmherrschaft Biedenkopfs sollten im Freistaat Arbeitsförderungs- und Beschäftigungsgesellschaften gegründet und betreut werden. Dazu sollten in den elf sächsischen Arbeitsamtsbezirken regionale Dependancen (Tochtergesellschaften) eingerichtet werden. Das Arbeitsförderungswerk verfolgte gemeinnützige Zwecke und sollte mit einem Stammkapital von einer Million DM durch die Deutsche Bundesbank ausgestattet werden. Die Tätigkeit war auf fünf Jahre befristet. Vgl. Gesellschaftsvertrag des Arbeitsförderungswerks im Freistaat Sachsen mit Sitz in Dresden (Entwurf), BArch Berlin, B 412/9376. Zu den regionalen Trägergesellschaften (TG) kamen später noch eine TG Wissenschaft und ein Frauenreferat hinzu. Vgl. Aufbauwerk Sachsen: Ergebnisse 1992, o.D., BArch Berlin, B 412/10583, Bl. 434–441, hier Bl. 434f.

6 Breuel sieht Übereinstimmung. Sachsen gründet erste Beschäftigungsgesellschaft, in: Neue Zeit vom 11.7.1991.

7 THA-Länderreferat Sachsen (Darkow): Notiz betr. Arbeitsförderungsprogramm Sachsen, 12.7.1991, BArch Berlin, B 412/9376.

8 Entscheidung in Dresden erst im letzten Moment. Wird die erste Beschäftigungsdachgesellschaft gegründet?, in: Tribüne vom 15.7.1991.

schaften gingen offenbar davon aus, an den Kosten des zu gründenden Arbeitsförderungswerks, das später unter der Bezeichnung Aufbauwerk Sachsen firmierte, stillschweigend beteiligt zu werden. Die Absage des Sprechers des DGB-Büros in Dresden, Markus Schlimbach, kam prompt: »Wir lehnen es ab, die Gelder unserer Mitglieder dafür zu verwenden, die verfehlte Politik von Regierung und Arbeitgebern zu finanzieren.«[9]

Schommer musste seine Pläne also nachbessern und vor allem mit den anderen Akteuren abstimmen. Vertreter der Treuhandanstalt, der Arbeitgeberverbände und der Gewerkschaften einigten sich mit dem SMWA noch im Juli 1991 darauf, dass das Aufbauwerk Sachsen Arbeitsbeschaffungsmaßnahmen (ABM) und Maßnahmen der Fortbildung und Umschulung (FuU) landesweit koordinieren sollte.[10] Da es als Dachorganisation konzipiert war, konnte das Aufbauwerk keine arbeitsmarktpolitischen Maßnahmen in Eigenregie durchführen. Nachdem Schommer vor Journalisten erklärt hatte, die neu geschaffene Organisation sei nur »eine Art Runder Tisch für Beschäftigungsfragen«,[11] musste sich der Minister im Landtag harte Worte der Kritik anhören. So schimpfte ein SPD-Parlamentarier: »Wir müssen handeln, und dieses Ministerium [SMWA] muss ein Handelsministerium werden, kein Verkündigungsministerium.«[12] Dagegen lobte Schommer das Aufbauwerk in den höchsten Tönen und betonte vor allem die privatwirtschaftliche Ausrichtung des Projekts, in dem wieder einmal Unternehmensberater tätig waren: »Da entstehen weniger Fehler als bei der öffentlichen Hand.«[13]

9 Ebd.

10 Gesellschaftsvertrag des Aufbauwerkes im Freistaat Sachsen mit Sitz in Dresden, [Juli 1991], BArch Berlin, B 412/10467. Das Stammkapital wurde auf 3 Millionen DM erhöht. An dem Aufbauwerk waren neben Sachsen (15 Prozent) und der Treuhandanstalt (10 Prozent) auch die Arbeitgeber, Gewerkschaften sowie die Dresdner Bank mit je 25 Prozent beteiligt.

11 Aufbauwerk für Sachsen. Ab August unter Schirmherrschaft von Kurt Biedenkopf, in: Neue Zeit vom 17.7.1991.

12 Selbstlauf heißt Zusammenbruch. Notiert im Parlament: Kritik an Wirtschaftsministerium im Freistaat, in: Tribüne vom 17.7.1991.

13 Abendblatt-Gespräch mit Wirtschaftsminister Kajo Schommer. Sachsen im Osten weit voraus, in: Hamburger Abendblatt vom 4.9.1991.

Mit dem Aufbauwerk, dem letztlich eine Brückenfunktion in den regulären Arbeitsmarkt zukam, verbanden die beteiligten Akteure durchaus unterschiedliche Ziele. So schlug IG-Metall-Bezirksleiter Hasso Düvel vor, die Beschäftigten in den Betrieben zu beteiligen. Diese könnten mit dem Geld aus den bereitgestellten Sozialplänen »in ihre eigene berufliche Zukunft investieren«.[14] Dagegen verwies Bernhard Walter, der zum Aufsichtsratsvorsitzenden des Aufbauwerkes berufen worden war und von der Dresdner Bank kam, auf den im Gesellschaftsvertrag fixierten Auftrag: Die neu geschaffene Einrichtung habe in erster Linie die Tätigkeit der 90 bestehenden bzw. sich bildenden Beschäftigungs- und Qualifizierungsgesellschaften in Sachsen mit rund 100 000 Stellen zu unterstützen und zu koordinieren.[15] Biedenkopf, der den Ernst der wirtschaftlichen Lage in Ostdeutschland Ende 1991 nicht mehr schönredete, wollte das Aufbauwerk als Mutmacher für die Menschen verstanden wissen. Er prognostizierte eine anhaltend hohe Arbeitslosigkeit: »Jeder dritte Sachse im arbeitsfähigen Alter wird im Verlauf der Umstrukturierung der Wirtschaft die Erfahrung von Arbeitslosigkeit machen müssen.«[16]

Obwohl die Gründung des Aufbauwerks offiziell am 21. September 1991 erfolgte,[17] mussten mit der Treuhandanstalt noch einige Details geklärt werden. So beschloss der Vorstand erst Anfang Dezember, einen Beitrag zur Finanzierung des Aufbauwerks Sachsen in Höhe von 90 Millionen DM zu leisten.[18] Diese Zusage verband die Treuhandspitze mit der Forderung, dass daraus »keine weiteren Verpflichtungen« für die Berliner Behörde entstehen und »anhängige Kündigungsschutzklagen zurückge-

14 Zwischen »crash course« und »Bau-Boom«. Wirtschaft in Sachsen, in: Das Parlament vom 15.11.1991.

15 ABM-Stellen reichen nicht. »Aufbauwerk im Freistaat Sachsen«, in: Sächsische Zeitung vom 19.11.1991.

16 Andreas Luksch: Mutmacher, in: Freie Presse vom 21.11.1991.

17 Aufbauwerk im Freistaat Sachsen – Profil (Stand: November 1991), BArch Berlin, B 412/9403, Bl. 152f.

18 Ergebnisprotokoll der Vorstandssitzung am 3.12.1991, BArch Berlin, B 412/2617, Bl. 8–29, hier Bl. 26f.

nommen« werden sollten.[19] Dabei blieb es aber nicht: Im Rahmen eines Konsortialvertrags verpflichtete sich die Treuhandanstalt, die Finanzierung des Geschäftsführergehalts und der fünf Berater für zwölf Monate sowie die Mieten und Nebenkosten der Geschäftsräume für drei Jahre zu übernehmen.[20] Gleichzeitig tauchten neue Konfliktpunkte auf, denn bei der Umsetzung der Rahmenvereinbarung vom 17. Juli 1991 schälten sich unterschiedliche Standpunkte zwischen dem SMWA und der Treuhandspitze heraus. Minister Schommer bemängelte, dass in einer kurz zuvor veröffentlichten Durchführungsbestimmung die Auflösung des Bestandsschutzes für ältere Arbeitsförderungsgesellschaften enthalten sei.[21] Darüber hinaus monierte er den Anspruch der Treuhandanstalt, über das alleinige Prüfungsrecht zu verfügen. Doch der Personalvorstand der Berliner Behörde, Alexander Koch, lehnte die vorgebrachten Einwände ab und machte damit einmal mehr deutlich, wer am längeren Hebel saß.[22]

Das Tauziehen blieb der Presse nicht verborgen. So berichtete die Tageszeitung *Die Welt* im Frühjahr 1992, dass die Organisation des Aufbauwerks immer noch nicht stehe, da erst sieben Tochtergesellschaften ihre Arbeit aufgenommen hätten.[23] Das lag offenbar auch an der Zurückhaltung der Landräte, als Gesellschafter mit einzusteigen.[24] Geschäftsführer Jürgen Riedel musste auf Nachfrage »eine sehr zähe Gründungs-

19 Dr. Alexander Koch am 3.12.1991 an Ministerpräsident Kurt Biedenkopf betr. Aufbauwerk Sachsen, BArch Berlin, B 412/2618, Bl. 34.

20 Konsortialvertrag zwischen dem Freistaat Sachsen und der Treuhandanstalt vom 22.1.1992, BArch Berlin, B 412/10499, Bl. 156 f. Das Aufbauwerk beschäftigte im Geschäftsjahr 1992 durchschnittlich sechs »Stammarbeitskräfte«, 17 ABM-Kräfte sowie zwei Teilzeitmitarbeiter. Vgl. [KPMG Zweigniederlassung Dresden]: Bericht über die Prüfung des Jahresabschlusses zum 31.12.1992 der Aufbauwerk im Freistaat Sachsen GmbH Dresden, BArch Berlin, B 412/10583, Bl. 125–168, hier Bl. 130.

21 Dr. Kajo Schommer am 23.8.1991 an Treuhandpräsidentin Birgit Breuel betr. Rahmenvereinbarung vom 17.7.1991, BArch Berlin, B 412/10499, Bl. 184 f.

22 Dr. Alexander Koch am 16.9.1991 an Dr. Kajo Schommer, BArch Berlin, B 412/10499, Bl. 187.

23 Probleme mit ABM-Gesellschaften. Schleppende Gründungsphase in Sachsen, in: Die Welt vom 6.5.1992.

24 KPMG: Bericht über die Prüfung des Jahresabschlusses für das Rumpfgeschäftsjahr vom 23.9. bis 31.12.1991 der Aufbauwerk im Freistaat Sachsen GmbH i. G. Dresden, Anlage 4, BArch Berlin, B 412/10583, Bl. 338–364, hier Bl. 362.

geschichte« einräumen.[25] Außerdem war eine heftige ordnungspolitische Debatte über die Beschäftigungsgesellschaften entbrannt, die zahlreiche Handwerksbetriebe als Konkurrenz ansahen, da diese über niedrigere Löhne Aufträge »wegschnappen« würden.[26] Für Biedenkopf und Schommer drohte es ungemütlich zu werden, denn Sinn und Zweck des Aufbauwerkes wurden öffentlich infrage gestellt.

Mit der Eintragung in das Handelsregister am 4. Mai 1992 nahm die Tätigkeit des Aufbauwerks Sachsen langsam Fahrt auf. Im Geschäftsjahr 1992 konnten Anteile an acht Beschäftigungsgesellschaften erworben werden.[27] Dennoch sah die erste Leistungsbilanz überschaubar aus: So wurden zusammen mit dem SMWA und den Arbeitsämtern ABM-Projekte erarbeitet, mit denen rund 20 000 ABM-Stellen neu besetzt wurden, die ansonsten ausgelaufen wären. Außerdem bildete das SMWA zusammen mit dem Aufbauwerk »Zielorientierte ABS« (Z-ABS), mit deren Hilfe 284 Arbeitnehmer eine Anstellung erhielten.[28] Die ursprünglich geplante Gründung einer Trägergesellschaft Wissenschaft kam bis zum Frühjahr 1993 nicht zustande, da im Aufsichtsrat des Aufbauwerks erhebliche Kritik an dem Konzept geübt wurde. Darüber hinaus bemängelten einige Mitglieder im Kontrollgremium, es gebe »sehr viele Ungereimtheiten in dem insgesamt als unrealistisch empfundenen Budget«.[29]

In der Regel richteten die Beschäftigungsgesellschaften ihre Förderanträge an das Aufbauwerk, das wiederum die Treuhandanstalt um Zustimmung bat.[30] Aus Sicht der Geschäftsführung waren die internen

25 Probleme mit ABM-Gesellschaften. Schleppende Gründungsphase in Sachsen, in: Die Welt vom 6.5.1992.

26 Ebd.

27 [KPMG Zweigniederlassung Dresden]: Bericht über die Prüfung des Jahresabschlusses zum 31.12.1992 der Aufbauwerk im Freistaat Sachsen GmbH Dresden, BArch Berlin, B 412/10583, Bl. 125–168, hier Bl. 140.

28 Anlage 4: Aufbauwerk im Freistaat Sachsen GmbH (Dresden) – Lagebericht, ebd., Bl. 161.

29 Protokoll der Sitzung des Aufsichtsrats der Aufbauwerk Sachsen GmbH am 24.2.1993, 30.3.1993, BArch Berlin, B 412/10583, Bl. 261–266, hier Bl. 265.

30 Aufbauwerk Sachsen (AWS) am 5.4.1993 an Herrn Minner (THA), BArch Berlin, B 412/10583, Bl. 534.

Arbeitsabläufe jedoch zu professionalisieren: So sollten die Trägergesellschaften personell in die Lage versetzt werden, Beschäftigungsgesellschaften »künftig effizienter« zu betreuen.[31] Nur in Ausnahmefällen wollte das Aufbauwerk die Beratung einzelner Gesellschaften selber übernehmen. Die Geschäftsführung reagierte auf die zögerliche Haltung vieler Unternehmen, Beschäftigte aus Gesellschaften zur Arbeitsförderung, Beschäftigung und Strukturentwicklung (ABS-Gesellschaften) zu übernehmen, indem sie Existenzgründungen auf die Agenda setzte.[32] Der Gang in die Selbständigkeit sollte nunmehr forciert werden. Auf diese Weise erhoffte man sich, den Weg in den ersten Arbeitsmarkt für viele Beschäftigte ebnen zu können.

Die steigenden Personalkosten des Aufbauwerks entwickelten sich zum Streitpunkt zwischen Geschäftsführung und Aufsichtsrat, der deswegen auch auf eine drastische Reduzierung der Beratungskosten drängte, die 1993 bei 1,3 Millionen DM lagen.[33] Da das Aufbauwerk Sachsen inzwischen über ausreichend Stellen verfüge, könne nicht »in gleichem Umfang wie bisher auf Beratungsleistungen zurückgegriffen werden«.[34] Der Aufsichtsrat reagierte damit auf die öffentlich geäußerte Kritik, die sich an den hohen Kosten der Beraterverträge entzündete.[35] Daraufhin schal-

31 Geschäftsführung des Aufbauwerks Sachsen: überarbeitetes Strategiepapier [Juni 1993], BArch Berlin, B 412/10583, Bl. 443–451, hier Bl. 444 (Vorderseite). Die vorgesehene Erhöhung der Stellen von 31 auf 75 stieß auf Ablehnung im Aufsichtsrat, der von einem Rückgang des Arbeitsanfalls 1994 ausging. Vgl. Protokoll der Sitzung des Aufsichtsrats der Aufbauwerk Sachsen GmbH am 19.9.1993, 27.9.1993, ebd., Bl. 196–204, hier Bl. 197.

32 Geschäftsführung des Aufbauwerks Sachsen: überarbeitetes Strategiepapier, [Juni 1993], BArch Berlin, B 412/10583, Bl. 443–451, hier Bl. 444 (Rückseite). Das Strategiepapier wurde kurz darauf vom Aufsichtsrat »einvernehmlich verabschiedet«. Protokoll der Sitzung des Aufsichtsrats der Aufbauwerk Sachsen GmbH am 14.7.1993, 21.7.1993, BArch Berlin, B 412/10583, Bl. 236–243, hier Bl. 240.

33 Geschäftsführer Golla am 13.1.1994 an die Aufsichtsratsmitglieder der Aufbauwerk Sachsen GmbH betr. Budgetkorrekturen, BArch Berlin, B 412/10583, Bl. 76.

34 [Aufsichtsrat der Aufbauwerk Sachsen GmbH]: Folgende Maßnahmen wurden festgelegt, [13.1.1994], BArch Berlin, B 412/10583, Bl. 79.

35 Wurden in Böhlen öffentliche Gelder verschoben? Das Aufbauwerk Sachsen ist ins Zwielicht geraten, in: Neue Zeit vom 10.3.1994; Zu hohe Beraterhonorare sollen bald zurückfließen. Aufsichtsrat: Versäumnisse im Aufbauwerk Sachsen werden konse-

tete der Aufsichtsratsvorsitzende sogar die Konzernrevision der Dresdner Bank ein, die in ihrer Überprüfung aber keine Unregelmäßigkeiten feststellen konnte.[36] Hinzu kam, dass sich der neue Geschäftsführer Hans Friedrich von Knobelsdorff uneinsichtig zeigte: »So wie sich die Treuhand einen Roland Berger leistet, leiste ich mir einen Partner, mit dem ich gute Erfahrungen gemacht habe.«[37] Da die Vorwürfe nicht verstummten, befasste sich auch der Landtag mit der Thematik und forderte eine stärkere Kontrolle des Aufbauwerks.[38] Der Aufsichtsrat legte die Geschäftsführung an die Kette: Beraterverträge, die einen Gesamtumfang von 50 000 DM überschritten, mussten zukünftig in einem Wettbewerb vergeben und dem Aufsichtsrat vorgelegt werden.[39]

Die Auseinandersetzung um die Beraterverträge belastete das Verhältnis zur Treuhandanstalt nicht, die an der Zusammenarbeit im Aufbauwerk Sachsen festhielt. Als sich das offizielle Ende der Berliner Behörde 1994 immer deutlicher abzeichnete, musste eine Lösung für die noch bestehenden Kooperationsvereinbarungen gefunden werden. Dabei bot die Treuhandanstalt dem SMWA an, ihren Gesellschafteranteil am Aufbauwerk mit Wirkung zum 30. Juni 1994 zum symbolischen Preis von 1 DM an den Freistaat zu übertragen.[40] Dem SMWA gelang es sogar in Nachverhandlungen, die Treuhandanstalt dazu zu bewegen, den finanziellen Beitrag von ursprünglich 2,3 Millionen DM auf 4,5 Millionen

quent aufgearbeitet, in: Sächsische Zeitung vom 2.4.1994; Unruhe beim Aufbauwerk. Strukturensuche kommt viel zu schleppend in Gang, in: Sächsische Zeitung vom 3.6.1994.

36 Protokoll der Sitzung des Aufsichtsrats der Aufbauwerk Sachsen GmbH am 24.3. 1994, 6.4.1994, BArch Berlin, B 412/10583, Bl. 19–30, hier Bl. 20.

37 Jede dritte Aufbau-Mark fließt in lukrative Beraterverträge. Von Knobelsdorff, Geschäftsführer des Aufbauwerks: Verstehe die Aufregung nicht, in: Leipziger Volkszeitung vom 28.2.1994.

38 Vgl. Kleine Anfrage von Heinz Lehmann (CDU) vom 1.3.1994, in: Sächsischer Landtag, 1. Wahlperiode, Drucksache 1/4475.

39 Protokoll der Sitzung des Aufsichtsrats der Aufbauwerk Sachsen GmbH am 24.3.1994, Anlage 1, 6.4.1994, BArch Berlin, B 412/10583, Bl. 19–30, hier Bl. 29.

40 Anlage zum Schreiben von Arnecke (THA) an StS Dr. Zeller (SMWA): Vereinbarung zwischen der Treuhandanstalt, dem Freistaat Sachsen und dem Aufbauwerk im Freistaat Sachsen GmbH, BArch Berlin, B 412/10583, Bl. 483 f., hier Bl. 484.

DM zu erhöhen.[41] Die neue Geschäftsführung vermochte es offenbar, das Aufbauwerk in ruhiges Fahrwasser zu führen. Als Erstes wurde die Zahl der Beschäftigten auf 38 reduziert und der Etat für externe Berater von 1,5 Millionen auf 200 000 DM abgeschmolzen.[42] Darüber hinaus verschob sich die inhaltliche Schwerpunktsetzung, die Biedenkopf in einer Regierungserklärung verkündete. Es ging konkret um die Verschmelzung von regionaler Arbeitsmarktpolitik mit regionaler Strukturentwicklung und Wirtschaftsförderung. Obwohl das Aufbauwerk Sachsen aus den Negativschlagzeilen herausgeholt werden konnte, fiel die Geschäftsbilanz ernüchternd aus. So musste die Geschäftsführung in einer ersten statistischen Untersuchung feststellen, dass nur 23 Prozent der ABS-Beschäftigten eine neue Stelle fanden, während 62 Prozent anschließend endgültig arbeitslos wurden.[43] Die zunehmende Bedeutungslosigkeit, mit der die Einrichtung zu kämpfen hatte, überraschte niemanden: Nachdem sich die Gesellschafter gegen eine Fortsetzung der Aufbauwerk im Freistaat Sachsen GmbH über den 31. Dezember 1996 hinaus ausgesprochen hatten,[44] schien das Aus besiegelt zu sein.

2. Beschäftigungsgesellschaften als Hoffnungsträger

Während dem Aufbauwerk Sachsen nur die Funktion eines Dachverbandes mit Koordinierungsaufgaben zukam, standen die Beschäftigungsgesellschaften, die viele Betriebe in Eigenregie und mit Unterstützung der

41 Vereinbarung zwischen der Treuhandanstalt, dem Freistaat Sachsen und der Aufbauwerk im Freistaat Sachsen GmbH, (THA: 15.8.1994; Freistaat Sachsen und Aufbauwerk: 5.8.1994), BArch Berlin, B 412/10815.

42 Aufbauwerk startet 1995 mit regionaler Ausrichtung. Gesellschaften betreuen 48 000 Beschäftigte im Freistaat unter neuer Führung, in: Sächsische Zeitung vom 4.2.1995.

43 Ralf Husemann: Der weiß-grüne Freistaat blüht langsam auf. Die Lage ist schwierig, aber nicht hoffnungslos, in: Süddeutsche Zeitung vom 24.5.1995.

44 Beschluss Nr. 02/0343: Anlage Nr. 6 der 50. (II) Kabinettssitzung am 19.12.1995, SHStA, Bestand 12891 (Staatskanzlei), 11193.

IG Metall gründeten,[45] schnell im Rampenlicht der Öffentlichkeit vor Ort. Denn die Beschäftigten in den Treuhandbetrieben verbanden damit die Hoffnung, ihre Arbeitsplätze im Transformationsprozess retten zu können. Da die Treuhandanstalt, die für diese Maßnahmen die finanziellen Mittel aufbringen sollte, in die vorbereitende Planung nicht eingebunden war, entwickelte sich schnell ein heftiger Konflikt, der erst nach schwierigen Verhandlungen mit der bereits erwähnten Rahmenvereinbarung zur Bildung von Gesellschaften zur Arbeitsförderung, Beschäftigung und Strukturentwicklung (ABS) vom 17. Juli 1991 entschärft werden konnte.[46] Zu diesem Zeitpunkt existierten in Brandenburg bereits über 40 betriebliche Arbeitsförderungs- oder Qualifizierungsgesellschaften.[47] Ferner hatten sich in ehemaligen DDR-Großbetrieben der Chemie-, Stahl- und Automobilbranche sogenannte Auffanggesellschaften gebildet, in denen Arbeitnehmerinnen und Arbeitnehmer beschäftigt, weitergebildet und umgeschult werden sollten. Die sächsische Landesregierung unterstützte diesen Trend,[48] der jedoch der baden-württembergischen Landesregierung als Partnerland Sachsens Kopfschmerzen bereitete. Sie befürchtete strukturerhaltende Auswirkungen und die Verdrängung wettbewerbsfähiger Arbeitsplätze.[49] Angesichts der arbeitsmarktpolitischen Herausforderungen, die von der Transformation der ostdeutschen Wirtschaft

45 Vgl. Rau: Die verhandelte »Wende«, S. 295.

46 Protokoll über die 17. Sitzung des Verwaltungsrates am 26.7.1991, BArch Berlin, B 412/9034, Bl. 138–166, hier Bl. 153f. Die Rahmenvereinbarung ist abgedruckt in: Treuhandanstalt (Hg.): Dokumentation 1990–1994, Bd. 9, S. 546–552.

47 Ministerium für Wirtschaft, Mittelstand und Technologie Baden-Württemberg (Dr. Mayerle) am 31.5.1991 an das Staatsministerium Baden-Württemberg, S. 2, HStA Stuttgart, EA 6/206, Bü 156.

48 Biedenkopf lud im Frühjahr 1991 zu einem »Arbeitsmarktgipfel« in die Staatskanzlei ein, an dem der Metallarbeitgeberpräsident Werner Stumpfe, der Dresdener Bezirksleiter der IG Metall Hasso Düvel und ein Vertreter der Treuhandanstalt teilnahmen. Vgl. 150.000 Metaller doch nicht arbeitslos. Einigung in letzter Minute, in: Dresdner Morgenpost vom 12.6.1991.

49 Ministerium für Wirtschaft, Mittelstand und Technologie Baden-Württemberg (Dr. Mayerle) am 31.5.1991 an das Staatsministerium Baden-Württemberg, S. 3, HStA Stuttgart, EA 6/206, Bü 156. Vgl. dazu auch Kapitel I.

ausgingen, traten solche ordnungspolitischen Einwände aber zunehmend in den Hintergrund.

Die Gründung der ABS-Gesellschaften war eine direkte Folge der sozialen Proteste in Ostdeutschland. So besetzten im Juni 1991 Beschäftigte der Sachsenring Automobilwerke Zwickau GmbH (SAZ) das Werk, um die Treuhandanstalt dazu zu bewegen, die rund 3600 zu entlassenden Mitarbeiterinnen und Mitarbeiter in der Sächsischen Aufbau- und Qualifizierungsgesellschaft (SAQ) aufzufangen.[50] Es drohte ein Flächenbrand, da sich Belegschaften mehrerer Metallbetriebe in Sachsen mit den Werksbesetzern solidarisch erklärten.[51] Der Druck auf die Treuhandanstalt stieg, die zunächst entschieden hatte, Unternehmen generell nicht an den Beschäftigungsgesellschaften zu beteiligen,[52] da sie einen Schneeballeffekt befürchtete. Die Berliner Behörde musste jedoch dem öffentlichen Druck Rechnung tragen und kam den Gewerkschaftsforderungen entgegen. Sie stimmte letztlich einer zeitlich befristeten Beteiligung an regionalen Dachgesellschaften zu, denen die einzelnen Träger von ABM und Qualifizierungsmaßnahmen unterstellt wurden.[53] Im Gegenzug konnte sie sich mit der Forderung durchsetzen, dass für den Übergang in eine Arbeitsbeschaffungsmaßnahme »die Arbeitsverhältnisse in den Stammbetrieben zuvor gelöst werden mussten«.[54] Die Finanzierung

50 Sachsenring von Arbeitern weiter besetzt, in: Leipziger Tageblatt vom 17.6.1991.

51 Streik gegen Treuhand-Votum. Metaller für Beteiligung an Auffanggesellschaft, in: Handelsblatt vom 18.6.1991; Die Besetzer sind abgezogen, aber einlenken wollen sie nicht. Im Streit um die Beschäftigungsgesellschaft warten die Arbeiter in Zwickau nun auf Frau Breuels Entscheidung, in: Frankfurter Rundschau vom 20.6.1991.

52 Besetzung von Sachsenring macht Schule. IG Metall kündigt solidarische Aktionen auch in anderen Betrieben an, in: Neue Zeit vom 18.6.1991.

53 Bereits vor der Grundsatzeinigung mit den Sozialpartnern am 1. Juli 1991 war die Treuhandanstalt von ihrem Kurs in einem Fall abgewichen, indem sie einer Beteiligung an der SAQ grünes Licht erteilt hatte. Vgl. Treuhand weicht vom Kurs ab. Automobilwerk Zwickau übernimmt Beschäftigungsgesellschaft, in: Die Welt vom 18.6.1991. Während die Geschäftsführung der SAZ daraufhin ein Beteiligungskonzept präsentierte, sorgte Treuhandvorstandsmitglied Klaus Peter Wild kurzzeitig für Verwirrung, da er auf einer Pressekonferenz eine Beteiligung der Treuhandanstalt an der SAQ ausschloss. Vgl. Sieben Zulieferer folgen VW nach Zwickau, in: Handelsblatt vom 19.6.1991.

54 Rau: Die verhandelte »Wende«, S. 342.

der Beschäftigungsgesellschaften sollte primär durch Kurzarbeitergeld, Lohnersatzleistungen sowie Unterhaltsgeld für Umschulungs- und Qualifizierungsmaßnahmen aus dem Etat der Bundesanstalt für Arbeit erfolgen. In der Berichterstattung waren vereinzelt auch kritische Stimmen zu vernehmen, die darauf hinwiesen, dass die Beschäftigungsgesellschaften zwar ein »rettender Strohhalm« seien, für die Betroffenen aber nur eine »trügerische Geborgenheit« böten.[55] Denn die Hypothek der verdeckten Arbeitslosigkeit, die noch aus der Zeit der DDR-Planwirtschaft resultiere, würde dadurch nicht abgetragen.

Die sächsische Landesregierung vermied es, in der Auseinandersetzung um die Beschäftigungsgesellschaften auf Konfrontationskurs zur Treuhandanstalt zu gehen. Im Treuhandkabinett stellte sich zwar das SMWA auf die Seite der protestierenden Beschäftigten und appellierte an die Treuhandanstalt, sich an den Beschäftigungsgesellschaften aktiv zu beteiligen.[56] Dagegen trat Biedenkopf in der Öffentlichkeit als Vermittler auf und forderte die Konfliktparteien in einem Fernsehinterview des ZDF auf, den Streit möglichst rasch beizulegen.[57] Gleichzeitig nutzte der Ministerpräsident die Gelegenheit, sein Image als Modernisierer zu pflegen. Er nehme den Einwand sehr ernst, die Beschäftigungsgesellschaften könnten in Konkurrenz zu privatisierten Betrieben treten, und versprach: »Ich werde dafür sorgen, dass sich die durch öffentliche Mittel gesteuerten Beschäftigungsgesellschaften nicht ähnlich wie die Kohlesubventionen verselbständigen.«[58]

Die Gründung einer Beschäftigungsgesellschaft war teilweise auch Folge gescheiterter Sanierungsbemühungen, wie etwa im Fall der Lausitzer Glas AG. Ein erstes Unternehmenskonzept hatte im Frühjahr 1991 die Weiterführung der Produktion an den Standorten Weißwasser und

55 Eva Prase: Vor der Stunde der Wahrheit, in: Mitteldeutsche Zeitung vom 21.6.1991.

56 THA-Länderreferat Sachsen (Dr. Gimbel): Vermerk über die 7. Sitzung des Treuhandkabinetts Sachsen am 24.6.1991 in Berlin, BArch Berlin, B 412/9450, Bl. 458–469, hier Bl. 459 f.

57 Biedenkopf fordert Klarheit, in: Der Tagesspiegel vom 26.6.1991.

58 Biedenkopf will Verselbständigung der Beschäftigungsgesellschaften verhindern, in: Handelsblatt vom 4.10.1991.

Döbern empfohlen, die jedoch mit einem massiven Stellenabbau von 4150 auf 1500 Arbeitsplätze einhergehen sollte.[59] Die Privatisierungsgespräche waren frühzeitig belastet durch einen innerbetrieblichen Konflikt, denn der Betriebsrat misstraute der Geschäftsführung und schaltete den lokalen CDU-Bundestagsabgeordneten ein. Der Vorwurf stand im Raum, dass angeblich alte SED-Seilschaften den Vorstand des Unternehmens beherrschten.[60] Darüber hinaus spielte Schommer gegenüber der Treuhandanstalt nicht mit offenen Karten: Er führte mit dem Betriebsrat und der Unternehmensgeschäftsführung Gespräche, zu denen Vertreter der Berliner Behörde nicht eingeladen waren, und machte sich die Forderung der Beschäftigten zu eigen, alle Standorte der Lausitzer Glas AG zu erhalten.[61] Da die Verhandlungen mit den verbliebenen Kaufinteressenten zu scheitern drohten und auch noch Restitutionsansprüche auf einzelnen Betriebsteilen bestanden, sah die Treuhandanstalt keine Zukunft mehr für die Glasindustrie in Weißwasser.[62] Nach hitzigen Debatten einigten sich die beteiligten Akteure – neben dem SMWA und der Treuhandanstalt die Lausitzer Glas AG, die Stadt Weißwasser sowie das Landratsamt – darauf, »ohne Zeitverlust« die ABS-Gesellschaft Weißwasser zu gründen.[63] Das SMWA übernahm die Aufgabe, einen Entwurf über Arbeitsbeschaffungsmaßnahmen für 1600 Arbeitnehmerinnen und Arbeitnehmer anzufertigen. Im Gegenzug erklärte sich die Treuhandanstalt bereit, nicht be-

59 THA-Länderreferat Sachsen (Darkow): Vermerk vom 16.4.1991 über Lausitzer Glas AG, BArch Berlin, B 412/9356, Bl. 201 f.

60 Ulrich Klinkert (MdB): Fax. an Jens Odewald (Leiter des THA-Verwaltungsrates), 14.1.1991, BArch Berlin, B 412/9356, Bl. 379 f. Die Treuhandanstalt konnte nach eingehender Überprüfung keine Unregelmäßigkeiten feststellen. Vgl. THA-Direktorat Optik/Keramik/Feinmechanik (Dr. Heisse): Stellungnahme vom 25.1.1991 zum Schreiben von Ulrich Klinkert (MdB) an Dr. Odewald, ebd., Bl. 377 f.

61 Vgl. Detlef Scheunert: Information an Dr. Wild (Fax. vom 23.8.1991), BArch Berlin, B 412/9356, Bl. 158.

62 Die Lausitzer Glas AG wurde mit Hauptversammlungsbeschluss vom 15.10.1991 aufgelöst. Vgl. Scheunert (THA): Fax. an PStS Münch (SMWA), 24.10.1991, BArch Berlin, B 412/9356, Bl. 108–111, hier Bl. 108.

63 Protokoll der 2. Gemeinsamen Besprechung des SMWA, der THA Berlin, des Landratsamtes und der Stadt Weißwasser sowie der Lausitzer Glas AG am 27.9.1991, BArch Berlin, B 412/9356, Bl. 112–120, hier Bl. 114.

triebsnotwendige Grundstücke für die Gewerbeansiedlung zur Verfügung zu stellen.[64] Für die Betroffenen glichen die beschlossenen Maßnahmen jedoch nur einem Tropfen auf dem heißen Stein. Der Region drohte der Sturz ins Bodenlose, denn zur Liquidation der Lausitzer Glas AG kam auch noch der große Beschäftigungsrückgang im Braunkohletagebau hinzu. Mitte 1992 stand jeder zweite Erwerbstätige in Weißwasser in keinem festen Beschäftigungsverhältnis.[65]

Die eingeübte Praxis bei den Beschäftigungsgesellschaften, auf die sich die Treuhandanstalt und das SMWA verständigt hatten, weckte offenbar die Neugier anderer ostdeutscher Bundesländer. Auf Anfrage des thüringischen Ministeriums für Soziales und Gesundheit erläuterte der Treuhanddirektor für Arbeitsmarkt und Soziales, Peter Gemählich, die Konditionen hinsichtlich der Anwendung von Kurzarbeitergeld.[66] Dabei verfolgte die Treuhandspitze ein klares Ziel. Sie wollte verhindern, dass sich neue Beschäftigungsgesellschaften nur auf der Grundlage sechsmonatiger Kurzarbeit bildeten. Stattdessen sollten die aufzufangenden Beschäftigten in bereits existierende Gesellschaften integriert werden. Der Treuhandvorstand war mit der Umsetzung der Rahmenvereinbarung vom 17. Juli 1991 ein halbes Jahr später sichtlich zufrieden. Mithilfe der Beschäftigungsgesellschaften sei der Personalabbau in den Treuhandunternehmen »ohne Kündigungsschutzklagen und sozialverträglich vollzogen« worden.[67] Zu diesem Zeitpunkt existierten in Ostdeutschland 250 Beschäftigungsgesellschaften mit ca. 200 000 Arbeitnehmerinnen

64 THA-Länderreferat Sachsen (Darkow): Zuarbeit zu laufendem Modellprojekt »Regionale Entwicklungskonzepte«, 8.11.1991, BArch Berlin, B 412/9356, Bl. 90–92, hier Bl. 91.

65 Offener Brief der Fraktionen von SPD, PDS und Bündnis 90 der Stadtverordnetenversammlung von Weißwasser an Bundeskanzler Helmut Kohl, 10.7.1992, BArch Berlin, B 412/9356, Bl. 26. Ein gleichlautender Brief ging an Ministerpräsident Biedenkopf.

66 Gemählich (THA) am 27.1.1992 an Herrn Dietrich (Thüringer Ministerium für Soziales und Gesundheit), BArch Berlin, B 412/10499, Bl. 206 f.

67 Gemählich/Minner/Gienow (THA): Stand der Ergebnisse arbeitsmarktflankierender Maßnahmen der Treuhandanstalt, [Februar 1992], BArch Berlin, B 412/9385, Bl. 637–640, hier Bl. 638.

und Arbeitnehmern.[68] Dabei sind regionale Unterschiede sehr auffallend: Während Brandenburg über die größte Zahl (86) gegründeter ABS verfügte und nur wenige Neugründungen plante, zeichnete Sachsen, das zunächst erst 60 ABS aufwies, eine »beachtliche Gründungsdynamik« aus.[69] In Ost-Berlin, Brandenburg und Mecklenburg-Vorpommern dominierten eher kleine Gesellschaften. Dagegen überwogen in Sachsen-Anhalt, Sachsen und Thüringen ABS-Gesellschaften, die eine sehr viel größere Zahl an Beschäftigten zu betreuen hatten.[70] In Sachsen und Thüringen hatten es die Beschäftigungsgesellschaften hauptsächlich mit Kurzarbeitern mit einem Arbeitsausfall von 100 Prozent (Kurzarbeit Null: Kug ›0‹) zu tun.[71]

Im Frühjahr 1992 flammte die öffentliche Kritik an den Beschäftigungsgesellschaften wieder auf, deren langfristiger Erfolg stellenweise infrage gestellte wurde. Diese seien – so die IHK Dresden – kaum geeignet, die Probleme auf dem Arbeitsmarkt zu lösen. Es dränge sich die Frage auf, »ob hier noch marktwirtschaftliche Konturen zu erkennen sind oder es sich nicht vielmehr um einen sozialen Tropf handelt«.[72] Darüber hinaus

68 Vgl. ebd., Bl. 637. Nach Angaben des Instituts für Arbeitsmarkt- und Berufsforschung der Bundesanstalt für Arbeit (IAB) gab es zum Jahreswechsel 1991/1992 insgesamt 333 ABS-Gesellschaften mit ca. 130 000 Teilnehmern. Vgl. IAB-Kurzbericht Nr. 7 vom 21.2.1992: ABS in den neuen Bundesländern: Bestand, Maßnahmeschwerpunkt, Teilnehmer, ebd., Bl. 670–675, hier Bl. 670.

69 Ebd., Bl. 672.

70 In Sachsen bildete sich sogar ein Arbeitskreis Textil als Dachverband, in dem acht ABS-Gesellschaften aus der sächsischen Textilwirtschaft zusammengeschlossen wurden. Vereinbarung zwischen der Treuhandanstalt, dem Freistaat Sachsen, der Gewerkschaft Textil-Bekleidung, der Gewerkschaft Leder und dem Arbeitskreis Textil vom 20.3.1992, BArch Berlin, B 412/10499, Bl. 169–172.

71 Die Finanzierung der Kurzarbeit-Null-Regelung (Kug ›0‹) durch die Treuhandanstalt sollte nach mehrmaliger Verlängerung zum 30. Juni 1992 auslaufen. Gemeinnützige Regionale Auffanggesellschaft Chemnitz mbH (Geschäftsführer Böhme): Standpunkt zur weiteren Stabilisierung und zum Ausbau der ABS-Gesellschaften und der Regionalen Trägergesellschaften, 2.6.1992, BArch Berlin, B 412/9385, Bl. 511–515. Dagegen regten sich Proteste, unter anderem in Leipzig. Vgl. 19 500 ABS-Beschäftigte stehen in Sachsen vor dem Aus, wenn die Treuhand nicht zahlt, in: Leipziger Neueste Nachrichten vom 23.6.1992.

72 Die soziale Marktwirtschaft verlangt andere Maßstäbe. Pro und Kontra zu Beschäftigungsgesellschaften aus der Sicht der Dresdner Industrie- und Handelskammer, in: Die Wirtschaft vom 27.2.1992.

wurde in der Presse die Befürchtung geäußert, durch die ABS-Gesellschaften könnte sich »eine Konkurrenz zu privaten Arbeitsplätzen« ergeben.[73] Damit betonten Kritiker den wettbewerbsverzerrenden Charakter der arbeitsmarktpolitischen Maßnahme und wiesen darauf hin, dass dadurch »die Entfaltung mancher privaten Wirtschaftskräfte« gelähmt werde.[74] Denn die ABS-Gesellschaften würden ostdeutschen Unternehmern öffentliche Aufträge mit Dumpingpreisen »vor der Nase wegschnappen«. Schließlich verdichteten sich offenbar auch Hinweise, dass mehrere Gesellschaften ihre Arbeit aufgrund von Finanzierungsschwierigkeiten einstellen mussten.[75]

Obwohl die Treuhandanstalt dem SMWA die generelle Zusage gegeben hatte, den Beschäftigungsgesellschaften im Bedarfsfall nicht betriebsnotwendige Grundstücke zur Verfügung zu stellen, entwickelte sich im Sommer 1992 ein Streit über die Höhe der Miet- bzw. Pachtpreise. Diese sollten sich nach den Vorstellungen der Berliner Behörde »an der unteren Grenze der marktüblichen Preise bewegen«, wobei der Verkehrswert als Grundlage heranzuziehen war.[76] Dabei war man sogar bereit, in Einzelfällen über Kaufpreisstundungen zu reden. Das Thema gewann an Bedeutung, da das Aufbauwerk Sachsen den Beschäftigungsgesellschaften bei sogenannten Ausgründungen bzw. Existenzneugründungen behilflich sein wollte, die dafür jedoch auf die kostengünstige Übernahme von Betriebsteilen angewiesen waren. In diesem Zusammenhang lehnte die Treuhandanstalt Grundstücksverkäufe prinzipiell ab, da es sich bei den Beschäftigungsgesellschaften um »zeitlich begrenzte Einrichtungen« handle.[77] Das SMWA erhielt wiederholt Anfragen von ABS-Gesellschaf-

73 Auch Kurzarbeit Null kann Unternehmenszweck sein. ABS-Gesellschaften in Ostdeutschland, in: Handelsblatt vom 4.3.1992.

74 Dem Mittelstand das Wasser abgegraben?, in: Marktwirtschaft 4/92, S. 16.

75 Sachsen: SAQ-Ende Signal für Pleitenserie, in: Wirtschaftswoche vom 17.4.1992.

76 THA-Direktorat Arbeitsmarkt und Soziales (Abteilungsleiter R. Minner) am 12.6.1992 an den Abteilungsleiter Länderkoordinierung Sachsen (Dr. Gimbel), BArch Berlin, B 412/9450, Bl. 32 f., hier Bl. 32.

77 THA-Länderreferat Sachsen (Darkow): Vermerk über die 20. Sitzung des Treuhand-Wirtschaftskabinetts Sachsen am 6.10.1992 in Dresden, BArch Berlin, B 412/9451, Bl. 266–273, hier Bl. 270.

ten, die sich von der Treuhandanstalt im Stich gelassen fühlten.[78] Der Vorwurf lautete, dass die in den Verhandlungen präsentierten Preisvorstellungen eben nicht den Marktgegebenheiten entsprechen würden. Einzelne Gesellschaften sahen sich finanziell überhaupt nicht in der Lage, Immobilien und Grundstücke käuflich zu erwerben.[79]

Treuhanddirektor Gemählich kündigte Anfang September 1992 einen Ausstieg der Behörde aus den ABS-Gesellschaften an, denen aber über Kooperationsverträge auch weiterhin Unterstützung gewährt wurde.[80] Eine Ausnahme stellten die Gesellschaften im Chemie- und Braunkohlebereich dar, bei denen die Treuhandanstalt zu 100 Prozent beteiligt war. Die Reaktion kam prompt: Während der DGB den Rückzug scharf kritisierte, sprachen die Unternehmensverbände in Berlin und Brandenburg von einem »auslaufenden Modell«, das den notwendigen Strukturwandel verzögert habe.[81] Doch die Ankündigung Gemählichs kam nicht wirklich überraschend, denn die Treuhandanstalt hatte stets das Primat der Privatisierung betont. Sie befürchtete, eine längerfristige Förderung der Beschäftigungsgesellschaften würde zu einer Dauersubventionierung der betroffenen Unternehmen führen. Deshalb unterstützte die Treuhandanstalt die Initiative des Aufbauwerks Sachsen, bei Ausgründungen bzw. Existenzneugründungen beratend tätig zu werden, wobei die eingereichten Unternehmenskonzepte »von sehr unterschiedlicher Qualität« waren.[82] Einzelne Konzepte entsprachen nicht den formalen Anforderungen und enthielten »illusionäre Vorstellungen zum Einsatz der Fördermittel«. Im Oktober 1992 lagen dem Direktorat Arbeitsmarkt und Soziales von

78 Vgl. SMWA (Referat 52) am 10.6.1992 an Referat 27 betr. Vorbereitung der Tagesordnungspunkte für die 16. Sitzung des Treuhandkabinetts des Freistaates Sachsen am 16.6.1992, BArch Berlin, B 412/9450, Bl. 34.

79 ABS »Elektrotechnik« (Geschäftsführer Dr. Müller) am 27.8.1992 an PStS Dr. Münch (SMWA), BArch Berlin, B 412/9385, Bl. 423 f.

80 Treuhand verlässt Beschäftigungsgesellschaften. Rückzug soll ABS nicht schaden, in: Der Tagesspiegel vom 4.9.1992.

81 Ebd.

82 Bericht des Direktorats Arbeitsmarkt und Soziales (PE A1) über Ausgründungen aus ABS-Gesellschaften vom 6.10.1992, BArch Berlin, B 412/9385, Bl. 402–406, hier Bl. 403.

63 Beschäftigungsgesellschaften Anträge für Ausgründungen vor, darunter befanden sich 170 Existenzneugründer, die insgesamt 3910 Arbeitsplätze schaffen wollten.[83] Die Geschäftsfelder konzentrierten sich vor allem auf den Umweltbereich (einschließlich Recycling) sowie innovative Bereiche wie z. B. Elektroantrieb, Optoelektronik und Solartechnik.[84]

Die Treuhandanstalt zog sich nicht abrupt aus der Förderung von Beschäftigungsgesellschaften zurück, sondern plante eine längere Übergangszeit bis Ende 1993 ein.[85] Dazu wurden im Haushalt der Berliner Behörde 50 Millionen DM für das Haushaltsjahr 1993 bereitgestellt.[86] Im August 1993 gab es noch 34 ABS-Gesellschaften in Ostdeutschland, darunter 17 in Sachsen.[87] Bis zu diesem Zeitpunkt zählte man im Freistaat erst 32 Ausgründungen mit insgesamt 316 Arbeitnehmerinnen und Arbeitnehmern. Für viele Beschäftigte von ABS-Gesellschaften war der Übergang in den ersten Arbeitsmarkt ein langer und steiniger Weg, den mancher jedoch bewältigte.

3. Arbeitsbeschaffungsmaßnahmen (ABM)

Der Treuhandvorstand reagierte Anfang 1991 auf die rasant steigende Arbeitslosigkeit in Ostdeutschland und traf eine Grundsatzentscheidung, die das Arbeitsprofil der Berliner Behörde erheblich erweiterte:[88] Er beschloss, arbeitsmarktpolitische Maßnahmen, die der Bundesanstalt für Arbeit oblagen, zu flankieren. Im Mittelpunkt standen insbesondere die

83 Ebd., Bl. 402.

84 Vorlage (Ausgründungen aus ABS-Gesellschaften) für den THA-Vorstand, ausgearbeitet von Herrn Gemählich (PE A) und Herrn Gienow (PE A1), abgestimmt mit TLG und U5 C, eingereicht von Dr. Föhr und Dr. Wild, 7.10.1992, BArch Berlin, B 412/9385, Bl. 391–393, hier Bl. 393.

85 Gemählich (THA) am 26.11.1992 an Herrn Schick (BMF), BArch Berlin, B 412/10609.

86 Gemählich (THA) am 1.12.1992 an Herrn Schick (BMF), BArch Berlin, B 412/10609.

87 THA-Direktorat Arbeitsmarkt und Soziales: Gesamtübersicht der Ausgründungen nach Ländern, o. D., BArch Berlin, B 412/10613, Bl. 154.

88 Ergebnisprotokoll der Vorstandssitzung am 26.2.1991, BArch Berlin, B 412/2564, Bl. 8–24, hier Bl. 9.

Arbeitsbeschaffungsmaßnahmen (ABM). Dabei legte man Wert auf die Feststellung, dass die Treuhandanstalt keine operativen Funktionen als Träger einzelner Maßnahmen übernehmen könne, sondern immer nur »initiierend, anschiebend und unterstützend tätig« werde.[89] In einem Rundschreiben wurden die Treuhandunternehmen auf das arbeitsmarktpolitische Instrumentarium vorab hingewiesen.[90] Obwohl Staatssekretär Münch vor dem Landtag einräumen musste, dass die arbeitsmarktpolitische Maßnahme in Sachsen noch zu wenig Anwendung fand,[91] schossen in der Presse die Spekulationen ins Kraut: Der Freistaat könne rasch 80 000 Beschäftigte über Arbeitsbeschaffungsmaßnahmen finanzieren und 160 000 Arbeitnehmerinnen und Arbeitnehmer umschulen.[92] Die Erwartungen waren zu hoch gesteckt, denn bis Ende 1991 waren in Sachsen erst 24 992 ABM-Beschäftigte registriert.[93]

Dennoch zeichnete sich im Sommer 1991 ein zarter Silberstreifen am Horizont ab. Eine von Soziologen der Universität Leipzig erstellte Regionalstudie ergab, dass im gesamten Arbeitsamtsbezirk Leipzig etwa fünf Prozent der Arbeitslosen durch Arbeitsbeschäftigungsmaßnahmen aufgefangen wurden.[94] Nach Angaben des Arbeitsamtes sei eine Steigerung

89 Ergebnisprotokoll der Vorstandssitzung am 26.3.1991, BArch Berlin, B 412/2568, Bl. 8–25, hier Bl. 22. Die Treuhandanstalt wiederholte diese Aufgabenabgrenzung mehrmals. THA-Personalvorstand: THA-Sprachregelung für die Zusammenarbeit mit Bundesbehörden, Landesregierungen, Kommunen, Bildungsträgern und Firmen bei F & U-Maßnahmen und Arbeitsbeschaffungsmaßnahmen (vom Vorstand am 28.5.1991 verabschiedet), 27.5.1991, BArch Berlin, B 412/9384.

90 Rundschreiben von Helmuth Auracher (Vorstandsbereich Dr. Krämer) an alle Vorstandsvorsitzenden und Geschäftsführer der THA-Gesellschaften betr. Nutzung des ABM-Förderungsprogramms zur Schaffung von Arbeitsplätzen, 14.3.1991, BArch Berlin, B 412/9399.

91 Sachsen sollen Sächsisches kaufen. Landtag beriet über Landwirtschaft, Juristenausbildung und ABM-Maßnahme, in: Leipziger Tageblatt vom 18.4.1991.

92 Über Investoren spricht man nicht, in: Die Welt vom 27.3.1991. Dazu könne die Staatsregierung 230 Millionen DM aus dem europäischen Sozialfonds einsetzen.

93 Übersicht über Arbeitsbeschaffungsmaßnahmen (ABM) in Treuhandunternehmen bzw. in ABS im Sinne der Rahmenvereinbarung vom 17.7.1991, o. D., BArch Berlin, B 412/9399.

94 Arbeitsbeschaffung ist kein Allheilmittel. Erste Regionalstudie im Bornaer Raum erstellt, in: Berliner Zeitung vom 24.7.1991.

auf zehn Prozent möglich. Die Verfasser der Studie stellten außerdem fest, dass die angebotene Maßnahme von den Betroffenen akzeptiert werde, auch wenn den meisten ein Dauerarbeitsplatz lieber wäre. Allerdings profitierten Frauen von den Arbeitsbeschaffungsmaßnahmen kaum. Im Gegenteil: Obwohl der Anteil arbeitsloser Frauen in Sachsen bis September 1991 auf 63,4 Prozent anstieg, waren nur 32 Prozent der geförderten Teilnehmer einer AB-Maßnahme Frauen.[95] Bei den ABM-Projekten handelte es sich nicht nur um große Einrichtungen. In der Stadt Oschatz, die immerhin 3000 Beschäftigte in 650 ABM-Projekten aufwies, existierten auch »Kleinstobjekte« mit nur einem Mitarbeiter.[96]

Während viele Arbeitslose große Hoffnungen auf die von der Bundesanstalt für Arbeit finanzierten Maßnahmen setzten, beklagten mittlere und kleine Unternehmen, dass ihnen dadurch Konkurrenz erwachse. Inhaber von Handwerksbetrieben äußerten offenbar die Befürchtung, gegen die »subventionierte Konkurrenz« schon bald nicht mehr ankommen zu können.[97] Der Vorsitzende der Arbeitsgemeinschaft Selbständiger Unternehmer, Volker Geers, griff diese Sorgen auf und forderte auf dem ersten sächsischen Unternehmertag im Dresdener Kulturpalast, dass der Lohn für ABM-Arbeiten »deutlich unter dem am Arbeitsmarkt gezahlten liegen« sollte.[98] Nur so könnten Firmenchefs qualifizierte Mitarbeiterinnen und Mitarbeiter gewinnen.

95 Vgl. Dr. Schommer (SMWA) am 28.10.1991 an den Präsidenten des Sächsischen Landtages Erich Iltgen betr. Antrag der SPD-Fraktion »Frauenarbeitslosigkeit/ABM«, in: Sächsischer Landtag, 1. Wahlperiode, Drucksache 1/883. Die sächsische Staatskanzlei lehnte die Einführung einer Frauenquote ab und verwies auf entsprechende Vorgaben der Bundesanstalt für Arbeit, die als hinreichend angesehen wurden. Vgl. PStS Friederike de Haas (Staatskanzlei) am 9.1.1992 an den Präsidenten des Sächsischen Landtages Erich Iltgen betr. Antrag der Fraktion Linke Liste – PDS »ABM für Frauen«, in: Sächsischer Landtag, 1. Wahlperiode, Drucksache 1/1178.

96 Neues Wachstum – eine Kernfrage. Das sächsische Hartha ist ein Beispiel dafür, dass alte Industrien die Basis für die Wirtschaftsbelebung bilden können, in: Süddeutsche Zeitung vom 29.1.1993.

97 Andreas Luksch: Mutmacher, in: Freie Presse vom 21.11.1991.

98 Nicht wenige Betriebe segeln knallhart am Wind. Erster sächsischer Unternehmertag in Dresden übte harsche Kritik an ABM und überzogener Tarifpolitik, in: Neue Zeit vom 19.10.1991.

Das SMWA verfügte Ende 1991 über keine validen Zahlen über die Verteilung der ABM-Stellen bei den staatlichen, kommunalen und privaten Trägern in Sachsen; die entsprechende Statistik der Bundesanstalt für Arbeit befand sich noch im Aufbau.[99] Letztere war vor allem damit beschäftigt, den Zugang zu den Arbeitsbeschaffungsmaßnahmen einzugrenzen, um die damit verbundenen Kosten nicht explodieren zu lassen. So sollte die Altlastensanierung von Liegenschaften der ehemaligen Nationalen Volksarmee (NVA) und der sowjetischen Streitkräfte, aber auch die Sanierung von Treuhandbetriebsflächen nicht unter die Förderung fallen[100] – dafür war ein anderer Fördertopf vorgesehen. Die notwendige Prüfung der eingereichten ABM-Anträge durch die Arbeitsämter kostete wiederum Zeit und entwickelte sich für manches Unternehmen zu einer nervenaufreibenden Hängepartie. So hatte die Geschäftsleitung des Ferrolegierungswerks Hirschfelde – in dem Betrieb wurden Vorlegierungen für die Stahlproduktion hergestellt – am 31. März 1992 einen ABM-Antrag eingereicht, über den drei Monate später immer noch keine Entscheidung vorlag.[101] Mit der geplanten AB-Maßnahme sollten 100 Arbeitsplätze geschaffen werden, um einen Industriegewerbepark zu errichten. Da sich das Treuhandunternehmen aber zu diesem Zeitpunkt bereits in der Abwicklung befand, stand die damit verbundene Kündigung aller Arbeitskräfte zum 31. September unmittelbar bevor.

Die steigende Arbeitslosigkeit in Ostdeutschland ließ den Ruf nach weiteren AB-Maßnahmen lauter werden, was erhebliche Auswirkungen auf den Haushalt der Bundesanstalt für Arbeit hatte. Hinzu kam die Tatsache, dass die Vereinigungskrise (Jürgen Kocka) 1993 auch den Westen

99 Vgl. Dr. Schommer (SMWA) am 13.12.1991 an den Präsidenten des Sächsischen Landtages Erich Iltgen betr. Kleine Anfrage des MdL Michael Weber (Bündnis 90/Grüne) »ABM in Sachsen«, in: Sächsischer Landtag, 1. Wahlperiode, Drucksache 1/1112.

100 Das ging aus einem Runderlass des Präsidenten der Bundesanstalt für Arbeit zur Qualitätssicherung und Steuerung bei ABM hervor. Vgl. Direktorat Arbeitsmarkt und Soziales (PE A2) betr. neuer ABM-Erlass der Bundesanstalt für Arbeit vom 20.12.1991, 23.1.1992, BArch Berlin, B 412/9385, Bl. 340 f.

101 Direktor Dr. Domschke (Ferrolegierungswerk Hirschfelde): Fax. vom 2.7.1992 an PStS Dr. Münch (SMWA), BArch Berlin, B 412/9385, Bl. 444 f.

der Republik erreichte. Nachdem immer mehr ABM-Anträge durch die Arbeitsämter bewilligt worden waren, zog der Präsident der Bundesanstalt für Arbeit die Notbremse. Um Haushaltsüberschreitungen zu vermeiden, sprach er Anfang 1993 einen vorläufigen Bewilligungsstopp aus.[102] Das versetzte die ostdeutschen Landesregierungen in helle Aufregung, denn es drohte eine Verschlechterung der ohnehin angespannten Lage auf dem Arbeitsmarkt.[103] Im sächsischen Landtag protestierten die Oppositionsparteien gegen den Beschluss Jagodas und forderten die Staatsregierung zum Handeln auf. So verlangte der Fraktionsvorsitzende von Bündnis 90/Grüne Michael Weber, ein »Notprogramm« für Sachsen aufzulegen, um auslaufende ABM-Stellen in feste Stellen umzuwandeln.[104] Zu diesem Zeitpunkt gab es 86407 Beschäftigte in Arbeitsbeschaffungsmaßnahmen.[105] Darüber hinaus meldeten die Arbeitsämter knapp 28000 Personen, die über die ABS-Gesellschaften zeitweise eine Beschäftigung fanden. Daraufhin bewilligte die Bundesregierung ein einmaliges ABM-Sonderprogramm in Höhe von zwei Milliarden DM.[106] Der erhoffte Erfolg der AB-Maßnahmen, die nicht im Rahmen der ABS-Gesellschaften angeboten wurden, blieb letztlich aus, da sie keine langfristige beschäftigungspolitische Wirkung

102 Bernhard Jagoda (Präsident der Bundesanstalt für Arbeit) am 24.2.1993 an alle Landesarbeitsämter und Arbeitsämter betr. Allgemeine Maßnahmen zur Arbeitsbeschaffung (ABM), BArch Berlin, B 412/10609.

103 Am 1. März 1993 befanden sich in Sachsen 89997 Personen in einer AB-Maßnahme, vor allem in den Bereichen Landwirtschaft, Garten- und Landschaftsgartenbau, Baugewerbe, Büro und Verwaltung sowie Soziale Dienste. Vgl. Dr. Schommer (SMWA) am 27.5.1993 an den Präsidenten des Sächsischen Landtages Erich Iltgen betr. Kleine Anfrage von Marlies Volkmer (SPD) und Hans-Jürgen Richter (SPD) »Stand und Entwicklung von Arbeitsbeschaffungs- sowie Fortbildungs- und Umschulungsmaßnahmen im Freistaat Sachsen«, in: Sächsischer Landtag, 1. Wahlperiode, Drucksache 1/3137.

104 Dringlicher Antrag der Fraktion Bündnis 90/Grüne »Notprogramm ABM in feste Stellen« vom 12.3.1993, in: Sächsischer Landtag, 1. Wahlperiode, Drucksache 1/2995.

105 Aufbauwerk Sachsen (Geschäftsführung): Entwicklung der Arbeitnehmer in ABM im Freistaat Sachsen, o.D., BArch Berlin, B 412/10583, Bl. 113.

106 Vgl. Dr. Schommer (SMWA) am 26.3.1993 an den Präsidenten des Sächsischen Landtages Erich Iltgen betr. Antrag der Fraktion Linke Liste/PDS »Sofortige Aufhebung des ABM-Bewilligungsstopps«, in: Sächsischer Landtag, 1. Wahlperiode, Drucksache 1/2945.

entfalten konnten. Sie verzögerten für viele Beschäftigte nur den Weg in die Arbeitslosigkeit. Als Brückenfunktion zum ersten Arbeitsmarkt waren diese Maßnahmen eher ungeeignet. Im Vergleich dazu erzielten die Beschäftigungsgesellschaften durchaus arbeitsmarktpolitische Effekte und boten vereinzelt Chancen zur Existenzneugründung.

4. Weitere Maßnahmen für Umweltsanierung, soziale Dienste und Jugendhilfe

Den ostdeutschen Landesregierungen stand ab Anfang 1993 noch ein weiteres Instrument zur Verfügung, mit dem Dauerarbeitsplätze geschaffen werden sollten. Im Zuge der Novellierung des Arbeitsförderungsgesetzes (AFG) wurde ein neuer Paragraf (249 h) eingefügt, der die zeitlich befristete Förderung von AB-Maßnahmen in den Bereichen Umweltschutz, soziale Dienste und Jugendhilfe vorsah.[107] Diese Ausweitung war aber zunächst nur für Großprojekte wie die Braunkohlesanierung geplant. Da die Verlängerung der ABM-Projekte im Braunkohletagebau zum 31. März 1993 auslief, war die Überführung in die Finanzierung auf der Grundlage des novellierten AFG vorgesehen.[108] Dagegen war die Nutzung dieses Instrumentariums bei kleineren Projekten noch unklar. Mit Paragraf 249 h verbanden die Treuhandanstalt auf der einen Seite und die Gewerkschaften sowie der Freistaat Sachsen auf der anderen Seite entgegengesetzte Ziele. Während die Berliner Behörde die neue Rechts-

107 Im Vorfeld hatten die Arbeitsminister der ostdeutschen Bundesländer ein gemeinsames Vorgehen am 27. August 1992 in Schwerin vereinbart. Vgl. SMWA: Fax. an THA vom 1.9.1992 betr. Schweriner Erklärung, BArch Berlin, B 412/9385. Sachsen stimmte im Bundesrat der AFG-Novellierung nur zu, weil mit Paragraf 249 h ein neues arbeitsmarktpolitisches Instrumentarium geschaffen wurde, das die Landesregierung später auch einforderte. Vgl. THA-Länderreferat Sachsen (Darkow): Vermerk über die 26. Sitzung des Treuhand-Wirtschaftskabinetts am 27.4.1993 in Dresden, BArch Berlin, B 412/9402, Bl. 192–198, hier Bl. 193.

108 THA-Länderreferat Sachsen (Darkow): Vermerk über die 22. Sitzung des Treuhand-Wirtschaftskabinetts Sachsen am 15.12.1992 in Dresden, BArch Berlin, B 412/9402, Bl. 226–230, hier Bl. 228.

grundlage dazu nutzen wollte, um sich aus der ABS-Förderung bis Ende 1993 »geräuschlos« zurückzuziehen,[109] versprachen sich Gewerkschaftsvertreter davon eine Möglichkeit, um Arbeitsplätze dauerhaft zu schaffen. Dazu waren Letztere bereit, einen hohen Preis zu zahlen. Denn mit den Beschäftigten wurde ein Entgelt vereinbart, das höchstens 80 Prozent der Arbeitszeit[110] entsprach und deutlich unter dem Tariflohn lag.

Ende März 1993 beklagten sich der parlamentarische Staatssekretär Dr. Münch und einzelne Landtagsabgeordnete im Treuhandwirtschaftskabinett darüber, dass die Förderung über das neue AFG immer noch nicht angelaufen sei.[111] Die Verzögerung hing mit der Tatsache zusammen, dass die beteiligten Akteure zwei Verfahrensfragen lange Zeit nicht einvernehmlich beantworten konnten. Erstens musste eine gemeinsame Arbeitsgruppe, in der Vertreter des Bundes (Bundesfinanz- und Bundesumweltministerium), der Treuhandanstalt und der ostdeutschen Länder saßen, eine Auswahl der zu fördernden Großprojekte treffen.[112] Zweitens war die Finanzierungsfrage zu klären, wobei eine Einigung doch noch rasch erzielt werden konnte: Nach Abzug des Lohnkostenzuschusses

109 Rau: Die verhandelte »Wende«, S. 381.

110 Die restlichen 20 Prozent waren für die berufliche Qualifizierung vorgesehen. BMF: Bericht über berufliche Bildungsmaßnahmen in THA-Unternehmen sowie Darstellung von Alternativkonzepten, März 1993, BArch Berlin, B 412/10613, Bl. 98–109, hier Bl. 107.

111 THA-Länderreferat Sachsen (Darkow): Vermerk über die 25. Sitzung des Treuhand-Wirtschaftskabinetts am 23.3.1993, BArch Berlin, B 412/9402, Bl. 199–204, hier Bl. 201.

112 Vgl. BMF/Bundesministerium für Umwelt, Naturschutz und Reaktorsicherheit (BMUNR): Ergebnisniederschrift über die 5. Sitzung der Gemeinsamen Arbeitsgruppe Bund/THA/Länder am 23.3.1993 in Berlin, 31.3.1993, BArch Berlin, B 412/9414, Teil 2, Bl. 511–517, hier Bl. 514. Das SMWA wollte anfangs zwölf Objekte in die Liste der Großprojekte aufnehmen lassen, davon sechs aus dem Bereich Chemie und sechs aus dem Bereich Umweltsanierung. Vgl. THA-Länderreferat Sachsen (Darkow): Vermerk über die 25. Sitzung des Treuhand-Wirtschaftskabinetts am 23.3.1993, BArch Berlin, B 412/9402, Bl. 199–204, hier Bl. 201. Zur Koordinierung der Tätigkeit auf Landesebene wurde noch ein Landeskoordinierungskreis gebildet, in dem die beteiligten Ressorts vertreten waren. Vgl. SMWA: Protokoll über die Sitzung des Landeskoordinierungskreises zu Maßnahmen nach § 249 h AFG, BArch Berlin, B 412/10583, Bl. 522–524.

durch die Bundesanstalt für Arbeit sollten die Treuhandanstalt 75 Prozent und die Landesregierungen 25 Prozent der Kosten übernehmen.[113]

Die Fronten verliefen aber nicht nur zwischen der Treuhandanstalt und den Gewerkschaften. In der Praxis ergaben sich auch neue Konfliktfelder auf Landesebene. So warf der Geschäftsführer des Aufbauwerks Sachsen der IG Metall vor, einen stärkeren Einfluss auf den sogenannten zweiten Arbeitsmarkt anzustreben.[114] Das SMWA, das zwischen den Stühlen saß und großes Interesse an einer pragmatischen Lösung hatte, bemühte sich, eine Vereinbarung mit der Treuhandanstalt und der Bundesanstalt für Arbeit zu treffen, um ein Beschäftigungsprogramm für bis zu 15 000 Arbeitnehmerinnen und Arbeitnehmer in Sachsen aufzulegen.[115] Da sich die Berliner Behörde zunächst zierte, konkrete Zusagen zu machen,[116] musste Schommers Ministerium am ursprünglichen Plan Abstriche vornehmen und die Zahl der infrage kommenden Arbeitsplätze auf 6000 reduzieren.[117] Das SMWA nahm irritiert zur Kenntnis, dass die Treuhandanstalt in der Zwischenzeit eine Vereinbarung mit der IG Chemie-Papier-Keramik geschlossen hatte und ein weiteres Abkommen mit der IG Bergbau und Energie anvisierte.[118] Der Druck auf die Landesregierung nahm zu. So hatte der Präsident des sächsischen Landesarbeitsamts einen Brandbrief an Biedenkopf geschickt, in dem er davor warnte, dass eine Verzögerung bei der Finanzierung von Vorhaben nach Paragraf 249 h

113 SMWA (Abt. 5/Referat 51): Vermerk vom 6.4.1993 betr. gemeinsames Arbeitsförderungsprogramm mit THA und Freistaat Sachsen/SMWA im Zusammenhang mit § 249 h AFG, BArch Berlin, B 412/9385, Bl. 265.

114 Geschäftsführer Hans-Friedrich von Knobelsdorff: Strategisch zu wertende Zusammenfassung, 30.3.1993, BArch Berlin, B 412/10583, Bl. 464 f.

115 SMWA: Aktionsprogramm für Arbeitsförderung nach § 249 h AFG in Treuhandunternehmen im Freistaat Sachsen, 2.3.1993, BArch Berlin, B 412/10588.

116 THA-Direktor Bayreuther am 7.4.1993 an Dr. Gimbel (P L2), BArch Berlin, B 412/10588.

117 SMWA (AL 5): Vermerk vom 21.4.1993 betr. Umsetzung des § 249 h AFG in Sachsen, BArch Berlin, B 412/10588.

118 Ebd. Der Treuhandanstalt gelang es jedoch nicht, eine Rahmenvereinbarung mit der IG Metall abzuschließen, der das Angebot nicht weit genug ging. Anlage Nr. 10 zum Protokoll der 39. Sitzung des Verwaltungsrats am 16.7.1993 (Bericht Dr. Föhr), BArch Berlin, B 412/9036, Bl. 244 f.

AFG »zu einer Verschärfung der nach wie vor schwierigen Arbeitsmarktlage im Freistaat führen« werde.[119]

Nach dem Willen des SMWA sollten mit dem neuen arbeitsmarktpolitischen Instrument aber nicht nur Großprojekte,[120] sondern auch viele kleinere Maßnahmen der Altlastensanierung und Demontage gefördert werden. Dazu schlug der parlamentarische Staatssekretär Dr. Münch ein Programm der »1000 kleinen Dinge« vor.[121] Die Treuhandanstalt lehnte den Vorstoß zwar nicht ab, regte allerdings an, Einzelmaßnahmen zu größeren regionalen Projekten zusammenzufassen und dann zur Abstimmung vorzulegen.[122] Von Anfang an bestand Konsens darüber, dass ABM-Großprojekte im Braunkohlentagebau und der chemischen Industrie nach den neuen Bestimmungen des AFG zügig umzustellen waren. Dem schloss sich auch das Bundesarbeitsministerium vorbehaltlos an.[123] Die Finanzierung von Maßnahmen nach Paragraf 249 h AFG erfolgte auf der Grundlage einer am 22. Oktober 1992 geschlossenen Bund-Länder-Vereinbarung zur Finanzierung ökologischer Altlasten.[124] In der Folgezeit

119 Dr. Alois Streich (Präsident des Landesarbeitsamtes Sachsen) am 7.4.1993 an Ministerpräsident Biedenkopf, BArch Berlin, B 412/10588.

120 Das SMWA meldete die Sächsische Edelstahlwerke GmbH Freital bei der Treuhandanstalt zunächst als Großprojekt an, zog die Meldung nach einer einvernehmlichen Prüfung aber wieder zurück. Anlage 2: THA-Direktorat Umweltschutz/Altlasten: Sachstand Großprojekte nach Finanzierungsregelung der ökologischen Altlasten vom 22.10.1992, 27.7.1993, BArch Berlin, B 412/9415, Bl. 132–139, hier Bl. 136.

121 THA-Länderreferat Sachsen (Darkow): Vermerk über die 26. Sitzung des Treuhand-Wirtschaftskabinetts am 27.4.1993 in Dresden, BArch Berlin, B 412/9402, Bl. 192–198, hier Bl. 193. Die Programmbezeichnung erinnerte sehr stark an einen Beschluss der DDR-Regierung (»Tausend kleine Dinge, Reparaturen und Dienstleistungen«) aus den 1950er-Jahren, mit dem die Versorgungslage der Bevölkerung mit Gebrauchsgegenständen des alltäglichen Bedarfs verbessert werden sollte. Vgl. Kaminsky: Wohlstand, Schönheit, Glück, S. 61 f.; Hoffmann: Lebensstandard und Konsumpolitik, S. 476.

122 THA-Länderreferat Sachsen (Darkow): Vermerk über die 26. Sitzung des Treuhand-Wirtschaftskabinetts am 27.4.1993 in Dresden, BArch Berlin, B 412/9402, Bl. 192–198, hier Bl. 194.

123 Birgit Breuel am 2.5.1993 an Bernhard Jagoda (Präsident der BfA), BArch Berlin, B 412/10609.

124 SMWA (AL 5): Vermerk vom 21.4.1993 betr. Umsetzung des § 249 h AFG in Sachsen, BArch Berlin, B 412/9451, Bl. 40 f.

bestand der Treuhandvorstand auf einer engen Auslegung der Förderrichtlinien und übte deutliche Kritik an einzelnen Landesregierungen, die gegenüber ABS-Gesellschaften offenbar erklärt hatten, diese würden ebenfalls von der Überleitung profitieren: »Dadurch sind bei einer großen Zahl von betroffenen Menschen Erwartungen geweckt worden, die jedenfalls in dieser Form nicht erfüllt werden können.«[125] In Berlin befürchtete man eine weitere Kostenexplosion, da jeder einzelne Arbeitsplatz, der auf diese Weise gefördert wurde, von der Treuhandanstalt mit etwa 40 000 DM pro Jahr finanziert werden musste.[126]

Parallel dazu führte die Treuhandanstalt Gespräche mit den ostdeutschen Landesregierungen, um die Komplementärfinanzierung in Verwaltungsvereinbarungen zu fixieren. Dabei entwickelte sich die Wertschöpfungsklausel zum Zankapfel: Während die Länder den Standpunkt vertraten, dass die Umweltsanierungsprojekte eine Wertsteigerung der Grundstücke mit sich brächten, an der sie beteiligt werden wollten, lehnte das die Berliner Behörde ab.[127] Der Treuhandvorstand argumentierte, die Wertsteigerung sei »nicht die Folge einer sozialpolitischen Maßnahme, sondern die rechtliche Voraussetzung für das Handeln der Treuhandanstalt«.[128] Sachsen war das einzige ostdeutsche Bundesland, das an seiner Position im Sommer 1993 immer noch festhielt.[129] Am Ende musste

125 Breuel/Dr. Föhr am 17.6.1993 an Ministerpräsident Biedenkopf, BArch Berlin, B 412/9414, Teil 2, Bl. 426 f. Als einziges Mitglied der sächsischen Staatsregierung zeigte Finanzminister Georg Milbradt (CDU) Verständnis für die Position der Treuhandanstalt. Vgl. Keine »soziale Hängematte« und dennoch verschlafen, in: Sächsische Zeitung vom 17.6.1993.

126 Bayreuther (PE M) am 13.8.1993 an Dr. Kirsch (FP 3) betr. Kosten der Maßnahmen gem. § 249 h AFG in 1993, BArch Berlin, B 412/10613. Im Jahresdurchschnitt wurden 1994 rund 35 000 Beschäftigte mit insgesamt 2,1 Milliarden DM finanziert. THA-Länderreferat Sachsen: Vermerk über ein Gespräch bei Frau Breuel am 8.6.1994 zu § 249 h AFG, BArch Berlin, B 412/9414, Teil 1, Bl. 268–270, hier Bl. 268.

127 Dr. Allner (THA): Ergebnisprotokoll einer Gesprächsrunde Treuhandanstalt/Länder betr. § 249 h AFG am 26.7.1993, 28.7.1993, BArch Berlin, B 412/9413.

128 Dr. Horst Föhr an Dr. Breitenstein (BMF) betr. Wertschöpfungsklauseln im Zusammenhang mit Verwaltungsvereinbarungen, [1994], BArch Berlin, B 412/10609.

129 Trappehl (THA): Ergebnisprotokoll über die 2. Gesprächsrunde über beschäftigungswirksame Projekte nach § 249 h AFG in der Metall-, Elektro- und Stahlindustrie zwischen THA und Ländern am 5.8.1993 in Berlin, 9.8.1993, BArch Berlin,

Sachsen einen schmerzlichen Kompromiss eingehen: Die abgeschlossene Verwaltungsvereinbarung enthielt nur eine unverbindliche Zusage der Treuhandanstalt, »nach Vorliegen entsprechender, gesicherter Daten auf Verlangen des Landes über eine Wertschöpfungsklausel [zu] sprechen«.[130]

Die Verzögerung beim Abschluss der Verwaltungsvereinbarung hatte negative Folgen, denn die beschäftigungspolitischen Projekte nach Paragraf 249 h AFG liefen im Freistaat nur schleppend an. Deshalb musste sich die sächsische Landesregierung von der oppositionellen SPD im Landtag und den Gewerkschaften harsche Kritik gefallen lassen. Während Sachsen-Anhalt Mitte August 1993 knapp 20 000 Arbeitnehmerinnen und Arbeitnehmer – hauptsächlich aus der Chemiebranche – meldete, waren es in Sachsen nur 8851.[131] Nach Angaben des Landesarbeitsamtes waren Anfang November 1993 erst 2306 Anträge für Maßnahmen nach Paragraf 249 h AFG bewilligt worden.[132] In dem Zusammenhang kritisierte der IG-Metall-Vorsitzende Hasso Düvel, dass Sachsen »mittlerweile das Schlusslicht« bei arbeitsmarktpolitischen Maßnahmen in Ostdeutschland sei.[133] Außerdem drohte die Überführung von AB-Maßnahmen zu

B 412/9413; Ministerpräsident Biedenkopf am 2.9.1993 an Horst Föhr (THA-Vorstand), ebd.; Sächsische Staatskanzlei: Ergebnisprotokoll der 118. Sitzung des Kabinetts am 24.8.1993, 24.8.1993, SHStA, Bestand 12891 (Staatskanzlei), 11107.

130 Verwaltungsvereinbarung zwischen dem Freistaat Sachsen und der Treuhandanstalt Berlin vom 9.3.1994, S. 12, BArch Berlin, B 412/9413. Finanzminister Milbradt verweigerte zunächst die Zustimmung und machte außerdem noch ordnungspolitische Einwände geltend: Gewerbetreibenden und Industrieunternehmen falle es zunehmend schwerer, Arbeitnehmer zu finden. Protokollauszug von der 118. Kabinettssitzung am 24.8.1993, SHStA, Bestand 12891 (Staatskanzlei), 11110.

131 Anlage 3: THA-Direktorat Umweltschutz/Altlasten: beschäftigungswirksame Projekte § 249 h AFG (Arbeitnehmerzahlen nach Abstimmung mit den Ländern), 18.8.1993, BArch Berlin, B 412/9413. Zu diesem Zeitpunkt wurden in Ostdeutschland ungefähr 50 000 Beschäftigte bei der Sanierung von Treuhandfirmengelände eingesetzt. Protokoll der 40. Sitzung des Verwaltungsrats am 17.9.1993, BArch Berlin, B 412/9036, Bl. 152–181, hier Bl. 175.

132 Vgl. Dr. Schommer (SMWA) am 11.11.1993 an den Präsidenten des Sächsischen Landtages Erich Iltgen betr. Kleine Anfrage von Hans-Jörg Kannegießer (CDU) »Arbeitsförderung«, in: Sächsischer Landtag, 1. Wahlperiode, Drucksache 1/3851.

133 Sachsen will ab 1995 aus Umwelt-ABM aussteigen. IG Metall wird sich mit Streichung nicht abfinden, in: Leipziger Volkszeitung vom 11.1.1994.

scheitern – mit fatalen Folgen in einzelnen Regionen.[134] Schließlich beschwerten sich einzelne Unternehmen über bürokratische Hürden bei der Projektvergabe und befürworteten eine freihändige Vergabe für eine Übergangszeit.[135] Nur in wenigen Fällen seien – so die Begründung – die Voraussetzungen für eine öffentliche Ausschreibung vorhanden. Das SMWA nahm die Beschwerden durchaus ernst und verwies bei der Beantwortung von Anfragen auf einen »Bearbeitungsstau«.[136] Die Treuhandanstalt sah wiederum keinen Ermessensspielraum und bestand darauf, dass die Projektvergabe »einer Nachprüfung standhalten und für alle Bieter gleich sein« müsse.[137] Dies entsprach im Übrigen auch bundesdeutschem und europäischem Wettbewerbsrecht, worauf Treuhandmitarbeiter auch andere Landesregierungen wiederholt hinweisen mussten.[138]

Ende 1993 erreichte die Debatte über die arbeitsmarktpolitischen Maßnahmen nach Paragraf 249 h AFG auch Westdeutschland. Das Bundeswirtschaftsministerium, das sich als Gralshüter der marktwirtschaftlichen Ordnung verstand, beobachtete die Entwicklung in Ostdeutschland mit Argusaugen und befürchtete eine Ausweitung des Instrumentariums auf die sogenannten alten Bundesländer. Darüber hinaus wollte das Ministerium das eigene Profil in der Öffentlichkeit schärfen, indem es an wirtschaftspolitische Debatten der 1980er-Jahre anknüpfte, in denen eine

134 So wandte sich der Bürgermeister von Zittau hilfesuchend an die Treuhandpräsidentin, um die Weiterführung eines für die Stadt wichtigen Pilotprojektes (Industriebrachensanierung Zittau-Hirschfelde) zu sichern. Hier stand die Entlassung von 210 Beschäftigten unmittelbar bevor. Jürgen Kloß (Bürgermeister von Zittau) am 29.11.1993 an Birgit Breuel, BArch Berlin, B 412/10815.

135 Hochtief AG (vorm. Gebr. Helfmann) am 1.10.1993 an Herrn Fischer (THA-Direktorat Umweltschutz/Altlasten) betr. externer Projektsupport, BArch Berlin, B 412/9414, Teil 2, Bl. 372–377, hier Bl. 372 f.

136 Vgl. Dr. Schommer (SMWA) am 12.11.1993 an den Präsidenten des Sächsischen Landtages Erich Iltgen betr. Kleine Anfrage von Hans-Jürgen Richter (SPD) »Weiterführung von Maßnahmen nach § 249 h AFG«, S. 2, in: Sächsischer Landtag, 1. Wahlperiode, Drucksache 1/3866.

137 THA-Direktorat Mitarbeiterfragen/Beteiligungsunternehmen (Bayreuther) am 27.10.1993 an SMWA (Neufischer) betr. beschäftigungswirksame Demontageprojekte gem. § 249 h AFG, BArch Berlin, B 412/9413.

138 Dr. Horst Föhr (THA-Vorstand) am 5.10.1993 an Prof. Dr. Werner Münch (Ministerpräsident Sachsen-Anhalt), BArch Berlin, B 412/10608.

Rückführung der Staatstätigkeit, eine Deregulierung und eine Öffnung von Tarifverträgen im Zentrum gestanden hatten.[139] In einer Denkschrift unterbreitete Staatssekretär Johann Eeckhoff einen konkreten Vorschlag: Durch die Einführung sogenannter Gemeinschaftsarbeiten sollten die öffentlichen Haushalte zukünftig entlastet werden.[140] Während der Staat nur die Kosten der Aufwandsentschädigung trug, blieben die Betroffenen in ihrem Sozialrechtsverhältnis Arbeitslose bzw. Bezieher von Arbeitslosengeld. Der habilitierte Ökonom, der von 1979 bis 1983 die Planungsgruppe beim saarländischen Ministerpräsidenten und anschließend die Abteilung Wohnungswesen im Bundesbauministerium bis 1991 geleitet hatte, glaubte in der Maßnahme »eine echte Alternative zur Arbeitslosigkeit« erkennen zu können.[141] Die Gedankenspiele gingen noch weiter. Um neue Arbeitsplätze schaffen zu können, wurde die Abkehr von »arbeitsmarktpolitischen Tabus« und die Einführung eines Niedriglohnsektors nach US-amerikanischem Vorbild gefordert.[142] Obwohl Eeckhoff mit seinem Vorschlag breite Unterstützung in der CDU/CSU-Bundestagsfraktion fand, scheiterte die Initiative am Veto von Bundesarbeitsminister Norbert Blüm (CDU).[143]

139 Arbeitsmarktpapier: Wirtschaftspolitische Offensive für mehr Beschäftigung, 2.11.1993, BArch Berlin, B 102/709478, Bl. 2–9. Das Papier enthielt auch den Vorschlag, die Forderung vom »›Recht auf Arbeit‹ als individuelles, liberales Freiheitsrecht zu implementieren«. Ebd., Bl. 5. Der Verfasser war sich offenbar über die semantische Nähe zu dem in der DDR-Verfassung verankerten »Recht auf Arbeit« nicht bewusst. Die Grundsatzabteilung lehnte den Vorschlag mit dem Hinweis ab, dass diese Ausführung »missverständlich und rechtlich nicht haltbar« sei. Vermerk zum Entwurf »Wirtschaftspolitische Offensive für mehr Beschäftigung«, 2.11.1993, ebd., Bl, 19 f., hier Bl. 19.

140 Prof. Dr. Johann Eeckhoff: Gemeinschaftsarbeiten und Arbeitsbeschaffungsmaßnahmen einschließlich § 249 h AFG, 28.10.1993, BArch Berlin, B 102/709478, Bl. 10–17.

141 Ebd., Bl. 17.

142 Denkschrift: Neue Arbeitsplätze erfordern die Abkehr von arbeitsmarktpolitischen Tabus, 23.11.1993, BArch Berlin, B 102/709478, Bl. 93–102, hier Bl. 93 u. 95.

143 Zu den Befürwortern zählte auch der Fraktionsvorsitzende Wolfgang Schäuble. Aufzeichnung betr. Lohnpolitik und Arbeitsmarktpolitik, 29.11.1993, BArch Berlin, B 102/709478, Bl. 204–210, hier Bl. 204.

Schlussbetrachtung

Sachsen hat die Transformation von der Plan- zur Marktwirtschaft in den 1990er-Jahren nicht schlechter, aber auch nicht besser bewältigt als die anderen ostdeutschen Bundesländer.[1] In der Öffentlichkeit hat sich dagegen ein anderes Bild durchgesetzt, an dessen Konstruktion Ministerpräsident Kurt Biedenkopf einen erheblichen Anteil hatte. Der wirtschaftliche Aufstieg Sachsens zum selbst ernannten Klassenprimus in Ostdeutschland ging vor allem auf ihn zurück und wirkt noch lange nach. So schrieb Martin Machowecz anlässlich des 90. Geburtstags von »König Kurt« in der Hamburger Wochenzeitung *Die Zeit*, dass die Ansiedlung großer Konzerne, die mit seinem Namen verbunden sei, »ja erst für einen Boom« etwa in Dresden und Leipzig gesorgt habe, von dem Magdeburg und Rostock »bis heute nur träumen« könnten.[2] Als Biedenkopf hochbetagt am 12. August 2021 starb, unterstrich Gerald Praschl in einem Nachruf in der auflagenstarken *Superillu* die herausgehobene politische Bedeutung, die der erste nach 1990 frei gewählte Ministerpräsident zweifellos für die Entwicklung des Freistaats hatte. Sachsen sei unter seiner Regierung zum »ostdeutschen Musterländle« geworden, das unter den ostdeutschen Bundesländern »fast in allen Bereichen die besten Ergebnisse auszuweisen hat – von den Wirtschaftszahlen und Staatsfinanzen bis hin zu den

1 Vgl. Einleitung, S. 13f.

2 Matin Machowecz: Der Wessi, der den Sachsen Selbstbewusstsein gab, in: Die Zeit vom 28.1.2020, https://www.zeit.de/politik/deutschland/2020-01/kurt-biedenkopf-sachsen-geburtstag (Zugriff am 22.2.2023).

Schulnoten«.[3] Dieses Narrativ fand auch Eingang in die Geschichtsschreibung. So war der renommierte Zeithistoriker Hans-Peter Schwarz voll des Lobes über den sächsischen Regierungschef: Dieser habe »aus dem einstmals ›roten‹ Sachsen das erfolgreichste aller neuen Länder« gemacht.[4]

Biedenkopfs politische Karriere in Sachsen war alles andere als selbstverständlich. Er gehörte zu den westdeutschen Politikern, die das Ende des SED-Regimes 1989/90 für einen persönlichen Neustart in Ostdeutschland nutzen konnten. Die Entstaatlichung der DDR, die mit der friedlichen Revolution einsetzte, schuf auf zentraler Ebene ein Machtvakuum, das neue Akteure ausfüllten. Dabei ist die enorme Dynamik zu betonen, mit der sich die Veränderungsprozesse in Politik, Wirtschaft und Gesellschaft parallel vollzogen und von der bereits die Zeitgenossen in Ost und West überwältigt waren. Beim Mauerfall am 9. November 1989 war nicht absehbar, dass am 3. Oktober 1990 die staatliche Einheit Deutschlands stehen würde. Anfangs erschien der Westen als Problemlöser, an den sich zahlreiche Ostdeutsche in der Hoffnung wandten, materielle und personelle Unterstützung beispielsweise im Gesundheitswesen oder in Sachen Infrastruktur zu erhalten. Einen Masterplan zur Übertragung westdeutscher Verwaltungsstrukturen auf Ostdeutschland hat es nicht gegeben. Das Jahr 1990 war vielmehr von verschiedenen Suchbewegungen gekennzeichnet. In dem Maße, in dem die ökonomischen Probleme der noch bestehenden DDR nicht mehr zu übersehen waren, verlor der Ruf nach einem dritten Weg an Überzeugungskraft. Auch wenn die DDR nicht bankrott war, so entzog ihr doch eine deutliche Mehrheit der ostdeutschen Bevölkerung die Zustimmung. Insofern kam das Ergebnis der freien Volkskammerwahl am 18. März 1990 einem Plebiszit gleich, das den Vereinigungsprozess beschleunigte und legitimierte.

Die ökonomische Talfahrt begann in Ostdeutschland nicht erst mit der Privatisierungspolitik der Treuhandanstalt. Die Wirtschaftskrise hatte

3 Gerald Praschl: Kurt Biedenkopf: Ehemaliger Ministerpräsident Sachsens ist gestorben, in: Superillu vom 26.8.2021, https://www.superillu.de/magazin/politik/sachsen/abschied-von-kurt-biedenkopf-1602 (Zugriff am 22.2.2023).

4 Schwarz: Helmut Kohl, S. 658.

sich über einen längeren Zeitraum angekündigt. Der SED-Führung lagen in der zweiten Hälfte der 1980er-Jahre vermehrt alarmierende Berichte des Ministeriums für Staatssicherheit (MfS) über Versorgungsengpässe in der Industrie, aber auch im Konsumgüterbereich vor. Der Mauerfall am 9. November 1989 hatte drastische Folgen für die ostdeutsche Wirtschaft. Erstens verschwand das Außenhandels- und Devisenmonopol, über das die SED lange Zeit verfügte. Zweitens trat das Wohlstands- und Produktivitätsgefälle zur Bundesrepublik offen zutage. Die friedliche Revolution war von Ambivalenzen geprägt: Die Euphorie über die Selbstermächtigung wurde zunehmend von Alltagssorgen der Menschen begleitet, die sich vor allem auf lokaler Ebene zeigten. Nachdem sich Kommunen, Krankenhäuser und Ärzte aus den drei südlichen DDR-Bezirken, aus denen sich später der Freistaat Sachsen bildete, hilfesuchend an die Landesregierung in Stuttgart gewandt hatten, schnürte die Regierung unter Ministerpräsident Lothar Späth (CDU) erste Hilfspakete. Das war der Startschuss für eine enge Zusammenarbeit, bei der schnell der Aufbau einer neuen Kommunal- und Landesverwaltung im Zentrum stand. Ähnliche Entwicklungen ließen sich auch in anderen ostdeutschen Regionen beobachten.

Als Kurt Biedenkopf sein Amt als Ministerpräsident antrat, stand die von ihm geführte Staatsregierung vor gewaltigen Aufgaben. Auf der Tagesordnung stand nicht nur der Aufbau einer funktionsfähigen Landesverwaltung, die noch ganz in den Anfängen steckte. Dabei war Sachsen – wie auch die übrigen »neuen Bundesländer« – auf westdeutsche Unterstützung angewiesen, da im Landeshaushalt ein großes Ungleichgewicht zwischen geringen Steuereinnahmen und wachsenden Ausgaben bestand. Schließlich mussten Antworten auf die drohenden Betriebsschließungen und die sich abzeichnende Massenarbeitslosigkeit gefunden werden, für die in der Öffentlichkeit rasch die Treuhandanstalt verantwortlich gemacht wurde. Den schlechten Ruf der Berliner Privatisierungsagentur nutzte Biedenkopf frühzeitig, um eine gezielte Imagepolitik zu betreiben, mit der er drei Ziele verfolgte. Erstens ging er auf Konfrontationskurs zur Treuhandanstalt, um der Kritik am Privatisierungskurs Gehör zu verschaffen. Kein anderer ostdeutscher Länderchef ging mit der Behörde so hart ins Gericht wie er. Zweitens erhoffte er sich dadurch eine gute Ausgangsposition bei der Diskussion über die Verteilung der Kosten der deutschen Einheit, die im Vorfeld der ersten gesamtdeutschen Bundestagswahl am 2. Dezember 1990 von Bundeskanzler Helmut Kohl bewusst abgewürgt worden war. Seine Imagepolitik diente drittens der Inszenierung als Landesvater und hatte zugleich eine identitätsstiftende Funktion. Durch den wiederholten Verweis auf Sachsen als Kernland der Industrialisierung glaubte Biedenkopf das Selbstbewusstsein der Bevölkerung stärken zu können. Der historische Rückgriff ging aber noch weiter, denn er betonte Traditionslinien bis zum Barockkönig August den Starken. Damit hatte er Erfolg. Der sächsische Ministerpräsident gefiel sich sogar in der ihm durch die Medien zugewiesenen Rolle als »König Kurt«, die durch die überwältigenden Erfolge seiner Partei bei den Landtagswahlen 1990, 1994 und 1999, bei denen die CDU die absolute Mehrheit der abgegebenen Stimmen erhielt, offenbar bestätigt wurde.

Das öffentlich inszenierte Bild einer Staatsregierung, die sich durch politische Stärke und Zielstrebigkeit auszeichnete, passte so gar nicht zu dem politischen Kräftefeld, in dem sich der Freistaat gegenüber der Bundesregierung und vor allem der Treuhandanstalt bewegte. Während Biedenkopf in der Öffentlichkeit den Eindruck vermittelte, auf gleicher Augenhöhe mit der Berliner Behörde zu verhandeln, sah das politische Tagesgeschäft häufig ganz anders aus. Es gelang ihm zwar, Treuhandpräsident Detlev K. Rohwedder und – nach dessen Ermordung am 1. April 1991 – Birgit Breuel zu Zugeständnissen zu bewegen. Auf Biedenkopfs Initiative hin wurde auf Landesebene zuerst in Sachsen ein neues Gremium geschaffen. In dem Treuhandwirtschaftskabinett kamen Vertreter der Landesregierung und der Treuhandanstalt zusammen, um einzelne Privatisierungsfälle, aber auch drohende Konkurse zu besprechen und nach Lösungen zu suchen. An den Sitzungen nahmen auch einzelne Landtagsabgeordnete teil, die mitunter ihrem Ärger über den Privatisierungsverlauf Luft machten. Insofern hatte das Gremium eine Ventilfunktion und diente als Informationsbörse, wobei die Treuhandanstalt immer darauf bestand, bei allen Entscheidungen das letzte Wort zu haben. Alle Versuche der Staatsregierung, ein Mitspracherecht zu erhalten, wurden von der Treuhandanstalt abgeblockt, die zur Begründung auf ihren gesetzlichen Privatisierungsauftrag verwies. An der ungleichen Partnerschaft konnte auch das Breuel-Schommer-Abkommen vom Frühjahr 1991, das allgemeine Absprachen zur Sanierung sächsischer Betriebe enthielt, nichts ändern.

Der Informationsaustausch zwischen der Landesregierung und der Treuhandanstalt, die sehr früh ein eigenes Länderreferat Sachsen einrichtete, fand auf unterschiedlichen Ebenen statt. Neben der fast regelmäßigen Anwesenheit Biedenkopfs im Verwaltungsrat der Treuhandanstalt sowie den Sitzungen des Treuhandwirtschaftskabinetts sind informelle Treffen zu nennen, zu denen nicht nur die Staatssekretäre im SMWA, sondern auch Referenten des Ministeriums nach Berlin reisten. Außerdem gab es institutionalisierte Gesprächszirkel, an denen Vertreter aller ostdeutschen Landesregierungen teilnahmen, beispielsweise die Chefs der Staatskanzleien oder die Wirtschaftsminister. Schließlich wurden unter der Ägide der Bundesregierung Treffen in Bonn organisiert, zu denen ostdeutsche Fachminister oder deren Staatssekretäre eingeladen wurden. Eine solche Runde wurde etwa nach dem Chef des Bundeskanzleramts »Bohl-Runde« genannt. Obwohl die ostdeutschen Ministerpräsidenten untereinander den Schulterschluss anstrebten, um ihren Forderungen gegenüber der Treuhandanstalt oder der Bonner Regierung Nachdruck zu verleihen, gab es auch gegenläufige Entwicklungen. So zeigten sich bei der milliardenschweren Rekultivierung des Braunkohletagebaus oder bei der Schließung der Kaligrube im thüringischen Bischofferode deutliche Risse im Bündnis der Landesregierungen in Ostdeutschland.

Die sächsische Staatsregierung unterschätzte anfangs das Ausmaß der wirtschaftlichen Probleme beim Übergang von der Plan- zur Marktwirtschaft. So hatte die CDU auf Plakaten im Landtagswahlkampf 1990 noch für ein »blühendes Sachsen« geworben. Obwohl Biedenkopf intern ein ungeschminktes Bild der ökonomischen Lage in Ostdeutschland zeichnete und deshalb als Einziger in seiner Partei für Steuererhöhungen plädierte, vermittelte er in der Öffentlichkeit den Eindruck, die ostdeutschen Bundesländer könnten den wirtschaftlichen Rückstand gegenüber Westdeutschland in ganz kurzer Zeit aufholen. Der frisch gewählte Ministerpräsident war überrascht von den heftigen sozialen Protesten, die sich im Zusammenhang mit den Betriebsschließungen im Frühjahr 1991 entluden. Betriebsbesetzungen und Demonstrationen, die gezielt an die Tradition der Montagsdemonstrationen von 1989 anknüpften, verdeutlichten das Ende der Zuversicht, die bei der Vereinigung Deutschlands am 3. Oktober 1990 unisono geherrscht hatte.

Die Folgen der Transformation erfassten Ostdeutschland aber nicht überall in gleichem Maße. Während einige städtische Regionen, in denen sich etwa Leuchtturmprojekte ansiedelten, langsam zu prosperieren begannen, fühlten sich viele Menschen in ländlichen Regionen von der wirtschaftlichen Entwicklung abgehängt. Das traf insbesondere auf Ostsachsen zu, das sich in der öffentlichen Wahrnehmung zum *Mezzogiorno* zu entwickeln drohte. Hier befanden sich 70 Prozent der DDR-Textilindustrie, die sich nach 1990 im freien Fall befand. Sachsen wies wie kein anderes Bundesland einen großen Gegensatz auf zwischen boomenden Großstädten (Dresden und Leipzig) auf der einen und verarmten Landkreisen an der Grenze zu Polen und Tschechien auf der anderen Seite. Die Massenarbeitslosigkeit, die dort stellenweise bei 50 Prozent lag, veranlasste die Menschen, ihre Heimat in Scharen zu verlassen. Der Deindustrialisierung trug die Landesregierung Biedenkopfs zwar durch eine gezielte Strukturpolitik Rechnung. Die Kommunikationsstrategie der Dresdener Staatskanzlei griff die Sorgen der Betroffenen jedoch kaum auf, sodass sich in den Medien rasch das Bild von den abgehängten Regionen festsetzte. Das Versprechen von den blühenden Landschaften, das auch Biedenkopf lange Zeit vermittelte, passte immer weniger zur Lebenswirklichkeit vieler Menschen in Ostsachsen, im Erzgebirge oder im Vogtland. Hier konnte sich langfristig ein Nährboden für Demokratieskepsis, aber auch Fremdenfeindlichkeit bilden.

Die Privatisierung der ehemaligen volkseigenen Betriebe war ein Aushandlungsprozess, an dem nicht nur die Treuhandanstalt, sondern auch die Bonner Regierung, die ostdeutschen Landesregierungen sowie zahlreiche Interessenverbände beteiligt waren. Keiner der beteiligten Akteure verfügte über ein kohärentes Gesamtkonzept. Die Privatisierung verlief im Einzelfall höchst unterschiedlich und war von mehreren Faktoren abhängig.[5] Bei der Analyse müssen beispielsweise die Betriebsgröße, der Zeitpunkt der Privatisierung, die Markt- und Ertragslage und das Produktsortiment des Unternehmens, die Kaufinteressenten, aber auch die politischen Rahmenbedingungen vor Ort berücksichtigt werden. Neue Branchen- und Unternehmensstudien legen zudem den Schluss nahe, dass es nicht ausreicht, den Blick nur auf die Erstprivatisierung eines Treuhandunternehmens Anfang der 1990er-Jahre zu werfen. Es ist vielmehr notwendig, den Untersuchungszeitraum teilweise bis Anfang der 2000er-Jahre zu verlängern.[6] Allgemein gilt, dass die Entscheidungen der Treuhandanstalt in der Frühphase unter einem Mangel an Zeit und fachlicher Expertise litten. Über einen Standortvorteil verfügten Betriebe der Lebensmittel- und Getränkeindustrie, die bereits zu DDR-Zeiten über einen Markennamen verfügten.

Das Privatisierungsgeschäft überließ die Politik weitgehend der Treuhandanstalt, die den Landesregierungen im Übrigen keine essenziellen Mitspracherechte einräumte. Biedenkopf und Schommer sahen sich primär in der Rolle von Zaungästen und begnügten sich zunächst damit, Kritik an Einzelentscheidungen zu üben und den Druck auf die Berliner Behörde zu erhöhen. Eine wichtige Zäsur bildete die Privatisierung des Edelstahlwerks Freital, bei der sich der sächsische Ministerpräsident im Verwaltungsrat der Treuhandanstalt der drohenden Betriebsschließung nicht in den Weg gestellt hatte. Erst als der öffentliche Protest eskalierte, schloss sich Biedenkopf den Forderungen der Belegschaft an. Der mit der Treuhandanstalt dann vereinbarte Kompromiss sah erstmals eine größere finanzielle Eigenbeteiligung des Freistaats bei der Rettung eines Unternehmens vor. Biedenkopf, der sich darüber im Klaren war, dass er mit dieser Entscheidung sein ordnungspolitisches Prinzip verletzte, wurde nicht müde, im Verwaltungsrat zu betonen, dass es sich nur um einen Einzelfall handle. Die rote Linie, die er bei der Beantwortung der Frage nach einer Unternehmensbeteiligung durch den Freistaat stets zog, über-

5 Zum Folgenden Hoffmann: Die umkämpfte Einheit, S. 84.

6 Vgl. Karlsch: »Das Chemiedreieck bleibt!«; Knoll: Die Treuhandanstalt in Brandenburg; Trecker: Neue Unternehmer braucht das Land.

trat Biedenkopf auch in anderen Fällen – allerdings aus Gründen seiner Imagepolitik. So ließ er keinen Zweifel daran, dass die traditionsreiche Porzellanmanufaktur Meissen in Staatsbesitz bleiben sollte. Gleiches galt auch für die staatlichen Weingüter und die größte und weltweit älteste Raddampferflotte – die »Weiße Flotte« auf der Elbe.

Die Privatisierungsbilanz fällt gemischt aus. Zu ihr gehören Erfolgsgeschichten,[7] an denen Biedenkopf einen entscheidenden Anteil hatte. In dem Zusammenhang ist vor allem die Ansiedlung der Chipfabrik in Dresden zu nennen, die in der breiten Öffentlichkeit das Bild vom Innovationsstandort Sachsen (»Silicon Saxony«) untermauerte. Der erfolgreiche Abschluss des Vorzeigeprojekts war aber keineswegs sicher und gleichzeitig mit hohen Subventionszahlungen verbunden. Dagegen war die Bilanz in anderen Wirtschaftszweigen niederschmetternd. Der Strukturwandel traf insbesondere die Textilindustrie mit voller Wucht; hier ist der Begriff der Deindustrialisierung absolut zutreffend. An diesem Beispiel ist nicht nur die Ohnmacht der betroffenen Beschäftigten mit Händen zu greifen, sondern auch die Überforderung des Staates, der mit seiner Struktur- und Industriepolitik an die Grenzen stieß. Mit der Privatisierung der Forschungseinrichtungen ist ein weiteres Kapitel des Niedergangs auf Raten verknüpft, denn die westdeutschen bzw. westeuropäischen Käufer zeigten kein Interesse an der Übernahme dieser Abteilungen, die unter marktwirtschaftlichen Kriterien personell übersetzt und zudem auf die Bedürfnisse der DDR-Planwirtschaft zugeschnitten waren.

1990 herrschte weitgehend Konsens darüber, dass westdeutsches bzw. westliches Kapital dringend benötigt wurde, um die kostenintensiven Herausforderungen meistern zu können, vor denen die ostdeutsche Wirtschaft stand. Das betraf unter anderem den Investitionsrückstau in der Industrie, aber auch die Umweltsanierung. Bereits die letzte SED/PDS-Regierung unter Hans Modrow bemühte sich darum, westliche Investoren in die DDR zu locken. Dazu wurde im Januar 1990 ein Joint-

7 Dazu gehört auch der Automobilbau mit der Ansiedlung von VW, BMW und Porsche in Chemnitz, Dresden, Leipzig und Zwickau.

Venture-Gesetz in der Volkskammer verabschiedet, das eine ausländische Kapitalbeteiligung an ostdeutschen Betrieben mit bis zu 49 Prozent zuließ. Doch solange die politische Zukunft der DDR ungewiss war, erklärte sich kein Investor zu einem solchen Schritt bereit. Bundesregierung und Treuhandanstalt gingen jedoch davon aus, dass die westdeutschen Geschäftsbanken dazu übergehen würden, großzügig Kredite zu bewilligen und Bürgschaften zu gewähren, sobald der Beitritt Ostdeutschlands zum Geltungsbereich des Grundgesetzes beschlossene Sache war. Schon im Herbst 1990 musste die Politik allerdings erkennen, dass sich deren Engagement in engen Grenzen hielt. Die bundesdeutschen Banken, die sich den ostdeutschen Bankensektor untereinander aufteilen konnten, gingen beim »Aufschwung Ost« kein Geschäftsrisiko ein – ganz anders als ein Jahrzehnt später bei ihrer gewagten Milliardenbeteiligung im US-amerikanischen Immobiliensektor, die sich auch für den deutschen Steuerzahler zu einem Fiasko entwickelte.

Ungeachtet dessen verfolgte die sächsische Landesregierung von Anfang an die Strategie, finanzstarke Investoren und Unternehmen aus dem In- und Ausland für Sachsen zu gewinnen. Das war nicht nur der angespannten Haushaltslage geschuldet, sondern entsprach auch dem wirtschaftspolitischen Credo Biedenkopfs und Schommers, die auf die Frage nach der Sanierung von Treuhandunternehmen eine privatwirtschaftliche Lösung suchten. Ein erster Anlauf war der Sachsenfonds, den ein Konsortium aus Banken, Versicherungen und Unternehmen aufbringen sollte. Die Landesregierung pries ihren Vorschlag in der Öffentlichkeit als Alternative zur bereits laufenden Privatisierung durch die Treuhandanstalt an. Sie war überzeugt, auf diese Weise eine mittelständische Wirtschaft aufbauen zu können. Doch sehr schnell erkannten die Befürworter, dass das Projekt aufgrund des mangelnden Interesses der Geschäftsbanken nicht zustande kommen würde. Der Sachsenfonds verschwand sang- und klanglos in der Schublade. Nun musste man in Dresden kleinere Brötchen backen: Schommer ließ in seinem Ministerium eng zugeschnittene Privatisierungsinitiativen ausarbeiten, die klangvolle Namen trugen und auf die Förderung einzelner Regionen bzw. der Exportindustrie abzielten. Obwohl der personelle und finanzielle Aufwand enorm war, konnte das SMWA durchaus kleine Erfolge vorweisen. Bei ihrem größten Projekt (ATLAS) war die Staatsregierung auf die Zustimmung und Kooperation der Treuhandanstalt angewiesen, die die Notwendigkeit einer aktiven Sanierungspolitik zwar grundsätzlich bejahte, eine Bestandsgarantie für die betroffenen Unternehmen aus der Textil- und Maschinenbauindustrie aber nicht abgeben wollte.

Dem Sozialstaat kam nach 1990 erneut die Rolle zu, die sozialen Folgen eines fundamentalen politischen Umbruchs abzufedern.[8] Doch anders als 1918 und 1945 traf die Systemtransformation erstens nur ein Teil des deutschen Staatsgebiets – nämlich Ostdeutschland. Zweitens kam erschwerend hinzu, dass die Transformation nicht nur auf das politische System beschränkt blieb, sondern auch Wirtschaft und Gesellschaft in ihren Fundamenten veränderte. Das Versprechen, einheitliche Lebensverhältnisse im vereinten Deutschland herzustellen, setzte die Politik unter Zugzwang. In aktuellen Debatten taucht stets der Vorwurf auf, dass der Angleichungsprozess trotz einiger Erfolge immer noch nicht abgeschlossen sei. Auf den ersten Blick hat die Sozialpolitik bei der Privatisierung der ostdeutschen Wirtschaft sogar nur als Lazarettstation des Kapitalismus gedient. Obwohl fast alle arbeitsmarkt- und sozialpolitischen Instrumente zum Einsatz kamen, konnte der Verlust von Hunderttausenden Arbeitsplätzen nicht verhindert werden. Die Transformation der ostdeutschen Wirtschaft war mit erheblichen Brüchen in den Erwerbsbiografien vieler Menschen verbunden.

Die Sozialpolitik im Einigungsprozess hat aber noch eine andere Dimension. Von zentraler Bedeutung waren für die ostdeutschen Beschäftigten zum einen die Sozialpläne, die auf betrieblicher Ebene eine direkte Antwort auf die Erwerbslosigkeit darstellten, und zum anderen die Beschäftigungsgesellschaften, von denen sich die Gewerkschaften langfristige Effekte auf dem Arbeitsmarkt erhofften. In beiden Fällen waren Abstimmungen zwischen der Treuhandanstalt und den Tarif-

8 Vgl. Süß: Soziale Sicherheit und soziale Ungleichheit in wohlfahrtsstaatlich formierten Gesellschaften, S. 154.

parteien erforderlich. Nach den Vorstellungen von Wirtschaftsminister Schommer sollte Sachsen auch hier eine Vorreiterrolle übernehmen. So kündigte er die Gründung eines Arbeitsförderungswerks an, das sich um die Weiterbildung und Qualifizierung von Beschäftigten kümmern sollte. Doch das Projekt war mit heißer Nadel gestrickt, da es unter anderem die Finanzierungsfrage unbeantwortet ließ. Das änderte sich erst mit der Rahmenvereinbarung vom 17. Juli 1991, die für alle ostdeutschen Bundesländer galt. Bei den sogenannten ABS-Gesellschaften (Arbeitsförderung, Beschäftigung, Strukturentwicklung) traten die unterschiedlichen Privatisierungsziele offen zutage: Während die Treuhandanstalt damit den Beschäftigungsabbau im Blick hatte, um die Privatisierungschancen der Betriebe zu erhöhen, erblickte die Staatsregierung in ihnen eine Brücke zum ersten Arbeitsmarkt. Aus dem Dissens entwickelte sich aber kein offener Konflikt, denn Biedenkopf und Schommer akzeptierten letztlich die Entscheidung der Treuhandspitze, die Beschäftigungsgesellschaften nicht weiter auszubauen. Es stellt ein Desiderat der Forschung dar, die langfristigen Effekte für einzelne Unternehmen und Regionen eingehend zu untersuchen.

Die Transformation der ostdeutschen Wirtschaft nach 1990 war ein Laboratorium der Marktwirtschaft, in dem die ordnungspolitischen Leitbilder der Bonner Republik auf den Prüfstand gerieten. Der Ruf nach mehr Markt und weniger Staat, der in der ersten Hälfte der Regierungszeit von Bundeskanzler Helmut Kohl noch dominant gewesen war, verhallte im Zuge der radikalen Neuordnung des ökonomischen Systems in Ostdeutschland immer mehr. Die massenhafte Schließung von Betrieben und die damit verbundene Massenarbeitslosigkeit zeigten, dass die oft beschworenen Kräfte des Marktes beim Praxistest – dem Systemwechsel von der Plan- zur Marktwirtschaft – offenbar zu versagen drohten. Die Geschichte der Privatisierung der ehemaligen VEBs lässt sich insofern auch als ein schmerzhafter Lernprozess beschreiben. Dabei erfolgte kein radikaler Kurswechsel, denn am Privatisierungsauftrag der Treuhandanstalt wurde trotz öffentlicher Proteste grundsätzlich festgehalten. Während sich die Gewichte wieder zugunsten des Staates verschoben, lebte das korporatistische Modell der alten Bundesrepublik noch einmal auf.

Vor diesem Hintergrund mussten auch in Sachsen Ministerpräsident Biedenkopf und Wirtschaftsminister Schommer ihre wirtschaftspolitischen Leitbilder an die veränderte sozioökonomische Lage anpassen. Der Begriff des Neoliberalismus wird der Komplexität und Widersprüchlichkeit dieser Entwicklung nicht gerecht, denn er verdeckt als politischer Kampfbegriff mehr, als er zu erklären in der Lage ist.

Zu den wirtschaftspolitischen Leitbildern Biedenkopfs und seines Wirtschaftsministers Schommer gehörte die Überzeugung, dass der Staat kein guter Unternehmer sei. Daran hielt die sächsische Landesregierung grundsätzlich fest und wehrte entsprechende Forderungen der Gewerkschaften immer wieder ab. Genauer gesagt: Für die Staatskanzlei in Dresden kam eine aktive Beteiligung des Freistaats an Unternehmen – abgesehen von der Porzellanmanufaktur Meissen und der »Weißen Flotte« – nicht infrage. Dagegen forderte sie ein stärkeres Engagement der Treuhandanstalt bei der Sanierung der Betriebe ein. Die damit verbundenen Kosten sollte der Bund übernehmen, was unter Verweis auf die leeren Kassen des Landes auch überzeugend begründet werden konnte. Biedenkopf und Schommer sahen vor allem die Bundesregierung und die dem Bundesfinanzministerium nachgeordnete Treuhandanstalt in der Pflicht und nahmen damit eine Erhöhung der Staatsquote in Kauf. Auf diese Weise konnten sich beide Politiker als Gralshüter der marktwirtschaftlichen Ordnung präsentieren,[9] indem sie die Folgen der Transformation externalisierten, für die andere Akteure auf Bundesebene aufkommen sollten. Angesichts dieses Umstands war das fortgesetzte Bekenntnis beider Politiker zu einer rein marktwirtschaftlichen Ordnung unglaubwürdig.

9 Biedenkopf hatte sich bereits Ende der 1970er Jahre als marktliberaler Ordnungspolitiker profiliert. Vgl. Steber: Die Hüter der Begriffe, S. 354.

Anhang

Abkürzungen

ABM	Arbeitsbeschaffungsmaßnahme
ABS-Gesellschaften	Gesellschaften für Arbeitsförderung, Beschäftigung und Strukturentwicklung
AfD	Alternative für Deutschland
AFG	Arbeitsförderungsgesetz
AG	Aktiengesellschaft
AGG	Archiv Grünes Gedächtnis
AIF	Arbeitsgemeinschaft Industrieller Forschungsvereinigungen
ASB	Außenstelle Berlin
ATLAS	Ausgesuchte Treuhandunternehmen vom Land angemeldet zur Sanierung
AWD	Arzneimittelwerk Dresden
AWE	Automobilwerk Eisenach
AWS	Aufbauwerk Sachsen
BA	Bundesanstalt für Arbeit
BArch	Bundesarchiv
BASF	Badische Anilin- und Soda-Fabrik
Bd.	Band
BGH	Boschgotthardshütte O. Breyer GmbH
BIP	Bruttoinlandsprodukt
Bl.	Blatt
BMA	Bundesministerium für Arbeit und Sozialordnung
BMF	Bundesministerium der Finanzen
BMFT	Bundesministerium für Forschung und Technologie
BMUNR	Bundesministerium für Umwelt, Naturschutz und Reaktorsicherheit
BMW	Bayerische Motoren Werke
BMWi	Bundesministerium für Wirtschaft
BVfS	Bezirksverwaltung für Staatssicherheit
BvS	Bundesanstalt für vereinigungsbedingte Sonderaufgaben
BVVG	Bodenverwertungs- und -verwaltungs GmbH
CDU	Christlich Demokratische Union Deutschlands
CSU	Christliche-Soziale Union in Bayern

DDR	Deutsche Demokratische Republik
DGB	Deutscher Gewerkschaftsbund
DKFL	Deutsche Kugellagerfabriken Leipzig GmbH
DM	Deutsche Mark
dpa	Deutsche Presse-Agentur
Eds.	Editors
EDV	Elektronische Datenverarbeitung
EG	Europäische Gemeinschaft
FAZ	Frankfurter Allgemeine Zeitung
FDGB	Freier Deutscher Gewerkschaftsbund
FDP	Freie Demokratische Partei
FuE	Forschung und Entwicklung
FuU	Fortbildung und Umschulung
GEW	Gewerkschaft Erziehung und Wissenschaft
GmbH	Gesellschaft mit beschränkter Haftung
GS	Geschäftsstelle
GTB	Gewerkschaft Textil-Bekleidung
HERKULES	Hilfe durch Experten für die Regionen durch kreative und unkonventionelle Lösungen zur wirtschaftlichen Entwicklung Sachsens
HFO	Halbleiterwerk Frankfurt (Oder)
Hg.	Herausgeber
HGK	Handels- und Gewerbekammer
HO	Handelsorganisation
HStA	Hauptstaatsarchiv
IAB	Institut für Arbeitsmarkt- und Berufsforschung der Bundesanstalt für Arbeit
IAW	Institut für angewandte Wirtschaftsforschung
Ifo	Institut für Wirtschaftsforschung e. V. München
IfZ	Institut für Zeitgeschichte München – Berlin
IG	Industriegewerkschaft
IHK	Industrie- und Handelskammer
ILK	Institut für Luft- und Kältetechnik
IM	Inoffizieller Mitarbeiter
IMA	Institut zur Materialforschung und Anwendungstechnik
ISE	Industriebrachen-Sanierungs- und Entwicklungsgesellschaft mbH
IW	Institut der deutschen Wirtschaft
IWG	Institut für Wirtschaft und Gesellschaft
IWH	Institut für Wirtschaftsforschung Halle
Jetro	Japan External Trade Organisation
KG	Kapitalgesellschaft
KSPW	Kommission für die Erforschung des sozialen und politischen Wandels in den neuen Bundesländern
Kug	Kurzarbeitergeld
LB	Landesbank
LHA	Landeshauptarchiv

LSI	Landesverband der Sächsischen Industrie
LTI	Lingua Tertii Imperii
MBI	Management-Buy-in
MBO	Management-Buy-out
MdB	Mitglied des Deutschen Bundestages
MdL	Mitglied des Landtages
MfAS	Ministerium für Arbeit und Soziales
MfS	Ministerium für Staatssicherheit
MKG	Management-Kommanditgesellschaft
MP	Ministerpräsident
NS	Nationalsozialismus
NVA	Nationale Volksarmee
ÖPNV	Öffentlicher Personennahverkehr
PDS	Partei des Demokratischen Sozialismus
PPP	Public-Private-Partnership
PStS	Parlamentarischer Staatssekretär
RGW	Rat für gegenseitige Wirtschaftshilfe
SAB	Sächsische Aufbaubank
SAQ	Sächsische Aufbau- und Qualifizierungsgesellschaft mbH
SAZ	Sachsenring Automobilwerke Zwickau GmbH
SBZ	Sowjetische Besatzungszone
SDAG	Sowjetisch-Deutsche Aktiengesellschaft
SDP	Sozialdemokratische Partei in der DDR
SDU	Sanierung Durch Unternehmer
SED	Sozialistische Einheitspartei Deutschlands
SEW	Sächsische Edelstahlwerke GmbH Freital
SHStA	Sächsisches Hauptstaatsarchiv
SK	Staatskanzlei
SMWA	Staatsministerium für Wirtschaft und Arbeit
SMWAV	Staatsministerium für Wirtschaft, Arbeit und Verkehr
SPD	Sozialdemokratische Partei Deutschlands
StS	Staatssekretär
SZ	Süddeutsche Zeitung
TG	Trägergesellschaft
THA	Treuhandanstalt
TLG	Liegenschaftsgesellschaft der Treuhandanstalt
USA	United States of America
VEB	Volkseigener Betrieb
VW	Volkswagen
WFS	Wirtschaftsförderung Sachsen GmbH
Z-ABS	Zielorientierte ABS
ZAIG	Zentrale Auswertungs- und Informationsgruppe
ZDF	Zweites Deutsches Fernsehen
ZEUS	Zentrum für Exportunterstützung in Sachsen
ZFA	Zentrales Forschungsinstitut für Arbeit
ZMD	Zentrum Mikroelektronik Dresden
ZZF	Leibniz-Zentrum für Zeithistorische Forschung Potsdam

Quellen- und Literaturverzeichnis

Ungedruckte Quellen

Bundesarchiv Berlin-Lichterfelde (BArch Berlin)

B 102	Bundesministerium für Wirtschaft
B 126	Bundesministerium der Finanzen
B 412	Treuhandanstalt
	Protokolle der Sitzungen des Vorstands der THA
	Protokolle der Sitzungen des Verwaltungsrats der THA
	Protokolle der Sitzungen des Leitungsausschusses
	Monatsberichte
	Handbücher
	Handakten des Präsidenten Rohwedder
	Handakten der Präsidentin Breuel
	Direktorat Arbeit und Soziales
	Länderreferat Sachsen

Bundesarchiv Koblenz (BArch Koblenz)

N 1585	Tagebuch Klaus Schucht

Sächsisches Hauptstaatsarchiv Dresden (SHStA Dresden)

Bestand 12891	Staatskanzlei
Bestand 13036	Staatsministerium für Wirtschaft und Arbeit

Hauptstaatsarchiv Stuttgart (HStA Stuttgart)

EA 8/502	Sozialministerium
EA 8/603	Sozialministerium
EA 206	Wirtschaftsministerium

Landeshauptarchiv Schwerin (LHA Schwerin)

8.11-1	Staatskanzlei Mecklenburg-Vorpommern

Archiv Grünes Gedächtnis (AGG)

A – Karl Hirschgens
A – Werner Schulz

Staatsministerium für Wirtschaft, Arbeit und Verkehr (SMWAV)

Protokolle des Treuhandkabinetts Sachsen (37.–45. Sitzung)

Landesarbeitsamt Sachsen: Jahreszahlen 1991. Bestand Arbeitslose nach Berufsgruppen im Jahresdurchschnitt 1991 (= Statistische Mitteilungen), Chemnitz o. J.

Statistisches Landesamt des Freistaates Sachsen: Statistische Berichte. Der Arbeitsmarkt im Freistaat Sachsen 1992, Kamenz o.J.
Landesarbeitsamt Sachsen: Strukturanalyse. Arbeitslose nach Altersgruppen im Freistaat Sachsen – Ende September 1992 (= Statistische Mitteilungen), Chemnitz o.J.
Landesarbeitsamt Sachsen: Jahresstatistik 1993. Teil 1: Arbeitsvermittlung. Entwicklung 1991 bis 1993 (= Statistische Mitteilungen), Chemnitz o.J.
Landesarbeitsamt Sachsen: Jahresstatistik 1993. Teil 2: Arbeitsbeschaffungsmaßnahmen. Beschäftigte geförderte Arbeitnehmer in ABM sowie in Maßnahmen nach Paragraph 249 h AFG (= Statistische Mitteilungen), Chemnitz o.J.
Landesarbeitsamt Sachsen: Jahresstatistik 1993. Teil 3: Fortbildung und Umschulung (= Statistische Mitteilungen), Chemnitz o.J.
Landesarbeitsamt Sachsen: Jahresstatistik 1993. Teil 4.1: Ergebnisse der Strukturanalyse in Sachsen (= Statistische Mitteilungen), Chemnitz o.J.
Landesarbeitsamt Sachsen: Jahresstatistik 1993. Teil 4.2: Ergebnisse der Strukturanalyse für Dienststellen in Sachsen (= Statistische Mitteilungen), Chemnitz o.J.
Landesarbeitsamt Sachsen: Jahresstatistik 1993. Teil 5: Kurzarbeit/Leistungsempfänger (= Statistische Mitteilungen), Chemnitz o.J.
Landesarbeitsamt Sachsen: Jahresstatistik 1993. Teil 7: Beschäftigtenstatistik. Pendler zwischen Sachsen und den neuen Bundesländern (= Statistische Mitteilungen), Chemnitz o.J.
Bundesanstalt für Arbeit: Statistisches Sonderheft Landesarbeitsamt Sachsen 1/93: Kurzarbeiter nach Arbeitsausfall im Freistaat Sachsen, Chemnitz o.J.
Bundesanstalt für Arbeit: Statistisches Sonderheft Landesarbeitsamt Sachsen 2/93: Eintritte in Maßnahmen der Fortbildung, Umschulung und Einarbeitung im Jahr 1992, Chemnitz o.J.
Bundesanstalt für Arbeit: Statistisches Sonderheft Landesarbeitsamt Sachsen 3/93: Arbeitslose Freistaat Sachsen – Entlastung durch ABM, Chemnitz o.J.
Bundesanstalt für Arbeit: Statistisches Sonderheft Landesarbeitsamt Sachsen 4/93: Arbeitslose nach Arbeitsamtsbezirken (Durchschnitt 92), Chemnitz o.J.
Landesarbeitsamt Sachsen: Jahresstatistik 1994. Teil 1: Arbeitsvermittlung. Entwicklung September 1990 bis Dezember 1993 (= Statistische Mitteilungen), Chemnitz o.J.
Landesarbeitsamt Sachsen: Jahresstatistik 1994. Teil 2: Arbeitsbeschaffungsmaßnahmen und Förderung nach Paragraph 249h AFG (= Statistische Mitteilungen), Chemnitz o.J.
Landesarbeitsamt Sachsen: Jahresstatistik 1994. Teil 3: Fortbildung und Umschulung (= Statistische Mitteilungen), Chemnitz o.J.
Landesarbeitsamt Sachsen: Jahresstatistik 1994. Teil 4.1: Ergebnisse der Strukturanalyse in Sachsen (= Statistische Mitteilungen), Chemnitz o.J.
Landesarbeitsamt Sachsen: Jahresstatistik 1994. Teil 5: Kurzarbeit/Leistungsempfänger (= Statistische Mitteilungen), Chemnitz o.J.
Landesarbeitsamt Sachsen: Jahresstatistik 1994. Teil 7: Beschäftigtenstatistik. Sozialversicherungspflichtig Beschäftigte in Sachsen nach dem Arbeitsort (= Statistische Mitteilungen), Chemnitz o.J.
Landesarbeitsamt Sachsen: Jahresstatistik 1995. Teil 1: Arbeitsvermittlung. Arbeitslose nach Arbeitsamtsbezirken – Jahresdurchschnitt 1995 (= Statistische Mitteilungen), Chemnitz o.J.
Landesarbeitsamt Sachsen: Jahresstatistik 1995. Teil 2: Arbeitsbeschaffungsmaßnah-

men und Förderung nach Paragraph 249h AFG (= Statistische Mitteilungen), Chemnitz o.J.
Landesarbeitsamt Sachsen: Jahresstatistik 1995. Teil 3: Fortbildung und Umschulung (= Statistische Mitteilungen), Chemnitz o.J.
Landesarbeitsamt Sachsen: Jahresstatistik 1995. Teil 4.1: Ergebnisse der Strukturanalyse in Sachsen (= Statistische Mitteilungen), Chemnitz o.J.
Landesarbeitsamt Sachsen: Jahresstatistik 1995. Teil 4.2: Ergebnisse der Strukturanalyse für Dienststellen in Sachsen (= Statistische Mitteilungen), Chemnitz o.J.
Landesarbeitsamt Sachsen: Jahresstatistik 1995. Teil 5: Kurzarbeit/Leistungsempfänger (= Statistische Mitteilungen), Chemnitz o.J.
Landesarbeitsamt Sachsen: Jahresstatistik 1995. Teil 7.1: Beschäftigtenstatistik. Sozialversicherungspflichtig Beschäftigte in Sachsen nach dem Arbeitsort (= Statistische Mitteilungen), Chemnitz o.J.

Privatarchiv Dr. Rainer Lubk

Organisationsschema des Staatsministeriums für Wirtschaft und Arbeit (Stand: 15.1.1991).
Organisationspläne des Staatsministeriums für Wirtschaft und Arbeit (Stände: 10.6.1991, 10.8.1991, 7.2.1992, 23.7.1992, 1.2.1994, 14.4.1994, 13.5.1994, 23.6.1994, 7.11.1994).
Sächsisches Staatsministerium für Wirtschaft und Arbeit: »Arbeit und Qualifizierung für Sachsen«. Arbeitsmarktpolitisches Programm der Sächsischen Staatsregierung 1991.
Sächsisches Staatsministerium für Wirtschaft und Arbeit: Arbeit und Qualifizierung für Sachsen 1994. Abbruch – Sanierung – Qualifizierung – Neuansiedlung von Produktionsstätten.

Zeitungen und Zeitschriften

Badische Neueste Nachrichten
Berliner Morgenpost
Berliner Zeitung
Capital
Das Parlament
Der Morgen
Der Spiegel
Der Tagesspiegel
Deutsches Allgemeines Sonntagsblatt
Die Presse
Die Tageszeitung
Die Welt
Die Wirtschaft
Die Zeit
Dresdner Morgenpost
Focus
Frankfurter Allgemeine Zeitung
Frankfurter Rundschau

Freie Presse
General-Anzeiger
Hamburger Abendblatt
Handelsblatt
Kieler Nachrichten
Leipziger Tageblatt
Leipziger Volkszeitung
Märkische Allgemeine
Mitteldeutsche Zeitung
Neue Zeit
Neue Züricher Zeitung
Neues Deutschland
Nürnberger Nachrichten
Rheinische Post
Rheinischer Merkur
Sächsische Zeitung
Stuttgarter Zeitung
Süddeutsche Zeitung
Superillu
The Economist
Tribüne
Welt am Sonntag
Westdeutsche Allgemeine
Westfälische Rundschau
Wirtschaftswoche

Literaturverzeichnis

Ahrens, Ralf: Spezialisierungsinteresse und Integrationsaversion im Rat für Gegenseitige Wirtschaftshilfe. Der DDR-Werkzeugmaschinenbau in den 1970er Jahren, in: Jahrbuch für Wirtschaftsgeschichte 49 (2008) 2, S. 73–92.

Ahrens, Ralf: Rationalisierungseuphorie und Innovationsschwäche. Industrieroboter im Werkzeugmaschinenkombinat »Fritz Heckert« um 1980, in: Technikgeschichte 79 (2012), S. 61–77.

Ahrens, Ralf/Steiner, André: Wirtschaftskrisen, Strukturwandel und internationale Verflechtung, in: Frank Bösch (Hg.): Geteilte Geschichte. Ost- und Westdeutschland 1970–2000, Bonn 2015, S. 79–115.

Ahrens, Ralf: Macht und Märkte. Vermarktlichung als historische Forschungsperspektive, in: Rüdiger Graf (Hg.): Ökonomisierung. Debatten und Praktiken in der Zeitgeschichte, Göttingen 2019, S. 73–93.

AWD.pharma GmbH & Co. KG (Hg.): Geschichte des Arzneimittelwerks Dresden, Dresden 2002.

Barkleit, Gerhard: Mikroelektronik in der DDR. SED, Staatsapparat und Staatssicherheit im Wettstreit der Systeme, Dresden 2000.

Berghofer, Wolfgang: Keine Figur im Schachspiel. Wie ich die »Wende« erlebte, Berlin 2014.

Beule, Peter: Auf dem Weg zur neoliberalen Wende? Die Marktdiskurse der deutschen Christdemokratie und der britischen Konservativen in den 1970er Jahren, Düsseldorf 2019.
Biedenkopf, Kurt: Von Bonn nach Dresden. Aus meinem Tagebuch Juni 1989 bis November 1990, München 2015.
Biedenkopf, Kurt: Ein neues Land entsteht. Aus meinem Tagebuch November 1990 bis August 1992, München 2015.
Biedenkopf, Kurt: Ringen um die innere Einheit. Aus meinem Tagebuch August 1992 bis September 1994, München 2015.
Böick, Marcus: Die Treuhand. Idee – Praxis – Erfahrung 1990–1994, Göttingen 2018.
Böick, Marcus/Goschler, Constantin/Jessen, Ralph (Hg.): Jahrbuch Deutsche Einheit 2020, Berlin 2020.
Böick, Marcus/Goschler, Constantin/Nietzel, Benno: Die beratene Transformation. Westdeutsche Experten in Ostdeutschland nach 1990, in: Böick/Goschler/Jessen (Hg.): Jahrbuch Deutsche Einheit 2020, S. 230–250.
Böick, Marcus/Lorke, Christoph: Zwischen Aufschwung und Anpassung. Eine kleine Geschichte des »Aufbau Ost«, Bonn 2022.
Bösch, Frank/Hertfelder, Thomas/Metzler, Gabriele (Hg.): Grenzen des Neoliberalismus. Der Wandel des Liberalismus im späten 20. Jahrhundert, Stuttgart 2018.
Brückweh, Kerstin/Villinger, Clemens/Zöller, Kathrin (Hg.): Die lange Geschichte der »Wende«. Geschichtswissenschaft im Dialog, Berlin 2020.
Brückweh, Kerstin: Das vereinte Deutschland als zeithistorischer Forschungsgegenstand, in: Aus Politik und Zeitgeschichte B 28-29/2020, S. 4–10.
Brunner, Detlev: Auf dem Weg zur »inneren Einheit«? Transformation und Protest in den 1990er-Jahren, in: Böick/Goschler/Jessen (Hg.): Jahrbuch Deutsche Einheit 2020, S. 169–186.
Brunner, Detlev/Heydemann, Günther: Die Einheit und die Folgen. Eine Geschichte Deutschlands seit 1990, Bonn 2021.
Brunner, Detlev: Einheit und Transformation. Deutschland in den 1990er Jahren, Stuttgart 2022.
Buddenberg, Hellmuth (Hg.): Rettet die Umwelt!, Herford 1985.
Conze, Eckart: Die Suche nach Sicherheit. Eine Geschichte der Bundesrepublik Deutschland von 1949 bis in die Gegenwart, München 2009.
Damm, Veit: »Keine Wende«? Finanzhilfen für ostdeutsche Betriebe und Kontinuitäten der Subventions- und Strukturpolitik in der »Ära Kohl« nach 1989, in: Jahrbuch für Wirtschaftsgeschichte 58 (2017) 2, S. 513–536.
Eckert, Astrid M.: Zonenrandgebiet. Westdeutschland und der Eiserne Vorhang, Berlin 2022.
Eggenkämper, Barbara/Modert, Gerd/Pretzlik, Stefan: Die staatliche Versicherung der DDR. Von der Gründung bis zur Integration in die Allianz, München 2010.
Eißner, Melanie/Jentsch, Stefan: »Der eiskalte Wettbewerbswind bläst uns scharf ins Gesicht«. Zur Entwicklung des VEB Edelstahlwerk »8. Mai 1945« Freital zwischen 1989 und 1993, in: Manfred Rasch/Herbert Nicolaus (Hg.): Zum Transformationsprozess der DDR-Stahlindustrie zwischen Plan- und Marktwirtschaft, Essen 2016, S. 155–168.
Elsner, Jessica: Enttäuschte Hoffnung. Soziale Ungleichheit im Automobilwerk Eisenach in der Transformationszeit (1989–91), in: Dierk Hoffmann (Hg.): Transformation

einer Volkswirtschaft. Neue Forschungen zur Geschichte der Treuhandanstalt, Berlin 2020, S. 174–187.
Fuder, Katja: Schnelle Privatisierung für schnelle Erlöse. Wie die Transformation der DDR-Wirtschaft finanziert werden sollte, in: Hoffmann (Hg.): Transformation einer Volkswirtschaft, S. 70–83.
Gehrke, Bernd: Die »Wende«-Streiks. Eine erste Skizze, in: Bernd Gehrke/Renate Hürtgen (Hg.): Der betriebliche Aufbruch im Herbst 1989: Die unbekannte Seite der DDR-Revolution. Diskussion – Analysen – Dokumente, Berlin 2001, S. 247–270.
Gesetzblatt der DDR 1990, Ost-Berlin 1990.
Gries, Rainer: Produkte als Medien. Kulturgeschichte der Produktkommunikation in der Bundesrepublik und der DDR, Leipzig 2003.
Großbölting, Thomas: Wiedervereinigungsgesellschaft. Aufbruch und Entgrenzung in Deutschland seit 1989/90, Bonn 2020.
Grosser, Dieter: Das Wagnis der Währungs-, Wirtschafts- und Sozialunion. Politische Zwänge im Konflikt mit ökonomischen Regeln, Stuttgart 1998.
Handschuhmacher, Thomas: Eine »neoliberale« Verheißung. Das politische Projekt der »Entstaatlichung« in der Bundesrepublik der 1970er und 1980er Jahre, in: Bösch/Hertfelder/Metzler (Hg.): Grenzen des Neoliberalismus, S. 149–176.
Hein, Christoph: Erinnerungen an einen Husaren. Grabrede für Elmar Faber, in: Michael Faber (Hg.): Ich habe einen Anschlag auf Sie vor. Der Briefwechsel Christoph Hein – Elmar Faber, Leipzig 2019, S. 139–149.
Hesse, Jan-Ottmar: Ökonomischer Strukturwandel. Zur Wiederbelebung einer wirtschaftshistorischen Leitsemantik, in: Geschichte und Gesellschaft 39 (2013), S. 86–115.
Hockerts, Hans Günter: Vom Wohlfahrtsstaat zum Wohlfahrtsmarkt? Privatisierungstendenzen im deutschen Sozialstaat, in: Norbert Frei/Dietmar Süß (Hg.): Privatisierung. Idee und Praxis seit den 1970er Jahren, Göttingen 2012, S. 70–87.
Hoffmann, Dierk (Hg.): Die zentrale Wirtschaftsverwaltung in der SBZ/DDR. Akteure, Strukturen, Verwaltungspraxis, Berlin/Boston 2016.
Hoffmann, Dierk: Lebensstandard und Konsumpolitik, in: ders. (Hg.): Die zentrale Wirtschaftsverwaltung in der SBZ/DDR, S. 423–509.
Hoffmann, Dierk: Der selbst ernannte Musterschüler. Massenarbeitslosigkeit und Kommunikationsstrategie der sächsischen Landesregierung, in: ders. (Hg.): Transformation einer Volkswirtschaft. Neue Forschungen zur Geschichte der Treuhandanstalt, Berlin 2020, S. 188–200.
Hoffmann, Dierk: Übernahme? Austausch- und Transferprozesse zwischen Baden-Württemberg und Sachsen 1989, in: Deutschland Archiv Online vom 11.5.2020.
Hoffmann, Dierk: Im Hochgeschwindigkeitszug durch den Strukturwandel. Deindustrialisierung in Ostdeutschland, in: Abschied von der Kohle. Struktur- und Kulturwandel im Ruhrgebiet und in der Lausitz (= Bundeszentrale für politische Bildung, APuZ-Edition), Bonn 2021, S. 46–57.
Hoffmann, Dierk: Treuhandanstalt – Privatisierung – Öffentlichkeit. Eine Einführung, in: ders. (Hg.): Die umkämpfte Einheit. Die Treuhandanstalt und die deutsche Gesellschaft, Berlin 2022, S. 13–115.
Holzhauser, Thorsten: Die »Nachfolgepartei«. Die Integration der PDS in das politische System der Bundesrepublik Deutschland, Berlin/Boston 2019.

Jehmlich, Gerhard: Der VEB Pentacon Dresden. Geschichte der Dresdner Kamera- und Kinoindustrie nach 1945, Dresden 2009.
Kaminsky, Annette: Wohlstand, Schönheit, Glück. Kleine Konsumgeschichte der DDR, München 2001.
Kaprol-Gebhardt, Anke: Geben oder Nehmen. Zwei Jahrzehnte Rückübertragungsverfahren von Immobilien im Prozess der deutschen Wiedervereinigung am Beispiel der Region Berlin-Brandenburg, Berlin 2018.
Karlsch, Rainer/Schäfer, Michael: Wirtschaftsgeschichte Sachsens im Industriezeitalter, Leipzig 2006.
Karlsch, Rainer: Energie- und Rohstoffpolitik, in: Hoffmann (Hg.): Die zentrale Wirtschaftsverwaltung in der SBZ/DDR, S. 249–362.
Karlsch, Rainer/Schäfer, Michael: Industrielle Familienunternehmen in Ostdeutschland. Von der Jahrhundertwende bis zur Gegenwart, München 2019.
Karlsch, Rainer: Einheitsgewinner. Die Privatisierung der ostdeutschen Pharmaindustrie, in: Hoffmann (Hg.): Transformation einer Volkswirtschaft, S. 112–129.
Karlsch, Rainer: Das Chemiedreieck bleibt! Die Privatisierung der ostdeutschen Chemie- und Mineralölindustrie in den 1990er-Jahren, unveröffentlichtes Manuskript 2021.
Karlsch, Rainer: Grauzonen und Wirtschaftskriminalität. Die Treuhandanstalt: ein Spielball für »Betrügerpersönlichkeiten«?, in: Hoffmann (Hg.): Die umkämpfte Einheit, S. 365–419.
Kleßmann, Christoph: Die doppelte Staatsgründung. Deutsche Geschichte 1945–1955, 4., ergänzte Aufl., Bonn 1986.
Knoll, Wolf-Rüdiger: Die Treuhand in Brandenburg. Regionale Privatisierungspraxis 1990–2000, Berlin 2022.
Kocka, Jürgen: Vereinigungskrise. Zur Geschichte der Gegenwart, Göttingen 1995.
Köpping, Petra: Integriert doch erst mal uns! Eine Streitschrift für den Osten, Berlin 2018.
Kohl, Helmut: Berichte zur Lage 1989–1998. Der Kanzler und Parteivorsitzende im Bundesvorstand der CDU Deutschlands, bearb. von Günter Buchstab/Hans-Otto Kleinmann, Düsseldorf 2012.
Kohl, Helmut: Berichte zur Lage 1982–1989. Der Kanzler und Parteivorsitzende im Bundesvorstand der CDU Deutschlands, bearb. von Günter Buchstab/Hans-Otto Kleinmann, Düsseldorf 2014.
Kohl: »Wir haben alle Chancen«. Die Protokolle des CDU-Bundesvorstands 1973–1976, bearb. von Günter Buchstab, Düsseldorf 2015.
Kowalczuk, Ilko-Sascha: Revolution ohne Arbeiter? Die Ereignisse 1989/90, in: Peter Hübner: Arbeit, Arbeiter und Technik in der DDR 1971 bis 1989. Zwischen Fordismus und digitaler Revolution, Bonn 2014, S. 537–610.
Kowalczuk, Ilko-Sascha: Die Übernahme. Wie Ostdeutschland Teil der Bundesrepublik wurde, München 2019.
Langner, Carsta: »Alles ist noch nicht so, wie wir uns das vorstellen«. Krisendeutungen und Gesellschaftskritik in der späten DDR und der ostdeutschen Umbruchsgesellschaft, in: Alexander Leistner/Monika Wohlrab-Sahr (Hg.): Das umstrittene Erbe vor 1989. Zur Gegenwart eines Gesellschaftszusammenbruchs, Köln/Weimar/Wien 2021, S. 173–194.
Lindner, Stephan H.: Den Faden verloren. Die westdeutsche und die französische Textilindustrie auf dem Rückzug (1930/45–1990), München 2001.

Links, Christoph: Das Schicksal der DDR-Verlage. Die Privatisierung und ihre Konsequenzen, 2., aktualisierte Auflage, Berlin 2010.
Lorke, Christoph: Von »Besserwessis« und »Jammerossis«. Administration im Übergang, kommunale »Verwaltungshilfe« und westdeutsche »Aufbauhelfer«, in: Böick/Goschler/Jessen (Hg.): Jahrbuch Deutsche Einheit 2020, S. 206–229.
Lubk, Rainer: Das Arbeitsmarktreferat im Sächsischen Staatsministerium für Wirtschaft und Arbeit. Ein Bericht aus den Jahren 1991 bis 2011, 2 Bde., Dresden 2018 (unveröffentlichtes Manuskript).
Lütkemeyer, Eva: Wendemanöver. Die Transformation der ostdeutschen Werftindustrie 1989/90-1994, Berlin 2023.
Lux, Anna/Leistner, Alexander: »Letztes Jahr Titanic«. Untergegangene Zukünfte in der ostdeutschen Zusammenbruchsgesellschaft seit 1989/90, in: Historische Anthropologie 29 (2021) 1, S. 98–124.
Malycha, Andreas: Vom Hoffnungsträger zum Prügelknaben. Die Treuhandanstalt zwischen wirtschaftlichen Erwartungen und politischen Zwängen 1989–1994, Berlin 2022.
Malycha, Andreas: »Alte Seilschaften«. Die Personalpolitik der Treuhandanstalt im Kreuzfeuer der Kritik, in: Hoffmann (Hg.): Die umkämpfte Einheit, S. 333–363.
Marktanner, Alina: Behördenconsulting. Unternehmensberater in der öffentlichen Verwaltung der Bundesrepublik, 1970er- bis 2000er-Jahre, Berlin/Boston 2023.
Miegel, Meinhard: Sicherheit im Alter. Plädoyer für die Weiterentwicklung des Rentensystems, Stuttgart 1981.
Mignon, Ulrich/Adamski, Manfred: Betriebliches Transformationslernen – Stationen im Sanierungsprozess der Sächsischen Edelstahlwerke, in: Ulrich Mignon (Hg.): BGH Edelstahlwerke. Perspektiven einer Unternehmensentwicklung, Gummersbach 2012, S. 261–310.
Mignon, Ulrich: Identitätssuche zwischen Glück und Bedrohung. Das Beispiel Sächsische Edelstahlwerke Freital: Zwei Unternehmenskulturen stoßen aufeinander, in: Manfred Rasch/Herbert Nicolaus (Hg.): Zum Transformationsprozess der DDR-Stahlindustrie zwischen Plan- und Marktwirtschaft, Essen 2016, S. 169–181.
Mirowski, Philip/Plehwe, Dieter (Hg.): The Road from Mont Pèlerin. The Making of the Neoliberal Thought Collective, Cambridge (MA) 2009.
Most, Edgar: Fünfzig Jahre im Auftrag des Kapitals. Gibt es einen dritten Weg?, Berlin 2009.
Müller, Jann: Die Wiederbegründung der Industrie- und Handelskammern in Ostdeutschland im Prozess der Wiedervereinigung, Stuttgart 2017.
Müller, Klaus/Treitschke, Georg-Heinrich: Kunstseide aus Pirna. Ein Unternehmen in Deutschlands Zeitläuften, Görlitz/Zittau 2014.
Münkel, Daniela/Seegers, Lu (Hg.): Medien und Imagepolitik im 20. Jahrhundert. Deutschland, Europa, USA, Frankfurt am Main 2008.
Nawrat, Sebastian: Agenda 2010 – ein Überraschungscoup? Kontinuität und Wandel in den wirtschafts- und sozialpolitischen Reformdebatten der SPD seit 1982, Bonn 2012.
Nietzel, Benno: Qualifizierung für die Marktwirtschaft. Berufliche Weiterbildung, Arbeitsmarktpolitik und deutsch-deutsche Transformation nach der Wiedervereinigung, in: Archiv für Sozialgeschichte 62 (2022), S. 363–381.

Nipperdey, Thomas: Deutsche Geschichte 1866–1918, Bd. I: Arbeitswelt und Bürgergeist, München 1990.
Nolte, Dirk: Industriepolitik in Ostdeutschland am Beispiel des Bundeslandes Sachsen, in: Aus Politik und Zeitgeschichte B 17 (1994), S. 31–38.
Oschmann, Dirk: Der Osten: eine westdeutsche Erfindung, Berlin 2023.
Pahlow, Louis/Steiner, André: Die Carl-Zeiss-Stiftung in Wiedervereinigung und Globalisierung 1989 bis 2004, Göttingen 2017.
Plehwe, Dieter/Slobodian, Quinn/Mirowski, Philip (Hg.): Nine Lives of Neoliberalism, London/New York 2020.
Plumpe, Werner: Das kalte Herz. Kapitalismus: Die Geschichte einer andauernden Revolution, Berlin 2019.
Pötzl, Robert F.: Der Treuhand-Komplex. Legenden – Fakten – Emotionen, Hamburg 2019.
Pollack, Detlev: Das unzufriedene Volk. Protest und Ressentiment in Ostdeutschland von der friedlichen Revolution bis heute, Bielefeld 2020.
Raab, Jörg: Steuerung von Privatisierung. Eine Analyse der Steuerungsstrukturen der Privatisierung der ostdeutschen Werft- und Stahlindustrie 1990–1994, Wiesbaden 2002.
Raphael, Lutz: Jenseits von Kohle und Stahl. Gesellschaftsgeschichte Westeuropas nach dem Boom, Berlin 2019.
Rau, Christian: Die verhandelte »Wende«. Die Gewerkschaften, die Treuhand und der Beginn der Berliner Republik, Berlin 2022.
Rau, Christian: Transformation von unten. Zur Gesellschaftsgeschichte der ostdeutschen Belegschaftsproteste 1989–1994, in: Hoffmann (Hg.): Die umkämpfte Einheit, S. 117–181.
Rau, Christian: Hungern für Bischofferode. Protest und Politik in der ostdeutschen Transformation, Frankfurt am Main/New York 2023.
Reckendrees, Alfred: Beiersdorf. Die Geschichte des Unternehmens hinter den Marken NIVEA, tesa, Hansaplast & Co, München 2018.
Richter, Michael: Die Bildung des Freistaates Sachsen. Friedliche Revolution, Föderalisierung, deutsche Einheit 1989/90, Göttingen 2004.
Richter, Michael: Die Friedliche Revolution. Aufbruch zur Demokratie in Sachsen 1989/90, 2 Bde., Göttingen 2009.
Richter, Michael/Sobeslavsky, Erich: Die Gruppe der 20. Gesellschaftlicher Aufbruch und politische Opposition in Dresden 1989/90, Köln/Weimar/Wien 1999.
Ritschl, Albrecht: Aufstieg und Niedergang der Wirtschaft der DDR. Ein Zahlenbild 1945–1989, in: Jahrbuch für Wirtschaftsgeschichte 36 (1995) 2, S. 11–46.
Ritter, Eva-Maria: Deutsche Telekommunikationspolitik 1989–2003. Aufbruch zu mehr Wettbewerb. Ein Beispiel für wirtschaftliche Strukturreformen, Düsseldorf 2004.
Ritter, Gerhard A.: Der Preis der deutschen Einheit. Die Wiedervereinigung und die Krise des Sozialstaates, München 2006.
Sabrow, Martin (Hg.): 1989 und die Rolle der Gewalt, Göttingen 2012.
Sächsischer Landtag, 1. Wahlperiode, Protokolle.
Sächsischer Landtag, 1. Wahlperiode, Drucksachen.
Sächsischer Landtag, 2. Wahlperiode, Drucksachen.
Schenk, Catherine R.: Globalisierung und Krise 1989–2020, in: Werner Plumpe/Alexander Nützenadel/Catherine R. Schenk: Deutsche Bank. Die globale Hausbank 1870–2020, Berlin 2020, S. 530–798.

Schmid, Günther/Oschmiansky, Frank: Arbeitsmarktpolitik und Arbeitslosenversicherung, in: Gerhard A. Ritter (Hg.): Geschichte der Sozialpolitik in Deutschland seit 1945. Bd. 11: Bundesrepublik Deutschland 1989–1994. Sozialpolitik im Zeichen der Vereinigung, Baden-Baden 2007, S. 435–489.

Schorkopf, Frank/Schmoeckel, Mathias/Schulz, Günther/Ritschl, Albrecht (Hg.): Gestaltung der Freiheit. Regulierung von Wirtschaft zwischen historischer Prägung und Normierung, Tübingen 2013.

Schwarz, Hans-Peter: Helmut Kohl. Eine politische Biographie, München 2012.

Seibel, Wolfgang: Verwaltete Illusionen. Die Privatisierung der DDR-Wirtschaft durch die Treuhandanstalt und ihre Nachfolger 1990–2000, Frankfurt am Main/New York 2005.

Slobodian, Quinn: Globalisten. Das Ende der Imperien und die Geburt des Neoliberalismus, Berlin 2019.

Steber, Martina: Die Hüter der Begriffe. Politische Sprachen des Konservativen in Großbritannien und der Bundesrepublik Deutschland, 1945–1980, Berlin/Boston 2017.

Steiner, André: Von Plan zu Plan. Eine Wirtschaftsgeschichte der DDR, Bonn 2007.

Steiner, André: Die siebziger Jahre als Kristallisationspunkt des wirtschaftlichen Strukturwandels in West und Ost?, in: Konrad H. Jarausch (Hg.): Das Ende der Zuversicht? Die siebziger Jahre als Geschichte, Göttingen 2008, S. 29–48.

Steiner, André: Die DDR-Volkswirtschaft am Ende, in: Klaus-Dietmar Henke (Hg.): Revolution und Vereinigung 1989/90. Als in Deutschland die Realität die Phantasie überholte, München 2009, S. 113–129.

Steiner, André: Abschied von der Industrie? Wirtschaftlicher Strukturwandel in West- und Ostdeutschland seit den 1960er Jahren, in: Werner Plumpe/André Steiner (Hg.): Der Mythos von der postindustriellen Welt. Wirtschaftlicher Strukturwandel in Deutschland 1960–1990, Göttingen 2016, S. 15–54.

Süß, Dietmar: Idee und Praxis der Privatisierung. Eine Einführung, in: Norbert Frei/Dietmar Süß (Hg.): Privatisierung. Idee und Praxis seit den 1970er Jahren, Göttingen 2012, S. 11–31.

Süß, Winfried: Soziale Sicherheit und soziale Ungleichheit in wohlfahrtsstaatlich formierten Gesellschaften, in: Frank Bösch (Hg.): Geteilte Geschichte. Ost- und Westdeutschland 1970–2000, Bonn 2015, S. 153–193.

Ther, Philipp: Die neue Ordnung auf dem alten Kontinent. Eine Geschichte des neoliberalen Europa, Berlin 2016.

Transformationsprozesse. Schriftenreihe der Kommission für die Erforschung des sozialen und politischen Wandels in den neuen Bundesländern e.V. (KSPW), 25 Bde., Opladen 1994–1998.

Treber, Leonie: Mythos Trümmerfrauen. Von der Trümmerbeseitigung in der Kriegs- und Nachkriegszeit und der Entstehung eines deutschen Erinnerungsortes, Essen 2014.

Trecker, Max: Neue Unternehmer braucht das Land. Die Genese des ostdeutschen Mittelstands nach der Wiedervereinigung, Berlin 2022.

Treuhandanstalt (Hg.): Dokumentation 1990–1994, 15 Bde., Berlin 1994.

Tröger, Mandy: Pressefrühling und Profit. Wie westdeutsche Verlage 1989/90 den Osten eroberten, Köln 2019.

Tschirschwitz, Lars: Kampf um Konsens. Intellektuelle in den Volksparteien der Bundesrepublik Deutschland, Bonn 2017.

Villinger, Clemens: Vom ungerechten Plan zum gerechten Markt? Konsum, soziale Ungleichheit und der Systemwechsel von 1989/90, Berlin 2022.
Weizsäcker, Richard von (Hg.): CDU-Grundsatzdiskussion. Beiträge aus Wissenschaft und Politik, Bonn 1977.
Wirsching, Andreas: Abschied vom Provisorium 1982–1990, München 2006.
Wolfrum, Edgar: Rot-Grün an der Macht. Deutschland 1998–2005, München 2013.
Wowtscherk, Christoph: Was wird, wenn die Zeitbombe hochgeht? Eine sozialgeschichtliche Analyse der fremdenfeindlichen Ausschreitungen in Hoyerswerda im September 1991, Göttingen 2014.
Zatlin, Jonathan R.: Unifying without Integrating. The East German Collapse and German Unity, in: Central European History 43 (2010), S. 484–507.
Zatlin, Jonathan R.: Getting even. East German Economic Underperformance after Unification, in: Konrad H. Jarausch (Hg.): United Germany. Debatting Processes and Prospects, New York/Oxford 2013, S. 118–132.

Personenregister

Die Seitenzahlen beziehen sich in der Regel auf den Haupttext. Verweise auf Fußnoten wurden nur aufgenommen, wenn sie weitere biografische Angaben oder inhaltliche Sachzusammenhänge enthalten.

Dank

Am Ende dieses Buches will ich die Gelegenheit nutzen, um dem Institut für Zeitgeschichte München–Berlin (IfZ) und seinem Direktor Prof. Dr. Andreas Wirsching sowie der früheren Verwaltungsleiterin Christine Ginzkey zu danken. Sie haben das Forschungsprojekt zur Geschichte der Treuhandanstalt, das ich über mehrere Jahre leiten durfte, von Anfang an mit großem Interesse und Nachdruck unterstützt. Mein Freund und Kollege Prof. Dr. Hermann Wentker stand mir immer mit Rat und Tat zur Seite. Er hat auch dieses Buch kritisch gelesen, wofür ich ihm herzlich danken möchte. Ich danke ferner den Kolleginnen und Kollegen des Treuhandprojekts, den studentischen Hilfskräften sowie Herrn Günther Opitz M.A. für die enge und vertrauensvolle Zusammenarbeit. Ein großer Dank geht außerdem an den wissenschaftlichen Beirat des Treuhandprojekts für Anregungen und Kritik bei den regelmäßigen Beiratssitzungen sowie an die Gutachterinnen und Gutachter für ihre sorgfältigen und pünktlich eingegangenen Stellungnahmen.

Gedankt sei ebenfalls den Mitarbeiterinnen und Mitarbeiter der von mir besuchten Archive, insbesondere dem Team im Bundesarchiv Berlin-Lichterfelde um Frau Dr. Maria von Loewenich und Frau Jana Michaelis. Es ist das Verdienst des Ch. Links Verlages, vor allem von Frau Jana Fröbel und Herrn Dr. Daniel Bussenius, der den Text sehr gründlich und umsichtig lektoriert hat, dass mein überarbeitetes Manuskript nun in einer äußerst ansprechenden Form vorliegt. Die Betreuung war vorbildlich, was im Wissenschaftsbetrieb mittlerweile keine Selbstverständlichkeit mehr ist.

Berlin, im November 2023

Der Autor

© privat

Dierk Hoffmann ist stellvertretender Leiter der Berliner Abteilung des Instituts für Zeitgeschichte München–Berlin (IfZ) und apl. Professor für Neuere und Neueste Geschichte an der Universität Potsdam. Von 2011 bis 2016 war er Mitglied der Kommission zur Aufarbeitung der Geschichte des Bundesministeriums für Wirtschaft und Technologie und seiner Vorgängerinstitutionen. Seit 2017 ist Hoffmann Leiter des Projekts zur Geschichte der Treuhandanstalt am IfZ. Zu seinen Arbeitsschwerpunkten zählen die Geschichte der Sozialpolitik im 19. und 20. Jahrhundert, die deutsch-deutsche Nachkriegsgeschichte sowie die Transformationsforschung.

Studien zur Geschichte der Treuhandanstalt

Herausgegeben von Dierk Hoffmann, Hermann Wentker und Andreas Wirsching im Auftrag des Instituts für Zeitgeschichte München–Berlin

Andreas Malycha: Vom Hoffnungsträger zum Prügelknaben. Die Treuhandanstalt zwischen wirtschaftlichen Erwartungen und politischen Zwängen 1989–1994, ISBN 978-3-96289-153-4

Max Trecker: Neue Unternehmer braucht das Land. Die Genese des ostdeutschen Mittelstands nach der Wiedervereinigung, ISBN 978-3-96289-154-1

Christian Rau: Die verhandelte »Wende«. Die Gewerkschaften, die Treuhand und der Beginn der Berliner Republik, ISBN 978-3-96289-168-8

Wolf-Rüdiger Knoll: Die Treuhandanstalt in Brandenburg. Regionale Privatisierungspraxis 1990–2000, ISBN 978-3-96289-173-2

Dierk Hoffmann (Hg.): Die umkämpfte Einheit. Die Treuhandanstalt und die deutsche Gesellschaft, ISBN 978-3-96289-174-9

Keith R. Allen: Investing Foreigners in Eastern Germany. Transferring State Assets to Private Owners during the 1990s (engl.), ISBN 978-3-96289-185-5

Florian Peters: Von Solidarnoćś zur Schocktherapie. Wie der Kapitalismus nach Polen kam, ISBN 978-3-96289-190-9

Eva Schäffler: Der Weg in die Marktwirtschaft. Tschechien und die Privatisierung in den 1990er-Jahren, ISBN 978-3-96289-191-6

Eva Lütkemeyer: Wendemanöver. Die Transformation der ostdeutschen Werftindustrie 1989/90–1994, ISBN 978-3-96289-201-2

Dierk Hoffmann: Mythos Sachsen. Privatisierung, Kommunikation und Staat in den 1990er-Jahren, ISBN 978-3-96289-212-8

Rainer Karlsch: Das Chemiedreieck bleibt! Die Privatisierung der ostdeutschen Chemie- und Mineralölindustrie in den 1990er-Jahren, ISBN 978-3-96289-215-9

Leibniz Institute for Contemporary History
Institut für Zeitgeschichte München–Berlin
Ch.Links